George Foster
Stephen A. Greyser
Bill Walsh

스포츠 비즈니스

THE BUSINESS OF SPORTS

Text and Cases on Strategy & Management

문병준 · 이상규 옮김

한 경 사

THOMSON

This edition first published in 2007 jointly by
Thomson Learning Korea Limited and Hankyungsa.

Printed in Korea
1 2 3 4 10 09 08 07

For more information contact Thomson Learning Korea Limited
Suite 1801 Seokyo Tower Building 353-1,22 Seokyo-Dong Mapo-Gu Seoul 121-837 Korea
or find us on the Internet at
http://www.thomsonlearningasia.com

For permission to use material from this text or product, contact us by
- telephone: (82) 2 322 4926
- fax: (82) 2 322 4927
- tlsg.infokorea@thomson.com

Original ISBN 0-324-23384-1
Korean Edition ISBN 13: 978-89-89269-91-5

The Business of Sports: Text and Cases on Strategy and Management
1st Edition

George Foster Stanford University
Stephen A. Greyser Harvard University
Bill Walsh Stanford University

차 례

저자 서문

이 책은 스포츠 비즈니스 분야의 경영자들이 내려야 할 핵심적인 의사결정에 통찰력을 제공하기 위하여 쓰인 책이다. 스포츠 비즈니스에 관련된 다양한 의사결정들과 재무적 측면 및 주요 이슈들을 부각시키기 위하여 스포츠분야의 다양한 측면을 논의한다. 이 책은 개론(1장)과 특수 주제 분야들 – 리그, 구단, 선수, 대학스포츠, 스폰서쉽, 구단마케팅, 방송/미디어, 경기장, 평가/수익성 – 을 다루는 9개의 장들을 포함한다.

구성

1장은 Stanford 대학교 경영대학원(George Foster 교수와 Bill Walsh 감독이 강의)과 Harvard 대학교 경영대학원(Stephen A. Greyser 교수가 강의)에서 개발된 '스포츠 비즈니스' 과목의 골간이 되는 관점을 제시하고 있다. 이 과목은 이론적 틀이나 스포츠 비즈니스에 제공하는 경영실무적 시사점 양면에서 탁월하다는 점에서 열렬한 성원을 받았다. Stanford 경영대학원이나 Harvard 경영대학원에는 이 책에서 다루어진 스포츠 비즈니스 분야의 저명인사들이 연사로 혹은 공동강사로 초빙되었다. 이 초빙연사들이 우리의 사고를 자극해주었을 뿐만 아니라, 스포츠 비즈니스의 다양한 측면에 대하여 깊이 이해할 수 있도록 도와주었다. 이 책은 스포츠 비즈니스 분야에 대한 우리의 사고에 도움이 되는 풍부한 통찰력을 제공해준다. 우리 강의의 핵심 주제는 창조적이고 조직적인 의사결정은 스포츠 비즈니스에서 바람직한 성과를 성취할 가능성을 높여준다는 것이다. 두 번째 핵심 주제는 다수의 스포츠 비즈니스 의사결정은 상호 연관된 두 가지의 도전들 – ① 지속가능하고 경제적으로 실행 가능한 방법으로 스포츠 '수익 파이'를 성장시키는 일, ② 그 수익을 다양한 관련자에게 배분하는 일 ― 에 관련된다는 것이다. 이 두 가지 주제는 이 책의 1장뿐만 아니라 2~9장에서 계속 다루어진다.

이 책의 내용은 또한 George Foster 교수와 Bill Walsh 감독이 공동 관리하는 NFL- Stanford Executive Program의 도움으로 더욱 풍부해졌다. 이 경영자과정의 강사들과 수강생들은 다양한 수준의 엘리트 프로 스포츠 리그가 당면한 다양한 비즈니스 이슈들에 대한 우리의 지식의 폭을 넓히고 깊이를 더해주었다.

감사의 글

우리는 많은 사람들에게 빚을 졌다. 우리는 각각 수년간 스포츠 비즈니스 분야의 전문가들과 접촉해왔다. 이들과의 다양한 교류를 통하여 많은 것을 배웠고 이를 감사하게 생각한다. 앞에서도 언급하였듯이 양 경영대학원의 스포츠 비즈니스 수업에 많은 공헌을 해준 초청연사들에게 특별히 감사를 드린다.

우리의 수업에 참석한 학생들이 자극과 동기부여의 원천이다. 우리는 그들의 스포츠 비즈니스에 대한 높은 관심과 보다 넓고 깊이 있는 이해를 추구하는 욕구로부터 많은 도움을 받았다. 그들과 함께 보내는 시간들이 미래에 대하여 낙관할 수 있게 하는 든든한 기반이 된다. 스포츠 산업의 다양한 분야에서 활동하는 우리 학생들과 동문들의 수가 증가하고 있는 것은 우리의 연구와 강의의 커다란 자부심의 원천이다.

이 책에 포함된 사례들은 Stanford와 Harvard의 사례개발센터의 막대한 투자의 결과이다. 어떤 사례는 공공 기록 정보를 토대로 한 것이고, 일부의 사례는 사례의 핵심 측면에 관계된 경영자들과의 인터뷰 내용을 담고 있다. 이 경영자들이 사례개발에 투여한 정성과 시간이 이 책의 완성에 큰 공헌을 하였다. 현장에서 우리에게 협력해준 기관들에게 특별히 감사한다. Stanford GSB(책임자 Bob Joss), Stanford Business School Case Writing(책임자 Margot Sutherland), Center for Entrepreneurial Studies(CES: 책임자 Irv Grousbeck, Chuck Holloway, Garth Saloner 및 Linda Wells)는 수업과 사례개발에 도움이 되는 많은 자료들을 제공해주었다. 우리는 다음과 같은 Stanford 대학교의 뛰어난 사례작가들과 협업자들로부터 많은 도움을 받았다. Dave Hoyt(6개 사례), Chris Armstrong(3개 사례), Chris Boni, Victoria Chang 및 Amy Wustefeld(각 2개 사례), Todd Bello, Tom Covington, Jason Harkness, John Herbert, Ron Johnson, Eric Kroll, Susan Mackenzie, Patrick Molloy, Jake Moskowitz, Alicia Seiger, Steven Sibley, Cecil Smart 및 Jessamy Tang(각 1개 사례). Stanford GSB Library의 Paul Reist는 매우 귀중한 자료원이었다. 다음과 같은 Harvard Business School의 사례작가들과 협업자들은 뛰어난 도움을 주었다. John A. Clendenin, Kirk Goldman, Wendy Schille, Elizabeth Smyth, Dr. John Teopaco, Natalie Zakarian, Brian Harris 및 Mitchell Truwitt.

원고정리 작업은 Stanford 대학교의 Tom Duarte에 의해 훌륭하게 이루어졌다. Stanford의 Chris Armstrong에 의한 원래의 연구와 데이터 분석은 복수의 리그들에 걸친 구단들의 재무적 측면을 효과적으로 분석하고 제시할 수 있게 하였다. 우리의 조교들인 Linda Bethel, Tom Duarte, Lauren Margolin 및 D. J. Smith(George Foster)와 Natalie Zakarian, Eileen Hankins 및 Luz C. Velazquez(Stephen A.

Greyser) 그리고 Jane Walsh(Bill Walsh)는 우리가 기대했던 모든 전문적인 도움을 제공해주었다.

고도의 지원과 격려를 아끼지 않은 Thomson Publishing사의 Joe Sabatino, Emma Guttler, Amy Hackett, Tippy McIntosh 및 Mou Sen Gupta에게 감사한다.

이 책이 출간되기까지의 긴 여행 동안 성원해준 우리의 가족들에게 깊이 감사한다.

George Foster
Stephen A. Greyser
Bill Walsh

역자 서문

경제발전과 소득증대가 이루어지면서 국내외를 막론하고 스포츠에 대한 사람들의 관심이 점점 증가하고 있다. 국내적으로는 일인당 국민소득이 2만 달러 수준에 이르렀고 이미 선진국 클럽인 경제협력개발기구OECD에 가입한 경제수준에 도달하면서 삶의 질에 대한 관심이 더욱 높아지고 스포츠에 대한 관심은 더욱 증대되고 있다. 국제적으로도 높은 경제발전 수준을 이룩한 나라들에서는 스포츠와 엔터테인먼트에 대한 소비자들의 관심이 높아지고 있는 것이 보편적인 현상이다.

스포츠분야의 공급측면에서도 축구, 야구, 골프, 미식축구 등 인기 높은 스포츠종목을 중심으로 한국인 혹은 한국계 스포츠선수들이 뛰어난 실적을 올리면서 스포츠분야에서의 위상이 높아지고 있다. 또한 삼성전자, 현대자동차 등 우리나라 글로벌기업들의 스포츠 마케팅 활동이 증대되면서 세계 스포츠시장에서 우리나라 글로벌기업들의 가시성도 한층 제고되고 있다. 이에 따라 스포츠를 둘러싼 비즈니스가 거대한 시장규모를 형성하고 있고, 국내에서도 스포츠 비즈니스와 이의 효율적인 경영에 관심을 가진 사람들이 급속히 증대되고 있다.

이러한 수요에 부응하기 위하여 마케팅과 재무금융을 전공한 비즈니스 전문가들인 본서의 역자들은 스포츠의 비즈니스 측면을 깊이 있게 다룬 책을 저술하고 싶은 계획을 가지고 있던 차에 미국 Stanford 대학교 경영대학원 George Foster 교수와 Bill Walsh 미식축구 감독, Harvard 대학교 경영대학원의 Stephen A. Greyser 교수가 최근 Business of Sports란 책을 공저한 사실을 접하게 되었다. 역자들은 이 책이야말로 스포츠의 비즈니스 측면의 핵심 주제들을 깊이 있고 이해하기 쉽게 논의하고 있다고 판단하여 본 번역서를 저술하게 되었다. 이 책은 스포츠 비즈니스 분야의 경영자들이 내려야 할 핵심적인 의사결정에 통찰력을 제공하고 있다. 스포츠 비즈니스에 관련된 다양한 의사결정들, 무엇보다도 재무적 측면과 마케팅 측면의 주요 쟁점들을 논의하고 있다.

기존의 스포츠 경영이나 스포츠 마케팅 등의 저서들이 스포츠 비즈니스의 일부분만을 다루는 데 그친 아쉬움이 없지 않았지만 본서는 주요 스포츠 종목의 리그와 구단은 어떻게 조직되고, 가치는 어떻게 창출되며, 수익과 비용, 이익은 어떻게 배분되는가? 선수는 어떻게 조달하고 급여는 어떻게 결정할 것인가? 스포츠 리그와 구단의 가치와 수익성을 어떻게 평가할 것인가? 하는 주제들을 재무관리적 관점에서 깊이 있게 논의하고 있다. 또한 기업들은 자사의 총 광고비를 스포츠분야와 타 분야에 어떻게 배분할 것인가? 기업은 스폰서쉽 지출의 효과를 어떻게 측정할 것인가? 수익 증대를 위하여 경기장 규모, 시즌티켓 패키징, 티켓 가격 등급 설정, 가변적인 가격전략 믹스를 여하히 통합적으로 구사할 것인가? 공중파 방송에 비하여 비중이 점점 증대되는 케이블 방송과 스포츠 컨텐츠 공급 협상을 여하히 할 것인가? 등의 주제들을 마케팅 측면에서 논의하고 있다. 또한 스타디움을 누가 소유하고 어떻게 운영하며 새 스타디움을 어떻게 건설할 것인가? 대학 스포츠 운영에 있어서 학술 프로그램의 품격 유지와 스포츠 프로그램의 비즈니스 측면에서의 성공 간의 균형을 여하히 도모할 것인가? 등의 주제도 심도 있게 다루고 있다.

이 책의 또 다른 특징은 Harvard 경영대학원과 Stanford 경영대학원이 개발하고 판권을 소유한 스포츠 비즈니스 사례들을 각 장의 말미에 실음으로서 다양한 수준의 엘리트 프로 스포츠 리그와 구단이 당면한 다양한 비즈니스 이슈들에 대한 지식의 폭과 깊이를 더해주고 있다. 모쪼록 본서가 우리나라의 스포츠 비즈니스 경영 지식의 발전에 조그마한 기여가 되기를 바라마지 않으며, 역자들은 앞으로 한국적 스포츠 비즈니스 경영의 연구에 계속 노력할 것을 다짐한다.

본서와 Harvard Business Case, Stanford Business Case의 판권 확보를 위해 애쓰신 톰슨출판사의 송인범 부장, 유승완 차장에게 감사드린다. 또한 본서를 읽고 스포츠용어와 내용에 대하여 도움을 준 연세대학교 경영대학의 스포츠매니아 이청열 군에게 감사하며, 본서의 출판을 기꺼이 승낙해주시고 책 출간을 위해 노력해주신 한경사의 이계남 사장께 감사의 말씀을 전한다.

2007년 4월

문병준 bmoon@khu.ac.kr
이상규 sklee@khu.ac.kr

저자 소개

George Foster는 Stanford 대학교 경영대학원의 경영학교수(Wattis 석좌교수)이다. 그의 교육 및 연구 관심분야는 스포츠경영, 기업가정신, 및 재무 분야이다. 그가 Stanford에서 강의하는 스포츠관련 과목은 스포츠 비즈니스 경영, 스포츠 비즈니스 재무, 및 스포츠 마케팅이다. 이 과목들의 뛰어난 점은 스포츠 비즈니스 이슈들에 대한 조직적이고 창조적인 접근에 초점을 맞추고, 자료들이 최근 내용이며, 저명한 실무계 인사들을 빈번히 초청한다는 점 등이다. 초청연사들은 모든 스포츠 종목의 리그 및 구단수준의 경영자, 선수, 및 에이전트와 스포츠 미디어, 스포츠 마케팅/스폰서쉽 회사, 및 스포츠 재무금융 회사의 경영자들이다. 그는 Stanford 대학교 체육부와 학생선수들의 선발 및 조언에 긴밀히 협조하고 있다.

Foster 교수는 Bill Walsh 감독과 NFL-Stanford Executive Program을 공동운영하고 있다. 이 프로그램은 모든 NFL구단들과 NFL의 최고경영자와 비즈니스 참여자들을 한데 묶는 역할을 하고 있다. Foster 교수는 북미지역 및 전 세계의 주요 스포츠의 리그 및 구단수준의 경영자들과 광범위하게 교류한다. 그는 지속적인 연구주제는 축구, 럭비, 크리켓 등의 전 세계의 인기 스포츠종목들을 포함할 뿐만 아니라, 농구, 야구, 미식축구 등 전 세계로 뻗어나가려고 노력중인 스포츠종목들도 포함한다. 그는 많은 기업들을 자문하며, 다수의 초기단계 기업들의 이사로 활동하였다.

Foster 교수는 Sydney 대학교에서 경제학 학사와 석사학위를, Stanford 대학교에서 경영학 박사학위를 취득하였다. 그는 Ghent 대학교와 Vaasa 대학교에서 명예박사학위를 수여받았다. 8권의 저서와 30여 편의 논문을 단독 혹은 공저하였다.

Stephen A. Greyser는 Harvard 대학교 경영대학원의 경영학교수(Richard P. Chapman 명예교수)이다. 그의 세부전공분야는 브랜드 마케팅, 광고/기업 커뮤니케이션, 스포츠 경영, 및 비영리 경영분야이다. 그는 학사, 경영학석사, 및 경영학박사학위를 Harvard 대학교에서 취득하였다. 그의 Harvard 경영대학원 경력은 Harvard Business Review 편집인 및 심사위원장을 포함한다. 그는 또한 기업들이 지원하는 비영리 연구센터인 Marketing Science Institute의 소장을 8년간 역임하였다.

그는 Revealing the Corporation(2003)을 포함한 15권의 저서를 저술하였고, 전문학술지들에 자주 기고하며, 300여 편의 Harvard 사례를 저술하였다.

그는 PBS의 부회장, WGBH와 Museum of Fine Arts의 감사를 역임하였다. 그는 Opinion Research Corporation, Doyle Dane Bernbach, Restaurant Associates, Gruntal, 및 Tonka사의 이사를 맡고 있다. 그는 NBA, NHL, 및 Boston Red Sox를 자문하였다.

그는 본인이 오랜 기간 스포츠 비즈니스에 관여해온 경험을 토대로 하여 Harvard 경영대학원에 선택과목으로 '스포츠 비즈니스' 과목을 개발하였다. 일찍이 그는 스포츠 아나운서였고, 라디오와 TV의 프로듀서였다. 그는 또한 Harvard 대학교의 프로스포츠 패널로서 프로스포츠분야로의 장래 진로를 꿈꾸는 학부학생들에게 조언하였다.

Harvard 경영대학원에서 약 40년간 강의하면서 한번도 결강한 적이 없다.

Bill Walsh는 미식축구게임 역사 상 가장 혁신적이고 성공적인 코치로 인식되고 있다. San Francisco 49ers의 감독 및 대표이사로서의 Walsh의 업적으로는 3회의 Super Bowl Championship, Pro Football Hall of Fame에 피선, 49ers 팀의 NFL에서의 경이적인 기록 – 14연속 시즌 출전에 최소한 10회 승리 – 의 수립 등이 포함된다.

Walsh는 102-63-1이라는 경력 기록(플레이오프 기록 10-4 포함)으로 현역코치에서 은퇴하였다. 그의 업적은 Walsh에게 1980년대에 'NFL Coach of the Decade' 타이틀을 수상하게 하였다. 그러나 Walsh의 가장 큰 두 가지의 전설적인 업적은 그가 광범위하게 사용되는 'West Coast Offense'를 창조하였다는 점과, 그가 지도하여 배출해낸 뛰어난 코치의 숫자이다. 그는 또한 Stanford 대학교의 미식축구 감독을 2회 역임하였다. 또한 University of California at Berkeley, Oakland Raiders, Cincinnati Bengals, 및 San Diego Chargers 감독을 역임하였다.

Walsh 감독은 George Foster 교수와 Stanford 대학교 경영대학원에서 스포츠 비즈니스 경영 과목을 공동 강의한다. 그는 또한 NFL-Stanford Executive Program을 공동운영한다. 그는 Stanford 대학교의 체육부장인 Ted Leland의 특별고문이다. 1995-2004년 중 Stanford 대학교 체육부는 9회 연속 NACDA Director's Cup을 수상하였는데, 이는 이 프로그램이 선도적인 대학 체육프로그램임을 입증하는 것이다.

Walsh 감독은 San Jose State University에서 학사와 석사학위를 취득하였다. 그의 저서인 Finding the Winning Edge(1998)는 필드에서 뛰어난 경기성과를 올리고, 미식축구게임의 역할 모델이 되는 선수를 육성하기를 희망하는 코치들의 바이블로 인식되고 있다.

CHAPTER

1 스포츠 비즈니스의 구조

OVERVIEWS FROM STANFORD AND HARVARD

1.1 스포츠 비즈니스의 기본적 이해

스포츠 산업은 사람들의 관심이 크게 집중되어 있는 글로벌 산업이다. 이와 같은 스포츠 산업의 지위를 나타내는 많은 증거들이 존재한다. 주요 스포츠 행사는 매년 일관되게 시청률이 상위인 텔레비전 프로그램에 속한다. 주요 스포츠 인사는 기업가와 정치가와는 달리 글로벌 인지도를 가진다. 많은 성공적인 신설 케이블 채널이 전문 스포츠 방송채널이다. 고소득자의 상위 순위에는 항상 스포츠선수가 포함되어 있다.

스포츠 비즈니스는 많은 관심을 끌고 있다. ｜도표 1.1•1｜은 스포츠 산업의 가치사슬을 요약하여 보여준다. 이 책은 스포츠 비즈니스의 주요 참여자들이 수행하는 전략과 의사결정에 관한 종합적인 분석을 제공한다. 이 책에서는 리그, 구단,

도표 1.1-1 스포츠 산업의 가치사슬분석: 이익의 창출과 취득

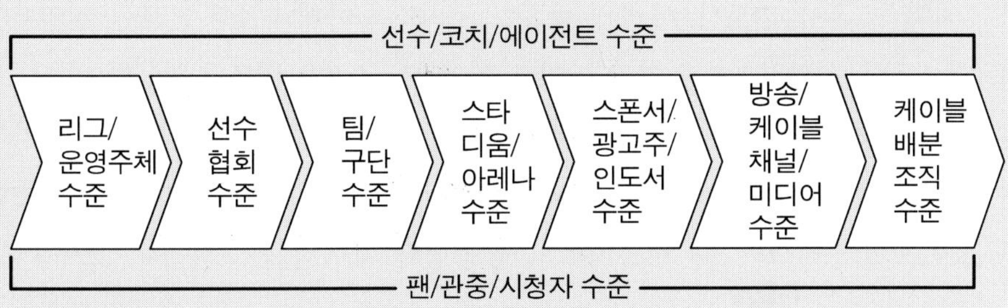

중심적 도전

- 가치창조 (파이크기 키우기)
- 가치배분 (파이 나누기)

도표 1.1-2　스포츠 산업 경영과 타 산업 경영의 공통점과 차이점

공통점	차이점
1. 리더십과 전략이 중요함	1. 경기장에서의 승리가 중요함
2. 가치창조와 가치배분이 중요한 관심사항임	2. 구단주의 목적이 다양함
3. 수입증가기회의 탐색	3. 어항 속의 경영
4. 가치사슬의 침식과 이동	4. 약자에 대한 지원
5. 신상품 혁신	5. 강자에 대한 제한
6. 신속하고 창조적인 계약	6. 수입 풀링과 배분 규칙 설정
7. 상품의 품질이 중요함	7. 선수가 비즈니스자신임
8. 브랜딩이 중요함	8. 선수들의 불량행동 관리
9. 팬과 고객이 비즈니스 중심축임	9. 제한된 재무정보의 공시
10. 글로벌화	10. 스포츠와 오락의 혼합화

선수, 대학, 스폰서, 인도서, 마케터, 방송인, 스타디움/아레나 소유주 또는 경영자의 전략적 분석과 의사결정이 논의된다. 많은 영역에서 스포츠 비즈니스는 타 비즈니스와 공통점을 가진다. 그러나 스포츠 산업의 특성 때문에 스포츠 비즈니스의 경영자에게 분명히 다른 도전과 기회를 제공하는 독특한 영역들이 존재한다. | 도표 1.1-2 | 는 스포츠 비즈니스와 타 비즈니스의 공통점과 차이점을 요약하여 보여준다.

스포츠 산업 경영과 타 산업 경영의 공통점

1. **리더십과 전략이 중요하다.** 스포츠 산업에서도 모든 타 산업과 마찬가지로 최고

경영자가 강력한 리더쉽을 보여주고 잘 개발된 전략을 시행하는 것이 중요하다. 리더쉽의 한 가지 측면은 | 도표 1.1•1 | 에서 제시된 스포츠 산업 가치사슬에서 주요 참여자 간에 유효한 결합을 창출하는 것이다. 이와 같은 일은 항상 쉽게 달성되는 것은 아니다. MLBMajor League Baseball와 NHLNational Hockey League 모두에서 역사적으로 오랜 기간 동안 구단과 구단주 사이, 구단과 구단주 내의 하부 그룹들 사이, 예를 들면 대도시 MLB 구단과 소도시 MLB 구단 사이에 뿌리 깊은 의견 차이가 존재하고 있다. 이 책의 많은 장과 사례에서 리더쉽의 중요성이 강조된다.

2. **가치창조와 가치배분이 중요한 관심사항이다.** 대부분의 산업에서 비즈니스 경영진은 가치창조value creation와 가치배분value sharing이라는 두 가지 도전에 직면한다. 스포츠 산업의 경우도 다르지 않다. | 도표 1.1•1 | 에 열거되어 있는 모든 참여자들은 가치를 창조하거나 또는 파괴할 수 있다. 시간이 흐름에 따라 나타나는 구단 가치의 변화는 가치창조의 중요한 지표 중 하나이다. | 도표 1.1•3 | 은 Forbes지의 추정치를 사용하여 정리한 미국의 4대 스포츠 리그의 평균 구단 가치를 보여준다. 미국 4대 스포츠 리그 모두에서 가치창조가 이루어졌다는 많은 증거가 존재한다. 예를 들면, 1994년과 2003년의 평균 구단 가치(100만 달러 기준)는 스포츠 리그별로 다음과 같이 증가하였다.

	NFL	MLB	NBA	NHL
1994	$160	$110	$113	$ 71
2003	$732	$295	$265	$159
연간성장률	15.2%	9.8%	8.5%	8.1%

이와 같이 창조된 가치가 핵심 기여자들, 즉 구단주, 스타디움/아레나 소유주, 선수 간에 이루어진 배분에 대하여 많은 논란이 제기되고 있다.

도표 1.1-3 주요 북미 스포츠 리그의 가치창조: Forbes지의 추정치에 기초한 1994-2003 기간 동안 평균 구단 가치 (100만 달러 기준)

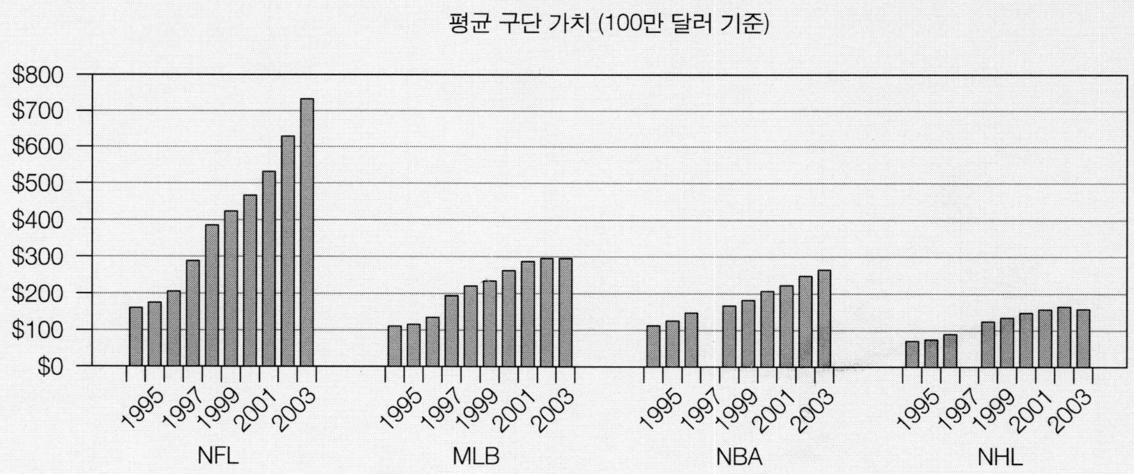

NFL: National Football League NBA: National Basketball Association
MLB: Major League Baseball NHL: National Hockey League

자료: 1998년 이후 Forbes지와 1997년까지 Financial World의 데이터로부터 계산되었음. 1997년에 Forbes지는 NBA와 NHL의 평균구단 가치를 추정하지 않았음; Deloitte, Annual Review of Football Finance (August 2004).

3. **수입증가기회를 지속적으로 추구한다.** 대부분 산업의 경영진은 지속적으로 수입을 증가시킬 기회를 추구한다. 스포츠 산업은 이와 같은 수입증가추구를 지향하는 대표적인 산업이다. 수입증가추구는 리그, 구단, 선수, 방송네트워크 수준에서 뿐만 아니라 다양한 수준에서 발생한다. | 도표 1.1•4 | 는 미국의 4대 스포츠 리그와 잉글리시 프리미어 리그EPL: English Premier League의 평균 수입, 평균 선수 연봉, 평균 구단 수익성을 보여준다. 미국의 4대 스포츠 리그와 잉글리시 프리미어 리그 모두에서 수입 성장이 이루어졌다. 예를 들면, 1994년과 2003년의 평균 구단 수입(100만 달러 또는 100만 파운드 기준)은 다음과 같이 증가하였다.

	NFL	MLB	NBA	NHL	EPL
1994	$ 62	$ 40	$ 47	$ 31	£ 12
2003	$167	$129	$ 94	$ 70	£ 62
연간성장률	9.9%	11.6%	7.0%	8.0%	16.9%

중요하게도 선수들이 5개 리그 모두에서 이와 같은 수입 성장의 몫을 나누어 받은 것으로 보인다. | 도표 1.1•3 | 과 | 도표 1.1•4 | 는 NFLNational Football League, NBANational Basketball Association, EPL의 구단주들이 MLB와 NHL의 구단주들보다 더 많은 수입 증가를 어떻게 확보할 수 있었는지를 확연하게 보여준다. 이와 같은 이슈는 이 책에서 자주 논의된다.

4. **가치사슬은 침식되고 이동한다.** | 도표 1.1•1 | 에 열거되어 있는 그룹의 구성부분들이 중복될 수 있다. 실제로 지속적인 성장기회모색이 이루어지면서 참여자들이 가치사슬부분을 넘어서면서 다른 가치사슬부분을 침식하는 일이 발생한다. 많은 구단이 자기 자신의 스타디움/아레나를 소유하거나 또는 운영한다. 케이블 채널 또는 인터넷 권리와 같은 가치사슬의 미디어 부분을 소유하거나 또는 운영하는 것에 대한 리그 또는 구단의 관심이 증대되고 있다. 리그 수준의 예로는 NBA

도표 1.1-4 구단 수입, 선수 연봉, 구단 수익의 성장 추이: NFL, MLB, NBA, NHL에 대한 Forbes지 추정치와 EPL의 구단 공시자료에 기초하여 계산된 1994-2003 기간 동안 구단 평균액 (100만 달러기준)

평균 구단 수입 (100만 달러 또는 100만 파운드 기준)

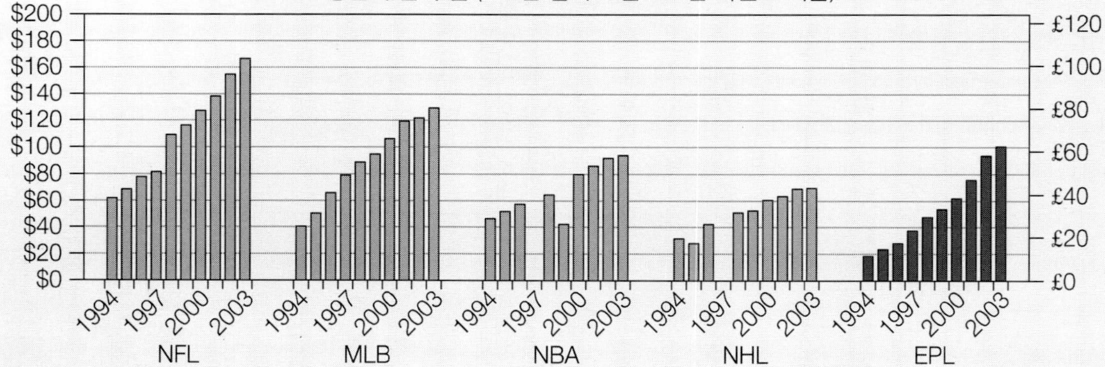

평균 선수 연봉 (100만 달러 또는 100만 파운드 기준)

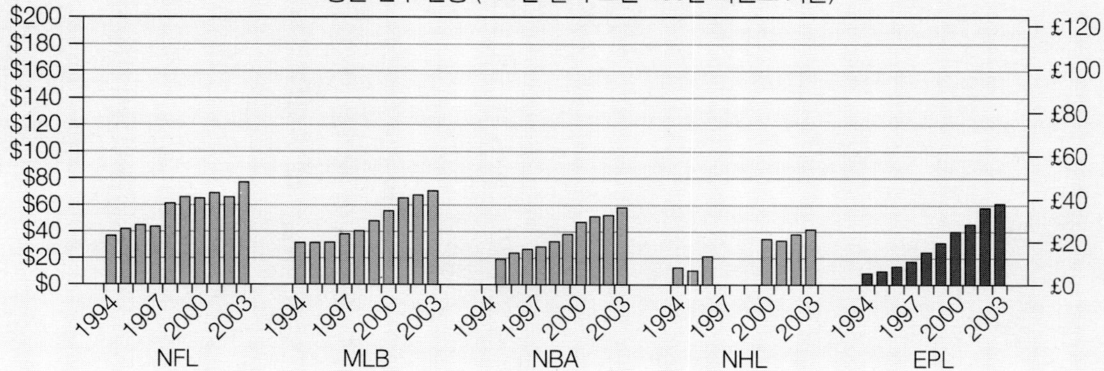

도표 1.1-4 구단 수입, 선수 연봉, 구단 수익의 성장 추이: NFL, MLB, NBA, NHL에 대한 Forbes지 추정치와 EPL의 구단 공시자료에 기초하여 계산된 1994-2003 기간 동안 구단 평균액 (100만 달러기준) <계속>

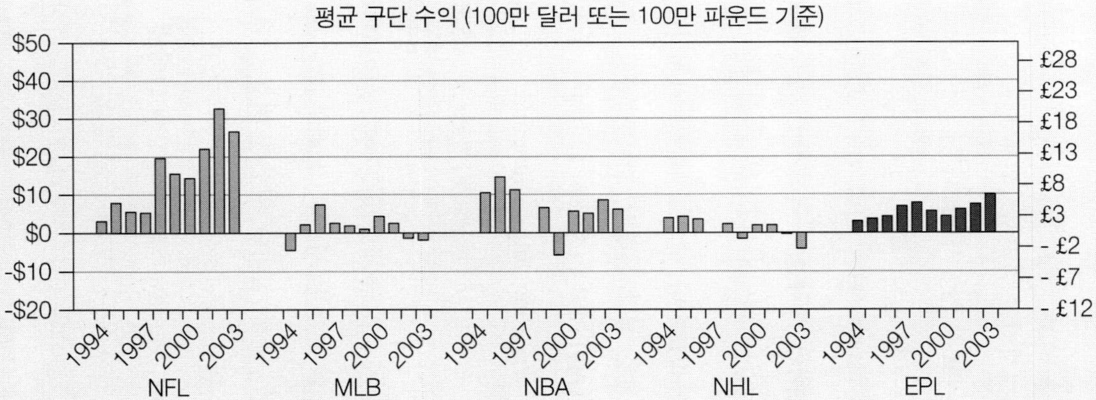

NFL: National Football League NBA: National Basketball Association EPL: English Premier League
MLB: Major League Baseball NHL: National Hockey League

자료: 1998년 이후 Forbes지와 1997년까지 Financial World의 데이터로부터 계산되었음. 1997년에 Forbes지는 NBA와 NHL의 평균구단 가치를 추정하지 않았음; Deloitte, Annual Review of Football Finance (August 2004).

TV와 NFL Network가 있다. 구단 수준의 예로는 New York Yankees와 연관되어 있는 YES Network와 Boston Red Sox와 연관되어 있는 NESN이 있다. 이와 같은 가치사슬 침식의 개념은 수직적 통합vertical integration이라고 일컬어진다. 많은 산업에서 수직적 통합은 수입기반을 증대시키고 확장하기위해 널리 사용되는 수단이다. 또한 스포츠 산업에서 가치사슬 그룹의 이동이 존재한다. 최근 Anaheim Angels를 가지고 있는 Disney와 Los Angles Dodgers를 가지고 있는 News Corp와 같은 미디어 회사들이 스포츠 구단을 판매한 것이 이와 같은 예이다. 일부의 경우에 미디어 회사들은 구단 방송권을 위한 계약을 신속하게 하고 구단 소유의 의무를 회피함으로써 구단 소유로부터 얻는 이익의 대부분을 획득할 수 있다.

5. **신상품 혁신은 수입의 성장을 촉발한다.** 스포츠 산업 가치사슬에 속한 주요 참여자들에게 있어서 신상품 혁신은 성장 전략의 중심부분이다. 이와 같은 일은 다양한 수준에서 이루어진다. 전반적인 새로운 경쟁은 계속해서 나타난다. 2001년의 XFLExtreme Football League는 World Wrestling Entertainment와 NBC에 의해 창설된 완전히 새로운 리그였다. 수퍼 12 럭비대회Super 12's rugby competition는 1990년대 중반에 호주, 뉴질랜드, 남아프리카 공화국의 신생 팀들을 중심으로 남반구에서 만들어진 리그였다. 타 산업에서 신상품 출시와 마찬가지로 일부 새로운 스포츠 사업은 성공하였으나 많은 새로운 스포츠 사업은 실패하였다. 과거 25년 동안 스포츠 산업에 영향을 미쳤고 계속해서 심대한 영향을 미칠 많은 신상품혁신이 이루어졌다. 2004년에 창립 25주년을 기념하였던 ESPN은 스포츠 하이라이트에 대한 텔레비전 방송을 변화시켰다. Fantasy Sports는 1990년대에 번창하였고 팬 욕구를 충족시키는 중요한 부분이 되었다. 현재 수백만 달러 산업이 되고 있는 전자 스포츠 게임도 과거 25년의 산물이다. 많은 산업에서 신상품 혁신은 공통적으로 수입성장을 촉발하는 데 있어서 중심적인 역할을 한다.

6. **신속하고 창조적인 계약이 중요하다.** 많은 비즈니스에서 성공적인 경영자는

혁신적인 상품 전략과 이와 같은 전략으로부터 발생되는 극단적인 위험에 노출되지 않으면서도 이익의 상당부분을 취득할 수 있도록 하는 계약을 결합한다. 스포츠 산업에서 많은 계약은 다년간 계약이다. 스타디움 계약, 선수 계약, 텔레비전 계약이 이와 같은 예이다. 스포츠 산업에서 성공적인 참여자를 구별하는 한 가지 요소는 신속하고 창조적인 계약이다. 많은 구단들은 스타디움 명명권stadium-naming rights과 개인좌석 라이센스PSL: personal seat license의 판매에 대한 창조적 계약을 통하여 새로운 스타디움 사용에 따른 높은 비용의 일부를 상쇄시킬 수 있었다. 이와 유사한 방법으로 비즈니스 분야에서 고전하는 참여자들은 빈약한 수입배분 계약이라는 무거운 짐을 지고 있는 경우에 창조적인 계약을 할 수 있다.

계약의 위험분담측면은 점점 더 중요해지고 있다. 예를 들면, 다수의 텔레비전 방송국들과 케이블 텔레비전 방송국들은 광고 수입이 고정선납수수료에 미치지 못할 것이라고 예상되었을 때 2002년 News Corp.에 의한 9억 달러의 낮은 가격 제시와 같은 형태로 방송권한에 대하여 상당히 낮은 가격을 제시하였다. 이에 따른 한 가지 결과는 NFL과 같은 고시청률-저위험 자산에 대하여 네트워크 방송국들만이 높은 선납수수료를 제시하는 '안전자산신호현상flight to quality'이 발생한다는 것이다. 이에 대한 대안은 네트워크 방송국들과 리그(또는 구단)가 양측 모두 손실발생가능성에 노출되고 이익발생의 경우에 이익을 배분하는 계약을 서명하는 위험분담계약으로 이행하는 것이다. 극단적인 경우 네트워크 방송국들은 최근의 Arena Football과 NHL 계약의 경우처럼 선납수수료를 제시하려 하지 않을 수 있다.

7. **상품의 품질이 중요하다.** 다른 산업과 마찬가지로 품질이 좋은 상품을 인도하는 것이 스포츠 비즈니스 성공의 핵심 결정요인이다. 일부 리그가 '경쟁균형competitive balance'의 개념에 높은 우선권을 부여하는 것은 스포츠 이벤트의 품질은 사전에 스포츠 이벤트의 결과를 매우 불확실하게 만듦으로써 개선될 수 있다는 믿음

때문이다. 스포츠 산업에서는 다수의 상품이 제공된다. 경기장 상품이 핵심적인 상품이다. '공을 내리치고 잡는' 풋볼이라는 브랜드를 가지고 있는 XFL은 경기장 상품의 품질이 '눈에 띄게 낮았기' 때문에 실패하였다. XFL은 10주간만 지속되었고 XFL의 시청률은 압도적인 시청률 순위로부터 최저의 시청률 순위로 급속하게 하락하였다. 스포츠 상품에는 스타디움에서의 팬들의 경험, 스타디움에 있지 않은 팬을 위한 방송 중계와 해설자의 품질도 포함된다.

8. **브랜딩이 중요하다.** 브랜딩branding은 많은 산업에서 하나의 중요한 비즈니스 전략이다. 스포츠산업에서 브랜딩 전략은 더욱 중요하다. 브랜딩은 다양한 영역에서 발생한다. 리그수준, 구단수준, 선수수준, 텔레비전 방송국수준, 선수/인도서 회사수준에서 브랜딩 전략에 관한 다양한 예들이 발견된다. 예를 들면, Manchester United와 Real Madrid와 같은 리딩 축구구단은 아시아와 북미에서 국제 경기를 할 때 높은 관중 수뿐만 아니라 높은 상품수입으로 전환시키는 글로벌 브랜드를 구축하였다. 브랜드 창조와 브랜드 경영의 모든 측면에서 모든 노력이 성공적인 것은 아니다. 더욱이 매우 잘 정립된 브랜드라 할지라도 스포츠 산업에서는 예를 들면, 리그 수준의 도박 스캔들과 선수수준의 행동문제와 같은 브랜딩에 대한 어려운 도전이 발생한다.

9. **팬과 고객은 비즈니스의 축이다.** 대부분의 리딩 스포츠 리그, 구단 또는 선수의 팬들은 '그들의' 스포츠, '그들의' 구단, 또는 '그들의' 선수와 깊은 감정적인 연결관계를 가지고 있다. '그들의'라는 단어는 깊은 감정적 애정을 나타낸다. 스포츠 산업에서 성공적인 비즈니스는 가족의 세대에 걸치기까지 기간을 연장하여 지속적인 관계를 창출하기 위해 이와 같은 감정적 연결 관계에 기초하여 구축된다. 이와 같은 팬 자원을 풍부하게 하기 위해 더 정교한 데이터와 분석도구가 점점 더 사용되고 있다. 예를 들면, 고객관계경영CRM: customer relationship management 데이터베이스가 점점 더 사용되고 있다. 많은 구단의 비즈니스 성공을 결정하는 요소는

구단이 얼마나 효과적으로 그들의 팬 또는 고객 기반을 구축하고 유지하며 어떻게 고객들이 돈을 사용하게 만드느냐 하는 것이다. 이와 같은 일은 많은 산업에서 공통적으로 발견된다. 비즈니스의 한 축으로서 팬은 분명히 리그수준에서 관찰된다. 리그들은 이와 같은 축의 강도에서 극단적으로 다르다. 텔레비전 시청률은 팬의 관심에 대한 하나의 관측가능한 지표이다. | 도표 1.1•5 | 는 주요 리그에 대한 텔레비전 시청률을 나타낸 것이다. | 도표 1.1•5 | 는 정규시즌과 플레이오프/챔피언쉽 게임 모두에 대한 시청률을 보여준다. NFL의 시청률이 압도적으로 높다는 것이 명백하게 제시된다. NASCAR도 NASCAR 스폰서들에게 매우 충성스러운 팬 기반을 가지고 있다. 8장에서는 텔레비전 시청률에 대한 추가적인 논의가 이루어진다.

10. **글로벌화 전략이 중요하다.** 많은 산업에서 많은 노력이 글로벌화 전략에 투자되고 있다. 이와 같은 글로벌 전략의 성공 측면에서 산업과 회사별로 커다란 차이가 존재한다. 스포츠 산업도 이와 같은 측면에서 다르지 않다. 글로벌 관점을 채택하는 것에 대한 리그와 구단의 관심이 증대되고 있다. 이와 같은 글로벌 관점을 지속가능한 비즈니스관계로 전환시키는 것은 현재 전 세계의 리그와 구단이 직면하고 있는 최대 비즈니스 기회가 되고 있다.

스포츠 산업 경영과 타 산업 경영의 차이점

1. **경기장에서 승리하는 것이 중요하다.** 스포츠에서 모든 경기가 끝난 후에 사람들은 '엄지손가락 올리기thumbs up' 또는 '엄지손가락 내리기thumbs down'의 형태로 성공 여부를 적극적으로 나타낸다. 타 산업에서는 사람들이 이와 같이 자주 성공과 실패의 양자택일 형태로 성공여부를 나타내지 않는다. 이와 같은 측면은 경기하는 팀뿐만 아니라 스포츠 조직의 경영진(비즈니스 측면)에 영향을 미친다. 고위 경영진

도표 1.1-5 주요 스포츠의 미국 텔레비전 시청률: 2003년 기준 (Nielsen 시청률은 미국의 텔레비전 가계의 총 수에서 차지하는 비율(%)을 나타낸다)

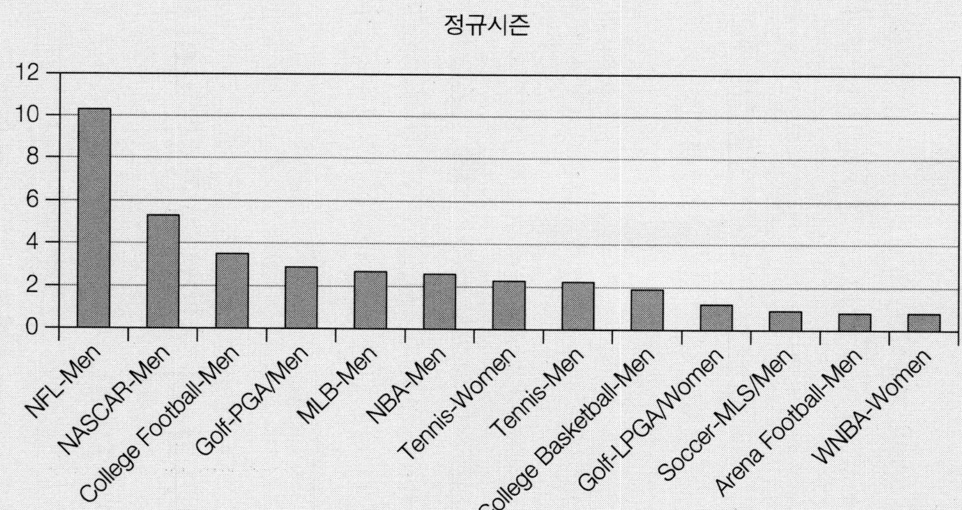

도표 1.1-5 주요 스포츠의 미국 텔레비전 시청률: 2003년 기준 (Nielsen 시청률은 미국의 텔레비전 가계의 총 수에서 차지하는 비율(%)을 나타낸다) <계속>

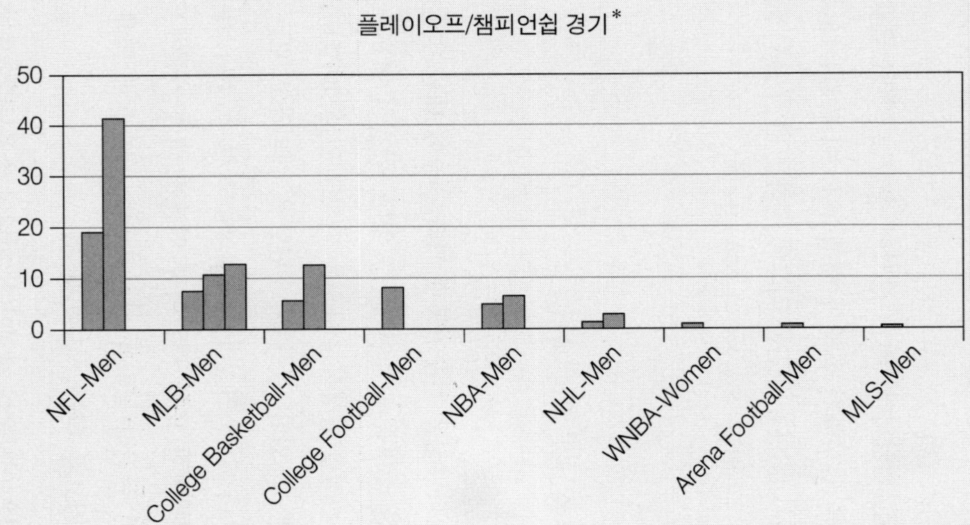

* 플레이오프/챔피언쉽 경기의 경우 슈퍼보울(NFL), 월드시리즈(MLB), 남자대학농구 결승전, NBA 결승전(NBA), Stanley컵 결승전(NHL)에 대한 플레이오프 경기 시청률을 서로 다른 막대로 나타냄.

자료: Nielsen Television Index Sports Decks, Nielsen Galaxy Explorer.

은 경기장에서의 제한된 성공이 이루어지는 오랜 기간 동안에도 지속될 수 있는 장기적 비즈니스 문화를 구축해야 하는 도전에 직면한다. 경영진의 주요 의사결정 대부분은 경기장에서 발생하는 구단 또는 선수의 단기적 또는 장기적 성공에 의해 영향을 받는다.

2. **스포츠 구단주의 목표는 다양하다.** 많은 산업에 속하는 기업들은 주주 가치 극대화라는 유사한 목표를 달성하기 위해서 경쟁한다. 이와 같은 일은 스포츠 구단의 구단주에게 해당되지 않는다. 동일한 리그에 속하는 한 구단주 또는 다수의 구단주가 동시에 추구할 수 있는 목표는 다음과 같다.

- 경기장에서의 승리
- 금전적 이익 창출
- 스포츠 구단 소유의 승리적 지위 확보
- 지역사회 자산의 보호

이와 같은 구단주 목표의 다양성은 선수연봉과 기타 지출에 대한 엄격한 제약이 존재하지 않으면 불안정한 균형을 만들어 낼 수 있다. 금전적 여유가 풍부하고 상당한 기간 동안 상당한 손실을 발생시킬 용의를 가지고 있는 소수의 구단주들은 불균형 경쟁을 만들어 낼 수 있다. 소수의 구단들을 제외하고 모든 구단들은 시즌의 출발시점에 우승할 수 있는 현실적인 가능성을 가질 수 있다. 일부 리그의 선수연봉에 대한 제한(연봉상한 또는 평균이상 연봉에 대한 세금부과)은 서로 다른 목적 또는 서로 다른 금전적 능력을 가지고 있는 구단들에 의해 야기되는 잠재적 불균형을 감소시키고자 하는 시도이다.

3. **스포츠 비즈니스의 경영은 어항속의 경영이다.** 미디어 스포트라이트는 경기하는 팀과 코치에게만 비추어 지는 것은 아니다. 스포츠 조직의 경영진도 어항 속에서 산다. 스포츠 조직 경영진의 의사결정은 정기적으로 전문가 집단과 비전문가 집단에

의해서 재검토되고 재평가될 수 있다. 타 산업에서 CEO 또는 사장을 역임한 비즈니스 경영진은 종종 이와 같은 측면이 스포츠 조직의 비즈니스 측면과 비교하여 가장 큰 차이점이라고 말한다. 스포츠 비즈니스는 얼굴이 두껍지 않은 사람들을 위한 것이 아니라 매우 개인적인 차원에서 그들의 판단과 성실성에 대하여 사람들의 통렬한 공격을 받는 사람들을 위한 것이다.

4. **약자를 지원한다.** 많은 산업은 다윈의 적자생존 법칙 하에서 운영된다. 시장 내에 수많은 생존 가능한 경쟁자들이 존재한다면 성과가 낮은 회사들을 지원하기 위한 시도는 결코 이루어지지 않는다. 이와 같은 일은 특히 북미 주요 스포츠 리그에 적용되지 않는다. 대부분 리그의 특징인 선수 드래프트는 일반적으로 전년도 최하위 팀이 최상위 선수를 드래프트할 수 있는 권한을 가진다. 일부 리그의 수입 배분 규칙은 어려움을 겪는 구단에 추가적인 자원을 유입시키는 것을 목표로 하고 있다. 약한 구단을 돕고자 하는 주요한 이유는 리그를 경쟁적으로 만들어 리그 전체의 이익을 증가시키고자 하는 데 있다. 그러나 성과가 부진한 구단일수록 더 경쟁적인 수준으로 자기 자신의 능력을 증진시키고자 하기 보다는 리그와 다른 구단으로부터의 보조금에 더 의존할 가능성이 존재한다.

5. **강자에게 불리한 조건이 부과된다.** 대부분의 산업에서 많은 성공적인 기업들은 수용될 수 있는 비즈니스 규범에 저촉되지 않는다면(남용적인 지배적 시장점유의 위치를 가지고 있지 않다면 또는 약탈적 가격설정 행위를 하지 않는다면) 더욱 강력하게 성장하는 것이 허용된다. 이와 같은 산업에 있는 경영자는 기업가적 능력을 발휘하여 상당한 기간 동안 시장에서 승자가 되고자하는 인센티브를 가진다. 스포츠 산업에서는 이와 같은 일이 항상 적용되는 것은 아니다. 경쟁균형의 개념은 일부 스포츠 리그의 기반구조가 구축되는 핵심적인 주춧돌이다. 소위 스포츠 왕국은 주류산업의 Anheuser Busch, 반도체 산업의 Intel, 컴퓨터 소프트웨어 산업의 Microsoft와 같은 비즈니스 왕국보다는 일반적으로 덜 수용되고 있다. 일부 스포츠

리그는 보다 더 개방적인 시장체제를 허용하지만 그 결과에 대하여는 논란의 여지가 있을 수 있다. 다윈의 적자생존 모형을 가깝게 따르고 있는 Formula 1 자동차 경주를 생각해보자. 1인 운전자/1팀(Michael Schumacher/Ferrari)이 위협적인 지배적 지위를 달성함으로써 리그의 비즈니스 건강도에 대한 우려가 제기되고 있다. Schumacher와 그의 팀은 트랙 상에서와 트랙 밖에서 모두 그들을 한계 상황으로 밀어내치는 것은 유죄라고 주장하였다. 그들은 보다 더 좋은 해결책은 Formula 1 리그가 가장 훌륭하고 능력 있는 기술 혁신자를 벌하기 보다는 다른 운전자와 팀들이 그들의 게임을 향상시키도록 하는 것이라고 주장한다. 현재 Formula 1은 리그 수준에서 경쟁불균형을 감소시키기 위한 방법을 찾고 있는 중이다.

6. **수입의 풀링과 배분 메커니즘이 작동한다.** 다양한 수준에 참여하고 있는 스포츠 비즈니스 경영진은 중앙과 지역 차원의 수입 풀링이 이루어지고 이와 같은 수입을 배분 또는 재배분하는 세계에서 산다. 이와 같은 '수입의 풀링과 배분 규칙'은 일반적으로 리그 수준에서 '경쟁균형'을 달성하거나 또는 수입이 적은 상황에 처해 있는 구단이 최소의 급여지불을 할 수 있도록 하기 위한 목표를 가지고 있는 경영적 메커니즘이다. 이와 같은 수입의 풀링과 배분 규칙은 리그 경영자, 구단, 선수협회를 포함한 다수의 당사자 간 협상의 결과로 확립된다. 대부분의 경영적 메커니즘과 마찬가지로 모든 결과가 예측될 수 없다. 설정된 목표가 여전히 적정한지와 선택된 수입의 풀링과 배분 규칙이 설정된 목표를 달성하기 위한 최선의 방법인지를 검토하기 위해 이와 같은 경영적 메커니즘을 상세하게 재검토하는 것이 중요하다.

7. **선수는 비즈니스 자산이다.** 많은 기업들은 자랑스럽게 '사람이 우리의 가장 중요한 자산이다'라고 선언한다. 스포츠 산업을 구별 짓는 요소는 개별 선수가 달성하는 높은 개인적인 노출성과 많은 팬들이 이와 같은 선수들에 대하여 느끼는 감정적인 애정이다. 많은 사람들은 General Electric사의 Jack Welch와 같은 비즈니

스 리더들을 존경하지만 그들에 대하여 감정적인 연계를 느끼는 사람들은 거의 없다. 스포츠 산업에서 팬들이 선수들에 대하여 느끼는 감정적인 애정은 많은 상업적 기회를 제공한다. 스포츠 이외의 산업에는 우수한 선수들이 서명하는 인도스먼트 계약과 유사한 계약이 존재하지 않는다. 또한 선수들은 젊은이들의 역할 모델이 될 뿐만 아니라 구단과 리그 브랜드를 정의하고 개인화하는 데 도움을 주는 기회를 제공한다.

8. **선수들의 불량 행동을 관리하여야 한다.** 높은 노출성을 가지고 있는 많은 선수들은 상대적으로 어린 나이에 성공적인 성취를 이룬다. 이와 같은 선수들은 알코올, 마약, 성적 행동의 남용과 관련된 많은 유혹에 자주 노출될 수 있다. 불량한 행동을 한 선수들의 이야기가 모든 형태의 언론매체에 풍부하게 존재한다. 더욱이, 살인 또는 간통과 같은 심각한 고발이 이루어질 때, 선수들이 포함된 소송은 종종 언론매체의 흥밋거리가 된다. 불량한 행동을 한 선수가 리그, 팀, 스폰서, 선수 자신에 미치는 위험은 매우 높다. 문제 상황이 발생하는 것을 막기 위한 노력에 많은 자원이 투입된다. 그러나 현재 진행되고 있는 불량한 행동을 한 선수 이야기를 알리고자 하는 것이 미디어 산업의 본질이기 때문에 이에 대하여 대응하기 위한 전략이 필요하다.

9. **재무정보가 제한적으로 공개된다.** 많은 산업에서 회계감사가 이루어진 상세한 재무제표가 주요 기업들의 경우에 쉽게 이용가능하다. 그러나 북미 스포츠 산업 대부분에서 이와 같은 일은 적용되지 않는다. 대부분의 구단은 사적으로 소유되어 있고 구단주는 결코 회계감사가 이루어진 재무제표를 공개하지 않는다. 개인 선수들도 그들의 비즈니스 문제의 많은 측면을 은밀하게 유지한다. 구단과 선수의 재무적 상황에 대한 Forbes지와 같은 제3자에 의한 추정치는 일반적으로 공개되는 유일한 체계적인 정보이다. 일부의 경우에 구단은 그렇게 하는 것이 그들의 이해에 가장 잘 부합될 때, 예를 들면, 구단이 경기장이 있는 도시로부터 경기장 수입의 추가적인

배분을 원할 때 또는 구단이 선수협회와 협상을 하고 있을 때, 기회주의적으로 그들의 재무정보를 발표한다. 더 높은 수입 또는 수익성보다 더 낮은 수입 또는 수익성을 제시하는 것이 이익이 되는 협상상황에서 재무적 어려움을 겪고 있는 구단이라는 것을 보여주는 정보가 공개적으로 발표될 때 보고된 재무정보수치의 타당성에 대한 의구심이 제기되는 것은 놀라운 일이 아니다.

10. **스포츠와 오락의 혼합이 이루어진다.** 스포츠 산업은 오락 산업의 요소들이 다른 산업 속으로 어떻게 포함될 수 있는지를 보여주는 가장 좋은 예이다. 스포츠 이벤트에서 진행되는 치어리더 활동과 같은 부수적인 활동과 게임이 중단된 시간동안 연주되는 음악은 스포츠와 오락의 결합을 보여준다. 그러나 오락산업의 다른 측면들이 스포츠에 가치가 있는가는 의심스럽다. 오락산업의 많은 부분은 사전에 대본으로 정리된 결과와 재연할 수 있는 능력을 가지고 운영된다. 스포츠와 오락 혼합의 핵심적인 도전은 스포츠 이벤트를 기억에 남게 만들고 경기장 스포츠의 진수인 경쟁의 기본적인 순수함과 결과의 불확실성을 유지하는 것이다.

1.2 스포츠 비즈니스의 구조

수조 원 혹은 수십억 달러에 달하는 스포츠 비즈니스는 오늘날 경제와 사회의 보편적 요소가 되었다. 스포츠의 주요 비즈니스 뉴스는 통상 초점이 경쟁에 두어지는 스포츠 페이지에서 주요 스폰서쉽, 티켓 가격 상승, 새로운 유형의 상품, 경기장 명칭 등에 관한 비즈니스 페이지로 옮겨지거나, 때로는 스트라이크/직장 폐쇄, 프랜차이즈 이전 위협, 새 경기장 계획, 슈퍼스타 프리 에이전트 선수의 서명 등을 다룬 앞 페이지로 옮겨지기도 한다. 또한 올림픽이나 월드컵과 같은 대형 이벤트의 비즈니스 차원이 전 세계적인 점을 반영하여 스포츠 비즈니스는 글로벌 비즈니스로 취급되고 있다.

게임의 경쟁과 경기실행 자체를 뛰어넘어 스포츠 비즈니스는 그 규모와 재무적 손익 측면에서 현저히 성장해왔다. 그 예는 다음과 같다.

- 팬들의 시간과 돈 및 마케팅/스폰서 지원을 두고 경쟁하는 프로 및 대학 리그와 스포츠의 증가.
- 팬의 관심, 스폰서 지원, 방송 노출을 추구하는 대형 이벤트의 증가.
- 리그 및 팀 권리 수수료의 기회를 제공하면서 동시에 기업으로부터 마케팅/광고 지원을 요구하는 방송 채널과 시간의 증가.
- '리그/팀/이벤트의 공식 제품/서비스'라는 리그/팀/이벤트의 기업/브랜드 스폰서쉽 기회의 증가와 함께 수익증대 및 측정 가능한 투자수익에 대한 압력의 증가.
- 리그, 팀, 대학, 이벤트, 선수를 위한 라이센스 제조 상품과 기록 및 자필 산업 및 그 유통산업의 증가.

- 새 스타디움 건설을 위한 새로운 재무적 패러다임, 시즌티켓 보유자로부터의 수익 증가, 기업 스폰서쉽의 증가와 함께 팀 수익 분배, 선수/에이전트의 역할 증대 등보다 복잡한 관계의 출현.
- 컨퍼런스 재조정, 방송권리 수수료, 경기자의 '학생'과 '선수'로서의 시사점 등 대학 스포츠 비즈니스에 대한 관심과 우려의 증가.

이와 같이 변화하고 보다 복잡해진 환경에서의 경영이라는 새로운 도전과 함께, 스포츠 비즈니스에서의 효과적인 경영은 스타디움 팬, 방송 시청자, 광고주의 확보, 소비자의 눈높이에 맞는 상품의 판매라는 전통적인 욕구에의 부응을 요구하고 있다. 스포츠 비즈니스를 둘러싼 확대된 조망을 이해하기 위하여 팬, 방송 시청자, 상품 소비자, 및 스폰서/광고주들로부터의 금전 및 시간적 성장에 있어서의 한계를 인식하는 것이 필요하다.

스포츠 비즈니스 모델

| 도표 1.2•1 | 은 스포츠 비즈니스 세계의 모델을 보여준다. 이 모델은 경쟁(게임), 점증적 수익원천(티켓을 뛰어넘는), 기타 핵심 요소(가령 경기시설 및 팬터시 리그) 및 전체 시스템의 가장 중요한 원천인 팬의 4개 주요 요소로 구성된다.

이는 마케팅, 촉진, 및 판매가 스포츠 경영 분야에 미치는 핵심적 역할을 반영한 마케팅 기반 모델이다. 따라서 왼쪽(경쟁)의 많은 항목들이 오른쪽에 있는 수익원천으로부터 도출된 마케팅 요소를 가진다.

의심의 여지없이 스포츠의 경제적 성공은 경쟁에 달려있다. 효과적 경쟁 없이는 진정한 수익의 기회는 달성될 수 없다. 그러므로 도표의 오른 쪽에 있는 팬 지원과 수익레버리지를 창출하기 위해서는 리그 구조, 팀 경영, 선수관계 등 경쟁을 창출하고

도표 1.2-1 스포츠 비즈니스 모델

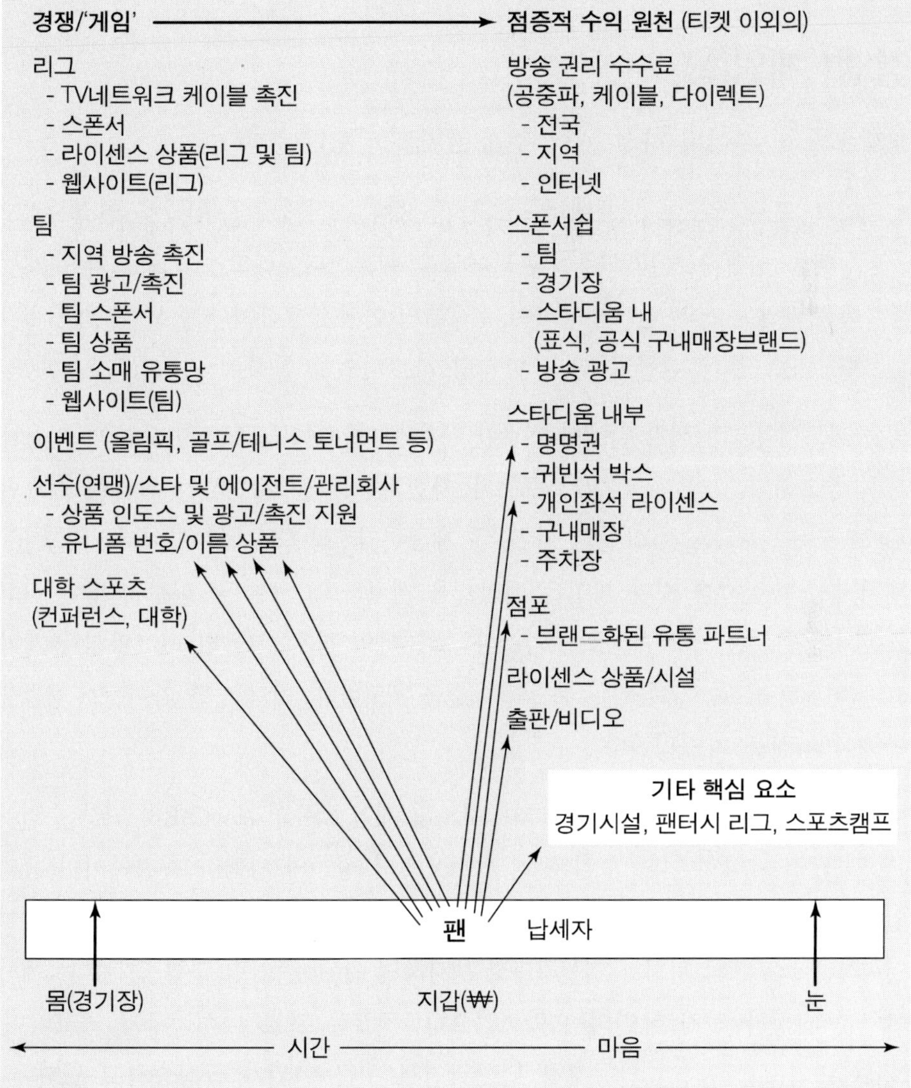

지원하는 요소들을 잘 경영하여야 한다. 이것이 모든 참여자의 재무적 가치와 팬의 심리적 가치를 창출한다.

경쟁('게임')

모델에서 이 분야에 다섯 개의 주요 요소들이 있다.

- **리그:** 프로 스포츠 세계에서 리그는 중요한 조직체로서, 팀들을 연결시키고 경쟁을 수행하는 비즈니스 파트너쉽을 제공한다. 리그는 스포츠의 내재된 혹은 개발된 팬의 인기를 통하여, 선수들의 어필을 통하여, 방송사 및 스폰서(가령 'NBA 공식 렌탈카')와의 마케팅 파트너쉽을 통하여 가치를 창출한다.

방송 파트너와 스폰서가 앞에서 언급한 사용가능한 원천들(도표의 오른쪽) 가운데 특히 중요하다. 그들은 리그/스포츠와 자신의 이익을 지원하기 위하여 긴요한 'OPMother people's money(타인의 자금)'을 제공한다. 방송사에게 있어서, '리그 TV 패키지'를 촉진하는 것과 게임은 시청률을 제고하고, 그들 중 일부는 또한 리그 스폰서이기도 한 광고주들을 도와준다. 스폰서의 경우, 그들의 리그와의 관계와 그와 연관된 광고는 그들의 브랜드와 매출을 제고한다. 리그 또한 라이센스 상품을 통하여 자신을 마케팅한다.

네 개의 주요 North American 리그와 MLS 및 개인 소유의 NASCAR의 연간 수익이 150억 달러를 상회한다. 수익은 리그/스포츠의 성공의 명백한 측정치이며 팬의 인기도나 TV 시청률 등 대부분의 타 측정지표와 유사한 움직임을 보인다. 대중들이 인식하는 스포츠의 위치가 영원하다고 생각하면 안된다. 가령 수십 년간 미국에서 야구가 진정한 전체 국민의 오락이었으나, 지금은 프로 미식축구가 최고이며, NASCAR가 그 족적이 남동부를 넘어서면서 최근 인기가 급상승하고 있다.

리그의 인기와 팀의 인기의 일부는 기본 경제적 모델에 달려있다. 간단히 봐서, NFL의 수익, 팬 인기도, 및 TV 시청률 등에서의 일등의 위치는 팀간의 수익배분(특히 막대한 전국 TV 계약으로부터의 수익)과 선수와 팀에게 팀 수익의 예측 가능한 부분을 제공하는 집단교섭계약에서의 연봉상한salary cap에 달려있는 것으로 널리 알려져 있다. 종종 확장 프랜차이즈의 막대한 수수료가 기존 팀들에게 배분된다. NBA의 경우도, 비록 배분되지 않는 지역 방송 수익이 일부 팀에게는 더 의미가 있을 수도 있지만, 이와 유사한 구조를 가진다. 야구의 경우 전국 TV 수익을 배분한다. 그러나 배분되지 않는 지역 방송 수익이 일부 대형 시장의 팀에게는 중요하다. 그것은 급여 최대 규모를 가지고 있지 않으나, 급여가 높은 팀에 부유세를 부과함으로써, 일부 수익은 재무적으로 강한 팀으로부터 배분되는 효과가 있다. NHL은 수익배분을 하지만 배분할 전국 TV가 그다지 많지 않고, 총 급여 최대규모 제한이 없다. 후자가 구단주에 의한 2004/05년 시즌의 작업장 폐쇄에서의 주요 고려분야이었다. 앞에서 논의한 요소들과 선수 드래프트 등 타 요소들이 경쟁력에 영향을 미치고, 이것이 다시 어떤 팀의 합리적인 우승 열망 가능성에 영향을 미친다.

- **팀**: 팬들이나 구단주들에게는 팀이 경쟁의 핵심이다. 거듭 말하지만 마케팅 지향적인 팀 경영자는 팬을 자극하고, 의미 있는 수익을 창출하기 위하여 방송 파트너(이 중 일부는 Yankees의 YES Network, Red Sox의 NESN처럼 팀이 소유한 케이블 방송사임)와 팀 스폰서(____팀의 공식 ____)를 고용한다. 이러한 활동들 및 다른 사람의 돈을 사용하는 행태는 리그들이 스스로를 촉진하는 방식을 반영한다. 팀들은 수익을 증대하기 위하여 팀 소매상 운영 등 타 비즈니스에도 관여한다.

팀 수익 증대에 보다 의미 있는 것은 ｜도표 1.2•1｜의 오른 쪽에 있는 고급 박스나 구단좌석 등 성공적인 경쟁 수익 원천들이다. 이 수익들은 타 티켓들보다 좌석당 높은 가격을 창출할 뿐만 아니라, 선수 급여 산정에 적용되는 정의된 소득에 포함되지 않기 때문에 팀이 차지한다. 성공적인 수익 구조의 핵심은 헌신적인 팬을 구축하고 유지하는 일이다. 오랜 MLB 시즌기간(81일간의 홈경기)과 많은 수의 좌석 때문에 특히 야구에서는 이것이 큰 도전이다. 최소한도로 요구되는 필요 규모의 헌신적인 팬들은 추가적 수익 원천들을 보다 왕성하게 활용할 수 있게 만든다.

소수의 대도시들(가령 New York, Los Angeles, Chicago)을 제외하고는 단일 팀이 특정 스포츠에서의 영역을 소유한다. 그러나 대다수 도시가 리그별로 복수의 팀들을 소유함으로, 팬, 스포츠, 상품판매, 미디어 집중을 두고 경쟁하는 다른 팀들이 존재하는 것이다.

- **이벤트:** 일부의 대규모의 유명한 스포츠 경기들은 전통적인 리그 안에서 수행되지 않고 독립적으로 조직된 활동으로 이루어진다. 올림픽이 그 대표적 사례로서 매 2년마다(여름과 겨울 번갈아서) 2주일간, 3회의 주말에 전 세계의 주목을 끈다. 올림픽은 대규모의 방송권리 수수료(그리고 대규모의 TV 시청자들)과 대규모 스폰서쉽 등의 스포츠 비즈니스의 중요한 측면들을 시현한다.

월드컵은 자매 이벤트인 여성 월드컵(다른 해에 개최)과 함께 스포츠 비즈니스를 포함한 전 세계적 영향을 미치는 매 4년마다 개최되는 또 다른 이벤트이다. 매 2년마다 개최되는 Ryder Cup(골프)은 전 세계 골프애호가 뿐만 아니라 미국 및 유럽인의 높은 주목을 끈다. 여타 전 세계적 주목을 받는 독립 이벤트인 Davis Cup(테니스)과 Boston, London, New York마라톤 등도 매년 개최된다.

투어 내에서 일주일간 진행되는 개별 골프 및 테니스 토너먼트들도 경기 조직인의 관점에서 보면 경우에 따라서 스폰서쉽과 TV방송을 준비해야 하고, 지역 팬 및 비즈니스 지원을 마련해야 하는 점에서 역시 이벤트에 해당한다. 그러나 개별 선수의 입장에서 보면 그것들은 모든 경기자가 각 게임에 참여하는 것은 아니지만 투어(리그와 유사)의 일부분이다. 가령 PGA의 경우 리그와 마찬가지로 전국 TV와 스폰서쉽이 존재한다. 테니스도 이와 동일한 방식을 시도했었다.

독립 스포츠 이벤트를 경쟁자 이외에 다음과 같이 최소한 5개 측면에서 생각해볼 수 있다. 조직인(전형적으로 지역의), 현장의 팬(거의 항상 지역의), 스폰서(가끔 각 이벤트별로 마련되거나, 혹은 전국 또는 국제 조직기구에 의해 마련), 방송(스폰서와 동일), TV시청자들(이벤트 지향적, 그러나 종종 스포츠 이벤트 시리즈 추종자들).

포스트시즌 챔피언쉽 경기도 또한 이벤트이다. 특히 대학 농구의 소위 '3월의 광란'이나 미식축구의 보울 게임 등이 그것이다. 프로 리그 챔피언쉽(플레이오프)은 여기에서는 리그가 조직하는 시즌의 일부로 간주한다.

아래에서 언급되는 바와 같이 경기자 혹은 선수들이 팬들이나 TV 시청자들을 끄는 유인이다. 그러나 어떤 경우에는 이벤트 자체가 매력이다(가령 경기 팀들이 알려지기 전에, 티켓이 구입되기 전에, 텔레비전 방송이 계획되기 전에, 광고가 구입되기 전에, 이벤트를 토대로 한 상품이 제조되기 전에 챔피언쉽 경기 자체가 인기거리이다).

- **선수(연맹)/스타 및 에이전트/관리회사:** 선수 없이 경기가 존재할 수 없다. 선수들은 일반적으로 선수협회(연맹) 및 선수의 에이전트(혹은 에이전트가 소속된 관리회사)를 동반한다. 선수들은 사실 완전히 상품이다. 사람들은 구단주나 리그 커미셔너가 아니라 경기자(혹은 팀으로서의 선수)가 시합하는 것을 보기 위하여 티켓을 구입한다.

스타 선수들은 팀 성적(팀 스포츠에서)과 티켓 판매를 향상시킬 뿐만 아니라, 텔레비전 시청률과 커뮤니티에서의 팀의 가시성을 향상시킨다. 후자는 스타가 지지하는 상품(지지기업에 의한 광고, 종종 텔레비전에 방영되는 게임 및 이를 둘러싼 프로그램)과 스타의 이름 및 유니폼 번호가 새겨진 의류를 통하여 이루어진다. 개인 스포츠 경기의 스타들(가령 Tiger Woods)은 더 많은 현장 관중을 창출하고, 특히 TV시청률을 향상시킨다. 팀 및 리그에 대한 스타 선수들의 비즈니스 가치는 보다 큰 규모의 홈 관중(특히 시즌티켓 판매), TV시청률, 보다 많은 이동 관중(다른 팀의 수익에 공헌), 스타가 관여된 리그 TV게임의 보다 높은 시청률 등이다.

스타는 또한 다수의 지지 상품의 핵심적 포인트이다. 이 상품들은 운동 장비(최대의 요소), 소비재, 산업재, 및 서비스를 포괄한다. 많은 스타들은 또한 사회적 운동과 단체를 공적으로 지원한다. Tiger Woods와 Michael Jordan은 효과적인 지지 포트폴리오를 구축하는 데 매우 뛰어나다.

팀 스포츠의 선수협회들은 북미지역에서 가장 강력한 노조의 하나이며 리그와의 단체협상에 있어서 핵심 역할을 한다. 협회장들은 다수의 선수들이 5년 미만의 매우 짧은 경력을 가지고 있다는 것을 잘 인식하고 있다. 따라서 MLBPA의 Donald Fehr는 (2003년 10월) 단체 협상에서는 다음 협약 때까지 회복이 불가능한 실수를 차단하고, 게임을 이미 떠난 선수들이나 재능이 자유계약 상태의 레버리지 포인트를 지나버린 선수들을 돕기에 너무 늦지 않도록 하는 일이 중요하다고 언급하였다.

선수노조는 NFLPA가 차기 계약에서 전형적으로 요구하는 바와 같이 수혜 가능한 수익을 확대하는 것을 포함하여(구단주는 통상 이를 반대), 총 선수급여 풀이 총 수익에서 보다 높은 부분을 점유하도록 압력을 가함으로써 선수들에게 돌아오는 수익의 파이를 극대화하려고 노력한다. 노조는 또한 조기에 자유계약 선수 신분과 급여 재정거래 수혜를 획득하고자 압력을 행사한다. 이들 둘 다 선수의 급여 증가를 가능하게 하는 순효과를 가져온다. 자유계약의 경우, 복수의 팀(구단주)이 선수를 두고 경쟁할 수 있다. 재정거래의 경우, 선수와 팀 양자 모두 재정거래자에게 급여 제안을 제출하기 때문에 선수급여의 증가가 실질적으로 보장된다(야구에서는 이들 둘 중 하나를 선택하여야 한다).

노조협상은 Fehr이 표현하듯이 '파업하겠다는 신뢰할 만한 협박'에 의해 지원된다. 야구의 경우 1972년 이후 8회의 작업 중단을 경험하였고, 2002년에는 유사 작업 중단을 경험하였다. 2004/05년 시즌의 벽두에 하키를 거의 무력화시킨 노사분규가 발생하여 직장폐쇄를 초래하였다. 구단주들은 팀들의 절반 이상이 심각한 재정적 진통을 겪고 있음으로 급여 상한선 설정을 고집하였다. 10년 전에 1994/95년 하키 시즌의 출범이 노사분규로 3개월이나 지연되었다(야구 및 하키는 1994년 노동쟁의로 팬 지지에 어려움을 겪었다).

에이전트들은 선수들의 계약 협상을 위하여 일한다. 선수들이 자유 계약 상태에 있거나, 해당 스포츠가 (NBA처럼) 신인선수에 대한 계획된 스케일을 가지고 있지 않을 경우 최초 계약에 에이전트의 역할이 특히 중요하다. 에이전트들도 선수들의 경력이 골프를 제외하고 팀 스포츠에서 특히 짧다는 것을 알고 있다. 독자들은 급여, 성과 보너스, 계약 보너스 등의 협상에서 공적 언급을 따른다(에이전트 Jerry Maguire의 영화에서의 역할은 청중들에게 돈의 중요성을 상기시켜주었을 뿐 만 아니라, 선수들의 다양한 인생경험에 있어서 에이전트가 수행하는 중요한 역할을 일깨워주었다). 경기장 외 수입에 관하여도 에이전트들은 인도스먼트를 촉진하고 협상하는 데 중요한 역할을 한다. 스타들과 같이 소수의 경기자들은 중요한 전국적 혹은 세계적 인도스먼트를 수행하고, 다수는 지역 인도스먼트나 자동차 딜러나 슈퍼마켓 체인, 레스토랑 체인 등 지역 소매상이나 지역 기업 미팅에서의 연설/노출 계약 등을 수행한다.

주요 에이전트들은 종종 관리회사에 소속되는데 이 관리회사들이 TV네트워크/케이블 채널 및 스포츠 스폰서와 비즈니스 관계를 가진다. 스타나 잠재 스타들의 경우 재무적 기회가 막대할 수 있다(가령, TV방송을 위한 골프 경기). 테니스나 골프의 경우 개인 이벤트 소유권자는 이 관리회사들을 선수, TV, 스폰서쉽, 및 머천다이징을 포함하여 토너먼트를 조직하기 위하여 활용할 수 있다.

- **대학교 간 스포츠**: 외견상 명백히 아마추어 스포츠의 위치에도 불구하고 – 최소한 선수에 관한 한 – 대학교 간의 스포츠는 정말 거대한 비즈니스이다. 상대적으로 소수의 개인별 대학 스포츠만이 수익을 창출한다는 사실은 광범위하게 의견의 일치를 보고 있다. 그 예로는 메이저 미식축구, 메이저 남자 농구 및 하키(일부 학교만의 경우) 등이다. 그러나 경기장 밖에서의 수입은 상당한 수준이며 증가하고 있는데, 특히 텔레비전 권리 수수료 등이 대표적이다.

최대 규모의 수수료는 전국대학운동협회NCAA의 농구 챔피언쉽(소위 '3월의 광란')과 미식축구 보울Bowl 챔피언쉽 시리즈에 대한 것이다. 4주일간의 농구 경기는 한 달 내내 팬들의 마음속 깊이 새겨질 뿐만 아니라, NCAA로 하여금 CBS와 2013년까지 60억 달러의 11년간의 계약을 체결토록 만든 핵심 수익원이다. 계약 내에는 남자 및 여자 농구의 TV, 라디오, 라이센싱, 및 타 마케팅 요소들과 NCAA 챔피언쉽을 포함한다. 다만 미식축구의 경우는 공식적인 NCAA 챔피언 경기가 없다. 대학 미식축구의 포스트시즌 보울 게임들도 또한 주요 스포츠 비즈니스의 실체이다. 3회의 보울 게임들을 위한 FOX와의 보울 챔피언쉽 시리즈 멀티미디어 권리 계약 및 별도의 Rose Bowl-ABC 딜은 2006-2009년의 기간중 연간 1억 달러를 상회한다. (다수의 보울들은 현재 Nokia Sugar Bowl이나 Rose Bowl 등 스폰서화된 이벤트들로 개명되었다.) 여타의 중요한 TV권리 수수료로는 컨퍼런스 미식축구 챔피언쉽 게임들(한 컨퍼런스가 최소 12개 팀을 보유)을 들 수 있다.

사실, 대학 운동 컨퍼런스들의 세계가 2003년 및 2004년 중 스포츠 비즈니스상 최대의 무용담을 창출하였다. 즉 Atlantic Coast Conference 및 Big East가 편입을 원하는 대학들이 재정비되었고, 컨퍼런스 소속이 변경되었는데 이는 미식축구와 농구에 심대한 영향을 미쳤다. 이러한 비즈니스 쟁점에는 대학 총장, 체육담당 임원, 컨퍼런스 요원, 법률 시스템 등이 관련되었다.

비록 | 도표 1.2•1 | 의 차트에는 나타나 있지 않지만, 고교 스포츠가 주로 경기

장소에 대한 명명권리, 스폰서화된 스코어보드, 경기장 내 표지, 경기장 등을 통하여 작지만 점차 가시도가 증가하는 비즈니스 기회를 제공하고 있다. 관찰자들은 이러한 움직임에 대하여 주로 학교 예산의 관점에서 지지하기도 하고, 혹은 대학 수준의 스포츠 비즈니스의 모방이라고 반대하기도 한다.

추가적 수익 원천들

이제 | 도표 1.2-1 | 의 오른편에 대해 논의한다. 여섯 가지의 중요한 추가적 수익원천이 존재한다.

- **방송:** 방송 수익은 리그, 팀, 이벤트의 막대하고도 생동력 있는 수익원천이다. 다년간에 걸친 수십억 달러의 권리수수료들은 주요 리그, 올림픽, 및 NCAA의 핵심적인 예산요소이다. 권리 수수료들은 스포츠 사업가에게 재정적 지원 및 스포츠 사업체를 촉진해주는 파트너로서, 자체의 추가적 원천을 통한 텔레비전 방송, 촉진적 발표 등을 통한 주요 현금 확보의 원천이다(분명히 그것은 방송 파트너의 최고의 상업적 관심사항이다).

NFL의 176억 달러규모의 8년간 복수의 전국 네트워크/케이블과의 계약은 각 팀에게 균등분배금으로 연간 약 7,000만 달러의 수익을 제공해준다. 네 개의 주요 리그는 1961년 의회에서 스포츠 방송법이 통과된 이후 광고주 지원 게임에 대하여 공동(리그 패키지) TV권리를 판매할 수 있다. 주요 리그의 전국 텔레비전 네트워크 및 케이블 패키지에 더하여, NASCAR나 타 스포츠 주체들, 개별 팀들(NFL소속 제외)은 지역 TV 및 라디오 계약을 주요 수익원천으로 삼는다. MLB의 경우, 지역 방송수익이 팀에 의해 소유되는데, New York Yankees는 대규모의 시장에 따른 권리 수수료와 케이블채널 수익을 통하여 경쟁력 높은 재정수익을 가진다. 이러한 방송수익 외에 NFL이나 Toronto Maple Leafs 등 몇몇 리그와 팀들은 자체 케이블 네트워크를 가지고 있다. 생방송 게임은 없이 (전국 및 지역 계약상) 이 채널들은 주간 게임의 재방송, 클래식 게임, 기자회견, 인터뷰, 레슨 쇼 등을 프로그램으로 제공한다. The Golf Channel 및 College Sports TV와 같이 한 종류의 스포츠를 다루는 독립 케이블 채널들도 존재한다.

스포츠의 막대한 방송 수익에 상응하는 것은, 특히 스포츠 전문 케이블 채널의 경우, TV에서 스포츠 콘텐츠의 중요성이다. 주요 스포츠 이벤트들은 매년 가장 많이 시청되는 개별 TV프로그램들이다. 수퍼보울은 최고의 시청률을 기록하고, 그 권리를 보유한 네트워크와 스폰서에게 그 가치를 발현한다. 방송 권리 보유자 및 광고주들의 평가에서 지속적으로 높은 시청률을 보임으로서 TV에서 스포츠의 방송시간을 계속 늘리게 만든다.

만약 TV에서 스포츠가 없다면 그것이 큰 영향을 초래할 수 있다. 가령 캐나다의 경우 NHL의 2004년 파업으로 50년 이상 지속된 Canadian Broadcasting Company의 토요일 밤 프로인 'Hockey Night in Canada'의 전국방송이 불가능하게 되었다. 과거에도 1994년에 유사한 구단주와 선수 간의 분쟁으로 단 한차례 중단된 적이 있었다. NHL의 부재는 또한 캐나다 케이블 스포츠 채널들 특히 성인 남성 시청자에게 소구하는 광고주에게도 영향을 미쳤다. 2004년 캐나다 사태는 미국에서는 재현되지 않았는데 그 이유는 타 프로 및 대학 스포츠가 존재하였고, TV에서 NHL이 차지하는 역할의 중요성이 상대적으로 낮았기 때문이었다.

위성 라디오 네트워크의 도래로 방송되는 리그, 스포츠 뉴스, 토크쇼 등에 수백만 가입 시청자들이 증가할 것으로 예측된다. Sirius는 모든 NFL 게임과 7년간, XM은 MLB와 11년간의 계약을 보유하고 있다(동 기업들은 다른 많은 채널들을 제공한다).

스포츠 비즈니스에서 인터넷의 중요성이 점차 증가하고 있다. 전자상거래(가령 인터넷을 통한 팀의 티켓 판매 및 시즌티켓의 재판매), eBay에서의 기록물 판매,

최신 게임 리포트 등 스포츠 정보의 판매, 게임 자체의 방송, 팬이 참여하는 채팅방, 스포츠 도박 등이 인터넷에서 이루어지는 스포츠 관련 활동들이다. 인터넷 권리들은 협상 대상의 방송 권리 패키지에서 비중이 증가하는 일부분이며, NBA와 같이 리그에 의하여 독립적으로 판매되거나 보유된다. 약 1,500만 명으로 추정되는 Fantasy Sports 경기자(2004년 Fantasy Sports Trade Association 추정)가 인터넷을 사용한다. 시간이 흐르면서 스포츠시장에서 컴퓨터 활용이 왕성한 팬들이 증가함에 따라 스포츠 비즈니스에서 인터넷의 중요성은 증가할 것이다.

- **스폰서쉽**: 스폰서쉽이 가지는 규모나 보편성은 스포츠분야에서 상대적으로 최근의 현상이기는 하지만 깊은 뿌리를 가지고 있다. 미국에서 개최된 최초의 공식 대학 간 스포츠 경기인 New Hampshire주 Winnepeasaukee 호수에서의 Harvard 대학과 Yale 대학 간의 조정경기는 스폰서후원을 받은 경기였는데(!), 그 스폰서는 휴가자들을 호수와 북쪽 몬트리올로 운송한 보스턴을 기반으로 한 철도회사였다. 스포츠 스폰서쉽의 범위는 스포츠분야를 통틀어서 확대되었다. 이는 또한 스포츠 단체 및 이들과의 관계를 촉진하기 위하여 추가적인 자금을 사용하는 파트너를 공급하는 소위 'OPM'이 지원하는 스포츠 단체의 거대한 풀이기도 하다.

스폰서쉽의 폭과 다양성을 예시하는 사례들은 다음과 같다.

- 스폰서후원을 받는 시즌 경기(가령 NASCAR의 Nextel Cup, 종전의 Winston Cup).
- 한 스포츠 이벤트 내의 별도 스폰서후원을 받는 경기(가령 Century21 for MLB의 올스타 홈런 경기).
- John Hancock이 1980년대 중반에 최초로 시작한 스폰서후원을 받는(명명된) 미식축구 보울게임(가령 Sun Bowl).

- 주요 올림픽 스폰서들로서, 이들은 스폰서쉽을 연중 내내 스포츠 및 비스포츠 상황에서 오륜 심벌을 사용하고, 올림픽 방송 자체에서 상당한 규모의 추가적 광고예산을 사용한다.
- 리그, 팀, 이벤트와 함께 "_____의 공식 _____"와 같이 경기의 중계방송을 통하여 경기장 표식 및 광고에서 제시.
- 리그의 경기 외 활동에 대한 스폰서쉽(가령 여러 대륙에서 개최된 Nike의 NBA 'Basketball League Without Borders' 농구 캠프).
- 특정 경기를 위하여 스폰서쉽을 제시(가령 거의 명명된 형태의 경기인 'NHL 올스타 게임을 위한 Nextel').
- 경기장 내의 스폰서후원된 스코어보드.
- 야간 스포츠분야의 뉴스나 스포츠 케이블 채널에서의 스폰서후원된 스코어 크롤(기어가듯이 느릿느릿 움직이는 스코어보드).
- 스폰서후원된 하프타임 하이라이트/스코어 프로그램 및 스폰서후원된 게임 전 프로그램.

스폰서 및 잠재적 스폰서들은 자신들의 관심사와 예산에 가장 부합하는 기회를 항상 찾는다. 가령, Verizon은 루지(썰매의 일종)와 같은 틈새 겨울 스포츠의 주요 스폰서가 되었다. 팀 수준에서는 다수의 스폰서 관계가 지역 조직과 이루어지고 있다. Fenway 지역의 Red Sox와 인근지역에 있는 보스턴 지역의 병원인 Beth Israel Deaconess은 이 팀의 공식 의료 파트너이다. 스폰서쉽을 나타내기 위하여 동사 및 Red Sox의 빌딩 주변에 있는 전기시설 위에 배너로 장식하고 있다.

대규모 스폰서이건 소규모 스폰서이건 스폰서쉽을 후원하기 위하여 추가 소요되는 비용은 상당하다. 실행은 주로 광고를 통하여 이루어지지만 동시에 소매 촉진,

기업 고객을 위한 경기장 엔터테인먼트, 종업원 이벤트, 웹사이트 노출 등의 활동도 포함한다. 실행 비용은 일반적으로 스폰서쉽 비용의 약 3배가 가장 효과적인 예산이다.

스폰서쉽 및 스폰서후원하는 경기 방송의 광고와 스포츠 프로그램의 광고를 구입하는 것은 다르다는 것을 인식하는 것이 중요하다. 후자는 스포츠 비즈니스를 위한 자금조달의 일부분이고, 이는 스폰서쉽이 가지는 핵심 특성인 코브랜딩이라는 특성을 가지지 않는다.

코브랜딩은 스포츠 비즈니스 주체와 스폰서의 아이덴티티 상의 파트너쉽을 의미한다. 각 당사자는 관계의 가치에 대하여 상응하는 관심을 갖는다. 스폰서들은 유대관계에 대하여 지불하고, 리그/팀/이벤트는 자신의 이름을 스폰서 기업의 이름과 기꺼이 연결함으로써 자신의 브랜드 자산을 빌려준다. '파트너쉽의 힘'은 양 당사자 모두에게 가치를 창출한다. 돈과 명성이 그 관계에 결부된다. 양 요소가 투자수익률의 모니터링을 담보한다.

스폰서쉽과 광고가 스포츠 환경을 담요로 덮는다는 사실은 스포츠 방송을 시청하거나 경기를 관전하면 알 수 있다. 사실, 그 현상은 스포츠의 중요한 일부분이며 이의 풍자화를 창출한다. 2004 올림픽을 위한 광고는 경쟁과 상업주의를 나란히 놓았다. 그것은 이렇게 시작했다. "과도한 상업주의의 시대에 … " 동시에 싱크로나이즈 수영선수들이 공연을 하고 오페라음악이 상연되었다. 수영선수들이 계속하는 동안 아나운서의 멘트도 계속되었다. "잠깐 동안 단순히 경탄하는 일은 좋은 것이다 … " 몇 초 후에 "OK, 잠깐의 시간은 끝났다." 이 후 VISA메시지와 로고가 나타났다. 그때까지 시각적 혹은 음성적 브랜드 표식물이 전혀 제시되지 않았다.

요컨대 스폰서쉽은 스포츠 비즈니스에 널리 침투한 핵심 수익원천이다. 이는 편재하는 속성상 스폰서 자신을 뛰어넘어 스폰서후원하는 스포츠 비즈니스 주체, 여타의 스폰서후원을 받는 스포츠 환경, 팬 및 관중에 영향을 미친다.

- **스타디움**: 또 다른 중요한 추가적 수익 원천은 ─ 경우에 따라서 매우 큰 수익 잠재력을 가진 ─ 스타디움이다. 그 수익 흐름은 경기장 명명권, 호화좌석, 개인좌석 라이센스(제안된 새 스타디움의 경우), 및 전통적 구내매장(식음료)과 주차장 수입 등을 포함한다.

명명권은 매우 수지가 맞는 수익 영역이며 관여하는 기업에게 브랜딩 기회를 제공한다. 사실 경기장은 브랜드화된 존재이고, 관련된 기업에게 커뮤니티와 텔레비전에서 거대한 빌보드를 제공해줄 뿐만 아니라, 미디어 게임 리포트, 스케줄 등에서 무수한 횟수로 언급된다. 명명권의 가격은 계약기간에 따라 연간 500만 달러 이상에 달한다. 가령, Boston의 Fleet Center는 1990년대 중반에 15년 기간의 계약으로 연간 200만 달러에 명명되었는데, 2004년에 경기장 소유주와 Bank of America Corporation(동 은행이 Fleet를 인수) 간에 연간 600만 달러로 경신하였음이 널리 알려졌다. 동 은행은 나중(2005년)에 이를 포기하고 잔존기간의 명명권을 매각하였다. 명명권의 기회를 모색하고 있는 기업에게 가장 가치 있는 비즈니스 상황은 경기장이 본사가 위치한 지역에 있거나 소비재 제품 및 서비스 기업이 전국적 가시도를 추구할 경우이다. 후자의 예로는 Los Angeles의 Staples Center(Staples는 보스턴 지역에 기반을 두고 있다)나 Miami의 American Airlines Arena이다. 두 가지 상황의 강력한 조합도 간혹 발생하는데 Heinz(Pittsburgh), Gillette(New England Patriots), MCI(Kansas City) 등이다.

호화좌석은 그 안에 박스 좌석 안쪽 및 바깥쪽을 포함한 일련의 좌석들이 포함된 선호 좌석지역과 음식료 서비스가 제공되는 다년간의 계약으로 연간 수백만 달러의 수익을 창출한다. 팀에 대한 호화좌석 수익의 가치는 상승하고 있는데, 왜냐하면 선수급여 총액한도가 존재하는 리그에서는 이 금액이 선수들의 접근이 가능한 수익 풀에 포함되지 않기 때문이다. 어떤 팀들은 개인적 혹은 비즈니스 목적의 연회 등 특별한 이벤트를 위하여 게임별로 구매가 가능한 박스를 유지함으로써 이로부터의 수익을 증가시킨다.

개인좌석 라이센스는 계획된 스타디움 건설을 위한 첨단 자금조달 메커니즘의 하나이다. 기존의 혹은 신규의 시즌티켓보유자는 시즌티켓을 살 권리를 위하여, 특히 새 스타디움의 좋은 자리의 좌석을 위하여, 수천 달러에 달하는 수수료를 한꺼번에 지불한다. PSL은 Carolina Panthers의 Charlotte의 Ericson Stadium에서 최초로 활용된 후 종종 NFL 팀들에 의하여 사용되고 있다. Jets가 2004년 가을에 완공되는 새 Manhattan 스타디움에 PSL을 도입할 것으로 알려졌다. PSL은 스타디움의 건설 이전에 5,000만 달러 내지 1억 달러의 현금을 창출할 수 있기 때문에 매우 매력 있는 새 스포츠 경기장 건설의 자금조달방식이다. 팬으로서는 물론 단순히 좌석을 유지(구매)하기 위하여 추가로 지출하는 비용이며 그 좌석은 매년 구매하여야 한다.

PSL로부터의 현금 수익의 팀에 대한 중요성이 증가하고 있는데 그 이유로는 납세자들이 빡빡한 예산제약과, 다양한 우선순위에 대한 고려를 감안하여, 민간 비즈니스(팀)를 위하여 막대한 공적 보조금을 지원하는 것을 반대하기 때문이다. 따라서 추세는 '공공-민간 파트너쉽'으로 이동하고 있는데, 물론 다수의 소유주는 여전히 높은 비중의 공적 자금조달을 선호한다. 요컨대, 컨설턴트이며 작가인 Rick Horrow(NFL 및 여타 팀과 작업 수행)가 언급한 것처럼, 공공-민간 파트너쉽 틀 안에서 새 스포츠 시설 건설을 위하여 공적 자금조달을 추진하는 데 있어서 주장할 수 있는 주요 논점들은 다음과 같다.

- 경제적 영향 (특히 건설기간중)
- 도시개발에 미치는 긍정적 영향 (특히 스포츠 시설 단독으로보다는 더 큰 마스터 플랜의 일부분으로서)

- 수일간 소비 지출하는 관광객의 유치
- 사업체들로 하여금 커뮤니티에 소재하도록 확신 부여
- 커뮤니티의 이미지 개선 및 시민들의 프라이드 제고

경제전문가들은 종종 스타디움 건설 후의 경제적 혜택에 대하여 반박하는 자료들을 제시하기도 하고, 관련 수익의 상당 부분은 커뮤니티의 다른 곳에 지출될 것이라고 주장한다.

구내매장 및 주차수입이 스타디움 소유주의 추가적인 게임 전 수익 흐름이다. 최근 브랜드 제품 등 보다 광범위한 음식 선택폭 등으로 이 수입이 증가하고 있다. 또한 특히 새 스타디움의 경우, 시즌티켓 보유자를 위한 회원제 구단은 회원가입비 및 식비 수입을 창출한다. 스타디움에서의 식음료 판매실적은 좌석판매가 매진된 팀의 경우에도 관중의 불참자수가 증가하는 경우, 가령 팀이 포스트시즌에서 경기가 없을 경우 등에는 여전히 중요한 관심사이다.

- **상점:** 스포츠용품 소매상은 또 다른 광범위하게 존재하는 스포츠 비즈니스의 요소이다. 이 소매상들은 장비, 라이센스 팀 의류, 및 기타 품목들을 수백 개의 브랜드 매장을 통하여 판매한다. 업종 협회와 미디어 자료에 따르면 최대 규모인 Sports Authority는 2003년 약 25억 달러의 매출을 기록한 400여 개의 매장을 가지고 있고, 여섯 개 점포는 5억 달러를 상회한다. 이들은 그들 자체가 관련 브랜드이다.

많은 여타의 소매상들 및 웹사이트들도 라이센스 선물상품, 스포츠 비디오/DVD 등을 판매한다. 스포츠 경기장에 팀들은 일반적으로 자신의 팀 및 다른 팀의 품목들을 판매하는 자체 소매상을 운영한다. 이 상점들에서 판매되는 대대수의 상품들은 스포츠 활동에 참여하는 데 필요한 물품들이지만, 일부는 단순한 생활용품들이다. 후자는 팬이나 소비자에게 일상생활 가운데 팀 혹은 좋아하는 선수와의 연대감을 가질 수 있도록 한다.

- **라이센스 상품/장비**: 사람들이 자가 소비용이나 선물용으로 라이센스 상품을 구매, 착용, 사용, 전시할 때는 일종의 확장된 팬활동에 참여하고 있는 것이다. 이러한 활동을 통해서 개인은 스포츠, 리그, 및 팀과의 관계를 확장할 뿐만 아니라, 경기장 밖에서 재무적으로 관계를 활성화하게 된다.

라이센스 상품은 거대한 비즈니스로 주요 리그 및 NASCAR에 의하여 라이센스된 품목이 도매가격으로 100억 달러를 상회하는 것으로 추정된다. 주목할 만하게도, 이 수익들 중 단지 일부분만이 장비, 의류, 모자, 카드, 열쇠고리 등의 제조기업으로부터 라이센스를 공여하는 스포츠 주체에게 수수료로 지급된다. 일반적인 라이센스 수수료는 도매가격의 10%이다. 리그 사무실에 지급된 수수료는 수익 배분의 일환으로 리그 소속 팀들에게 균등하게 배분된다. 리그가 통상적으로 라이센스 권리를 통제한다. 그러나 경우에 따라서는 자체 스타디움을 소유한 팀들은 스타디움 브랜드 품목들을 라이센스한다.

많은 비스포츠 제품 제조기업과 같이, 라이센스들은 제품라인 내에서 종종 상이한 가격/품질 수준을 가진다. 가령, 전형적인 라이센스 팀 유니폼 및 의류(가령 팀 재킷) 제품 라인은 그 라인에서의 최고급 카테고리를 지정하고 있으며 이를 종종 리그 TV 게임에서 촉진한다. 주요 라이센스 제품/장비 기업들은 다양한 이니셔티브를 구사하는 마케팅 요원들을 가지고 있다. 핵심 요소는 카테고리 내 전략으로, 가령 각 스포츠 상품별 전략이다. 브랜드 및 제품 카테고리 책임에 더하여 소매상과의 관계관리도 도전요소이다.

- **출판/비디오**: 스포츠 출판물과 비디오는 팬들로 하여금 성원을 불러오게 하는 또 다른 방법이다. 리그 및 팀들은 역사로부터 연감, 정기 시즌 잡지 등을 출판한다. 상이한 스포츠, 팀, 경기방법 가이드 등에 대한 책의 범람은 각

시즌의 시작을 알리는 신호탄이며, 다수는 책 및 비디오의 미디어 서평의 일부이다. 팀 챔피언쉽의 중요한 요소는 그 해 동안의 성공을 이야기로 기술한 포스트시즌 책 및 비디오이다. 리그, 팀, 이벤트에 의해 혹은 독립적으로 출판되었던 간에 이 품목들은 팬의 집에서 시각적 공간을 차지한다.

기타 핵심 요소들

또한 기타의 핵심 요소들이 스포츠 비즈니스 모델에 포함된다. 이중 특히 중요한 것이 거대한 운동 장비산업인데, 이는 스포츠 참여자의 증가와 팬들이 좋아하는 팀 및 선수가 표시되어있는 장비를 갖추려는 열성에 의하여 육성되기도 하고 동시에 이를 육성하기도 한다. Nike, Reebok, Adidas 등 주요 브랜드 공급자들은 막대한 기업체이다. 그들은 리그 및 팀들과 마케팅 파트너쉽을 체결하고, 선수 인도스먼트에 막대한 돈을 지불하며, Nike의 Michael Jordan 라인과 같은 특별 선수 브랜드 상품 라인에도 많은 돈을 지불한다.

Nike는 최근 전 세계 운동화 매출의 약 삼분의 일을 점유하고, 전 세계의 광범위한 지역에 'Swoosh' 로고와 'Just do it' 슬로건을 운동 유니폼, 가게, 광고 등을 통해 전파하는 거대 기업이다. 동사의 전설적인 창업자요 리더인 Phil Knight가 그 브랜드의 마케팅 및 머천다이징 포지션을 21세기까지 계속 유지해올 수 있게 하였다(2005년에 그는 CEO직을 S.C. Johnson의 소비재부문을 경영했던 세계 시장에서 경험 많은 소비자 마케팅 전문가인 William Perez에게 물려주었다). Nike의 글로벌 초점을 대변하는 것으로 중국시장에서의 공격적인 소매점 증가와 올림픽 허들종목 금메달리스트인 Liu Xiang을 노출시키는 등 중국에서의 마케팅 노력 증가를 들 수 있다. Nike의 미도달 잠재 시장으로 수백만 명이 존재한다는 믿음을 반영하여, 이 원로 Nike 경영자는 Nike의 미래 성장에 관한 나의 질문에

'두 그루의 나무가 존재하는 한'이라는 말로 대신하였는데 이는 경쟁력과 성과의 개선을 추구하는 인간의 속성을 반영한 말이다.

또 하나의 거대 스포츠 장비 마케터는 Reebok으로서, 미국 제2의 운동화 제조기업이다. Reebok은 중국에서도 공격적인 마케팅을 해왔다. 동 기업은 세계적인 NBA스타인 Yao Ming의 Nike와의 계약이 종료되자마자 그와 약 1억 달러의 장기 인도스먼트 계약을 체결하였다. Reebok은 중국에 텔레비전 중계되는 게임을 통하여 자사의 가시성을 높이기 위하여 Yao Ming(Houston Rockets 소속)의 홈구장에 중국어 표지를 설치하였다. Reebok은 다른 스포츠 인도스먼트와 리그 장비 파트너쉽에도 적극적이다. Adidas가 스포츠 인도스먼트와 스포츠 마케팅을 활발히 전개하고 있는 또 하나의 주요 글로벌 운동화 제조기업이다.

팬터시 리그가 스포츠 비즈니스에서 성장하고 있는 또 하나의 분야이다. 이는 가령 수백만의 팬터시 선수들이 주로 인터넷을 통하여 매일 혹은 매주 게임에 참여하고, 프리시즌 선수 선발이 관심을 끈다. 참가비가 상승하고 있으며, 그 선수들이 팬터시 경쟁의 핵심인 실제 리그와의 관계가 강화되고 있다.

스포츠 참여 수준에서 스포츠 캠프가 스포츠 비즈니스의 또 하나의 요소이다. 이는 가령 장기간의 청소년 대상 훈련 캠프(주로 여름), 운동 역량 개선을 열망하는 수요자를 위한 본격적인 훈련 센터(가령 Bradenton에 있는 IMG 센터를 들 수 있는데, 여기에 전통적 학교가 부속해 있음), 성인 대상으로 팀의 전설적 선수들과의 춘계 훈련 주간 등을 포함한다.

차트에는 없지만 확장된 기타 카테고리의 일부가 스포츠 관련 출판이다. 일부는 The Sporting News나 Sports Illustrated처럼 수십 년간 존속되어왔고, 다수가 특정 스포츠의 참여자나 추종자를 대상으로 한다.

또한 차트에 명시적으로 열거되지 않은 것으로 리그, 팀 및 이벤트의 스폰서쉽을 지속시키는 다양한 소비재 및 서비스를 들 수 있다. 다양한 종류의 맥주, 청량음료, 자동차 메이커, 호텔 그룹들, 렌탈카 기업 등이 스포츠 비즈니스의 일부이다.

팬: 시스템의 지원자

팬은 스포츠 비즈니스 세계의 토대이다. 모델에서 제시된 바와 같이 그들이 일체의 시스템을 지원한다. 신체를 게임에 지원하고, 눈을 TV 보는 데 지원하며, 지갑의 티켓, 케이블, 페이퍼뷰 요금 및 상품, 간행물, 비디오, 팬터시 리그 요금, 장비에 지불할 뿐만 아니라, 스폰서의 상품과 서비스에 지불한다. 이벤트에 참가하든지, 스포츠 관련 TV 프로그램을 시청하든지, 스포츠 품목을 구매하든지 간에 팬들은 스포츠에 시간을 할애한다. 대부분의 팬에게 있어서 스포츠에의 참여는 또한 자신들의 심장을 얼싸안는 것이다.

열성 팬들을 구축하고 유지하는 것이 리그나 팀의 최우선 목표이다. 이는 팬의 스포츠에 대한 본래의 관심을 포함하고, 경기의 질과 매력을 토대로 하며, 리그 마케팅(방송, 스폰서, 상품 파트너를 포함)에 의하여 자극된다. 팬의 흥미는 자신의 어릴 적의 풀뿌리 참여(가령 Little League, Pop Warner 등)에 의해 흔히 유발된다. 앞에서 언급하였듯이, 팀들은 먼거리 혹은 가까운 지역의 경기장에서, TV를 통해서, 애호 멤버쉽(가령 신용카드 등)을 통해서 팀을 따르거나, 팀 품목들을 구매하거나 착용하는 충성된 팬들로 구성된 국가를 건설하고자 노력한다.

| 도표 1.2•2 | 는 핵심에서 주변(비주류), 주변 외부에 이르는 팬들로 구성된 서클들을 보여주고 있다. 핵심 팬과 내부 서클 내의 높은 응집력과 모든 서클 내에 보다 많은 사람들이 모이는 것은 팀과 스포츠에 대한 사람들의 관심도와 팀의 성과에 달려있다. 이는 소비재 상품 사용 정도에 따른 카테고리 — 고소비자, 중소비자, 저소비자, 비소비자 — 와 유사하다. 팬 유지 및 팬 구축에 대한 초점은

도표 1.2-2 팬의 서클

마케팅의 핵심 철학과 저자의 모토인 '소비자는 마케팅의 알파요 오메가이다'와 일치한다.

팬의 응집력 강화(내부 서클 확대)와 팬의 확대(주변 안으로 사람들이 진입)가 동시에 일어나는 것은 팀이 진정으로 팬의 열성을 확보할 때 가능하다. 이것이 New England에서 2004년에 Patriots가 매주 점차로 수퍼보울로 진전하면서, 그리고 Red Sox가 American League 페넌트와 World Series에서 불가능해 보였던 승리를 함으로서 두 번 일어났다. 단지 한정적으로 팀에 흥미를 가진 사람들은 '팬의 커뮤니티'의 일부를 구성한다. 팬의 행복감은 TV시청, 직장 대화, 상품 판매, 미디어 노출 등에 영향을 미친다. 팬들은 스포츠 경기, 특히 실황 이벤트를 사랑한다는 사실은 의심의 여지가 없다. 그러나 팬의 비용이 계속 증가하고 있다. 또한 팀,

리그, 이벤트의 소유주 및 관리자의 비용뿐만 아니라 방송사 및 스폰서의 전체 스포츠 비즈니스 시스템의 비용이 증가하고 있다.

납세자로서의 다수의 비 스포츠 팬 역시 스포츠에 재정지원을 한다. 스타디움 섹션에서 언급하였듯이 스포츠 스타디움을 위한 공공 지출은 미국의 조세예산에 있어 수십억 달러의 부담을 증가시켰다. 그러나 최근 들어 공공지출은 줄이고 민간재원에 보다 더 의존하는 추세이다.

도입부에서 언급하였듯이 팬 지원을 두고 점점 경쟁이 치열해지고 있다. 스포츠 관람, TV를 통한 스포츠 시청, 스포츠 관련 상품 및 서비스 구매 등을 위한 자금과 시간의 사용이 증대되고 있다. 이는 많은 사람들이 가지는 의문을 제기한다. "팬 지원에 한계가 있는가? 그 수준에 도달하였는가?" 그에 대한 저자의 대답은 이렇다. "그렇다. 지금 당장은 아닐지라도 조만간 그렇게 될 것이다." 그러나 전반적으로는 이러한 관점을 가진 우리들이 계산을 잘못했을지도 모른다. 시간만이 말해주겠지만 더 많은 게임과 이벤트, TV에서의 더 많은 스포츠 방영시간, 더 많은 상품이 넘쳐나고 있다. 우리는 단지 팬과 그들의 지원을 열망할 수 있을 뿐이다.

결론

스포츠 비즈니스 모델을 보면서 혹자는 '누가 스포츠 비즈니스를 소유하는가?'라고 질문할지도 모른다. 분명히 다수의 대답이 존재할 것이다. 리그, 팀의 소유주, 경기 기회를 만든 이벤트 소유자로부터 방송사, 막대한 자금을 댄 스폰서, 그들이 없다면 경기 자체가 존재하지 못하였을 선수들까지 말이다.

LEAGUES

CHAPTER

2 리그

핵심 쟁점

- 가치창출과 가치배분은 스포츠 비즈니스의 두 중심적인 쟁점이다.
- 스포츠 리그는 다양한 형태의 단일주체소유모형과 분산구단소유모형을 채택하는 점에서 다르다.
- 경쟁균형은 리그 수준, 게임 수준, 국가대표 팀/올스타 팀 수준에서 정의될 수 있다.
- 다수의 메카니즘이 일부의 의도하지 않은 결과를 발생시키지만 경쟁균형을 촉진하기 위해 사용되고 있다.
- 수입배분은 배분되는 수입 풀의 규모/구성과 채택되는 배분규칙에 의해 영향을 받는다.

| 사 례 | 농구, 세계화 그리고 NBA

스포츠 리그는 개별 구단 또는 팀이 참여하는 기반구조를 제공한다. 개별 리그는 여러 가지 차원에서 크게 다르지만, 모든 구단은 일부의 중앙기구 의사결정이 리그의 생존가능성을 위해 절대적으로 필요하다는 공통의 믿음을 가지고 있다. 중앙조직 의사결정의 예를 예시해보면 다음과 같다.

- 어떤 구단들이 리그에서 경기할 수 있는가? 새로운 구단의 리그진입을 결정하기 위해 어떤 기준이 적용되어야 하는가?
- 경쟁의 구조는 어떠해야 하는가? 몇 개의 경기를 가져야 하는가? 몇 개의 팀이 플레이오프 시리즈에 진출해야 하는가?
- 어떤 수입부분이 구단 간에 배분되어야 하는가? 어떤 수입배분 규칙이 적용되어야 하는가?
- 어떻게 선수와의 관계를 구축하여야 하는가? 합의된 수입에 대한 선수/비용 비율 공식이 존재하여야 하는가?
- 어떤 미디어 관계를 형성하여야 하는가? 텔레비전 방송계약이 중앙의 리그수준에서 협상되어야 하는가 또는 각 구단이 개별적으로 텔레비전 방송계약을 협상할 권리를 가져야 하는가?

이와 같은 의사결정과 기타 의사결정은 구단들이 경기장에서와 비즈니스 측면에서 경쟁하는 무대를 만든다.

이 장에서는 리그수준에서 제기되는 일부의 중요한 쟁점들에 대한 논의가 이루어진다.

- 리그의 소유구조와 관련된 의사결정
- 경쟁균형의 중요성과 리그가 경쟁균형을 촉진하기 위해 사용할 수 있는 메커니즘에 관한 의사결정

- 어떤 수입이 중앙집중식으로 수집되고 이와 같은 수입이 어떻게 배분되어야 하는지에 관한 의사결정

이 장의 중심적인 주제는 리그 수준에서 이루어지는 의사결정이 해당 스포츠의 총 수입 풀에 어떻게 영향을 미치고 이와 같은 수입 풀이 어떻게 개별 구단 간에 배분되는지를 알아보는 것이다.

리그의 소유구조

새로운 스포츠 리그를 만들기 위한 시도는 지속적으로 이루어진다. 새로운 리그는 소유구조를 결정하기 위해 백지상태로 시작한다. 리그 소유구조의 양 극단은 단일주체소유모형single-entity model과 분산구단소유모형distributed club ownership model이다.

단일주체소유모형: 단일 그룹(또는 개인)이 리그와 리그 내의 모든 팀을 소유한다. 이와 같은 단일 주체는 개인, 투자그룹, 또는 다른 리그일 수 있다. 이와 같은 모형을 보여주는 몇 가지 예를 제시해보면 다음과 같다.

〈예 1〉 ABLAmerican Basketball League(1996년 10월 첫 게임, 1998년 12월 마지막 게임)과 WNBAWomen's National Basketball League(1997년 여름 첫 게임, 현재도 리그 운영중)는 모두 단일주체소유모형으로 만들어진 프로여성농구리그였다. 두 경우 모두 단일주체가 리그와 리그 내의 모든 구단을 소유하였다. 투자그룹과 지분을 받은 일부 선수들이 ABL을 소유하였고 NBA가 WNBA를 소유하였다.

〈예 2〉 XFLExtreme Football League는 NBCNational Broadcasting Corporation과 WWE World Wrestling Entertainment의 50/50 합작기업이다. NBC와 WWE의 합작기업이 XFL과 리그 내 10개 구단 모두를 소유하였다.

리그 소유자의 관점에서 보면 단일주체소유모형은 다음과 같은 장점을 가진다.

- 구단이 배치되는 도시에서 구단을 소유하고자 하는 투자자가 없을 수 있는 경우에도 개별 구단을 선호하는 도시에 배치할 수 있다.
- 지역 팬의 열광을 촉진하기 위해 개별 선수들을 팀에 배치할 수 있다. 예를 들면, WNBA는 스타급 출범 계약 선수들 중 두 명을 그들의 대학팀과 가까운 곳에 있는 구단에 배치하였다. Southern California 대학교의 스타인 Lisa Leslie는 Los Angeles Sparks에 배치되었다. Texas Tech의 스타인 Sheryl Swoopes는 Houston Comets에 배치되었다.
- 선수배치와 선수재배치에 의해 리그의 경쟁균형을 촉진할 수 있다. 단일주체는 개별 스타들이 어느 구단에게도 불균형하게 배치되지 않도록 선수들을 배치할 수 있다.
- 선수연봉의 상승을 제한할 수 있다. 단일주체소유모형은 리그 내의 개별 구단이 우수한 선수에 대하여 서로 대항하여 선수연봉을 제시하지 못하게 할 수 있다.

단일주체소유모형은 개별 구단에게 제한된 경제적 인센티브를 제공한다. 이것은 중앙집중도가 높은 조직이 가지는 고전적인 문제이다. 대부분의 단일주체소유모형에서 혁신적인 마케팅 전략을 채택하거나 또는 우월한 경기성과를 달성한 개별 구단은 이익의 큰 몫을 소유하기 어렵다.

단일주체소유모형은 새롭게 시작하는 리그에서 자주 발견된다. 만일 리그가 생존하면, 시간이 흐름에 따라 개별 구단의 소유권과 의사결정권리 측면 모두에서 보다 더 분산된 소유모형으로 이행시키고자 하는 압력이 존재한다. 1997년 이후 WNBA는 단일주체소유모형으로부터 이탈하였다. 개별 WNBA 구단은 현재 독립적으로 매입되고 매각될 수 있다. 더욱이 NBA 구단만이 WNBA 구단을 소유할 수 있다는 제약은 더 이상 존재하지 않는다.

분산구단소유모형: 각 개별 구단은 자기 자신의 소유 그룹을 가진다. 개별 구단은

소유권을 변화시킬 수 있고 변화시킨다. | 도표 10•3 | 은 MLB, NBA, NFL, NHL에 속하는 구단의 최근 28건의 소유권 거래 상황을 보여준다.

NFL은 분산구단소유모형의 한 형태를 보여준다. NFL은 U.S.세법의 Section 501에 해당되는 세금면제조직이다. Section 501(a)는 'Subsection(c)에 기술되어 있는 조직은 … 세금의 면제를 받는다'라고 규정하고 있다. Subsection(c)는 '세금면제조직'을 다음과 같이 열거하고 있다.

> 이윤을 추구하기 위해 조직되어 있지 않고 임의의 민간 주주 또는 개인의 이익에 도움이 되는 순소득 부분이 없는 비즈니스 연맹Business League, 상공회의소Chambers of Commerce, 부동산 협회Real Estate Boards, 무역 협회Boards of Trade 또는 프로풋볼리그(풋볼선수들을 위한 연금을 시행하느냐에 관계없음).

NFL은 회원 구단을 대신하여 다수의 출처로부터 수입을 수집하고 이와 같은 수입(비용을 공제한 수입)을 각 NFL 구단에게 배분한다. 현재 32개 구단 각각은 독립적으로 소유되어 있는 기업이다. Green Bay Packers를 제외한 모든 구단은 사적으로 소유되어 있고 (재무위원회Finance Committee에 의한 검토 후에 리그 전체 회원의 투표가 이루어지는 전제 하에서) 제3자에게 매각될 수 있다.

NFL 구단주는 구단 커미셔너의 지명과 신규진입 구단의 인가와 같은 주요 이슈에 대한 투표행위와 상임위원회Standing Committees의 위원 활동을 통하여 리그의 의사결정에서 중심적인 역할을 수행한다. 이와 같은 상임위원회의 예는 다음과 같다.

- 재무관련위원회 (재무위원회Finance Committee, 감사위원회Audit Committee, 스타디움위원회Stadium Committee)
- 비즈니스관련위원회 (방송위원회Broadcasting Committee, 비즈니스사업위원회Business Venture Committee)

이에 더하여 NFL은 이윤추구자회사들을 가지고 있다. 세 가지의 예는 다음과 같다.

- NFL 엔터프라이즈 회사LLC: 위성방송과 새로운 미디어 영역에서 사업기회를 탐색하고 개발하며 운영한다. NFL Network, NFL Sunday Ticket, NFL.com이 NFL 엔터프라이즈에 속한다.
- NFL 프러퍼티스 회사LLC: NFL의 중앙집중화 마케팅, 라이센싱, 후원기업, 출판, NFL 구단의 이름, 심볼, 디자인, 컬러, 로고를 판매할 권리를 가진다.
- NFL 프로덕션: 필름과 비디오 프로그래밍과 NFL 게임 전체의 면허를 통제한다.

일 년 내내 NFL 경영진과 모든 구단주(또는 구단 대표자) 간의 정규회의 뿐만 아니라 계속적인 상임위원회 회의가 개최된다. 이와 같은 분산구단소유모형의 경우, NFL 리그 경영수준에서 리더쉽과 중요한 의사결정의 여지가 크게 존재한다.

분산구단소유모형에서는 다양한 구성요소 간(리그와 구단, 리그와 선수, 구단과 구단 간) 갈등이 공개적으로 또는 노출성이 높은 법적 소송형태로 나타날 수 있는 가능성이 더 높다. 하나의 대표적인 예가 2004년에 잉글리쉬 럭비 풋볼 리그English Rugby Football League와 구단 St. Helens 간의 분쟁이다. St. Helens의 스타 Sean Long이 St. Helens가 패배했고 그 자신이 선수로 뛰지 않았던 한 경기에 도박하여 성공하였던 것 때문에 English Rugby Football League는 Sean Long에게 3개월간 경기출장을 정지시켰다. Sean Long은 경기 전에 St. Helens가 약한 팀을 수비로 세울 것이라는 사적 정보를 사용하였다. 도박 사건에 의한 출장정지는 2004년 9월 17일인 금요일에 만료되었다. St. Helens는 2004년 9월 19일에 주요 경쟁자 중의 한 구단인 Bradford와 경기하도록 되어 있었다. 그러나 텔레비전 방송 스케줄을 수용하기 위해, 이 경기는 2004년 9월 17일로 변경되었다. Sean Long은 다시 조정된 일자의 경기에 출장할 자격이 있었는가? English Rugby Football League는 Sean Long은 출장할 자격이 없으며 그의 출장정지는 9월

17일 자정까지 유효하다고 결정하였다. St. Helens는 이와 같은 결정에 대하여 이의를 제기하였고 법적 자문을 받았다. 이어서 English Rugby Football League는 처음의 의사결정을 번복하였다. 이에 대하여 St. Helens의 대표이사는 공개적으로 다음과 같이 언급하였다.

> Rugby Football League가 리그의 결정은 법적으로 잘못이고 실제로 공평하지 않다는 우리의 주장을 받아들이게 되어서 기쁘게 생각한다. 우리는 그들의 생각을 바꾸기 위해 법적 교신과 법적 조치의 위협을 가하게 되었던 것에 대해 유감스럽게 생각한다.

단일주체소유모형에서 개별 구단 경영진이 이와 같은 공개적인 진술을 하거나 또는 법적 조치를 위협할 수 있는 가능성은 없다. 분산구단소유모형에서 재산권과 비즈니스 의사결정에 영향을 주는 일부 주요 결정은 획기적인 법원 판결, 예를 들면 ① NFL의 현재 자유계약선수 시스템을 확립하는 데 중요하였던 1992 McNeil et al. v. NFL et al. 판결과 ② 유럽의 프로축구선수가 계약 종료 시에 유럽의 다른 구단으로 자유롭게 이동하는 것을 허용한 European Court of Justice의 1995 Bosman 판결에 근거하여 이루어졌다.

구단 또는 선수와 같은 스포츠 리그의 구성 그룹은 리그 내에서 항상 동질적인 것은 아니다. 예를 들면, MLB 내에서 구단들은 New York과 같은 대도시 시장에 있느냐 또는 Minneapolis의 St. Paul과 같은 소도시 시장에 있느냐에 따라서 매우 다른 이해관계를 가질 수 있다. 선수의 인센티브는 선수가 신인 선수인가 또는 기존 선수인가에 따라서 다를 수 있다.

경쟁균형

경쟁균형competitive balance은 많은 리그의 관리자들에게 중요한 관심사항이다. 경기장에서의 경쟁균형은 다양한 수준, 즉 리그, 게임, 국가대표팀 또는 올스타팀 수준에서

정의될 수 있다. 그러나 경쟁균형을 정의하는데 주의하여야 한다. 다음의 내용은 경쟁균형의 개념과 정당화에 대한 하나의 진술에 불과하다. 이 부분은 다양한 견해가 존재하는 분야이다.

리그 수준: 경쟁균형은 가능한 한 많은 구단이 시즌 시작 시점에 우승하거나 또는 플레이오프에 진출할 현실적인 가능성을 가지고 있을 때 존재한다. 리그 수준에서 경쟁불균형이 존재하는 증거로는 다음과 같은 내용들이 포함될 수 있다.

- 한 구단이 상당한 기간 동안 제1위의 위치를 지배한다, 즉 소위 왕조를 이루고 있다. 하나의 극단적인 예가 Australian Rugby League의 St. George 구단이다. St. George는 연속해서 1955-1965년의 11년 동안 우승을 차지하였다. Boston Celtics는 1958/59년 시즌부터 1965/66년 시즌까지 연속해서 8번 NBA 우승을 차지하였으며 1956/57년 시즌부터 1968/69년 시즌까지 13번 중 11번 NBA 우승을 차지하였다.
- 동일한 팀들이 상당한 기간 동안 경쟁의 상위순위를 지배한다. 1986-2004년의 기간 동안 두 개의 팀, 즉 Glasgow Rangers(13번)와 Glasgow Celtic(6번)만이 Scottish Premier Soccer League에서 우승하였다.
- 동일한 팀들이 상당한 기간 동안 경쟁의 하위순위를 지배한다. 예를 들면, MLB에서 Pittsburgh Pirates(승리/패배 비율 44.3%), Milwaukee Brewers (44.4%), Detroit Tigers(45.0%), Philadelphia Phillies(46.8%), Montreal Expos(47.6%), Kansas City Royals(48.9%), Toronto Blue Jays(48.9%)는 1994년부터 2003년까지 10년 동안 한 번도 플레이오프의 첫 라운드에 진출하지 못하였다. 이와는 대조적으로 Atlanta Braves(61.2%)와 New York Yankees (60.4%)는 이 기간 동안 매년 플레이오프에 진출하였다.

게임 수준: 게임 수준에서의 경쟁균형은 한 게임의 결과는 게임의 시작 시점에

결정되어 있지 않을 확률이 매우 높다는 것을 의미한다. 게임 수준에서 경쟁불균형이 존재하는 증거로는 다음과 같은 내용들이 포함될 수 있다.

- 일방적인 결과를 가지는 게임의 수가 매우 많다.
- 게임의 초반부에 한 구단이 '실질적으로' 공격할 수 없을 정도록 리드하는 게임의 수가 매우 많다.

국가대표팀/올스타팀 수준: 축구의 경우와 같은 국가대표팀 또는 올스타팀에 선발되는 것은 선수에게 높은 지위를 제공한다. 국가대표팀/올스타팀 수준에서 경쟁균형은 한 구단이 상당한 기간 동안 국가대표팀/올스타팀의 구성을 계속적으로 지배하지 않는다는 것을 의미한다.

리그 수준에서의 경쟁균형 지지자들은 다수의 잠재적으로 강력한 팀들과 관련된 불확실성이 관중의 수를 더 많게 하고 텔레비전 시청률을 더 높이며 더 많은 스폰서를 가질 수 있게 한다고 주장한다. 많은 구단의 팬들은 시즌의 시작 시점에 그들의 구단이 시즌 내내 잘 해낼 수 있을 것이라고 진정으로 믿을 수 있다. 시즌의 종료 시점까지 불확실한 결과를 가지는 많은 게임을 가진다는 것은 돌아서는 관중의 수를 감소시킨다. 많은 구단 출신의 선수들로 구성된 국가대표팀 또는 올스타팀을 가진다는 것은 리그 내의 소수의 구단에게 이익을 주기 보다는 모든 구단의 능력을 증가시킨다.

리그 수준에서의 경쟁균형의 촉진

리그는 경쟁균형을 촉진하기 위해 다수의 메커니즘을 사용하고 있다. | 도표 2•1 | 은 일부 핵심적인 메커니즘을 요약한 것이다. 이와 같은 메커니즘을 하나하나 독립적이거나 또는 리그에서 채택되고 있는 소유모형과 독립적으로 살펴보지

않는 것이 중요하다. 일부의 메커니즘을 조정하기 위한 덧붙이기식 해결방안은 경쟁균형을 개선하기 보다는 경쟁균형의 중요성을 강조하게 만들 수 있다. 구단들과 선수들은 그들 자신의 인센티브를 가지고 있고 리그의 경쟁균형은 그들의 우선순위에서 높지 않을 수 있다는 것을 고려하는 것이 중요하다.

선수 선발 메커니즘: 구단이 자격을 갖춘 선수를 선발하는 순서가 가장 최근 시즌의 경기 결과 순위에 기초한 드래프트 시스템은 경쟁균형을 촉진할 수 있다. 팀의 선수가 상대적으로 적은 농구와 같은 스포츠를 생각해보자. 2003년 드래프트에서 LeBron James를 선택한 Cleveland Cavaliers와 같이 최하위의 경기결과를 가진 구단에게 잠재적인 슈퍼스타를 첫 번째로 선택할 수 있게 하는 것은 이 구단의 경쟁 잠재력을 극적으로 향상시킬 수 있다. 단일주체소유의 리그 구조에서 리그 경영진은 성과가 낮은 구단을 추가적으로 돕기 위해 드래프트 이외의 보완적인 선수 배분을 할 수 있다.

구단 수준 메커니즘: 많은 리그는 연봉상한제도salary cap을 가지고 운영된다. 이것은 리그 내의 구단이 선수 급여에 지출할 수 있는 최대 금액을 제한하는 것이다. 이와 관련하여 운영되는 조건에는 최소 연봉 급여 조건이 있다. NFL은 최대/최소 연봉 급여 범위를 가지고 있는 대표적인 리그이다. 연봉 지불에 대한 최대 상한은 부자 구단이 리그의 우월한 재능을 가진 선수들로 채우는 것을 막기 위한 메커니즘이다. 기본적인 전제는 더 높은 선수 연봉을 지불하는 구단이 경기장에서의 성공 가능성이 더 높다는 것이다. 연봉상한이 없거나 연봉 세금이 없는 리그로부터의 증거가 이와 같은 전제를 강력하게 지지한다(NFL, MLB, NBA, NHL, EPL로부터 제시되는 증거를 위해서 4장을 참조하라). 최소 연봉 지급 조건은 각 구단을 위해 재능 있는 선수를 고용하고자 하는 최소한의 기본적인 약속을 제시하기 위한 리그와 선수협회의 바람 때문에 만들어진 것이다.

도표 2-1　경쟁균형을 촉진하기 위한 메커니즘

1. 선수 수준 메커니즘
    - 직전 시즌의 경기 순위에 기초하여 이루어지는 드래프트 시스템
    - 일부의 단일주체소유 리그에서 이루어지는 보완적인 선수할당

2. 구단 경영 메커니즘
    - 최대/최소 구단 연봉수준
    - 설정된 수준 이상을 지출하는 구단에 대한 연봉세금

3. 리그 수준 메커니즘
    - 경기결과와 역의 관계를 가지는 수입배분
    - 지역수입기반과 역의 관계를 가지는 수입배분
    - 구단선수연봉과 역의 관계를 가지는 수입배분
    - 각 구단에 동일하게 분배되는 수입배분
    - 팀의 강등과 승격(많은 프로축구리그에서 이루어지고 있음)
    - 잘못된 경기매치로 인식되는 경기의 수를 감소시키는 경기일정(리그 내의 구단이 한 시즌 내에 고정된 횟수로 모든 다른 구단과 경기를 하지 않는 리그에서 이루어질 수 있음)

리그 수준 메커니즘: 리그 수입배분은 총수입에 대한 중앙 집중적으로 수집되는 수입의 상대적인 크기와 사용되는 수입배분 규칙에 따라서 하나의 중요한 경쟁균형 메커니즘일 수 있다. 이와 같은 쟁점은 수입배분을 논의하는 다음 절에서 논의된다.

팀의 강등relegation과 승격promotion은 리그 내 구단의 경쟁력을 증가시키는 다른 하나의 방법이다. 이와 같은 일은 프로축구리그에서 자주 발견된다. 대부분의 국가들에서 엘리트 리그는 구단들이 경쟁하는 다수의 하부리그를 가지고 있다. 영국 프로축구리그는 이와 같은 구조를 가지고 있다. 영국 프로축구리그의 상위 3개 리그는 English Premier League(20개 구단), Division One League(24개 구단), Division Two League(24개 구단)이다. 각 시즌 말에 English Premier League의 하위 3개 구단은 Division One League로 강등되고 Division One League의 상위 3개 구단은 English Premier League로 승격된다. | 도표 2•2 | 는 이와 같은 구단의 이동을 보여준다. 이와 같은 강등과 승격 구조는 더 강한 팀을 상위 리그에 합류하게 하고 더 약한 팀을 하위 리그로 이동시키게 하고자하는 것을 목표로 하고 있다. 또한 이와 같은 강등과 승격 구조는 시즌 말에 가까운 시점에 리그 순위의 하위 부분에 있는 구단들의 팬들에게 '삶과 죽음'의 드라마를 만들어 낸다. 1993/94 시즌부터 2002/03시즌까지의 10시즌 동안에 36개 구단이 EPL에서 적어도 1시즌을 경기하였다.

이와 같은 36개 구단 중 11개 구단만이 10년 기간 동안 매년 EPL에 남아있을 정도로 충분한 우수한 경기성과를 달성하였다. 강등과 승격 구조는 승격되는 구단이 상위 리그에서 생존할 수 있도록 하게 하는 상위 리그 아래에 일련의 강력한 리그들이 존재하여야 한다는 점을 요구한다. 마이너 리그를 가지고 있는 MLB와 NHL은 북미에서 이와 같은 모형에 가장 가까운 리그이다.

도표 2-2 잉글리시 프리미어 리그에서의 적자생존: 강등과 승격

(Premier League의 하위 3개 구단은 다음 시즌에 Division One League로 강등되고, Division One League의 상위 3개 구간은 다음 시즌에 Premier League로 승격된다)

Premier League

2000-2001 Season		2001-2002 Season		2002-2003 Season	
1. Manchester United		1. Arsenal		1. Manchester United	
.		.		.	
.		.		.	
16. Everton		16. Boston		16. Aston Villa	
17. Derby		17. Sunderland		17. Colton	
18. Manchester City	Relegated for 2001-02	18. Ipswich	Relegated for 2002-03	18. West Ham	Relegated for 2003-04
19. Conventry		19. Derby		19. West Bromwich	
20. Bradford		20. Leicester		20. Sunderland	

Division One

2000-2001 Season		2001-2002 Season		2002-2003 Season	
1. Fulham	Promoted for 2001-02	1. Manchester City	Promoted for 2002-03	1. Portsmouth	Promoted for 2003-04
2. Blackburn		2. West Bromwich		2. Leicester City	
3. Bolton		3. Birmingham City		3. Wolverhampton	
4. Preston		4. Wolverhampton		4. Sheffield United	
5. Birmingham City		5. Millwall		5. Reading	

수입배분

수입배분의 두 가지 중심적인 이슈는 ① 수입 풀의 구성과 ② 공유된 수입이 개별 구단에 배분되는 배분 규칙이다.

수입 풀의 구성

리그에 직접 지불되는 중앙 수입 풀central revenue pool과 구단에 직접 지불되는 지역 수입 풀local revenue pool 간에 중요한 구분이 존재한다. 리그가 비영리조직인 경우 (예를 들면, MLB, NBA, NFL, NHL), 리그 비용을 공제한 모든 중앙의 수입은 일반적으로 구단에 배분된다. 리그가 영리조직인 경우, 리그는 종종 중앙 수입 풀의 일정 비율을 수취한다. 예를 들면 NASCARNational Association for Stock Car Auto Racing는 중앙 텔레비전 계약금의 10%를 수취하고 65%를 운동장과 25%를 경주팀에 배분한다. NASCAR는 한 프랑스 가계에 의해 소유되어 있는 민간소유영리리그이다.

중앙 수입 풀과 지역 수입 풀 모두는 리그별로 다르다. 예를 들면, NFL은 중앙 리그 수준에서 모든 미디어 수입(ABC/CBS/FOX/ESPN과의 1998-2005 방송계약 하에서 연간 22억 달러)을 징수한다. 이와 대조적으로 MLB, NBA, NHL은 중앙 수입 풀과 지역 수입 풀 수준 모두에서 미디어 수입을 징수한다. 광고주 거래는 리그 수준 또는 지역 구단 수준에서 이루어질 수 있다. NFL은 MLB, NBA, NHL보다 총수입 수입에서 차지하는 중앙 수입비율이 훨씬 높다.

지역 수입 풀과 교차 보조: 구단은 항상 지역에서 징수하는 수입의 100%를 항상 수취하는 것은 아니다. 많은 리그의 한 가지 전통은 홈 팀이 방문 팀과 함께 티켓 수입을 공유하는 것이다. 2002년까지 NFL은 홈 구단이 60%를 수취하고 방문 구단이 40%를 수취하는 규칙을 가지고 운영되었다. 2002년 이후 NFL은 티켓 수입의 방문 구단 지분인 40%를 중앙 수입 풀에 예치하였고 중앙 수입 풀을 동등하게 모든 32구단에게 배분하였다. 2002년까지 사용된 접근법에서 티켓수입 창출능력의 구단별 차이는 방문게임 수입배분에 반영되었다.

각 MLB 구단은 다양한 지역 수입(지역 라디오와 텔레비전 중계수입, 티켓 판매액, 스위트룸 임대수입, 경기장 매점 수입, 주차료 수입, 경기장 지출 공제)을 하나의 풀로 집계한다. 각 구단을 위한 이와 같은 지역 수입 풀의 34%는 중앙 수입 풀로 기부되고 각 MLB 구단에 동등하게 배분된다.

수입 배분의 규칙

풀링된 수입을 배분하기 위해서 사용되는 배분규칙은 각 구단이 경기장에서 경쟁적이기 위해 가지는 자금에 극적인 효과를 가질 수 있다. 세 가지의 중요한 배분규칙은 다음과 같다.

- 지역 수입 창출 능력이 낮은 구단에게 더 많이 배분하는 것. MLB 배분 규칙은 Milwaukee Brewers와 Minnesota Twins와 같은 수입 창출 능력이 낮은 구단들에게 New York Yankees와 Boston Red Sox와 같은 구단들의 수입 일부를 재배분 하는 것이다. 이와 같은 배분규칙은 구단 간 총수입의 절대적인 차이와 상대적인 차이를 감소시킨다.
- 리그 내의 모든 구단에게 동등하게 배분하는 것. 이와 같은 배분규칙은 NFL에 의해 채택되고 있는 접근법이다. 이와 같은 배분 규칙은 구단 간 총수입의 상대적인 차이를 감소시킨다.
- 수입 창출이 높은 구단을 선호하는 방식으로 배분하는 것. English Premier League는 더 좋은 성과를 달성하는 구단(또한 최고의 지역 수입을 창출하는 구단)이 가장 높은 배분을 받는 공식을 사용하면서 상당한 규모의 텔레비전

도표 2-3 Green Bay Packers의 수입구조: 2002/03시즌과 2003/04 시즌

	2002~2003		2003~2004	
	100만 달러 기준	%	100만 달러 기준	%
중앙 수입				
텔레비전 수입	77.140	50.4	81.179	45.3
기타 NFL 수입	4.701	3.1	7.306	4.1
로드 게임	10.770	7.0	11.384	6.4
합계	92.612	60.5	99.869	55.8
지역 수입	60.485	39.5	79.226	44.2
총 수입	153.097	100.0	179.095	100.0

수입 계약을 배분한다. 이와 같은 배분 규칙은 구단 간 수입의 절대적 차이를 증가시킨다. (EPL이 이와 같은 배분 규칙을 채택하고 있는 이유는 리그 내 구단들의 경쟁균형을 촉진하기 보다는 성공적인 구단의 성과를 보상하고자 하는 것이다. 일부 논평자들은 북미 리그에서 사용되는 배분 규칙을 '사회주의적'이라고 부르는 것과는 달리 EPL에 '원초적 자본주의'라는 딱지를 붙인다.)

NFL의 Green Bay Packers는 공개적으로 구단의 재무제표를 발표한다. 이와 같은 구단의 재무제표는 NFL에 속하는 잘 알려진 한 구단의 총수입에서 차지하는 중앙배분수입의 비율을 알 수 있도록 해준다. | 도표 2•3 | 은 2002/03 시즌과 2003/04

시즌 동안 이와 같은 정보를 제시한다. NFL의 모든 구단은 Green Bay Packers가 보고하는 것과 동일한 중앙 수입, 즉 2002/03시즌에 9,261만2,000달러와 2003/04 시즌에 9,986만9,000달러를 받았다. Green Bay Packers는 2003/04 시즌의 시작 시점 전에 주요한 스타디움 재개발을 종료하였다. 중앙 배분 수입은 각 연도에 Green Bay Packers 총수입의 55%이었다.

리그 수준에서의 주요 도전

리그 수준의 리더쉽과 전략은 서로 다른 리그에서 취해지고 있는 조치들과 논의되고 있는 도전들을 이해하는 데 중요한 요소이다. 이 절에서는 간략하게 일부의 핵심적인 조치와 도전에 대한 논의가 이루어진다.

가치 창출과 가치 배분: 각 리그는 지속적으로 기존의 수입 원천으로부터 수입을 증가시키고 새로운 수입 원천을 만들기 위한 방법들을 찾는다. | 도표 2•4 | 는 Forbes지와 Financial World의 추정치에 기초하여 정리된 1994년부터 2003년까지 수입, 선수연봉, 운영수익, 구단가치의 연간 복리 증가율을 제시한다. 이와 같은 수치들은 추정치이지 회계감사를 받은 구단의 수치에 기초하여 구해진 것이 아니라는 점에 유의해야 한다. 모든 구단의 실제 수치는 EPL의 경우를 제외하고 공개되지 않는다.

| 도표 2•4 | 는 모든 5개 리그의 수입이 어떻게 증가하였는지를 보여준다. 선수 연봉도 이 기간 동안 증가하였다. 전체 리그 수준에서 NFL은 운영수익과 구단 가치의 가장 높은 증가율을 경험하였다.

세계화: 글로벌 확장은 리그가 경기장 내에서 또는 경기장 밖에서 게임의 기반을 확장시킬 수 있는 방법을 제시한다. 축구는 상당한 수입을 창출하는 리그를 가지고

도표 2-4 가치 창출과 가치 배분: 1994~2003년 기간 동안의 연간 증가율

	수입	선수 연봉	운영 수익	구단 가치
NFL	9.9%	7.4%	21.5%	15.2%
MLB	11.6	11.6	-8.6	9.8
NBA	7.0	11.1	-5.3	8.5
NHL	8.0	14.3	a	8.1
EPL	16.9	19.7	12.1	N/A

a. 2003년에 리그 수준에서 양의 운영수익이 존재하지 않기 때문에 계산되지 않았음.

자료: Financial World와 Forbes의 각 연판으로부터 구한 데이터로부터 계산되었음.
Deloitte, Annual Review of Football Finance (August 2004).

있는 국가의 수와 청소년리그와 성인리그의 참여자 수의 측면에서 가장 세계화된 스포츠이다. 북미의 주요 4대 프로 팀 스포츠(풋볼, 야구, 농구, 아이스하키)는 각각 해당되는 스포츠의 글로벌 비즈니스 측면을 지배하고 있다. 이와 같은 비즈니스 지배력은 해당되는 스포츠를 세계적으로 확장하고자 하는 데 따르는 많은 도전을 제기한다.

미국과 캐나다 모두에 구단을 가지고 있는 MLB를 생각해보자. MLB의 수입기반은 다른 대륙에 있는 야구 리그의 수입기반을 위축시킨다. 이에 따른 하나의 결과는 지구상의 많은 지역 출신의 야구 선수들이 MLB와 북미의 마이너 리그에서 경기하기 위해 모여든다. 이와 같은 점이 MLB에게 글로벌 수입기반을 확장시킬 수 있는 능력을 제공한다. 북미 이외 지역에서의 MLB 텔레비전 방송에 대한 수요는 지역 출신의 재능 있는 선수들을 보고자 하는 열망에 의해 촉발되었다. MLB 경기에 대한 일본의 관심은 Hideki Matsui(New York Yankees)와 Ichiro Suzuki(Seattle Mariners)의 성공으로 증대되었다. MLB는 리그 내에 이와 같은 선수들을 영입함으로써 글로벌 텔레비전 수입을 증가시킬 수 있다.

하나의 중요한 비즈니스 도전은 다른 국가들에서 야구 리그를 어떻게 촉진시킬 것인가와 이와 같은 야구 리그를 개발하는데 있어서 MLB는 어떠한 역할을 할 수 있는가이다. 하나의 선택은 MLB가 다른 국가들의 새로운 야구 리그에 대한 투자자가 되고 야구 리그의 비즈니스 개발 경험을 공유하는 것이다. 다른 하나의 선택은 MLB가 월드컵 형식의 경기를 개발하는 것을 돕는 것이다. 축구, 럭비, 크리켓의 월드컵은 많은 추가적인 텔레비전 수입을 창출하였고 개별 선수들이 글로벌 기업들을 위한 광고 계약을 할 수 있게 하였다. 개별 국가의 프로리그 조직은 얼마나 권한이 있느냐에 관계없이 해당되는 스포츠를 글로벌 기반을 가지도록 촉진할 때 의사결정 권한이 훨씬 축소되는 것을 수용해야만 한다. 유엔과 같은 전 세계적인 조직의 '이익'에 대한 의구심이 미국에 팽배해 있는 한 이것이 일부 북미 스포츠 리그의 경우에서 특히 수용되기는 쉽지 않다.

역할 모델로서의 선수: 스포츠 산업의 참여자들은 어항 속에서 영업하며 선수가 가장 노출되는 상황에서 활동한다. 선수 행동의 모든 측면은 지속적으로 현미경 아래에 놓여져 관찰된다. '불량하게 행동하는 선수'는 텔레비전, 라디오, 인쇄매체, 인터넷 등 많은 언론매체가 좋아하는 기사거리이다. 개별 선수, 스포츠 리그, 구단 각각은 이 분야에서 높은 책임을 가지고 있다. 스포츠 리그 행정담당자들은 이 분야에서 리더쉽 역할을 할 수 있다. 최소한의 사회적 규범과 다른 행동에 대한 선수의 개인적 책임을 증대시키는 방안을 개발하는 것을 돕는 것이 중요하다. 4장에서는 이와 같은 이슈에 대한 추가적인 논의가 이루어진다.

스포츠와 오락의 균형: 스포츠 이벤트와 스포츠 스타에 대한 팬들의 기대는 지속적으로 변화한다. ESPN과 FOX 스포츠와 같은 스포츠 방송국은 깜짝 놀랄 만한 '미디어 하이라이트'를 찾기 위해 노력한다. 일부의 경우에 순수한 스포츠 성취가 이 범주에 포함된다. 다른 경우에 수용 가능한 스포츠 행위를 넘어서는 익살스러운 행동이 언론매체를 끌어들이고 싫증이 날 만큼 재방영될 수 있다. 리그 행정담당자는 어떤 행동이 허용 가능할 수 있는지에 대한 한도를 설정하는 책임을 가지고 있다.

대형 스포츠 이벤트는 매년 가장 시청률이 높은 언론매체 이벤트에 속한다. 리그 행정담당자에게 있어서 하나의 도전은 스포츠 게임 자체와 함께 패키지화 할 수 있는 활동을 결정하는 것이다. 주요 스포츠 이벤트에서 게임 전 쇼 또는 하프타임 쇼는 스포츠 이벤트에 대한 관심을 촉진하기 위해서 언론매체가 점점 더 사용하는 중요한 선전방법이 되었다.

전략분석의 사용증가

스포츠 산업은 많은 능력 있는 집행부 경영진을 끌어들인다. 이와 같은 집행부 경영진에 의한 의사결정에서 공식적인 전략적 수단이 점차 더 사용되고 있다. 두 가지 예가 이와 같은 점을 보여준다.

NFL의 게임 계획: 커미셔너 Paul Tagliabue가 이끌고 있는 NFL은 사명 및 가치 선언문을 개발하였다. | 도표 2•5 | 는 NFL이 의사결정을 하기 위해서 사용하는 틀을 요약한 것이다.

> 우리의 사명과 가치는 NFL의 역사와 전통에 뿌리를 두고 있으나 또한 미래를 지향하고 있으며 우리에게 발전하도록 도전을 한다. 우리의 사명을 달성하기 위한 틀은 '전략적 제약'이라고 부르는 여섯 가지 기본적인 요소에 중심을 두고 있다. 풋볼 팀은 게임 계획 없이 경기에 임하지 않는다. 이것이 우리의 '게임계획'이다. 게임계획은 계속해서 우리의 발전하는 조직 문화를 구축하고 전환시키기 위한 기초를 제공할 것이다.

NFL의 경제적 기반은 ① 리그 수준과 구단 수준 모두에서 확실한 수입가능성, ② 리그 수준과 구단 수준 모두에서 수입과 비용 간의 균형, ③ 선수들이 집합적으로 공유하는 파이 규모를 키우는 것을 결합하도록 전략적으로 설계되어 있다. 이와 같은 전략적 설계를 명료하게 보여주는 것이 시간이 흐름에 따라 NFL 구단 가치가 강력하게 상승하는 것이다(| 도표 2•4 | 참조).

FIBA(국제농구연맹)의 스코어카드: FIBAFederation Internationale De Basketball는 세계 농구 기구이다. FIBA는 전 세계 212개의 국가농구연맹으로 구성된 독립적인 협회이다. FIBA 사무총장인 Patrick Baumann이 '앞으로 4-8년 동안의 전략적 종합계획'을 개발하기 위한 선도 조치들을 추진하였다. | 도표 2•6 | 은 FIBA의 비전, 사명, 장기 목표, 스코어카드 간의 관계를 보여준다.

| 도표 2•5 | 와 | 도표 2•6 | 모두 많은 산업에서 선도적인 경영인들이 채택하는 전략분석을 보여준다. 이 책의 전제는 이와 같은 전략분석은 경기장 내에서와 경기장 밖에서 모두 많은 참여자들의 이익이 되도록 스포츠 산업의 장기적 '건강도'를 증가시킬 것이다.

도표 2-5 NFL의 게임 계획

사명과 가치

NFL과 NFL의 팀이 가장 많은 관중을 끌어들이고 NFL 풋볼을 세계에서 가장 최고 스포츠 엔터테인먼트가 되는 수준에 이르게 하기 위한 사명과 가치. 우리의 사명을 달성하기 위해, 우리는 일관되게 우리 자신이 개선되고 다음과 같은 가치를 추구하도록 도전한다.

- 성실성
- 성과와 팀워크
- 전통과 혁신
- 다양성
- 학습

전략적 제약

'전략적 제약strategic constraints'은 일일기준으로 우리의 업무를 규정하는 기본적인 동태적 요소이다. 우리는 우리의 사명을 달성하기 위해 이와 같은 '전략적 제약'을 인식하고 이해하여야 한다.

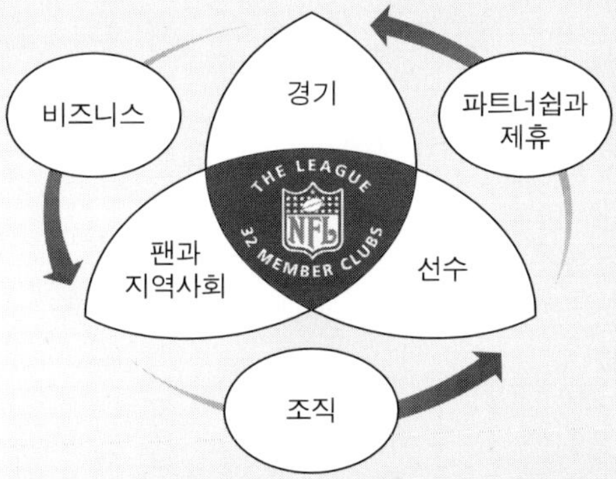

게임
NFL풋볼 게임을 최고의 품질수준으로 유지한다.

팬과 지역사회
국내적으로와 국제적으로 팬을 끌어들이고 고무시키는 강력한 경험을 창조한다.

선수
선수와 NFL 선수협회와 강력한 파트너쉽을 유지한다.

비즈니스
NFL의 장기적인 역량과 가치를 극대화한다.

파트너쉽과 제휴
미디어, 비즈니스, 스포츠, 정부에서 파트너와 제휴를 통하여 성공적인 관계를 개발한다.

조직
모든 리그 참여주체 내에서 조직적 수월성을 창조한다.

자료: National Football League.

도표 2-6 FIBA의 비전, 사명, 장기 목표, 스코어카드

FIBA의 비전

농구 스포츠는 FIBA 비전의 핵심요소이다. FIBA는 스포츠는 사람들에게 그들 자신을 정의하는 가치를 제공한다고 믿는다. 농구는 독특한 특성을 가지고 있다. 농구는 빠르고 정확하며 정신과 육체를 건강하게 한다. 농구는 개인이 팀만큼 강력한 스포츠이다.

FIBA의 사명

FIBA는 규칙을 만들고 농구를 조화롭게 유지하면서 전 세계적으로 농구를 관리한다. 우리는 농구는 모든 사람들에게 도전적이고 흥미로우며 매력적이라고 확신한다. FIBA는 농구를 위한 국제기구이다.

FIBA의 장기 목표

농구의 발전은 FIBA의 존재이유이다. FIBA의 장기 목표는 이와 같은 목표를 향하여 나아가는 것이고 다섯 가지의 상호의존적 활동영역(스코어카드)으로 집합되는 광범위한 관심과 활동을 보여준다.

도표 2-6 FIBA의 비전, 사명, 장기 목표, 스코어카드 <계속>

FIBA의 스코어카드–'스포츠'와 '상업 활동'의 균형

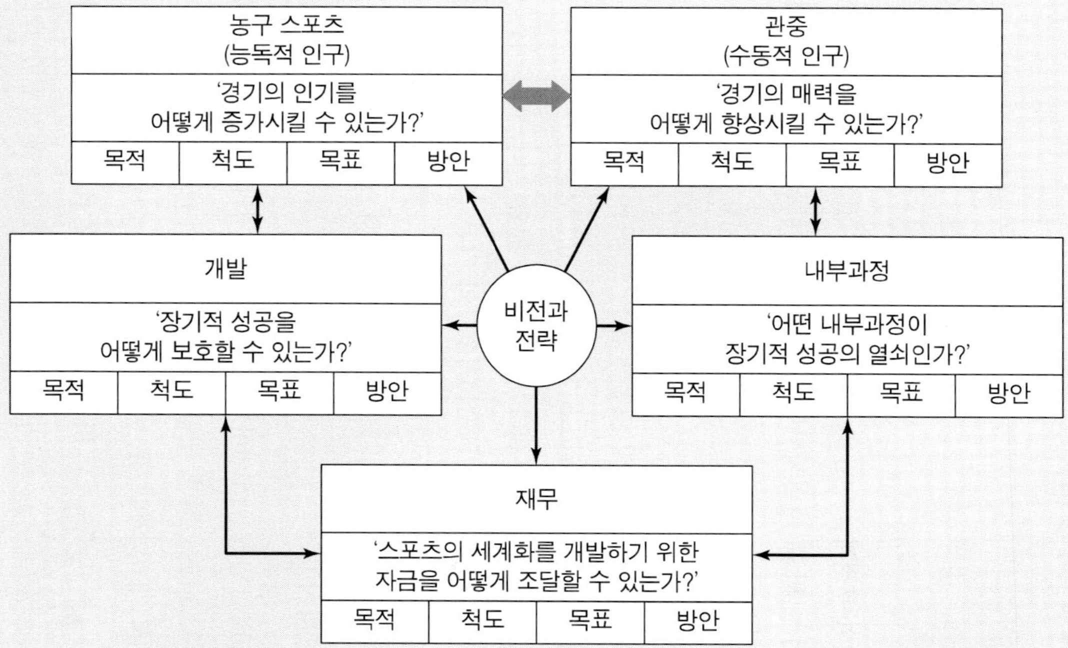

자료: FIBA(Federation Internationale de Basketball), Vision–Strategy–Activities: 2003–2010 (2004).

case

|사례| 농구, 세계화, 그리고 NBA

"미국 팀은 드림 팀이 아니다!" 이것은 그리스의 아테네에서 개최되는 2004년 하계 올림픽을 위해 준비하였던 미국 남자 농구 팀에 관한 많은 언론 기사의 아우성이었다. 또한 이와 같은 기사들은 예외 없이 FIBA 2002 월드 챔피언쉽에서 미국 팀의 부진한 성과를 언급하였고 '6위를 차지하고 비틀거렸다'는 표현은 많은 기사의 부정적인 언급을 보여주었다. 이와 같은 기사의 한 가지 긍정적인 요소는 북미 밖의 지역에서 농구의 지위가 향상되고 있다는 것이었다.

SMCMGSports Management Consulting and Marketing Group의 사장인 Cindy Jones는 SMCMG를 위한 주요 성장분야는 장기적인 북미 프로 스포츠의 세계화라고 생각하였다. Cindy Jones의 도전은 많은 고객들이 상당한 기간 동안 자문에 대하여 기꺼이 지불할 수 있도록 SMCMG의 컨설팅을 포지션 시키는 것이었다. 농구는 Cindy Jones의 아젠다에서 상위에 있었다. 농구 경기는 이미 많은 국가들에서 이루어지고 있었고 지구상의 많은 지역에서 활발한 프로 농구 리그가 존재하였다. NBA에서 미국인이 아닌 외국인 선수들에 높은 관심을 가지고 있는 것이 글로벌 기회에 대한 진지한 분석이 필요하다는 그녀의 믿음을 강화시켰다.

Jones는 FIBA Diamond Ball이 열리는 곳으로 5명의 고위 임원들을 데려가기로 결정하였다. Sydney 하계 올림픽 직전에 최초의 FIBA Diamond Ball은 2000년에 홍콩에서 개최되었다. 두 번째 FIBA Diamond Ball은 Belgrade에서 개최되었다. 이와 같은 프리 올림픽 토너먼트에서 경쟁한 국가들은 아테네 올림픽에 출전한 12개 국가 중 6개국, 즉 앙골라, 아르헨티나, 호주, 리투아니아, 중국, 유고슬라비아/세르비아/몬테네그로였다. 아테네 올림픽에서 농구 금메달을 위해 경쟁한 나머지 6개 국가는 그리스, 이탈리아, 뉴질랜드, 푸에르토리코, 스페인, 미국이었다.

Jones는 컨설팅 참여 가능 분야를 2개의 분야로 결정하였다.

(a) 농구 스포츠를 세계적으로 성장시키는 것. 축구는 대부분의 다른 스포츠들이 부러워하는 세계적 발자취를 가지고 있다. 농구도 인상적인 세계적 발자취를 가지고 있지만, 많은 성장 기회가 여전히 존재한다.

(b) NBA 브랜드를 확장하는 것. 이 분야의 도전은 NBA가 직면한 많은 선택을 평가하고 우선순위를 결정하는 것이다.

Jones의 우선적인 초점은 남자 농구였다. 그녀는 여자 농구를 발전시키는 데도 열정적이었지만 남자 농구 분야에 대한 SMCMG의 상업적 기회가 청소년 참여 이니셔티브를 예외로 하고 여자 농구 분야의 상업적 기회를 위축시켰다고 믿었다.

농구를 세계적으로 성장시키기

농구는 지구상의 많은 지역에서 인상적으로 경기가 이루어지고 있고 인기를 누리고 있다. 부록 A에서는 국제농구조직인 FIBA에 대한 논의가 이루어진다. FIBA는 1932년에 창설되었고 스위스의 제네바에 본부를 두고 있다. Jones는 농구의 비즈니스 성장이 세계적으로 발생할 수 있는 다수의 분야를 파악해 내기로 결정하였다. 그녀는 우선 다른 프로 스포츠에서 어떤 일이 발생하고 있는지를 조사하였다.

1. 월드컵

프로 축구의 정점은 월드컵 토너먼트이다. 매 4년마다 32개의 자격을 갖춘

case

국가대표 팀들이 5주간의 토너먼트에서 경쟁한다. 최종 경기는 가장 시청률이 높은 스포츠 이벤트이다. 럭비와 크리켓도 4년마다의 월드컵 형태의 토너먼트를 가지고 있다. 이와 같은 월드컵은 국가 자존심과 열정의 경연장이다. 축구, 럭비, 크리켓 각각에서 이와 같은 월드컵 경기와 관련된 수입은 시간이 흐름에 따라 극적으로 증가하였다.

농구는 출생이나 '유전적 요소'에 의해 국가를 대표할 자격을 가지고 있는 우수한 선수들로 구성된 국가 대표 팀들이 경쟁하는 월드컵 챔피언쉽 경기를 만들려는 노력을 증가시켰다. FIBA는 이와 같은 토너먼트를 관리한다. 미국의 인디애나폴리스에서 개최된 2002 World Championship은 제13회 대회였다. 유고슬라비아가 아르헨티나를 84-77로 이기고 우승하였다. 부에노스아이레스에서 1950년에 개최되었던 제1회 대회에서는 개최국인 아르헨티나가 미국을 64-50으로 이기고 우승하였다. 1986년까지 FIBA는 아마추어 선수들로 제한하였다. 1989년부터 FIBA는 아마추어 선수와 프로 선수 모두의 출전을 허용하였다.

미국에서 FIBA World Championship은 참여 국가들에서 상당한 참여와 인기를 누리고 있는 축구, 럭비, 크리켓의 월드컵과 비교할만한 지위를 아직 달성하지 못하고 있다. 축구, 럭비, 크리켓 각각의 경우에 우수한 선수들은 예외 없이 월드컵에서 승리하는 것을 그들의 성취의 절정이라고 간주하고 있다. 이와는 대조적으로 미국의 농구선수들은 FIBA World Championship을 이와 같은 지위를 가지고 있다고 여기지 않는다. NBA Final Series에서 우승하는 것이 일반적으로 대부분의 프로 농구선수들에게 성취의 정상이다.

비즈니스의 관점에서 보면 농구에서 4년마다 개최되는 높은 명성을 가지는 월드컵을 만드는 것은 많은 수입 분야, 즉 텔레비전 지불금, 광고후원, 상품판매,

관중 수에서 매우 큰 여지를 가지고 있다.

2. 올림픽

하계 올림픽 또는 동계 올림픽은 1936년 이후부터 농구를 금메달 이벤트로 포함시켰다. 스페인의 바르셀로나에서 개최되었던 1992년 하계 올림픽은 종종 올림픽 농구 사상 미국 팀의 선수구성의 관점에서 '정점'으로 여겨진다. 소위 '드림 팀'은 Michael Jordan, Larry Bird, Magic Johnson을 포함하여 이름만 들어도 알 수 있는 NBA의 유명 선수들로 구성되었다. 이와는 대조적으로 2004년에 미국 언론은 Kobe Bryant, Kevin Garnett, Tracy MaGrady, Shaquille O'Neal과 같은 선수들이 미국 올림픽 팀에 합류하지 않기로 결정한 것에 대해 압력을 가하였다. 일부 스타급 미국 선수들이 2004년에 부상으로 휴식하고 있었지만, 대부분의 언론 기사는 미국 올림픽 남자 농구 팀에의 초청장은 금빛 매력을 상실하였다는 점을 강조하였다.

올림픽 금메달은 축구, 야구, 아이스하키에서도 수여된다. 축구에서 올림픽 토너먼트는 엄격한 연령제한을 가지고 있어서 월드컵 출신의 세계적인 우수 선수들은 올림픽 축구 토너먼트에 출전할 수 없다. 야구도 축구와 유사하여 미국 올림픽 팀은 많은 우수한 MLB 선수들을 포함시키지 못하였다. 하계 올림픽은 8월에 개최되었다. 북미의 MLB는 우수한 MLB 선수들이 올림픽에서 경기를 할 수 있도록 시즌을 중단하지 않았다. 이와 대조적으로 NHL은 1998년 나가노 동계 올림픽과 2002년 솔트레이크시티 동계 올림픽에서 '시즌중간' 브레이크를 가졌다. 이와 같은 브레이크 때문에 NHL 슈퍼스타들은 올림픽 금메달을 위해 그들의 국가를 대표할 수 있었다.

Jones는 올림픽을 농구를 세계적인 스포츠로 발전시키는 중요한 발판으로 여겼다. 1992년 하계 올림픽은 지구상의 모든 지역에 대표적인 주요 선수들을 알리는 데 도움을 주었다. Jones는 적어도 두 가지의 중요한 기회, ① 미국인이 아닌 선수들이 농구를 전 세계와 특히 그들의 출신 국가에 알릴 수 있는 기회와 ② 미국 선수들이 그들의 재능, 이미지, 이에 따른 NBA를 광범위한 관중들에게 알릴 수 있는 기회가 존재한다고 보았다.

3. 국가대항전과 토너먼트

축구, 럭비, 크리켓 같은 스포츠는 국가대항 국가대표팀 게임의 오랜 전통을 가지고 있다. 이와 같은 일은 갈등 또는 어려움 없이 이루어져 왔다. 예를 들면, 전 세계적인 축구조직인 FIFA는 선수들이 구단을 위해 경기하는 것과 상충이 존재할 때 그들의 국가를 위해 경기하도록 요구하는 엄격한 규칙을 가지고 있다. 이와 같은 상충은 정규적인 국가 대항 경기가 실제로 존재하지 않기 때문에 풋볼, 농구, 야구, 아이스하키와 같은 북미 스포츠의 경우에 발생하지 않는다.

Jones는 NBA 시즌 말에 한 번의 유럽 투어에 참여하는 미국 농구 팀의 가능성에 대하여 검토하였다. 이것은 럭비와 크리켓의 경우에 하나의 전통적인 형식이다. 이와 같은 스포츠의 우수한 선수들은 해외에서 노출도가 높은 국가대항 경기에 출전한다는 기대 때문에 글로벌 기업으로부터 인도스먼트 계약을 획득하였다.

4. 구단 수준의 게임

많은 차원(관중 수, 텔레비전 시청자 수, 선수 연봉 등)에서 북미 NBA는 다른 프로 농구 리그를 위축시켰다. 이러한 상황에도 불구하고, 컨설팅 기회는 북미 이외 지역에서 존재하였다. 호주와 뉴질랜드의 NBLNational Basketball League는 20년 이상의 전통을 가진 북미 이외 지역의 리그이다. 현재 11개 팀을 가지고 있는 NBL은 텔레비전 계약을 가지고 있고 Coca-Cola, Fox Sports,

Holiday Inn, Qantas와 같은 다수의 광고주를 가지고 있다. NBL 내의 각 구단은 최대 두 명의 외국 용병(말하자면, 호주 또는 뉴질랜드 이외 태생의 선수)을 사용할 수 있다. 이와 같은 용병의 대부분은 미국인 선수이다. NBL은 구단 수준에서 2004/05 시즌에 73만6,000호주달러의 선수연봉상한을 가지고 운영된다. 이와 같은 선수연봉상한은 2002/03 시즌의 105만 호주달러보다 감소하였다. 또한 개별 선수에 대한 연봉상한도 존재한다. 개별선수에 대한 연봉상한은 17만5,000호주달러였다. 2003년 7월에 University of Oregon의 Warsaw Sports Marketing Program 소장이었던 Rick Burton은 NBL의 커미셔너로 지명되었다. NBL이 직면한 도전은 NBL의 선수연봉이 NBA의 선수연봉보다 훨씬 적고 유럽 리그의 선수연봉보다 적다는 것이다. NBL의 재능이 뛰어난 선수들이 적정한 시점에 NBA 또는 유럽 구단으로 이적하였다.

NBL은 수입기반을 확장하고 호주와 뉴질랜드에서 지출되는 스포츠와 엔터테인먼트의 주요부분을 차지하려는데 많은 어려움에 직면하고 있다. 지구상의 유사한 구단 리그들은 최악은 아니더라도 동일한 상황에 처해있다. 호주의 대부분 NBL 팀들은 현대적인 실내 스타디움에서 경기를 하는 반면 많은 다른 리그는 10,000명 이상을 수용하는 스타디움과 기업 엔터테인먼트를 위한 시설을 가지고 있지 못하다.

Jones는 NBA 이외의 각 프로 리그를 컨설팅 기회로 보았다. SMCMG는 북미 구단 수준에서 자문을 하는데 많은 경험을 가지고 있다. 그들의 지식 기반은 해외의 새로운 비즈니스 고객을 위해 내어놓을 수 있는 강력한 발판이다.

5. 청소년 참여

농구와 축구는 청소년 참여를 촉진하는 데 다른 팀 스포츠보다 많은 장점을 가지고 있다. 농구와 축구는 최소의 장비를 필요로 하고 쉽게 소통될 수 있는 기본적인 규칙을 가지고 있다. 이와는 대조적으로 미식축구와 아이스하키와 같은 스포츠는 청소년 참여를 개발하기가 더 어렵고 비싸다. 농구의 청소년 참여는 세계적으로 증가하고 있으며 많은 논평자들은 여전히 이와 같은 증가추세는 여전히 지속될 것이라고 믿는다.

Jones는 청소년 참여를 촉진하는 일을 SMCMG의 기회로 보았다. 스폰서들은 어린이를 위한 농구 캠프를 후원하고, 학교에서 게임을 홍보하기 위해 코치들에게 돈을 지불하며 모든 어린이가 사용할 수 있는 볼, 운동복, 운동화, 농구골대와 같은 장비를 만드는 데서 매우 높은 명성을 얻을 수 있다.

농구 브랜드를 세계적으로 성장시키기

NBA는 수십 년 동안 프로농구리그를 진행시키고 있다. BAABasketball Association of America는 11개 인가 프랜차이즈 구단을 가지고 1946년에 창설되었다. 처음 2년 동안 BAA는 경쟁자인 NBLNational Basketball League과 대학선수를 확보하기 위한 경쟁 때문에 손실을 발생시켰다. 1년 후에 BAA는 NBL과 합병하였고 NBANational Basketball Association가 되었다.

1984년에 David Stern이 NBA의 4대 커미셔너로 지명되었다. NBA는 23개 프랜차이즈 구단으로 구성되었다. 그 후 20년 동안 선수연봉과 텔레비전 계약과 스폰서 거래 규모의 극적인 증가가 발생하였다. 2002년 12월에 Robert Johnson이 North Carolina의 Charlotte에 위치한 30번째 프랜차이즈 구단의 소유자로 선택되었다. Johnson은 NBA에 진입하기 위해 기록적인 3억 달러의 프랜차이즈 수수료를 지불하였다.

NBA의 본부는 New York에 있으며 Stern이 커미셔너이다. NBA는 Miami, Toronto, Mexico City, Barcelona, Paris, Tokyo, Hong Kong, Beijing,

Shanghai, Taipei에 사무소를 가지고 있다. 현재 NBA는 글로벌 스포츠 브랜드로 널리 인식되어 있다. 실제로 지구상의 많은 지역에서 스포츠 자체와 우수한 NBA 선수들 간의 관계가 종종 이루어진다. 예를 들면, Michael Jordan 상표가 있는 의류와 운동화는 많은 국가의 청소년들에 의해 사용된다.

Cindy Jones는 NBA 브랜드를 세계적으로 성장시키기 위한 가능한 방법들에 우선권을 두기로 결정하였다.

1. 미국 또는 캐나다 이외 지역 구단을 NBA 경쟁에 포함시키기

지리적으로 가장 가까운 지역의 새로운 구단 프랜차이즈는 Mexico City 또는 Monterey가 명백한 후보지역이 되겠지만 Mexico에 기반을 두는 한 개 이상의 NBA 구단일 것이다. 더 야심적인 제안은 현재의 두 개 디비전(NBA East와 NBA West)에 제3의 디비전(NBA Europe)을 추가하는 것이다. NBA Europe은 크로아티아 또는 유고슬라비아(세르비아와 몬테네그로)와 같은 선도적인 유럽 농구 강국 또는 London, Madrid, Paris, Rome과 같은 선도적인 유럽 상업 중심지의 4개 이상 구단을 포함시킬 수 있다.

Jones는 SMCMG가 잠재적인 새로운 프랜차이즈 신청자들이 그들의 비즈니스 계획을 개발하고 그것을 NBA에 판매하며 새로운 프랜차이즈를 부여받은 그룹의 공개를 돕도록 지원할 수 있을 것으로 보았다.

2. 타 리그와 NBA의 합작 사업을 추진하기

합작 사업은 종종 성공적인 비즈니스 전략으로 여겨진다. Starbucks와 같은 일부 기업들은 사업을 세계적으로 확장하기 위해 합작 사업 모형을 사용하였다. Jones는 이와 같은 합작 사업 모형은 적어도 NBA와 관련하여 연구해볼 가치가 있다고 생각하였다. Jones는 북미 이외 지역의 리그가 NBA를 예를 들면 Latin American/NBA 혼합 리그와 같은 공동 브랜드 파트너 또는 지분 또는 합작 사업 파트너로 환영할 것인지를 생각하였다. 이와 같은 것이 NBA에게 매력적인가? Jones는 NBA는 의사결정권한을 가지지 않고 NBA 브랜드가 더럽혀질 가능성을 제한할 수 없는 경우 타 리그에게 기꺼이 현금과 기타 자원을 제공하려하지 않을 것이라고 확신하였다. 지구상의 많은 프로 스포츠 리그는 과거에 재무적 문제에 직면하였고 경영실패와 사기의 주장을 받았다.

3. NBA 시범경기/구단경기를 순회시키기

축구에서 최근 경향은 우수한 구단 축구팀들이 정기적으로 해외에서 다수의 시범경기를 하는 것이다. 예를 들면, Manchester United는 2004년 7월에 미국 투어를 했고 Bayern Munich(7월 25일 시카고에서), Celtic Rangers(7월 28일 Philadelphia에서), A. C. Milan(7월 31일 New Jersey의 East Rutherford 에서)과 경기를 하였다. 10년 이상 동안 NBA와 NBA의 팀들은 영국, 프랑스, 이스라엘, 푸에르토리코에서 소수의 프리시즌 경기를 하였다. 2004년 10월에 Houston Rockets와 Sacramento Kings는 북경과 상해에서 프리시즌 경기를 하였다. Jones는 이와 같은 경기를 촉진하는 데 많은 마케팅 기회가 존재한다고 보았다. 광고후원자들과 팬들이 지속적으로 프리시즌 경기를 기대할 수 있도록 정기적으로 프리시즌 경기를 유치하는 것이 가능한 것인가?

이와 같은 접근법을 확장하면 선택된 횟수의 실제 시즌 NBA 경기를 해외에서 하는 것을 생각해볼 수 있다. 예를 들면, New York Yankees(일본인 스타 외야수인 Hideki Matsui 포함)와 Tampa Bay Devil Rays는 2004년 MLB 개막전 경기를 일본의 도쿄에서 가졌다. 이와 같은 개막전 경기는 추가적인 광고후원자들을 끌어들였고 야구, MLB, Yankees, Devil Rays를 도쿄와 다른 아시아

지역에 널리 알렸다. NBA는 선택된 횟수의 실제 시즌 NBA 경기를 해외에서 기꺼이 할 용의가 있는가? Jones는 이와 같은 경기를 위한 새로운 광고후원자를 끌어 들이는 것을 돕고 NBA 수입 파이크기를 키우는 것을 도울 수 있을 것이라고 확신하였다.

4. 비미국인 선수의 NBA 참여를 더욱 촉진하기

NBA에 참여하는 국제선수들의 증가는 언론매체에 잘 보도되었다.

1973-74	2개국 선수 2명
1983-84	7개국 선수 8명
1993-94	19개국 선수 24명
1998-99	27개국 선수 38명
2003-04	34개국 선수 73명

2003/04 NBA 시즌에는 두 번 MVP를 차지한 Tim Duncan(미국 Virgin Islands 출신 / San Antonio 소속)과 2004년 올스타 5명, 즉 Andrei Kirilenko(Russia / Utah Jazz 소속), Jamaal Magloire(Canada / New Orleans Hornets 소속), Dirk Nowitzki (Germany / Dallas Mavericks 소속), Peja Stojakovic(Serbia and Montenegro / Sacramento Kings 소속), Yao Ming(China / Houston Rockets 소속)이 포함되었다.

Jones는 NBA의 상업적 이해를 국제적으로 촉진시키기 위해 이와 같은 스타들을 사용하는데 상당한 비즈니스 기회가 존재할 수 있다고 믿었다. Yao Ming이 Houston Rockets에 합류했을 때 중국에 대한 NBA 이해의 촉발은 글로벌 스포츠 마케팅을 분명하게 보여주는 사건이었다. 미국 내에서 NBA 비즈니스를 촉진하는데 도움을 주기 위해서 이와 같은 국제 선수들을 사용하는 것은

case

또한 비미국 스폰서들을 증가시키는 기회를 창출하였다.

2002/03년 시즌은 Yao Ming의 NBA 데뷔를 기념하는 시즌이었다. NBA 어웨이 경기의 평균 관중 수는 경기 당 16,974명으로 2001/02년 시즌보다 0.5% 감소하였다. 이와 대조적으로 Houston Rockets의 어웨이 경기 평균 관중 수는 2001/02년 시즌보다 8.3% 증가하였다. 해외 출신의 우수한 선수들은 NBA의 해외 수입을 증가시킬 뿐만 아니라 국내 수입을 증가시킬 잠재력을 가지고 있다.

많은 스포츠 에이전트와 NBA 구단은 이미 차세대 NBA 스타들을 발굴하기 위해 미국 밖에서 샅샅이 뒤지고 있다. NBA 선수 연봉과 다른 국가들의 리그 선수 연봉 간 상당한 차이가 존재한다는 것은 NBA가 많은 국제 선수들을 끌어들이는 자석이라는 것을 의미한다. Jones는 그동안 컨설팅과 마케팅 활동에 SMCMG 활동의 초점을 맞추었지만 북미 구단들을 위해 국제 선수를 발굴하고 대표하는 역할을 주로 담당할 선수관련부서를 추가하는 것이 경제적으로 의미가 있는지를 고려하고 있다. SMCMG 동료 중의 한 사람은 유럽의 축구 에이전트였고 다수의 남미 스타들을 대표하였다. 이와 같은 선수들은 Arsenal, Barcelona, Chelsea, Lazio, Real Madrid와 같은 유럽 구단에서 뛰었다. 그는 농구에도 기회가 있으나 자주 발생하는 뇌물과 은밀한 지불 주장뿐만 아니라 미국 밖의 국가 및 구단 스포츠 기구들을 다루는데 따른 어려움에 대하여 경고하였다.

5. NBA의 글로벌 언론매체/방송/인터넷 중계 확대하기

NBA에 대한 세계적 관심이 증가하고 있다는 증거가 많다.

미디어 신임장: 1987년에 NBA는 올스타 게임을 위해 7개국을 대표하는 기자들로

부터 31개의 언론 신임장을 발행하였다. 2004년 올스타 게임을 위해 NBA는 41개국으로부터 기록적인 325개의 언론 신임장을 발행하였다.

텔레비전: 2004년에 NBA경기와 프로그램은 42개 이상의 언어로 212개국에서 방영되었다. 2004년에 중국에서의 NBA 방송은 3억1,400만 이상의 텔레비전 보유 가계에서 시청되었다.

인터넷: 2003/04년 시즌에 NBA.com을 방문한 3억1,500만 건 중 반 이상이 미국 밖의 팬들로부터 이루어졌다. 이와 같은 해외 팬들의 방문 건수는 타 미국 스포츠 웹사이트보다 더 많은 양의 국제적 방문 건수였다. NBA.com은 팬들을 위해 특정한 국제 웹사이트 행선지를 제공한 미국의 첫 번째 프로 스포츠 리그였다.

- Brazil (NBA.com/brazil)
- Canada (NBA.com/canada)
- China (NBA.com/china)
- Spain (NBA.com/spain)
- France (NBA.com/france)
- Germany (NBA.com/germany)
- Japan (NBA.com/japan)
- Taiwan (NBA.com/taiwan)
- United Kingdom (NBA.com/uk)

국제 텔레비전방송 지불금은 현재 NBA 수입의 중요한 부분이다. NBA는 이 부분을 강화하기 위한 다수의 선택방안을 가지고 있다. 예를 들면, 다른 국가들에 있는 텔레비전 방송국은 매년 NBA에게 고정 지불금을 지불하여야 하는가? 이것은 북미 텔레비전부문 수입모형과 유사한 것이다. 이에 대한 하나의 대안은 NBA가 각 국의 케이블 텔레비전을 통하여 현지 언어로 방송되는 NBA-TV England와 NBA-TV China와 같은 자기 자신의 텔레비전 방송망을 가지는 것이다. NBA는 ESPN이 해외 케이블 방송국으로부터 받는 것처럼 각 국에서 시청자의 월간 케이블 수수료와 광고수입을 받을 수 있다. Jones는

case

SMCMG는 다른 국가에서 광고 파트너를 찾는 것뿐만 아니라 케이블 방송국으로부터 케이블 텔레비전 계약을 협상할 전문성을 가지고 있다고 믿었다.

인터넷 권리도 현재는 작지만 NBA의 성장 분야이다. NBA는 Yahoo와 같은 제3자를 통하여 경기를 생방송할 인터넷 권리를 판매하거나 또는 NBA 브랜드 이름 하에서 자기 자신의 인터넷 방송국을 가질 수 있다. 이와 같은 인터넷 방송국은 언어차이를 제거시키고 현재 NBA에서 경기하는 선수들에 초점을 맞출 수 있다. 이것은 SMCMG가 역할을 할 수 있는 또 하나의 잠재적인 분야이다.

6. 상품판매를 글로벌화하기

NBA는 NBA 라이센스 상품을 6대륙 100개국 이상의 팬들에게 제공하는 국제적 면허보유자들을 가지고 있다. NBA의 30억 달러 상품 판매액 중 약 20%는 미국 밖의 해외로부터 발생된다. 의류, 스포츠 용품, 트레이딩 카드, 학용품, 출판, 홈 비디오, 홈 장식품, 전자 게임, 장난감과 게임, 수집용품, 전화카드 등의 물품들에 대해 면허가 부여된다. 2003년에 출범한 NBA-Reebok 파트너쉽은 처음으로 하나의 NBA 의류 면허보유자가 아시아지역 전체를 대상으로 하는 특징을 가지고 있었다. 5년 파트너쉽 계약은 Reebok이 공식 NBA 저지와 반바지, 모자, 연습 의류, 코트 밖에서 상시 사용되는 의류, 일련의 관련된 악세서리를 디자인할 것을 요구하고 있다.

7. 마케팅 파트너 활용하기

2004년에 NBA는 7개의 글로벌 마케팅 파트너, 즉 Adidas, Anheuser-Busch, Coca-Cola, Gatorade, LEGO, Nike, Reebok을 가지고 있었다. 이와 같은 파트너를 가지는 목적은 전 세계에 있는 팬들에게 농구를 즐기도록 하고 이와 같은 파트너들에게 공동 브랜드를 사용할 기회를 제공하고자 하는 것이다.

NBA는 또한 국가별 마케팅 파트너를 가지고 있다. 예를 들면 중국의 Red Bull(공식적 스포츠/에너지 음료), 스페인, 영국, 아일랜드의 MBNA(제휴카드), 멕시코의 TelCel(무선 텔레컴)이 국가별 마케팅 파트너이다.

글로벌 기회를 만들어 내기

Cindy Jones는 농구를 세계적으로 확장하거나 또는 NBA 브랜드를 세계적으로 촉진하는 것을 돕는데 많은 글로벌 기회가 존재하는 것에 대하여 흥분과 경계를 느꼈다. Jones는 누가 컨설팅과 마케팅 자문을 위해 SMCMG에 지불할 주요 고객일 될 수 있는지에 대하여 명백히 알지 못하였다. 세계의 많은 지역에서 많은 선택여지가 있었지만, 창출한 가치의 상당 부분을 수취할 수 있는 개별적인 참여자의 능력은 보장하기 어렵다. 더욱이 많은 국가에 있는 선수협회뿐만 아니라 FIBA, 국가농구협회, 국가별 농구리그의 복잡성을 조정하는 것은 많은 생각과 협상능력을 요구한다. Jones는 현재까지 많은 스포츠 컨설팅 회사들이 왜 글로벌 활동에 최소의 자원을 투자하였는지를 이해하였나. 그러나 현재까지 SMCMG의 성공은 다른 회사의 발자취를 따라가기보다 밴드를 이끌어간 데서 이루어졌다. Jones는 FIBA Diamond Ball이 진행되는 동안 Belgrade에 있는 지사의 역할을 기대하였다. 하나의 중요한 목표는 농구에서 SMCMG의 새로운 글로벌 전략을 더 명확히 하는 것이었다.

부록: FIBA

FIBA.com 웹사이트는 풍부한 정보의 출처이다. 다음의 요약과 정보는 FIBA.com 웹사이트와 2개의 FIBA 보고서, 즉 'FIBA Scorecards 2003-2006'과

case

'Vision- Strategy-Activities 2003-2010'에 기초하여 정리한 것이다.

'FIBA'의 약어는 프랑스어의 'Federation International de Basketball Amateur'로부터 만들어진 것이다. 아마추어와 프로 간의 구별이 사라진 후에 'Amateur'라는 단어는 제외되었다. 그러나 FIBA의 'A'자는 남겨졌다. 이것은 전통 때문이었고 농구라는 단어 Basketball의 첫 두자가 'BA'이기 때문이었다.

우리는 누구인가

- 농구를 위한 세계기구인 FIBA는 전 세계 212개국 농구협회에 의해 창설된 독립협회이다.
- FIBA는 국제올림픽위원회IOC에 의해 유일한 합법적인 농구조직으로 인정된다.
- FIBA는 비영리기구이고 원칙적으로 자기 자신의 이익을 위해 경제적 특성의 목적을 추구하지 않는다.
- FIBA의 본부는 스위스의 제네바에 있다. 5개 지역이 존재하고 각 지역은 자기 자신의 사무소를 가지고 있다. 5개 지역은 FIBA Europe, FIBA Americas, FIBA Asia, FIBA Africa, FIBA Oceania이다.

우리는 무엇을 하는가

- FIBA는 모든 국제 경기와 올림픽 경기에 적용되어야 하는 공식적인 농구규칙, 장비와 시설 규격, 모든 국제 규제를 확정한다. FIBA는 또한 경기 시스템을 확정한다.
- FIBA는 국제 심판의 지명을 통제하고 관리한다.
- FIBA는 한 국가로부터 다른 국가로의 선수 이전을 규제한다.

- FIBA는 모든 국제경기를 통제하고 관리한다.

FIBA의 5개 글로벌 후원자는 Adecco, Champion, Molten, Mondo, Zepter이다. 2003년 5월에 FIBA는 FIBA 전략계획의 배경을 다음과 같이 발표하였다.

> "최근 과거와 글로벌 관점에서 스포츠 시장은 과거 수십 년과 비교하여 매우 크게 변화하였다. 스포츠의 프로정신은 이와 같은 매우 경쟁적인 시장에 있는 모든 사람이 지속적으로 크게 향상되고 더욱 프로 시장 선수처럼 행동하게 한다. 세계 경제의 커다란 침체와 더불어 전체 스포츠와 오락 산업의 동시 퇴조는 전반적인 투자의 급격한 위축과 언론매체, 광고주, 일반 대중에 의한 권한과 이벤트에 관하여 '프리미어 스포츠'에 대한 관심의 증가를 발생시켰다."

상위 3대 올림픽 스포츠 중의 하나이자 전 세계 제1일의 실내 스포츠인 농구도 이와 같은 사태 진전으로부터 상당한 정도 타격을 받았다. FIBA 이벤트의 언론매체 배포와 수입은 허덕이고 있었고 새로운 광고주의 조달도 어려운 일이었다. 이것은 만족스럽지 못한 가격/가치 관계 때문이 아니고 주로 생산물이 언론매체, 소비자와 목표 상업 파트너들의 마음을 사로잡지 못하기 때문이었다.

FIBA의 사무총장인 Patrick Baumann은 "우리는 달성한 업적에 대해서보다 우리 앞에 놓여있는 도전에 대하여 말해야한다"고 언급하였다.

- 비즈니스로서의 농구와 스포츠의 성실성 간의 적정한 균형
- 전 세계의 인기를 더욱 증가시키는 국가대표팀 경기와 구단 경기를 위한 조정, 협력과 전략
- 풀뿌리 농구의 촉진을 무시하지 않는 높은 수준의 경기를 위한 발전 프로그램

case

case

- 국제적, 지역적, 국가 수준에서 관리 및 운영 능력뿐만 아니라 구조의 개선

이와 같은 도전에 대비하기 위해 우리는 우리의 5개 대륙지역과 긴밀하게 협력하여 비전, 사명, 수단, 행동을 정리한 전략보고서를 개발하였다.

스포츠, 관중, 발전, 내부과정, 재무 분야를 다루는 5개의 스코어카드를 통하여 우리는 12개의 목표를 설정하였다.

우리는 설정된 목표를 달성하기 위해 우리의 5개 대륙지역과 212개 국가협회와 긴밀하게 함께 일하기를 기대한다.

FIBA는 'FIBA Scorecards 2003-2006'에서 12개의 목표를 다음과 같이 설정하였다.

1. 선수, 코치, 심판의 분야에서 농구의 질을 증가시킨다.
2. 잘 조직되고 효율적인 국가 협회를 가진다.
3. 세계대회와 대륙대회에서 이미지, 인지도, 관중 수를 증가시킨다.
4. 생산물의 오락가치를 개선한다.
5. 젊은 선수들을 끌어들이고 유지한다.
6. 시설개발을 위한 지원을 제공한다.
7. 새로운 세계 이벤트의 가능성을 연구한다.
8. 구조와 경영에 관한 세계적으로 일관된 표준을 도입한다.
9. FIBA 가족 내에 정규적이고 영속적인 의사소통을 개선한다.
10. 서로 다른 범주의 FIBA 이벤트를 위한 조직 표준을 정의한다.

11. 조화로운 세계 일정을 만든다.

12. 균형 예산 내에서 농구를 전 세계적으로 발전시키기 위해 적정한 재무 자원을 창출한다.

토의질문

1. 왜 농구의 세계화 방안과 NBA의 세계화 방안을 구별하는 것이 중요한가?

2. 당신이 SMCMG의 자문위원이라고 가정하라.

   a. 당신은 농구를 세계적인 스포츠로 성장시키는 데 있어서 SMCMG의 최고 비즈니스 기회는 무엇이라고 생각하는가?

   b. 당신은 NBA 브랜드를 세계적으로 성장시키는 데 있어서 SMCMG의 최고 비즈니스 기회는 무엇이라고 생각하는가?

   논의의 초점을 SMCMG의 컨설팅 및 마케팅 자문서비스에 맞추어라.

3. 세계화를 위한 조치를 취하는데 있어서 FIBA와 NBA 간에 어떤 긴장이 존재할 수 있는가? 이와 같은 긴장은 어떻게 해결되어야 하는가?

4. 당신이 NBA의 세계화를 책임지고 있다고 가정하라. 세 가지의 가장 중요한 조치들은 무엇인가? 당신의 답을 설명하라.

case

CHAPTER

3 구단

CLUBS

핵심 쟁점

- 구단의 수입은 구단별로 차이가 크다. 이러한 차이는 경기성과뿐만 아니라 스타디움 상태와 지역 텔리비전 계약과 같은 경기 외적 '부존 자산endowed assets'과 비즈니스 경영능력의 차이를 반영한다.
- 구단은 경기장에서의 승리, 재무적 이익, 소유/경영의 승리적 지위, 지역사회자산 증대에 대한 우선순위 부여가 다르다.
- 구단의 비즈니스 우선순위에 영향을 주는 요소는 소유의 목적, 재무 능력, '부존 자산', 일반적인 리그 기반시설이다.
- 구단 소유와 운영의 '성공'은 경기장에서의 코칭과 경기능력뿐만 아니라 일련의 경기 외적 경영과 사업 능력을 포함한다.
- 선수의 '은퇴' 또는 트레이드에 관한 의사결정은 경기성과 차원뿐만 아니라 중요한 비즈니스 차원의 의미를 가진다.

| 사 례 | NFL 구단의 비즈니스 경영: 3개 구단의 우선순위 차이 평가

구단 경영은 경기 성과와 재무, 브랜드 가치, 스폰서쉽 계약과 같은 비즈니스 측면 모두에 영향을 주는 스포츠 구단의 많은 의사결정으로 이루어진다. 이 장은 구단이 어떻게 가치를 창조하고 이와 같은 가치의 얼마만큼을 획득할 수 있는지에 영향을 주는 일부의 핵심적인 의사결정에 초점을 맞추어 논의한다.

한 리그 내에서 구단별로 재무변수들에서 큰 차이가 존재한다. | 도표 3·1 | 은 5개 리그 구단의 2003년 수입을 정리한 것이다. 다음의 자료는 | 도표 3·1 | 의 자료를 요약한 것이다.

(단위: 100만 달러 또는 100만 파운드)

리그	평균	최고 구단	최저 구단	최고/최저 비율
NFL	$167	$245 (Washington)	$131 (Arizona)	1.87
MLB	$129	$238 (NY Yankees)	$ 81 (Montreal)	2.94
NBA	$ 94	$160 (NY Knicks)	$ 63 (Memphis)	2.54
NHL	$ 70	$131 (NY Rangers)	$ 43 (Phoenix)	3.05
EPL	£ 62	£175 (Manchester United)	£ 28 (West Bromwich)	6.25

이와 같은 큰 차이는 리그 기준 요소에 기인한 차이를 통제하더라도 구단 수준에서 이루어지는 의사결정의 결정적인 중요성과 구단이 '부존 자산'에서 얼마나 다른가를 확연하게 보여준다.

구단주와 매니저

대부분의 경우 스포츠 구단의 지분 소유주는 고위 경영진 그룹을 지명하고 이 그룹의 권한 수준을 결정할 권리를 가지고 있다. 지분 소유주는 여러 가지 차원에서 매우 다르다. 하나의 차이는 지분 그룹의 구성이다. 세 가지의 가능한 모형은 다음과 같다.

도표 3-1 NFL, MLB, NBA, NHL 구단의 2003년 수입에 대한 Forbes지의 추정치(100만 달러)와 EPL 구단의 2002년 수입(100만 파운드)

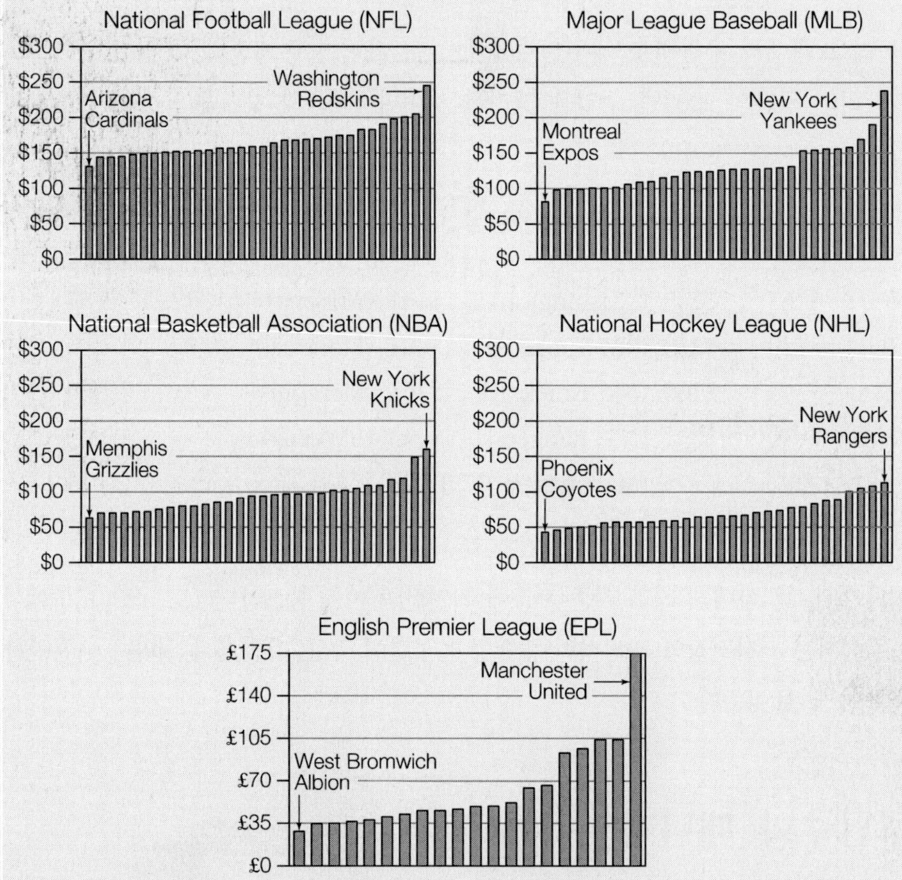

자료: Forbes지와 구단 자료; Deloitte, Annual Review of Football Finance (August 2004).

단일 소유주/사적 투자자 모형: 구단을 소유하고 있는 개인은 물려받은 부를 가지고 있거나 또는 성공적인 투자를 했던 덕택으로 부유하다. 예를 들면, 2000년 이후 NBA의 Dallas Mavericks 구단주인 Mark Cuban은 MicroSolutions(Compu Serve에 매각됨)과 Broadcast.com(Yahoo에 매각됨)의 공동 창업을 통하여 부를 축적하였다. 이와 같은 단일 투자자는 구단 의사결정에서 가장 적극적인 역할을 할 수 있거나 또는 핵심 경영진을 선택한 후에 그 자신이 수동적인 투자자가 되는 방관적 접근방법을 채택할 수 있다. 이와 같은 방법들은 스펙트럼의 두 극단이다. 더욱이 단일 소유주는 스펙트럼의 한 극단에서 시작할 수 있고 시간이 흐름에 따라 공식적으로나 또는 비공식적으로 변화할 수 있다.

다수 소유주/사적 투자자 신디케이트 모형: 한 그룹의 개인들이 한 구단의 소유권을 획득하기 위해 그들의 자원을 합한다. 예를 들면, 2002년에 BBPBoston Basketball Partners는 3억6,000만 달러에 NBA의 Boston Celtics를 매입하였다. BBP는 4명, 즉 H. Irving Grousbeck, Wyc Grousbeck, Steve Pagliuca, Abbey Group을 대표하는 Robert Epstein으로 구성된 경영이사회를 가지고 있는 사적으로 소유되어 있는 투자 신디케이트이다. BBP는 또한 Celtics의 경영에 관하여 더 제한된 의사결정권을 가지고 있는 기타 창업 투자자들을 가지고 있다. 투자 신디케이트 문서는 종종 다른 투자자의 의사결정권을 기술한다. 일부의 경우 단일 소유주/사적 투자자 모형과 유사하게 운영되는 것으로 보일 수 있도록 지배적인 개인이 신디케이트를 이끌 수 있다. 그러나 타 투자자들은 신디케이트의 지배적인 개인에 의해서 부적정한 행동이 이루어지면 중재를 신청하거나 또는 법적 조치를 취할 수 있다.

다수 소유주/상장 기업 모형: 이 모형은 종종 프로 축구리그에서 발견된다. 전 세계에서 선두 축구 구단 중의 하나인 Manchester United는 주식이 London Stock Exchange에서 거래되는 상장기업이다. 전 세계의 다른 많은 선두 축구 구단들, 예를 들면, 영국의 Arsenal과 Newcastle, Scotland의 Celtic과 Rangers, 이탈리아의 Roma와

Juventus, 독일의 Borussia Dortmund도 상장기업이다. 상장기업은 고위 경영진을 지명할 책임을 가지고 있는 이사회를 가지고 있다. 이와 같은 이사회 이사들은 개별 주주 투표를 통하여 선출된다.

상장기업으로서의 구단

많은 리그는 지분소유권 모형을 사용하는 데 차이가 있다. NFL은 개인 투자자와 사적 투자 신디케이트를 결합한 모형을 가지고 있다. NFL은 현재 상장기업 소유모형을 금지하고 있다. Green Bay Packers는 NFL의 상장기업모형 금지에 대한 예외로서 '조부조항grandfathered clause'이 적용된 상장기업이다. | 도표 3•2 | 는 1999/2000시즌부터 2003/04시즌의 5년 동안 Green Bay Packers의 재무 정보를 요약한 것이다. 이와 같은 재무 정보는 한 주요 스포츠 구단의 핵심 항목의 크기에 대한 통찰력을 제공한다. Green Bay Packers는 2003/04 시즌에 NFL의 32개 팀 중에서 수입기준으로 10위를 차지하였다. Green Bay Packers는 2003년 NFL 시즌의 시작을 위하여 자기 자신의 스타디움 수리를 마무리 하였다. 2003/04 시즌에 지역 수입이 급격히 증가한 것은 다시 수리된 스타디움으로 발생된 수입창출기회가 크게 증대되었던 것을 반영한다. Green Bay Packers는 상장기업이지만 많은 다른 상장기업이 가지고 있지 않은 제약조건을 가지고 있다. 예를 들면, NFL 소유권을 획득하기 위해 후문 진입을 원하는 적대적 제3자를 효과적으로 고립시키는 '반인수anti-takeover' 조항이 존재한다.

프로 스포츠에서 상장기업 소유모형의 사용을 반대하는 사람들은 다음과 같은 주장을 하고 있다.

- 구단 목적: 스포츠 구단은 공개적으로 거래되는 대부분의 자본시장이 기대하는 가치 증가/주주 이익 극대화와는 다른 중요한 목적을 추구할 수 있다(스포츠

구단의 목적 참조).

- 소유의 '순수성': 리그는 구단 소유에서 좋지 못한 배경, 도박 조직, 이와 유사한 것과 관련되어있는 개인을 배제하는 것을 선호할 수 있다. 상장주식 거래소는 한 기업의 새로운 투자자로 등록시킬 것인지를 결정할 때 이와 같은 기준을 부과하지 않는다.
- 소유 불안정의 가능성: 상장회사에 대하여는 항상 인수와 합병의 가능성이 존재한다. 경영진이 스포츠 리그의 장기적 건강도와 경쟁력이라는 최선의 이해와 부합하지 않는 인수의 가능성을 감소시키기 위해 단기적 행동을 취할 수 있다는 주장이 존재한다.
- 과다한 상장기업의 재무제표 공시 의무: 스포츠 구단의 많은 사적 투자자는 제3자가 그들의 금전거래를 상세하게 아는 것에 반대한다. 상장주식을 소유한 투자자 그룹은 간접적으로 일부의 극단적으로 사적이고 강력한 구단 소유주의 재무 상태에 대한 관심에 초점을 맞출 수 있다.

NBA의 Boston Celtics는 2002년에 BBP에 의해 매입될 때까지 상장주식을 가지고 있었다. MLB, NBA, NHL의 일부 구단들은 전형적으로 비디어 기업들과 같은 대형 상장기업에 의해 소유되어 있거나 또는 소유되었었다. 예를 들면, 현재 Comcast은 Philadelphia 76ers와 Flyers를, Cablevision은 New York Rangers와 New York Knicks를, Time Warner는 Atlanta Braves를 소유하고 있다. 이전에는 Disney는 Anaheim Angels를, News Corp는 Los Angeles Dodgers를, Time Warner는 Atlanta Hawks와 Atlanta Thrashers를 소유하였었다. 이와 같은 미디어 기업들은 Green Bay Packers와 같은 '순수' 상장기업의 경우에서와 같은 상세한 재무정보를 제공하지 않는다는 점에 주목하라.

도표 3-2 Green Bay Packers의 재무 정보 : 1999/2000-2003/2004(100만 달러)

	1999/2000	2000/2001	2001/2002	2002/2003	2003/2004
중앙 수입					
텔레비전방송 수입	$61.005	$67.685	$69.402	$77.140	$81.179
기타NFL수입/NFL재산 수입	4.161	3.978	5.291	4.702	7.306
로드경기 수입	9.396	9.415	10.199	10.770	11.384
총 중앙 수입	74.562	81.078	84.892	92.612	99.869
지역 수입					
홈경기 순수입	14.582	16.739	17.837	20.497	26.538
프라이빗박스 수입	5.794	5.794	7.632	10.532	10.484
마케팅 수입	8.058	8.689	9.066	10.548	14.137
프로샵 수입			6.212	11.148	15.382
아트리움 수입	-			0	3.051
지역미디어 수입			2.936	3.424	3.721
매점/주차 순수입	5.819	5.651	3.105	3.973	4.519
기타			0.234	0.363	1.394
총 지역 수입	34.253	36.873	47.112	60.485	79.226

스포츠 구단의 목적

스포츠 구단의 지분 소유주는 다른 구단 소유 목적을 가지고 있을 수 있다. 구단 소유의 목적으로는 다음과 같은 것이 포함된다.

도표 3-2 Green Bay Packers의 재무 정보 : 1999/2000-2003/2004(100만 달러) <계속>

	1999/2000	2000/2001	2001/2002	2002/2003	2003/2004
총 수입	108.815	117.951	132.004	153.097	179.095
영업 비용					
선수 비용	76.639	76.934	78.838	77.636	96.097
팀 지출 비용			14.828	15.650	17.184
마케팅 비용			2.809	2.966	3.910
프로샵 비용	32.596	38.247	4.789	7.871	10.668
일반관리비			12.384	17.061	15.338
기타			15.079	8.714	6.753
총 영업 비용	109.235	115.181	128.736	129.898	149.950
영업이익	$(0.420)	$2.770	$3.268	$23.199	$29.145
NFL 수입순위	16	18	20	10	10

자료: Annual Reports of Green Bay Packers

경기장에서의 승리: 하나 또는 하나 이상의 챔피언쉽을 획득하기 위해 구단주는 챔피언쉽 획득 이후의 수익성 또는 프랜차이즈 가치상승을 통하여 발생된 손실을 회수할 수 있는 가능성이 없어도 기꺼이 상당한 손실을 발생시킬 용의를 가지고 있을 수 있다.

재무적 이익: 구단주는 스포츠 구단을 많은 비즈니스 투자와 유사한 것으로 간주할 수 있다. 각각의 주요한 지출은 할인된 현금흐름, 수익률, 또는 상환과 같은 재무적 기준을 사용하여 정당화되어야 한다. 일부 스포츠 프랜차이즈에서는 수입 운영보다는 자산가치 상승(또는 자산구축)이 주요한 재무적 이익 원천이다. 1장의 | 도표 1•2 | 는 Forbes지가 추정한 10년 이상의 기간 동안 스포츠 구단의 평균가치 증가를 확연하게 보여준다. 최근 구단의 평균 가치(100만 달러 기준)는 다음과 같다.

구단	1994	1996	1998	2000	2002	2003
NFL	$160	$205	$385	$446	$628	$733
MLB	$110	$134	$220	$262	$294	$295
NBA	$113	$148	N/A	$207	$248	$265
NHL	$ 71	$ 90	N/A	$148	$164	$159

많은 경우에 구단주는 총 재무 이익을 계산할 때 자산 가치 상승에 의해 상쇄되어야 하는 영업 손실을 발생시켰다.

스포츠 구단주의 '승리적 지위': 주요 스포츠 구단을 소유하는 데 따른 지위와 명성은 일부의 개인들에게 매우 매력적이다. 그러나 일부 구단주는 경기장에서 지배적 존재의 지위를 유지하기 위해 지속적으로 발생하는 손실에 대하여 자금을 기꺼이 지불하고자 하지 않는다. 특히 일부 투자 그룹은 적어도 현금 중립적이 되는 것을 목표로 삼는다. 일부 구단주는 구단 소유를 '즐겁고 도전적인 삶의 경험'을 제공하는 것으로 간주하나 여러 해 계속적으로 손실이 발생하는 구단에 의해 개인의 부가 지속적으로 인출되는 것을 피하고자 한다.

지역사회 자산의 유지 또는 증가: 부유한 개인이 구단을 매입하고자 하는 동기는 구단이 다른 도시로 이전되는 것을 막는 것이다. 다른 하나의 구단 소유 목표는 점차 약해지거나 또는 지역사회지원을 거의 받지 못하는 구단을 바꾸는 것이다.

예를 들면, Arthur Blank가 NFL의 Atlanta Falcons를 매입한 동기는 부분적으로 지역사회가 열광하고 '도시의 자랑'으로 여기는 구단을 애틀랜타가 소유하도록 하는 것이었다. Home Depot의 공동창업자인 Blank는 예를 들면 Atlanta International Museum of Art and Design에 기부하면서 애틀랜타의 많은 지역사회 이해를 촉진시키는 데 그가 소유한 부의 상당한 금액을 투자하였다. 그가 Falcons를 적극적으로 소유하고자 하는 것은 이와 같은 애틀랜타 지역사회를 위한 사명을 수행하고자 하는 한 부분이다.

조직구조 이슈

스포츠 구단은 전형적으로 경기 팀 측면과 비즈니스 측면을 구별한다.

경기 팀 측면: 경기 팀의 측면에는 선수들뿐만 아니라 코칭, 구단장, 선수 개인, 스카우팅, 트레이닝, 의료진이 포함된다. 또한 경기 팀의 측면에는 선수들을 위한 장비 관리와 경기장 경기와 관련된 비디오/기술 활동에 참여하는 사람들이 포함된다.

비즈니스 측면: 비즈니스 측면에는 고위 비즈니스 경영 팀, 회계, 재무, 인력, 법률, 미디어/PR활동, 마케팅, 스폰서쉽, 티켓팅, 스타디움 운영과 같은 기능적 영역이 포함된다.

| 도표 3•3 | 는 주요 MLB, NBA, NFL, NHL 구단의 인력구성을 보여준다. 구단별 인력구성 차이는 구단이 관리하는 활동들에 의해 영향을 받는다. 스타디움 경영을 하는 구단은 도시 당국에 의해 경영되는 스타디움에서 경기를 하는 구단과 비교하여 추가적인 인력을 보유하게 된다. 더욱이 지역 팬 기반의 강도와 같은 구단의 '부존 자산'은 인력구성에 영향을 미칠 수 있다. NHL의 Detroit Red Wings와 같이 계속해서 시즌의 시작 전에 티켓을 매진시킬 수 있는 구단은 시즌 중의

도표 3-3 스포츠 구단의 선수 이외 인력 구성

	NFL		MLB		NBA		NHL	
분야	Carolina Panthers	New England Patriots	Chicago White Sox	San Francisco Giants	Houston Rockets	Seattle Sonics	Dallas Stars	Sna Jose Sharks
경기 분야								
코칭스태프[1]	18	19	8	9	5	5	4	4
인력관리/스카우팅 인력[2]	13	20	4	6	6	4	13	10
체력 및 컨디션관리인력[3]	3	4	5	3	4	1	2	4
일반관리/기타인력[4]	13	7	22	7	8	7	10	15
	47	50	35	25	23	17	25	33
비즈니스 분야								
마케팅/판매 인력[5]	23	48	36	70	59	56	55	26
커뮤니케이션인력[6]	14	26	31	17	16	15	12	10
운영/시설관리인력[7]	45	57	46	19	23	12	15	30
회계/법률/인적자원관리인력[8]	8	17	18	18	27	9	25	11
일반관리/기타인력[9]	16	23	14	22	5	9	9	16
	106	171	145	146	130	101	116	93
합계	153	221	180	171	153	118	141	126

도표 3-3 스포츠 구단의 선수 이외 인력 구성 <계속>

주: 1. 코칭 스태프: 감독과 코치가 포함됨.
2. 인력관리/스카우팅 인력: 선수개인관리, 연봉상한관리, 스카우팅 인력이 포함됨.
3. 체력 및 컨디션 관리인력: 트레이너, 물리치료사가 포함됨.
4. 일반 관리 및 기타 인력: 팀의 일반 관리, 장비 관리자, 내부 의료진, 구단 여행, 비디오와 IT 인력이 포함됨.
5. 마케팅/판매인력: 소비자 마케팅, 티켓팅, 프리미엄 좌석, 시즌 티켓 고객, 고객 관계, 기업 마케팅, 스폰서쉽, 호텔 판매, 게스트 관계, 팬 충성도, 상품판매, 소매 인력이 포함됨.
6. 커뮤니케이션 인력: 일반대중관계, 지역사회관계, 미디어관계, 동문회관계, 경기당일 방송, 홈경기 통계인력이 포함됨.
7. 운영과 시설관리인력: 스타디움과 아레나 관리, 그라운드 관리, 경비, 여행, 트레이닝 시설관리 인력이 포함됨.
8. 회계/법률/인적자원관리인력: 회계와 재무, 법률, 인적자원관리 인력이 포함됨.
9. 일반관리/기타인력: 집행 스태프, 행정담당자와 지원인력, 정보기술, 정부관계, 리그 담당인력이 포함됨.

자료: Media guides/구단들의 웹사이트

도표 3-4 스포츠 구단의 조직구조/보고관계 예시

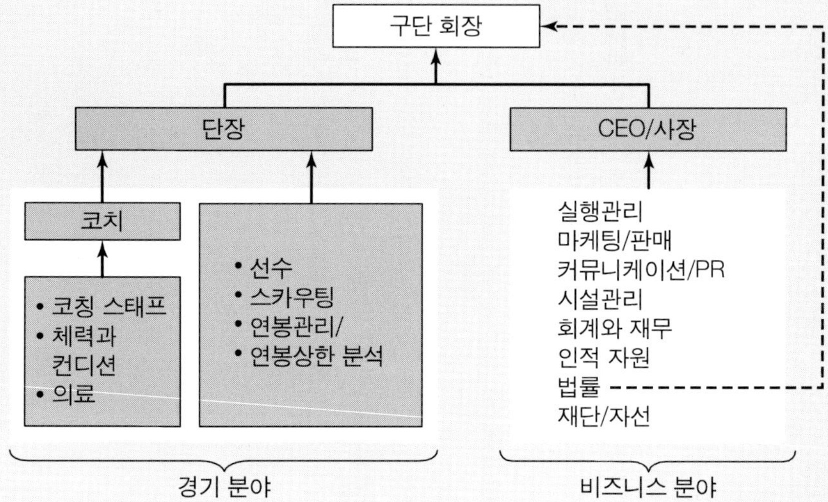

경기 티켓을 매진시키는 데 어려움을 겪는 구단보다 티켓 마케팅을 위한 인력을 배치할 필요성이 없을 수 있다.

| 도표 3-4 | 는 한 스포츠 구단의 일반적인 조직 구조를 예시적으로 보여준다. 각 구단이 따라야 하는 청사진은 존재하지 않는다. 많은 측면이 구간의 4대 핵심 참여자, 즉 구단주, 구단장, CEO/사장, 코치의 선호와 개성에 의존한다. 두 NFL 구단의 CEO/사장인 Carmen Policy는 코치 고용, 상위 드래프트 선택, 선수 연봉과 같은 핵심적인 경기장관련 의사결정을 위한 책임 조직에서 구단별로 주요한 차이가 존재하는 것을 발견하였다. Carmen Policy는 4개의 기본적인 모형을 구별하였다.

- 구단주 중심형: 구단주가 의사결정의 주도권을 가지고 있다.
- CEO 중심형: 구단주가 CEO에게 의사결정권을 위임하고 CEO가 이와 같은 결정에 주도권을 가지고 있다.
- 구단장 중심형: 구단주에게 책임을 부여하고 감독에게 위임하기보다 구단장이 의사 결정의 주도권을 가진다.
- 감독 중심형: 감독이 드래프트 선택과 선수연봉에 관한 의사결정에서 중심적인 역할을 한다.

보유하고 있는 능력의 특성이 어느 모형이 선택되어야 하느냐를 선택하게 하는 하나의 핵심 요소이다. 개별 코치는 고용계약의 한 부분으로 주별 경기 계획을 넘어서서 경기장에서의 상당한 발언권을 요구할 수 있다. 예를 들면, 일부의 강력한 의지를 가진 유명한 코치는 코치와 구단장 역할은 그들 자신의 책임으로 결합되어야 한다는 것을 요구하였다. 그러나 이러한 부분에서도 유동적이다. 구단이 경기장에서 상당한 기간 동안 연속적으로 패배하면 다른 구단에서 독립적인 구단장이 보유하고 있는 책임을 요구하는 코치의 권력기반은 침식될 수 있다.

| 도표 3•5 | 는 Manchester United의 연차보고서로부터 발췌한 것이다. | 도표 3•5 | 는 전략적 비즈니스 구조에서 경기하는 팀 측면과 구단의 비즈니스 측면이 어떻게 연결되어 있는지를 매우 잘 보여준다.

구단의 비즈니스 우선순위 평가

구단의 비즈니스 우선순위는 다음과 같은 여러 가지 요소들의 함수이다.

1. 구단주의 목표: 이미 지적한 바와 같이 구단주의 가능한 목표는 경기장에서의 승리, 재무적 이득, 승리적 소유지위, 지역사회자산의 구축이다. 어느 목적

도표 3-5 Manchester United의 비즈니스 전략

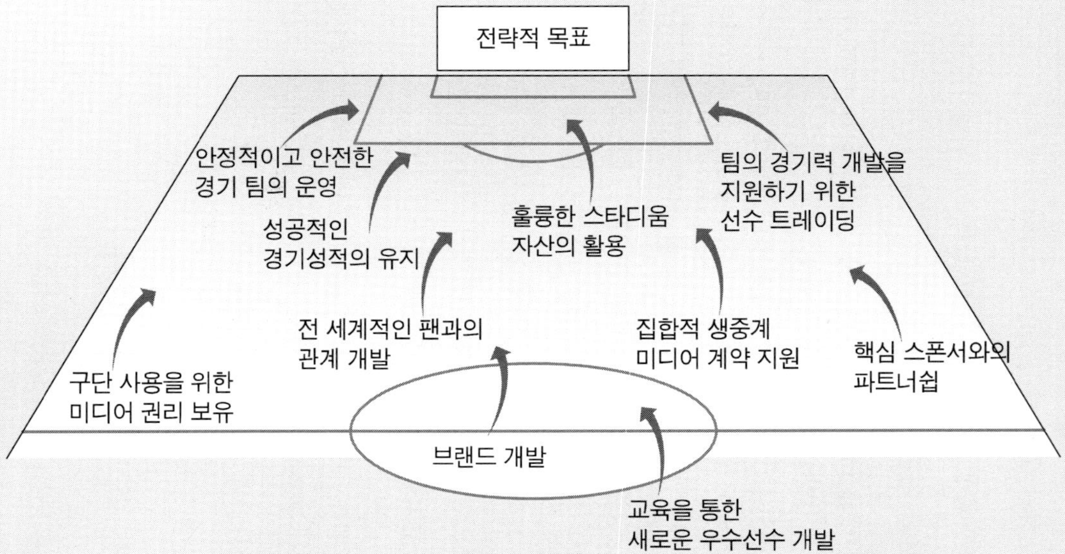

팀 전략만이 아닌 비즈니스 전략

올바른 팀 전략은 경기의 성공을 위해 필요한 것처럼, 올바른 비즈니스 전략은 세 가지의 주요 수입원, 즉 경기당일 수입, 미디어 권리의 판매, 광고 수입에서 운영 수익을 증가시키기 위해 요구된다.

자료: Manchester United, Annual Report, 2002.

또는 목적 집합을 추구하느냐 하는 것이 비즈니스 우선순위에 크게 영향을 미친다.

2. 구단주의 재무 능력과 자원을 구단에 지원하고자하는 용의: 구단주들은 이 부분에서 크게 다르다. 일부 구단주는 구단이 매년 양의 현금흐름을 창출할 것을 요구한다. 이것은 많은 다른 구단주들이 이와 같은 제약을 가지고 구단을 운영하지 않는다면 경영진을 크게 제약할 수 있다.

3. 리그 기반구조: 리그 기반구조는 리그에 속한 구단의 비즈니스 우선순위에 크게 영향을 미칠 수 있다. 선수 연봉 관리를 생각해보자. EPL과 같이 연봉에 대한 제한을 가지고 있지 않은 리그에서 선수확보에 관한 의사결정은 재무 능력의 함수이다. 이와는 대조적으로 NFL과 같이 엄격한 연봉상한이 존재하는 리그에서 구단 경영자는 이와 같은 연봉상한 내에서 다년간 선수가 구단에 머물 수 있는 계획을 만들어내야 하는 더 복잡한 과제를 가진다.

4. 구단의 부존자산: 이전의 의사결정과 그 결과의 덕택으로 구단은 비즈니스 우선순위에 영향을 미치는 중요 부분에서 다르다. 두 가지 예를 예시하면 다음과 같다.

   a. 스타디움 상황: 일부 구단은 수입창출이 가능한 현대적인 스타디움에서 경기를 하는 반면 다른 구단은 '경제적으로 노후한' 시설에서 경기한다. 이것이 비스니스 우선순위에 크게 영향을 미친다. MLB의 Minnesota Twins와 NFL의 Minnesota Vikings는 시대에 뒤떨어진 메트로돔Metrodome을 함께 사용한다. 그들의 '스타디움 상황'을 해결하는 것이 Twins와 Vikings가 각각 의 리그에 속한 다른 구단들과의 수입격차가 더욱 확대되는 것을 막는 데 중요하다.

   b. 브랜드 가치: 일부의 우수한 구단은 인기 있는 브랜드를 가지고 있는

반면 다른 구단은 팬들과 감정적 연계를 불러일으키지 못하는 브랜드로 고전한다.

경영자는 약한 분야를 강화하는 반면 핵심적인 부존자산을 지렛대로 사용하고자 한다.

5. 주어진 시간 하에서의 통제가능성: 유능한 경영자의 한 가지 특성은 '영향을 미칠 수 있는 쟁점에 초점을 맞춘다'는 것이다. 지역 텔레비전 중계권이 매우 다르기 때문에 작은 시장을 가지고 있는 MLB와 NHL에 속한 구단은 경제적으로 불리하다. 예를 들면, 최대의 텔레비전 시장을 가지고 있는 New York Yankees의 지역 미디어 수입은 32번째의 텔레비전 시장을 가지고 있는 Milwaukee Brewers의 지역 미디어 수입보다 8배 이상 크다. 단기적으로 Brewers의 빈틈없는 텔레비전 계약은 이와 같은 격차를 크게 해소시키지 못한다. 그러나 Brewers는 티켓판매와 판매점수입과 같은 기타 지역 수입요소에 영향을 미칠 수 있다.

선수관련 의사결정의 비즈니스 측면

비즈니스 경영능력은 경기하는 팀 측면과 비즈니스 측면 모두에서 중요하다. 연봉상한을 도입하고자하는 일부 리그의 의사결정은 구단 경영의 한 영역을 추가시켰다. 이 영역에서 선수평가능력 뿐만 아니라 재무 능력이 경기하는 팀의 측면에서 중요하다. NFL의 구단당 연봉상한(100만 달러 기준)은 다음과 같다.

1994	1997	2000	2002	2004
\$34.6	\$41.5	\$62.2	\$71.1	\$80.6

현재 각 구단은 서로 다른 선수 계약이 연봉상한을 준수해야 하는 구단의 능력에

대하여 다년간에 걸쳐 가지는 시사점을 계산하기 위해서 복잡한 일련의 규칙을 가지고 일하는 프로 스포츠 연봉상한 '전문가capologist'를 고용하고 있다. 연봉상한은 최대값이라는 점에 주목하라. 이와 더불어 구단이 연봉으로 지출해야하는 최저값도 존재한다.

선수 획득과 유지에 관한 의사결정 대부분은 스포츠 구단의 경기하는 팀 측면에서 이루어진다. 이와 같은 의사결정에는 일반적으로 구단장, 선수인력담당 이사, 감독이 참여한다. 소수의 몇몇 경우에는 일부 선수관련 의사결정의 비즈니스 관련 이해가 매우 크기 때문에 더 넓은 구단 경영의 고려요소가 의사결정에 포함될 수 있다.

이와 같은 유형의 의사결정 중 하나는 나이가 든 '대표적 선수들'과 관련되어 있다. 그들은 트레이드 되어야 하는가 또는 명예로운 은퇴를 하도록 들쑤셔져야 하는가? 많은 구단은 이와 같은 의사결정에 직면한다. 하나의 대표적인 예가 NFL의 San Francisco 49ers이다. Bill Wash 감독 하에서 San Francisco 49ers는 1980년대에 수퍼보울Super Bowl에서 3번(1982, 1985, 1989) 우승하였다. 이어서 San Francisco 49ers는 George Seifert 감독 하에서 1990년대에 수퍼보울에서 2번(1990, 1995) 더 우승하였다. 이와 같이 짧은 기간에 수퍼보울에서 5번 우승한 NFL 구단은 없다. Roger Craig, Randy Cross, Ronnie Lott, Joe Montana, Jerry Rice, Steve Young과 같은 49ers의 우수한 선수들은 마치 가계의 주인 이름이 되었다. 많은 사람들은 이와 같은 선수들을 49ers의 심장이자 영혼으로 여겼다. 49ers는 연봉과 건강에 관한 의사결정을 해야만 한다. | 도표 3•6 | 은 Bill Walsh가 권고하는 구단이 고려하여야 하는 요소들을 요약하고 있다. 구단의 관점에서 수용 가능한 연봉 제안이 이루어지지 않을 것이라는 결정이 이루어지면 은퇴가 선호되는 결과이다. 이것은 구단이 경쟁 팀에 해당 선수가 나타나는 것에 의해 촉발되는 팬들의 소원함 없이 해당 선수를 우아하게 퇴출시킬 수 있게 해준다. 많은 선수들이

도표 3-6 나이든 대표적 선수들의 유지, 트레이드, 은퇴에 관한 의사결정: Bill Walsh의 고려 요소

1. 선수를 대체하기 위해 사용 가능한 선택들

2. 베터랑 선수들에게 계속 지불하기 위한 재무 능력: 연봉상한 쟁점과 기타 협상에 미치는 영향

3. 기대되는 선수의 미래 성취

4. 선수의 건강 위험

5. 트레이드하기 위한 유인을 제공하고자 하는 다른 팀들의 용의

6. 선수의 트레이딩이 구단의 명성에 미치는 영향.

7. 핵심 의사결정자들(선수, 선수의 가족, 구단주, 구단경영진, 감독)이 원하는 것.

'강제적인 은퇴'에 저항하는 것은 놀라운 일이 아니다. Montana는 Kansas City Chiefs로 트레이드되었고 Craig, Lott, Rice는 Raiders로 트레이드되었다. Montana, Craig, Lott, Rice 각각의 경우에 49ers의 경영진에 대한 팬들의 분노는 미디어의 많은 부분에서 표현되었다.

구단 경영의 핵심 측면으로서의 미디어 관리

효율적인 구단 경영은 미디어와의 생산적인 관계에 의해 촉진된다. | 도표 3•7 | 은 미디어와의 관계를 위해 Bill Walsh가 권고하는 몇 가지의 가이드라인을 보여준다.

스포츠 구단의 모든 영역에 걸쳐서 미디어 능력을 개발하는 데 투자되는 자원은 일반적으로 정당화된다. 이와 같은 자원에는 경기하는 팀 측면과 비즈니스 측면의 경영진과 코치 및 선수자체가 포함된다. 선수협회는 선수들이 미디어 능력을 개발하는 것을 돕는 역할을 할 수 있다. 구단도 이 부분에서 강한 책임감을 가진다. 미디어는 구단에 대하여 소동과 지역사회문제를 만드는 선수들의 사려 깊지 못한 언급에 빗장을 걸어 잠근다. 예를 들면, 한 선수가 다음과 같은 동성애 혐오 발언을 했을 때 San Francisco 49ers는 이와 같은 문제에 빠졌다. "나는 나의 팀에 동성애자가 있기를 원하지 않는다. 나는 이것이 사람들이 듣고 싶어 하는 것이 아니라는 것을 알지만 그것은 하찮은 일이다. 나는 락커 룸에 동성애자가 있기를 원하지 않는다." 이와 같은 발언에는 불리한 측면만 존재한다. 구단의 모든 대표자들은 미디어와의 관계에서 훈련받아야만 한다.

도표 3-7 미디어 인터뷰가 당신의 '필요와 예상'을 충족시킬 가능성을 높이기 위한 Bill Walsh의 가이드라인

- 개인 인터뷰에서 특정한 시간 제약(예를 들면, 5-10-15 분 등)을 설정하고 지켜라. 미디어가 당신의 인터뷰가 시간제약을 가지고 있는 이유를 알도록 하라.
- 일대일 인터뷰에서 다루어지는 주제를 이해하라.
- 인터뷰에서 대결구도를 만들어서는 안 된다는 것을 명심하라. 냉정하라. 까다로운 질문을 당신의 답변으로 부드럽게 만들라. 당신의 감정을 통제하라. 인터뷰하는 사람은 당신의 감정을 억제하지 못하게 하는 방법을 알고 있을 수 있다.
- 정직하고 직접적인 답변이 중요하지만 당신은 명백한 개인적 감정, 전략 또는 예기치 않은 상황에 대한 대응 방안을 제공하도록 요구받지 않는다는 것을 잊지 마라.
- 구체적인 정보를 가지고 있거나 또는 사용할 수 있도록 하라. 사실, 통계, 관련된 개인 경험을 가지고 당신의 주장을 뒷받침하라. 실증되지 않은 수치 또는 이름으로 사용하면서 부주의한 발언을 하지 않도록 주의하라.
- 당신이 도발적인 질문을 받으면 주제를 변화시키거나 또는 바꾸도록 만들라(말하자면, 다른 질문에 답변하는 것이 당신이 취할 수 있는 하나의 가능한 방법이다).
- 유머가 냉정하고 진지한 발언으로 보도될 수 있다는 것을 잊지 마라. 당신이 사용하는 유머는 진지한 대화로부터 벗어나도록 해야 한다. 가벼운 유머는 자연스럽게 격렬하고 중요한 대화를 부드럽게 할 수 있지만, 유머의 사용은 양날을 가진 칼이 될 수 있다.
- 특정한 주제에 대하여 직선적인 답변을 벗어나서 상세하게 말하지 않는 것이 일반 원칙이다. 거드름 피우는 것은 종종 과장된 발언과 부주의한 주장을 하는 결과를 발생시킨다. 미디어는 이와 같은 언급을 결코 잊지 않거나 또는 간과하지 않는다는 것을 명심하라.
- 부정적인 질문을 반복하지 마라. 당신이 부정적인 질문을 반복하면, 부정적 질문이 당신에 의해 주도된 것으로 잘못 보도될 수 있다. 또한 부정적 질문은 당신이 관련되기를 원하지 않는 어떤 것이 개입되는 것을 도울 수 있다.

자료: B. Walsh, B. Billick and J.Peterson, Finding the Winning Edge (Champaign, IL: Sports Publishing, 1998, pp.387–388).

|사례| NFL 구단의 비즈니스 경영:
3개 구단의 경영 우선순위 차이 평가

SMCGSports Management Consulting Group의 사장인 Cindy Jones는 방금 2004년 7월 New York에서 개최되는 차기 World Sporting Congress에서 토론의 사회를 보는 제안을 수락하였다. 토론 주제는 다가오는 2004년 시즌과 2005년 시즌을 위한 'NFL 구단들의 비즈니스 경영 우선순위'이었다. 논의의 초점은 NFL 구단 사장들과 비즈니스 임원들의 경영 우선순위에 관한 것이었다. Jones는 이와 같은 초대를 받은 것에 대하여 흥분되었다. 주어진 토론 세션에는 많은 사람들이 참석할 것으로 예상되었다. 그것은 그녀가 SMCG의 미래 고객들이 될 수 있는 많은 사람들에게 긍정적인 인상을 심어줄 수 있는 황금의 기회였다. 쟁점들의 단면을 조명하기 위해 그녀는 다음과 같은 3개의 NFL구단을 선택하였다.

- Arizona Cardinals
- Houston Texans
- San Francisco 49ers

Jones는 토론을 완벽하게 준비할 것을 결심하였다. 그녀의 첫 번째 일은 각 구단이 직면한 상위 3개의 비즈니스 경영 우선순위가 무엇인지에 대해서 자기 나름대로의 평가를 하는 것이었다. 이어서 그녀는 이와 같은 개별적인 우선순위의 순위와 우선순위에 포함된 특정한 내용 모두에서 구단들이 다를 수 있는 이유를 이해하기 원하였다.

case

case

배경정보의 수집

Jones는 개별 구단들에 관하여 출간된 재무정보의 부족이라는 난관에 부딪혔다. 대부분의 구단들은 상세한 재무정보를 공개적으로 보고하지 않는다. Forbes지는 Washington Redskins의 2억2,700만 달러(1위)로부터 Arizona Cardinals의 1억2,600만 달러(32위)에 이르는 32개 NFL 구단의 2002년 수입을 추정하였다. 2002년에 Houston Texans의 수입은 1억9,300만 달러(3위)로 추정되었으며 San Francisco 49ers의 수입은 1억4,200만 달러(22위)로 추정되었다. Forbes지는 Washington Redskins의 8,780만 달러(1위)로부터 Atlanta Falcons의 40만 달러(32위)에 이르는 2002년 영업이익을 추정하였다. 2002년에 Houston Texans의 영업이익은 4,780만 달러(5위)였고, San Francisco의 영업이익은 1,600만 달러(24위)였으며 Arizona Cardinals의 영업이익은 1,280만 달러(28위)였다. Forbes지가 추정한 2003년 구단가치는 Washington Redskins의 9억5,200만 달러(1위)로부터 Arizona Cardinals의 5억500만 달러(32위)에 이르렀다. Houston Texans의 2003년 가치는 7억9,100만 달러(3위)였고 San Francisco 49ers의 2003년 가치는 5억6,800만 달러(24위)였다. | 도표 1 | 은 3개 구단의 각각에 대하여 시장규모, 인구, 시장 내에 존재하고 있는 다른 프로 스포츠 팀 수와 같은 서로 비교할 수 있는 지역 시장 데이터를 제시해준다.

Jones는 신문, 잡지, 인터넷과 같은 공개적 자료원으로부터 정보를 수집하였다. 그녀는 이와 같은 자료원은 완전하지 않거나 또는 시의 적절하지 않다는 것을 잘 알고 있었다. 실제로 그녀 자신의 도전 중 하나는 그녀가 검토한 공개적 자료원에 있는 일부 정보는 잘못된 것이나 구단에 의해 수정되지 않았다는 점이었다. 그녀가 판단하기에 | 도표 1 | 에 정리된 데이터는 최선의 데이터였다.

도표 1 ▌ 지역시장정보

	Arizona Cardinals	Houston Texans	San Francisco 49ers
시장규모	15	7	4
인구*	2,718,300	4,055,300	5,951,800
시장 내 다른 구단			
NFL			Oakland Raiders
MLB	AZ Diamondbacks	Houston Astros	San Francisco Giants
MLB			Oakland Athletics
NBA	Phoenix Suns	Houston Rockets	Golden State Warriors
NHL	Phoenix Coyotes		San Jose Sharks
기록**	승리 - 패배	승리 - 패배	승리 - 패배
2003	4 - 12	5 - 11	7 - 9
2002	5 - 11	2 - 14	10 - 6
2001	7 - 9	N/A	12 - 4
2000	3 - 13	N/A	6 - 10
1999	6 - 10	N/A	4 - 12
1998	9 - 7	N/A	12 - 4
스타디움/건축연도	신축 중 2006년 시즌사용 예정	2002	1960

* 자료: Arbitron. Market Ranks: Fall 2002. Metro P12+Population.
**자료: NFL.com, Past NFL Standings.

Jones가 직면한 또 다른 난관은 비즈니스 경영 우선순위의 순위는 선택된 목적의 함수라는 것이었다. 구단들은 서로 다른 핵심 목표를 가지고 있다. 그녀는 먼저 경기에서의 승리, 구단의 재무적 성공, 구단에 대한 팬의 지지와 충성도를 포함한 몇 가지의 가능한 목표들을 위한 비즈니스 경영 우선순위의 순위를 분리하는 것을 고려하였다.

case

Arizona Cardinals

William Bidwell은 Arizona Cardinals의 구단주이다. Bidwell은 젊었을 때부터 스포츠 경영에 참여하였다. 그의 아버지는 유명한 Chicago 스포츠 인사이자 Pro Football Hall of Fame의 회원이었고 1932년에 Arizona Cardinals를 매입하였다. 이 구단은 그때부터 Bidwell 가문에 의해 소유되어 운영되었으며 William은 1972년에 단독 구단주가 되었다. 구단의 공식 웹사이트는 조직 내에 다수의 부회장들이 존재한다는 것을 보여주지만, Michael Bidwell이 구단의 풋볼과 비즈니스 영업 각각을 주로 책임지고 있는 Rod Graves와 Ron Minegar와 함께 구단의 경영을 매일 매일 감독하고 있는 것으로 보인다.

Cardinals는 1988년에 St. Louis로부터 Phoenix로 이동하였다. Cardinals는 즉각적으로 몇 가지의 도전에 직면하였다. Cardinals는 St. Louis를 떠날 때 새로운 스타디움을 약속받았으나 승인을 얻기 위해 13년이 걸렸고 심각한 정치적 책략이 있었다. "Cardinals는 승자가 아니었다. … Cardinals는 또 하나의 Arizona 현상인 원래 장소에서 쫓겨난 팬들의 제물이 되었다." St. Louis에 있는 동안, 이 팀은 1974년과 1975년에 NFC East Division Championship을 차지하였으나 그 이후 대부분의 연도 동안 패배의 기록을 가지고 있었다. Phoenix 지역으로 이동한 후에 Cardinals는 고군분투하였고 Arizona에 있는 16년 동안 한 번의 승리 시즌만을 만들었을 뿐이었다.

구단의 경영진은 공적자금과 민간자금을 사용하여 새로운 스타디움을 얻으려고 13년을 보냈다. 일반 대중은 2000년 11월에 Proposition 302를 통과시켰다. Proposition 302는 Arizona의 Glandale에 새로운 다목적 스타디움 건설을 지원하기 위한 민간수입흐름을 발생시키기 위한 조치들을 시작시켰다. 그러나 일련의 법적 조치들이 거의 2년 동안 일의 진전을 지연시켰다. TSATourism and Sports Authority와 Cardinals는 2003년 3월 18일에 새로운 스타디움을 기공하였다. Cardinals는 2006년 NFL 시즌의 출발시점에 새로운 스타디움에서 첫 번째 경기를 할 것이다. 새로운 스타디움은 88개의 호화로운 스위트룸과 7,000개의 구단좌석을 포함하여 총 63,000개의 영구좌석을 가지게 될 것이다. 관중수용규모는 73,000석으로 확장될 수 있다.

ESPN과의 인터뷰에서 구단의 부사장이자 총고문인 Michael Bidwell은 수입부족은 직접적으로 승리구단을 만드는 경영진의 능력에 영향을 미친다고 언급하였다. 그는 수입부족을 새로운 스타디움을 가지지 못한 탓으로 돌렸다.

> "그것이 바로 문제이다. 승리하는 것이 중요하다. 훌륭한 선수들을 경기에 내보내고, 좋은 선수들을 팀에 보강하고, 자유계약 시장에서 다른 팀들과 경쟁하고 우리 팀의 자유계약 선수들을 보호하는 것이 중요하다. 그리고 그것을 위해 경기장으로부터 얻어지는 이익으로 운영되는 많은 계약금이 필요하다."

2003년 Forbes지는 Cardinals의 수입을 1억2,600만 달러(32개 팀 중 32위), 영업이익을 1,280만 달러(28위), 구단가치를 5억500만 달러로 추정했다. 구단은 관중들의 관심을 끄는 데 실패했다. Cardinals는 총 좌석 73,014개, 호화로운 스위트룸 68개, 구단좌석 5,000개가 있는 Sun Devil Stadium에서 경기했다. 그러나 2002년의 평균 관중 수는 리그에서 좌석판매와 매진율에서 최하위인 40,910명과 56%를 기록했다. 낮은 관중 수는 매점수입과 주차료 수입에서의 적은 수입으로 나타난다. 현재의 경기장은 Arizona 주립대학의 소유이며 스타디움의 명명권도 존재하지 않는다.

Glendale시는 새로운 경기장이 재정적인 수입창출, 지역경제의 발전, 일자리의 증가, 긍정적인 팬 경험을 발생시킬 뿐만 아니라 인접한 Coyotes Arena(NHL Pheonix Coyotes의 홈구장)와 함께 스포츠와 엔터테인먼트 기지로서 이 지역을 전국적으로 노출시키고 청소년 스포츠와 미식축구 이외의 문화적 활동들에 대한 개최 장소를 제공할 것이라는 내용의 프레젠테이션을 하였다.

동일한 ESPN 방송에서 Smith College의 스포츠 경제학자 Andrew Zimbalist는 전혀 다른 결론을 제시했다. 그는 한 지역에 새로운 경기장이 경제적 발전을 가져온다는 증거는 없다고 말했다. 그는 새로운 경기장이 영업이익의 증대와 경기장에서의 성적을 향상시킬 것이라는 Bidwell의 믿음을 계속적으로 반박했다. 그는 피닉스 인구 중의 상당수가 북쪽에서 이사 온 북쪽 지역팀들의 팬이라는 점을 강조했다. 한 지역 팀에 대한 열정과 충성심은 주로 인격의 형성기인 어린 시절에 발달한다. 1988년 전까지 Arizona에는 프로 미식축구팀이 없었으며 그래서 Arizona에서 자라고 살고 있는 어른들은 지역팀에 대한 강한 유대의식이 없다. The Arizona Republic의 Dan Bickley도 같은 의견을 제시하였다. "애리조나인들은 그들의 스포츠 팀에 대한 열정이 부족하다는 혹평을 받아 왔다. 그들 가운데는 매우 부정적인 에너지가 존재한다"라고 말하였다. Arizona 지역주민들은 Cardinals에 대한 강한 감정적인 유대가 거의 없어서 티켓에 대한 수요가 낮고 Phoenix 지역의 새로운 경기장과 스포츠 팀에 대한 기업 지원금 역시 약하다.

2003년 시즌 Cardinals는 4승 12패로 시즌을 마치면서 그들의 부진을 이어갔다. 원정경기 12연패를 기록한 이후 Dave Mcginnis 감독은 '충격적이다'라고 표현했다. 2004년 1월 Cardinals는 그들의 새로운 감독으로 5년 계약을 맺은 Dennis Green을 임명했다. Green은 Minnesota Vikings에 있던 10개 시즌 동안 101승 70패를 거둔 승률이 높은 감독이다.

Houston Texans

Houston Texans의 소유 그룹은 Robert McNair가 이끌고 있다. McNair는 에너지 사업에 종사하던 사람이었다. 그는 1999년에 매각된 세계 최대의 개인소유 열병합 발전 회사인 Cogen Technologies의 창업자였다. 그는 Houston Texans 외에도 투자 포트폴리오 그룹인 The McNair Group, 민간투자 회사인 Palmetto Partners, Ltd, the McNair Foundation, 바이오기술 펀드인 Cogene Biotech Ventures의 수석경영자이자 창시자인 동시에 소유주였다. McNair는 2002년 발표된 Forbes지의 부자 미국인 리스트에서 149위에 랭크되어있다.

Houston Texans는 NFL에 가장 최근에 등록된 팀이다. NFL 구단을 소유하고자 하는 McNair의 도전은 1997년 휴스턴 지역으로 신생 아이스하키팀을 유치하려는 McNair와 Watson의 노력이 실패하면서 본격적으로 시작되었다. McNair는 휴스턴을 연고지로 하는 NFL 팀을 만들기 위해 Houston NFL Holdings를 구성했다. 1999년 10월 6일에 NFL의 구단주들은 7억 달러에 Houston NFL Holdings에 NFL 구단을 선사하기로 결정했다. 구단의 첫 시즌은 2002년이었다. Houston에는 1960년부터 1996년까지 Houston Oilers 팀이 존재했으나 1997년 연고지를 Tennessee로 옮긴 역사가 있다.

새로운 팀을 창단하면서 Houston NFL Holdings는 할 일이 많았지만 즐거움과 기대감이 부풀어 오르고 있었다. 2년 안에 Houston Texans는 그들의 첫 NFL 경기를 펼칠 것이다. Houston Texans의 소유 그룹은 그들의 일에 대한 우선순위를 결정해야했지만 또한 다양한 목표를 향한 일들을 동시에 처리하여야했다. 그들은 선수단을 구성해야하고 브랜드를 발전시키며 경기장을 건설하고 경영팀을 임명하는 등의 일을 해야 했다.

case

NFL이 신생팀의 연고지를 휴스턴으로 결정한 이후 12개월 동안 정말 많은 일들이 일어났다. McNair 그룹은 단장을 선임했고 팀의 이미지와 팬들의 기대를 확인하기 위한 시장 조사를 실시했으며 팀의 로고와 색상을 고르고 새로운 경기장을 착공했으며 명명권을 판매했다. Houston Texans의 웹사이트는 이러한 사건들을 보여주고 있으며 각 사건들의 달성 시기를 알려주고 있다.

Texans는 어디서부터 시작했는가?

Houston NFL의 첫 번째 의미 있는 충원은 경영 부사장 겸 단장인 Charley Casserly를 고용한 것이었다. Casserly는 20년 동안 Washington Redskins의 단장이었다. 그는 Daniel Snyder가 Redskins를 매입한 직후인 1999년 9월 Redskins에서 나왔다. Casserly는 McNair가 신생팀을 보유하게 되는 것이 확정된지 3달만인 2000년 1월에 Houston NFL Holdings에 참여했다. McNair는 선수단을 구성해야했고 이 일을 위해 경험 있는 사람이 필요했다.

Casserly는 선수단을 구성하기 위한 전략을 세워야 했다. 최근에 창설된 두 구단인 Carolina Panthers와 Jacksonville Jaguars는 초기에 이미 성공을 맛보았다. 그러나 그는 다른 접근 전략을 세웠다. Texans의 감독은 1995년에 Carolina에서 이미 비슷한 과정을 겪은 Dom Capers였다. Tampa Bay Buccaneers의 부단장인 John Idzik은 NFL의 전망은 특히 연봉상한제도가 적용되면서 7년 후인 지금 많이 달라졌고 Capers의 팀은 다른 전략으로 나가야한다고 생각했다. Dom이 Carolina에 있었을 때 그들은 확실한 방식으로 밑그림을 그렸고 Jacksonville은 다른 방식인 젊고 값싼 선수들을 선발했다. Carolina는 자유계약시장을 통해 팀을 구성했고 경험 있는 비싼 선수들을 영입했다. 선수들이 나이가 들어가면서 그들은 성공을 이어나가지 못했다. Carolina는 그들의 두 번째 시즌인 1996년에 12승 4패를 기록하면서 NFC 챔피언쉽 게임에 진출했으나 그 이후 승리하는 시즌을 기록하지 못하고 있다. Jaguars는 그들의 두 번째 시즌에 플레이오프에 진출했고 계속해서 다음 3년 동안 플레이오프에 진출했다. 그들의 계속된 성공은 유망주들을 키우는 것을 통해 이루어졌다.

Casserly는 2년 안에 선수들을 영입하고 선수단을 구성하기 위해 2001년 드래프트, 익스팬션 드래프트, 자유계약 시장을 이용할 수 있었다. 팀은 2001년 12월 29일에 그들의 첫 번째 선수들을 계약했고 2002년 3월 25일에 비시즌 훈련을 시작했다. 이로써 그들에겐 첫 공식 경기를 위해 준비를 할 시간이 6개월도 채 남지 않게 되었다. 많은 사람들은 신생팀이 승리하는 팀으로 발전하는데 근원적인 불이익이 있다고 생각한다.

> "팀이 구체화되는 데는 시간이 필요하다. 특히 팀의 과제가 팀원들 간의 높은 수준의 협력을 필요로 할 때 팀원들이 그들의 개개인의 노력을 하나의 응집된 성과로 결합시키는 방법을 배울 수 있도록 팀의 구성을 오랫동안 유지하는 것이 중요하다. Berman, Down, Hill은 팀원들이 함께한 평균적인 시간에 기초하여 팀 성적과 팀원들의 '공유된 경험'의 관계가 존재하는지를 조사하기 위해 1980년부터 1994년까지의 NBA 모든 팀들의 기록을 분석하였다. Berman과 그의 동료들은 두 요소 간에 매우 중요한 관계가 있음을 알아냈다. 그들은 팀의 구성원들이 더 안정적일수록 팀의 승리 가능성도 커짐을 밝혀내었다."

1970년대의 Pittsburgh Steelers는 6년간 4번의 Super Bowl에서 승리하였고 그 중 두 번은 연속된 승리였다. 그들은 뛰어난 공격과 수비 선수들을 보유했지만 또한 Lynn Swann, Terry Bradshaw, Franco Harris, John Stallworth, Mike Webster, Jack Ham, Mel Blount, Joe Green, Jack Lambert와 같은 많은 수의 선수들과 감독이 그들이 리그를 지배하는 기간 동안 함께했다. "자유계약 시장과 연봉상한제도는 슈퍼스타들로 한 팀을 구성하고 계속 이어나가는 것을 거의 불가능하게 만들었다. Chick Noll처럼 대학선수 드래프트에서 8명의

case

case

미래 명예의 전당 급 선수들을 뽑고 그들을 계속 보유하면서 1970년대의 Steelers처럼 6번의 디비전 우승과 4번의 수퍼보울 승리로 이끌 수 있는 시대는 이제 끝났다고 봐도 된다. 모든 선수들을 계속 보유하고 싶지만 그럴 수 없다는 사실이 우리를 미치게 한다"고 New York Giants의 단장 Ernie Accorsi는 말했다.

Texans는 첫 번째 시즌인 2002년에 Dallas Cowboys를 상대로 한 홈 데뷔전에서의 승리를 포함하여 2승 14패의 기록을 남겼다. Houston Press는 팀이 기대 이상의 성적을 거두었다고 믿었다. 한 평론가는 Texans는 아직은 설익은 상태이나 먼 미래가 아닌 조만간에 플레이오프 경쟁자가 될 수 있는 뜨거운 방석에 올라섰다고 평가했다. Texans는 두 번째 시즌에 5승 11패를 기록했다. 러닝 백 Domanick Davis는 2003 NFL 최우수 신인으로 선정되었다. 2004년 2월 1일 Reliant Stadium은 Super Bowl XXXVIII(제38회 수퍼보울)을 개최하였고 이 경기에서 New England가 Carolina를 32대 29로 꺾고 승리하였다.

새로운 브랜드를 만드는 데는 많은 시간이 걸린다. Houston에는 Texans이 있기 전에 Houston Oilers가 있었다. 그러나 새로운 구단은 Oilers의 말년에 구단주 Bud Adams가 수많은 팬들을 실망시켰기 때문에 Oilers와 연계하여 어떠한 이익도 받지 못할 처지였다. 새로운 구단은 처음부터 시작해야했다. NFL이 Houston에 신생팀을 만들기로 한지 바로 한 달 후에 McNair는 팬들의 기대와 팀의 이미지를 연구할 40개의 그룹을 만들었고 팀의 공식 이름과 로고가 나오기 전까지 사용할 '잠정적' 로고를 소개했다. 2001년 9월 6일에 그들은 팀의 이름, 로고, 색상을 공개했다. 운이 좋게도 Texas주에서는 미식축구가 가장 인기 있는 스포츠였고 관심을 불러일으키는 일은 어렵지 않았다. 2년 안에 열정적이고 충성스러운 팬 기반을 만드는 일이 가장 도전적인 일이었다.

McNair는 헌신적으로 Texans를 경영하고 있고 재무적인 보상을 원하고 있다. 7억 달러의 매입 금액을 생각하면 경영진은 꽤나 무거운 짐을 지고 있는 것이다. Charles Casserly를 제외하고 경영진의 주요 인물로 Steve Patterson(수석부사장 겸 최고개발담당경영자), Scott Schwinger(수석부사장, 재무담당관 겸 최고재무담당경영자), Suzie Thomas(수석부사장, 자문담당관 겸 최고관리담당경영자), Jamey Rootes(수석부사장 겸 최고판매 및 마케팅담당경영자)와 같은 사람들이 포진하고 있었다. Patterson은 새로운 경기장이 건립되고 첫 경기가 치러질 수 있도록 준비하는 데 중요한 역할을 했다. Rootes는 명명권, 고급 VIP스위트룸 판매, 구단 좌석, 티켓 판매, 기업 후원으로부터 이익을 창출할 기회를 관리하였다. 구단이 형성되는 첫 12달 동안 명명권은 기록적인 3억 달러에 판매되었다. 구단은 2002년과 2003년 정규시즌 동안 매진을 기록하였다. 대기자 명단에 수많은 팬들이 기다리고 있었다. 2003년에 Forbes지는 Texans의 수입을 1억9,300만 달러(32개 팀 중 3위), 영업이익을 4,760만 달러(5위) 그리고 구단가치를 7억9,100만 달러로 추정하였다.

San Francisco 49ers

San Francisco 49ers는 DeBartolo Corporation의 포트폴리오를 구성하는 일부이다. Denise DeBartolo York가 대표를 맡고 있다. DeBartolo Corporation은 2001년에 공식적인 구단소유주가 되었다. 그녀와 그녀의 남편인 John York는 1998년부터 그녀의 남형제인 Eddie DeBartolo Jr.로부터 구단을 넘겨받았다. DeBartolo Corporation은 현재 경마 트랙인 Louisiana Downs를 소유하고 있으며 컴퓨터 소프트웨어와 건강 벤처기업들의 주식을 소유하고 있다. 이 회사는 EJDCEdward J. DeBartolo Corporation로부터 발전하였다. EJDC는 쇼핑몰 개발과 운영으로 막대한 부를 창출하였다.

case

case

DeBartolo York는 EJDC가 프로하키팀인 Pittsburgh Penguins를 소유했을 때 직접 프로스포츠 팀의 경영과 리그와의 협력에 관한 경험을 쌓았다. 그녀는 Penguins가 Stanley Cup을 쟁취한 1990-1991 NHL 시즌을 포함하여 3년 동안 사장으로 일했고 1990년에 Pittsburgh가 NHL 올스타전을 주최하는 데 큰 기여를 했다. Denise DeBartolo York의 남편인 John York는 DeBartolo Corporation의 사장인 동시에 회사의 본거지인 오하이오주의 Youngstown에 있는 본부와 샌프란시스코에 있는 49ers를 감독하는 중요한 역할을 하였다.

49ers는 뛰어난 선수들과 굉장한 성공을 만들어낸 풍부한 역사를 가지고 있다. 1950년대의 팀은 명예의 전당에 들어간 Y. A. Little, Joe Perry, Hugh McElhenny, John Henry Johnson 과 같은 선수들을 배출했다. 1977년 Eddie DeBartolo가 팀을 인수하고 Bill Walsh를 감독으로 데려온 이후 15년 동안 그들은 프로 스포츠 가운데 가장 성공적인 구단을 만들어냈다. 그들은 최초로 수퍼보울을 5회 우승한 팀을 만들어냈다. 그들은 Dallas Cowboys와 함께 최다 수퍼보울 우승 기록을 가지고 있다. DeBartolo Jr.가 있는 기간 동안 구단은 광범위한 지역봉사 프로그램들을 통해 지역사회에서의 명성을 얻었다.

채워야할 큰 신발

구단의 소유권이 DeBartolo Jr.에서 DeBartolo York로 옮겨지면서 새로운 경영진은 경기장에서의 성공과 긍정적인 브랜드 이미지를 이어 나가고 싶어 했다. 그러나 팀의 이전 성공에는 많은 비용을 대가로 지불하고 이루어진 것으로 분석되었다. Eddie DeBartolo Jr.는 승리를 향한 강력한 열망이 있었으나 부실한 재무적 책임으로 인한 악명도 얻었다. Pro Football Weekly의 Joel Buchsbaum은 "그에게는 승리를 챙기는 이상 순이익은 상관없는 것처럼 보였다"라고 말했다. 1990년대 후반에 49ers는 NFL 단체교섭 협약의 연봉상한조항을 위반했다는 주장이 이루어졌다. NFL과 49ers는 타협점을 찾았다. 연봉상한 위반에 관한 주장에 대한 타협은 2001년과 2002년의 신인 지명권 박탈과 팀에게 부과된 재무적 의무 때문에 팀을 불리하게 만들었다. 그러나 이와 같은 도전에도 불구하고 49ers는 2001년과 2002년 시즌 모두 플레이오프에 진출했다.

현재 구단주는 강력한 재무적 책임을 지는 것으로 평판이 나 있다. 한 샌프란시스코 지역 칼럼리스트는 "그들은 재무적 책임에 대한 진지한 자세를 가지고 있다"라고 평한 점이 이와 같은 점을 잘 보여준다. 그리고 그들은 자신의 재무적 책임에 대한 약속을 알리고 전달해온 Terry Donahue를 단장으로 선임하면서 그들의 자세를 보여줬다. 내부자들은 이전까지는 운영에 있어서 집행 예산은 전혀 문제가 되지 않았다고 제보했다. 새 경영진이 오기 전까지 49ers 구단에 있어 예산을 개발하고 예산과 수정된 예측에 충실하게 집행하는 것은 일반적인 관행이 아니었다. 재무적 문제에 대한 관심이 증대되면서 수입 창출과 영업 비용지출에 초점이 맞추어졌다. 2003년에 Forbes지는 그들의 이익을 1억4,200만 달러(32개 팀 중 22위), 영업이익을 1,600만 달러(24위), 구단가치를 5억6,800만 달러(24위)로 추정했다. 구단은 스폰서쉽 판매를 통해 수입을 증가시키고 지역의 시즌 전 TV와 라디오 방송권으로 높은 수준의 수입을 유지할 수 있었다. 구단은 1993~2000년 기간 동안 한 해만을 제외하고 매해 90% 이상의 티켓판매율을 기록했다. 2002년에 그들은 경기당 97% 판매율로 평균 6만9,734명의 관중 수를 기록했지만, 그들은 구단 좌석 없이 89개의 판매 가능한 고급 스위트룸만 보유하고 있었다. 그들은 2002년에 티켓의 가격을 평균 50달러에서 58달러로 인상했다. 티켓 가격 인상률 16%는 San Francisco 49ers가 9번째로 티켓이 비싼 구단이 되게 만들었다. 다른 많은 구단들과 달리 49ers는 경기장 내의 모든 좌석에 동일한 가격을 부과했다.

case

case

지난 수년 동안 새로운 스타디움을 갖는 것은 구단에 있어 매우 중요한 일이었다. 샌프란시스코 시와의 현재 임대계약은 2008년까지 유효하다. 1997년에 시민들은 새로운 스타디움을 포함한 엔터테인먼트 콤플렉스를 건설하기 위해 1억 달러까지 지원해주는 내용의 시민투표안을 통과시켰다. 그러나 처음 예상했던 3억2,500만 달러보다 더 많은 비용이 들 것으로 예상이 되자 구단은 1998년에 이 프로젝트를 잠정 중단 시켰다. 2002년에 3Com과의 명명권 계약이 끝나면서 다시 한번의 좌절이 발생하였고 샌프란시스코 감독위원회가 시의 공공 경기장에 대한 명명권을 판매하는 것을 더 어렵게 만들었다. San Francisco Examiner와 San Francisco Business Times는 시의 입장과 그들의 관점이 새로운 경기장을 만드는 데 어떠한 영향을 끼칠 것인지에 대한 기사를 게재했다.

> "감독위원회는 월요일에 49ers와 시의 오락과 공원 부서에게 상당한 금액의 돈을 안겨줄 Candlestick Park를 위한 새로운 명명권 계약을 기각하면서 49ers를 주춤거리게 만들었다. 감독위원인 Tony Hall은 '우리는 우리 자신들을 NFL구단의 노예로 만들 필요는 없다. 이 경기장은 완벽한 경기장은 아닐지 모르지만 우리의 Candlestick Park이다'라고 말했다."

> "49ers에게 Candlestick의 경기장 명명권을 판매할 수 있는 권리를 주는 것을 거부한 감독위원회의 결정과 도시 소유 건물들에 대해 기업명을 부여하는 것을 가로막기로 한 감독위원 Matt Gonzales의 관련 활동은 새로운 경기장 건립을 막고 있다. 49ers의 사장인 Harris는 '경기장 명명권 없이는 새로운 경기장이 세워질 수 없다'고 말했다."

지난 수년 동안 새로운 경기장의 중요성은 명백해 보였다. 전 49ers 사장인 Larry Thrailkill은 1998년에 '오직 경기장 프로젝트만을 감독하기 위한 최고 경영자'를 임명하는 데 관심이 있었다고 말했다. San Francisco Examiner는 "49ers는 리그에서 단연코 최악의 경기장을 가지고 있다. 그들은 오직 새로운 경기장을 짓기 위한 목적을 위해 팀의 사장으로 Peter Harris를 고용했다.

49ers 팬들에게는 불행하게도 이 프로젝트는 정지 상태에 있다. Harris는 능력 있고 좋은 사람이지만 그가 맞서고 있는 관료주의는 견디기 어려운 것이다"라고 보도했다. 6년이 지난 2004년에 49ers는 아직까지도 새로운 경기장을 가지지 못하고 있다. 샌프란시스코 시장 Willie Brown은 49ers는 경기장에 관심이 없다고 믿고 있다.

San Francisco 49ers는 1980년대와 1990년대 초반을 거치면서 뛰어나고 기품 있는 이미지를 만들어왔다. Brent Jones, Ronnie Lott, Joe Montana, Steve Young과 그 외 많은 선수들이 팀을 대표하고 있다. 긍정적인 브랜드 이미지를 유지하는 것은 매일 매일 새로운 도전이다. 구단은 최근 몇 년 동안 Steve Mariucci 감독의 이탈, Terrell Owens의 벌금과 같은 다수의 대외관계 문제와 직면했다. Mariucci 감독의 해고 필요성과 이유에 대해 의견이 분분하였지만 대체적으로 구단이 해고문제를 잘 다루지 못했다는 평가이다. 또한 49ers는 Terrell Owens의 괴상한 버릇이 발생시킨 대외관계 문제들을 견뎌내야 했다. 그는 바로 두 시즌 전에 Texas Stadium 가운데의 별모양에 공을 찍음으로써 Dallas Cowboys를 격분 시켰던 선수이다. 그는 이번 시즌 터치다운을 기록한 후 공에 싸인하는 행위와 응원도구를 들고 치어리더 팀에 참여하는 행위를 했다. 또한 구단은 러닝백 Garrison Hearst가 경기 후에 한 동성애자에 대한 경멸적인 발언으로 인하여 논쟁에 휩싸였다. Hearst 사건은 전국적인 이슈로 번져 나갔고 각종 토크쇼에서도 뜨거운 주제로 다루어졌다.

2003년에 Dennis Erickson은 Mariucci에 이어 감독 자리에 올랐다. 그는 Oregon 주립대학에서 감독을 역임하면서 1999-2002 시즌까지 31승 17패를 기록하였다. 그의 NFL 감독 경험은 Seattle Seahawks에서 3년간 31승 33패를 기록한 것이었다. 49ers는 2003년 시즌에 7승 9패를 기록했다. 2003년 시즌이 끝나자 많은 유명한 선수들의 이탈이 언론에 발표되었다.

case

- 2004년 2월 26일: Derrick Deese(12년차 노장 오펜시브 라인맨)와 Garrison Hearst(11년차 러닝백)의 방출
- 2004년 3월 1일: Jeff Garcia(쿼터백)의 방출
- 2004년 3월 4일: Terrell Owens(와이드 리시버)의 트레이드. 최초로 Baltimore Ravens로 트레이드 되었으나 후에 Philadelphia Eagles로 트레이드 됨.

연봉상한문제가 바로 이러한 결정들의 주요 이유였다. Terry Donahue 단장은 3월 24일에 다음과 같이 발표했다.

> "뒤를 돌아보면 우리는 이제 가장 힘든 시기를 넘기고 있는 것 같다. 우리의 선수들을 잃는 것은 매우 가슴 아픈 일이다. Jeff Garcia, Garrison Hearst, Tai Streets, Jason Webster와 같은 선수들이 떠난다는 것은 매우 가슴 아픈 일이다. 하지만 동시에 우리는 매우 젊고 유망한 선수들을 보유할 수 있게 되었고 그것에 대해서 매우 만족스럽다."

> "우리는 우리가 가는 방향에 대한 명확한 비전을 가지고 있다. 그것을 이루는 것은 쉽지 않을 것이다. 많은 비판과 추측이 난무할 것이고 모든 사람들은 다들 자신이 더 좋은 방법을 알고 있다고 생각한다. 그러나 우리의 비전을 실현하기 위해서는 우리에게 이 길을 계속 가기 위한 용기가 필요하다는 것이다. 우리에겐 계획이 있고 그 계획을 따라야한다. 우리는 그것에 매달려야 하고 완성시켜야한다."

> "우리는 우리가 한 결정들 앞에 험난한 바다가 있을 것으로 충분히 알고 있었다. 편안하기만 항해가 되지 않을 것임을 알고 있었다. 그러나 항해를 마쳤을때 우리는 더 강하고 안정적인 조직이 되어 있을 것이다. 1999년부터 우리가 다루어야했던 문제들과 계속해서 마주치지 않아도 될 것이다. 그리고 우리는 그 목표에 거의 다가와 있다."

토의질문

1. Cindy Jones가 당신의 조언을 구하고 있다. 그녀는 당신에게 네 가지 가능한 목표들 중에서 각 구단 별로 가장 중요한 3개의 비즈니스 경영 우선순위를 생각해볼 것을 요구하고 있다. (그녀가 생각하는 세 가지 목표가 중요할 수 있고 당신이 생각하는 추가적인 네 번째 목표도 고려되어야 한다.)

   a. 목표 1: 경기장에서 승리하는 구단
   b. 목표 2: 재무적으로 성공하는 구단
   c. 목표 3: 팬들의 지원과 충성도를 높이는 구단
   d. 목표 4: 당신이 추천하는 추가적인 목표

   당신이 추천하는 추가적인 목표는 무엇인가? 당신의 네 가지 목표가 서로 어떻게 다른 것인지 설명하라. 당신의 선택을 설명하라. 고려 대상인 3개의 구단의 경우 그들의 목표가 어떻게 다를 수 있는가?

2. 주어진 목표를 달성하기 위한 3개의 가장 중요한 비즈니스 경영 우선순위를 결정하는 데 어떠한 요소들이 고려되어야 하는가?

3. 3개 구간 각각의 3개의 목표(목표 1, 2, 3 가운데 두 개와 당신의 목표 4)에 대하여 당신이 가장 중요하게 생각하는 세 가지 비즈니스 경영 우선순위를 그 이유를 들어 설명하면서 개관하라. (일부 비즈니스 경영 우선순위는 팀들 사이에 같을 수도 있다.)

4. 당신은 위의 질문들에 대한 당신의 대답으로부터 구단 수준에서의 스포츠 비즈니스 전략에 대해 어떤 결론을 내릴 수 있는가?

case

CHAPTER 4

PLAYERS/ATHLETES AND AGENTS

선수와 에이전트

핵심 쟁점

- 팀 스포츠 리그는 선수 연봉 결정이 '자유시장' 또는 구단 또는 개인에 대한 연봉상(하)한제도와 같은 구조적 제약에 의존하느냐에 따라서 다르다.
- 연봉상한제도가 없는 팀 스포츠 리그에서는 구단 총급여와 경기 성취도 간에 양의 상관관계가 존재한다.
- 파업과 직장폐쇄는 선수 연봉과 다른 구단으로의 선수 이적 자유가 결정되는 협상 과정에서 나타날 수 있다.
- 우수 선수는 경기장 자산일 뿐만 아니라 중요한 비즈니스 자산이다. 우수 선수는 경기 성취도를 높일 뿐만 아니라 구단 수입을 증가시킬 수 있는 능력을 가지고 있다.
- 경기 외적 활동으로부터의 선수 소득은 스폰서 친화적인 개별 선수 브랜드를 개발하고 홍보함으로써 증가될 수 있다.

| 사 례 | Alex Rodriguez의 부가가치

선수의 연봉은 지난 20년 동안에 극적으로 증가하였다. 일부 소수의 선수들과 이전 선수들의 인도스먼트endorsement 지급금도 이전에 달성하지 못했던 수준에 이르렀다. 이 장은 선수들에게 사용할 수 있는 총수입 풀과 이와 같은 총수입 풀이 개별 선수들 간에 어떻게 배분되는가에 영향을 미치는 주요 특성들을 개관한다.

| 도표 4•1 | 은 1994-2003 기간 동안 NFL, MLB, NBA, NHL, EPL 별로 구단당 평균 급여 증가 추이를 보여준다. 분명히 선수들은 이와 같은 리그에서 발생된 수입 증가를 통하여 그들의 몫을 챙길 수 있었다. | 도표 4•2 | 는 2003년에 5개 리그 각각에서 구단 별 급여 분포를 보여준다. 2003년에 구단 간에 평균 급여가 거의 비슷한 리그는 강력한 연봉상한제도를 가지고 있는 NFL이었다.

자유시장과 합의연봉구조

선수 보상이 어떻게 결정되느냐에 따라서 스포츠 리그 간에 근본적인 차이점이 존재한다. 한 가지 방법은 자유시장이 개별 선수 기준으로 작동하도록 허용하는 것이다. 이 경우 각 구단 또는 개별 선수에 대하여 상한 또는 하한과 같은 연봉 제약이 존재하지 않는다. 일부 국가의 축구리그, 예를 들면, 잉글리시 프리미어 리그English Premier League와 스패니시 프리메라 리가Spanish Primera Liga는 이와 가까운 방법을 사용한다. 다른 한 가지 방법은 연봉 지급액에 제약을 부과하는 '합의연봉구조agreed salary structure'를 가지는 것이다. 이와 같은 제약은 여러 가지 수준에서 작동될 수 있다.

리그 수준: 이와 같은 제약은 전형적으로 정해진 총 리그 관련 수입의 퍼센트로 총 선수 연봉 지급금을 결정하는 공식이다. 예를 들면, NBA의 총 선수 연봉은 농구 관련 수입BRI: basketball-related income의 퍼센트와 연결되어 있다.

도표 4-1 리그별 평균 구단 급여 증가 추이 (1994~2003, 100만 달러, 100만 파운드)

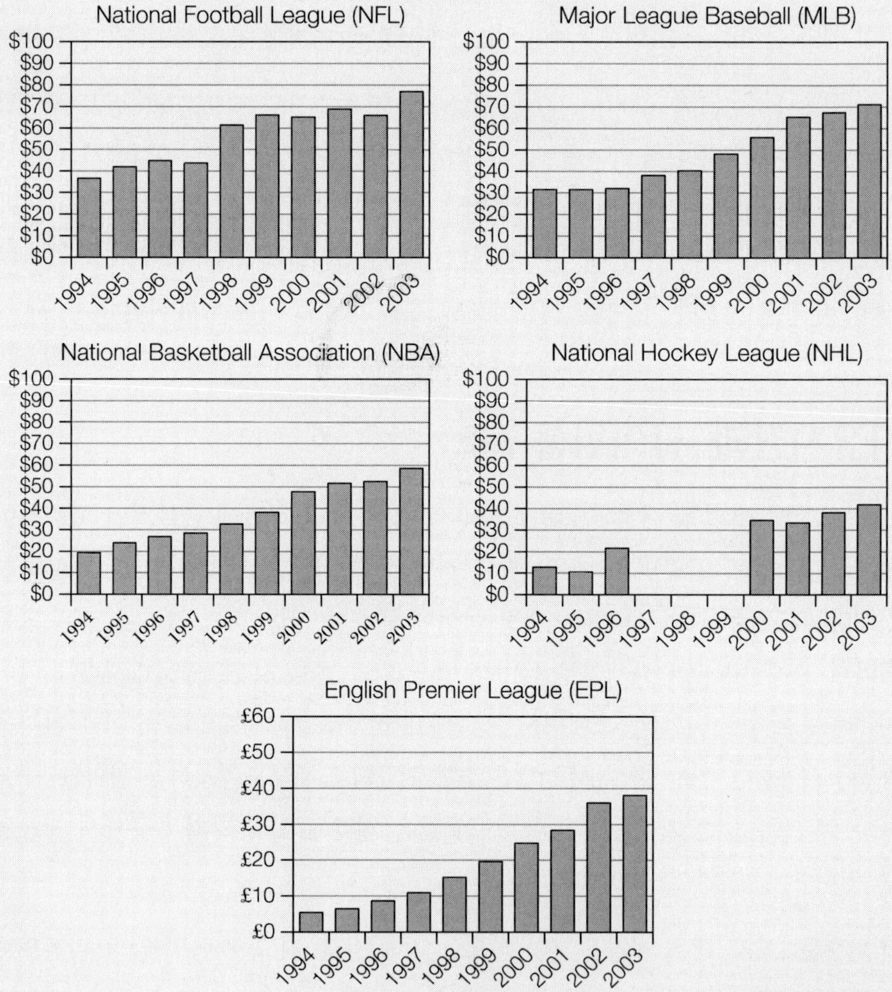

자료: Forbes지, Financial World (1997년까지), 선수협회 데이터, 구단 자료, Deloitte, Annual Review of Football Finance (August 2004).

도표 4-2 리그별 구단 급여 분포(2003, 100만 달러, 100만 파운드)

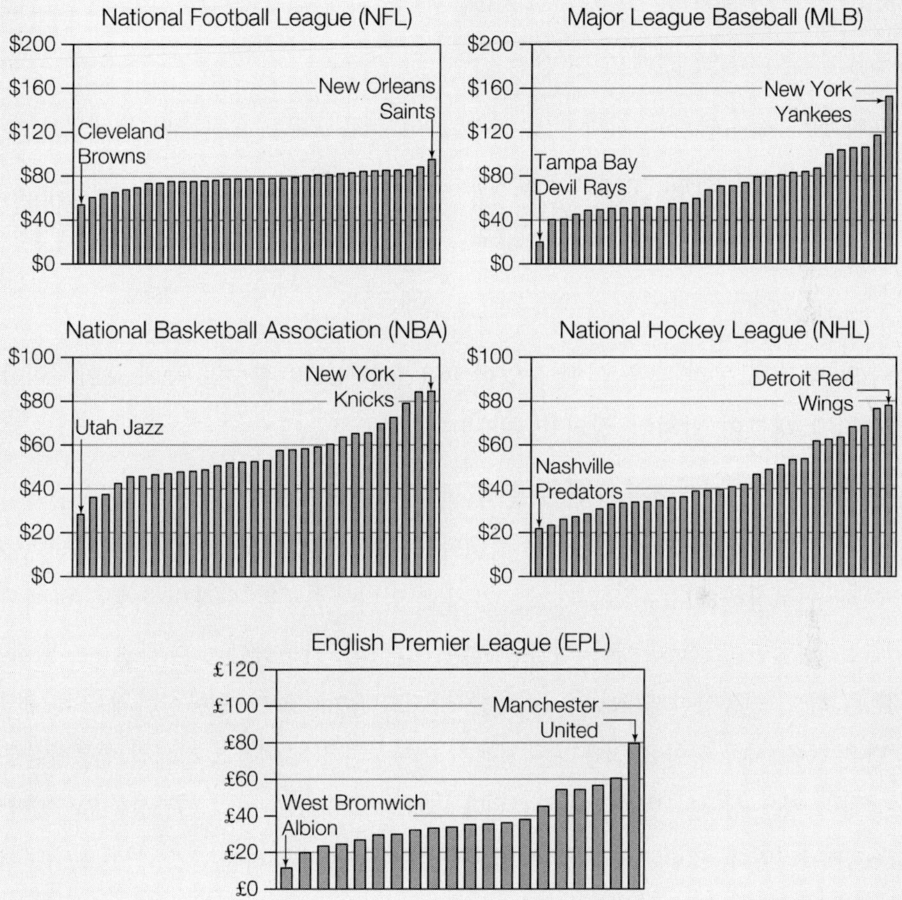

자료: Forbes지, Financial World (1997년까지), 선수협회 데이터, 구단 자료, Deloitte, Annual Review of Football Finance (August 2004).

2001/2002	2002/2003	2003/2004	2004/2005
55%	55%	55%	57%

이와 같은 수입배분방식은 NBA와 NBA 선수협회 간의 단체교섭협약CBA: collective bargaining agreement에 의해 설정된다.

NFL과 NFL 선수협회는 정해진 총 수입DGR: designated gross revenues의 퍼센트로 총 선수 연봉을 설정하는 수입배분방식을 가지고 있다.

2001	2002	2003	2004	2005	2006
63%	64%	64.25%	64.75%	65%	65%

농구와 풋볼 모두의 경우 어떤 수입이 BRI 또는 DGR 총수입 풀에 포함되어야 하는지에 대하여 합의된 정의가 존재한다.

구단 수준: 일부 리그에서 구단 수준의 선수 연봉에 대한 제약은 리그 수준에서 합의된 제약과 관련되어 있다. 이에 해당되는 것이 NBA와 NFL의 경우이다. NBA는 소프트 연봉상한제도soft salary cap를 가지고 있다. 소프트 연봉상한제도 하에서 구단은 일정한 조건 하에서 벌과금 없이 설정된 연봉상한을 초과할 수 있다. NFL은 하드 연봉상한제도hard salary cap를 가지고 있다. 하드 연봉상한제도 하에서 구단은 다음 시즌 동안에 적용되는 정해진 연봉상한을 부여받고 정해진 연봉상한을 초과하는 경우 상당한 벌과금이 부과된다. NFL의 경우 2004년의 연봉상한은 구단당 8,060만 달러였다. 또한 NFL의 경우 각 구단이 준수하여야 하는 최소 연봉(2004년에 구단당 6,730만 달러)이 존재한다.

MLB는 개별 구단의 총 연봉을 제한하는 연봉세금모형salary tax model을 가지고 있다. MLB와 MLB 선수협회는 선수 급여가 합의된 금액을 초과하는 구단에 대하여 세금을 부과하는 것에 대하여 합의하였다. 예를 들면, 2003년에 MLB 구단들은 세금부과가 이루어지지 않는 연봉상한을 1억1,700만 달러로 설정하였다. 선수 연봉이 1억1,700만 달러를 초과하는 구단들에게는 15%의 세금이 부과되었다. 2003년 동안 New York Yankees가 세금을 부과 받은 유일한 구단이었다. New York Yankees는 선수연봉으로 6,754만 달러만큼을 초과하여 지불하였고 이에 따라 1,182만 달러의 세금을 부과 받았다. 연봉세salary tax는 구단이 높은 선수 급여를 지급하는 것에 대하여 벌과금을 부과하지만 그와 같은 일을 막지는 못한다는 점을 주목하라. MLB 구단의 연봉상한은 2004년에 1억2,050만 달러, 2005년에 1억2,800만 달러, 2006년에 1억3,650만 달러로 설정되었다. 이와 같은 연봉상한을 다년간 초과하는 구단에게는 40%까지의 세금이 부과된다.

선수 수준: 개별 선수의 최소 연봉을 설정하는 것은 선수협회의 목표이다. 예를 들면, NBA의 최소 연봉은 리그에서 경기한 연수의 함수이다.

NBA 경기 연수	2001-2002	2002-2003	2003-2004	2004-2005
0	$332,817	$349,458	$366,931	$385,277
2	540,850	587,435	638,679	695,046
4	590,850	637,435	688,679	745,046
6	715,850	762,435	813,679	870,046
8	840,850	887,435	938,679	995,046
10+	1,000,000	1,030,000	1,070,000	1,100,000

이와 같은 최소 연봉은 어느 특정한 선수에 대한 시장 상황과는 무관하다는 점에 주목하라. 10년간 NBA에서 경기를 한 노련한 선수는 110만 달러보다 훨씬 더 적은 연봉으로도 경기를 할 용의가 있을 수 있으나 구단은 설정된 최소 연봉을 지불하여만 한다. 이와 같은 최소연봉제도 때문에 구단은 자유 시장 상황의 경우와 비교하면서 노련한 선수들을 젊은 선수들로 대체할 인센티브를 가진다.

선수연봉 제한/상한 설정의 동기

자유시장원리를 이탈하면서 선수연봉을 설정하는 동기는 다음과 같다.

경쟁균형의 촉진: 한 구단 또는 다수의 구단이 리그 내의 다른 구단의 선수 급여보다 몇 배 높은 선수 급여를 지불하는 것을 방지하기 위한 조치들은 경쟁균형을 달성하고자 하는 동기와 연결되어 있다. 다음 절에서 제시되는 증거는 제한이 없는 시장에서 더 높은 선수 급여를 지급하고 있는 구단은 경기 성과가 좋을 가능성이 더 크다는 전제를 강력히 지지한다.

리그의 경제적 존립: 전체 구단의 수준에서 구단의 수익성이 보장되는 수준으로 선수 연봉을 제한하는 것은 리그의 재무적 안정성이 구축될 수 있는 하나의 축이다. 이것이 개별 구단의 재무적 안정성으로 연결되느냐는 리그의 경제적 기반구조의 다른 측면들에 달려있다. 예를 들면, NFL은 리그 수준에서 뿐만 아니라 구단 수준에서 경제적 존립이 존재하는 리그를 만들기 위해 선수 연봉/DGR 수입 비율의 64~65%와 동등하게 배분되는 최대의 리그 중앙 수입 풀과 결합시키고 있다.

총수입에 대한 선수 간 배분 촉진: 각 구단의 최대 연봉수준과 최소 연봉수준 설정은 한 구단이 모든 다른 구단들보다 더 높은 연봉을 제공하여 소수의 유명 선수들을 비축할 수 있는 시장 경제 시스템과 비교하여 더 많은 선수들이 상당한 수준의 연봉을 받을 가능성을 증가시킨다.

경기성과와 구단 선수급여의 관계

최대의 급여를 지불하는 구단은 더 좋은 경기 성과를 달성할 가능성을 가진다는 가정을 지지하는 많은 증거가 존재한다. 이와 같은 증거는 시장의 힘이 최소의 제한을 가지고 작동할 수 있는 리그들로부터 제시된다.

| 도표 4·3 | 은 5년 평균 구단 선수 급여액과 5년 평균 시즌 경기 성과(NFL, MLB, NBA의 경우는 정기 시즌에서의 승/패 비율, NHL과 EPL의 경우는 시즌 경기 점수)의 상관계수를 보여준다. 구단 선수 급여와 경기 성과의 상관계수는 각 연도별과 5년 평균은 다음과 같다.

	1999	2000	2001	2002	2003	1999-2003 평균
NFL	−0.02	0.26	0.22	0.21	0.10	−0.05
MLB	0.74	0.43	0.32	0.47	0.43	0.48
NBA	0.59	0.37	0.13	0.42	0.24	0.47
NHL	0.54	0.68	0.69	0.56	0.30	0.66
EPL	0.67	0.86	0.70	0.88	0.73	0.93

NFL의 경우에는 의미 있는 상관관계가 존재하지 않지만 EPL과 NHL의 경우에는 강한 양의 상관관계가 존재한다.

NFL의 가혹한 구단 연봉상한제도와 기타 리그구조의 경쟁균형요소들이 결과적으로 5년 평균구단급여와 5년 평균경기성과 간에 본질적으로 0의 상관관계를 발생시켰다. 일반적으로 논평자들은 NFL이 구단들에 대하여 가장 '수평적인 경쟁적 경기여건'을 가지고 있다고 믿는다. 다른 극단의 리그는 선수연봉에 대하여 자유시장을 허용하는 EPL이다. EPL의 경우 5년 평균구단급여와 5년 평균경기성과 간의 상관계수는 0.93이다. 38경기로 구성된 시즌 출범시점에 EPL에 속하는 20개 구단들 중 많은 구단들은 시즌 종료시점에 우승하게 될 최소의 가능성을 가진다. NHL은 선수들이 각 구단의 연봉상한 없이 계약할 수 있는 점에서 EPL에 가장 가깝다. NHL의 경우도 구단선수급여수준과 경기성과 간에 양의 상관관계가 존재한다는 강력한 증거가 제시된다.

도표 4-3 구단 선수급여와 경기 성과: 5년(1999-2003) 평균 급여와 5년 평균 승/패 비율 % (또는 경기 점수)

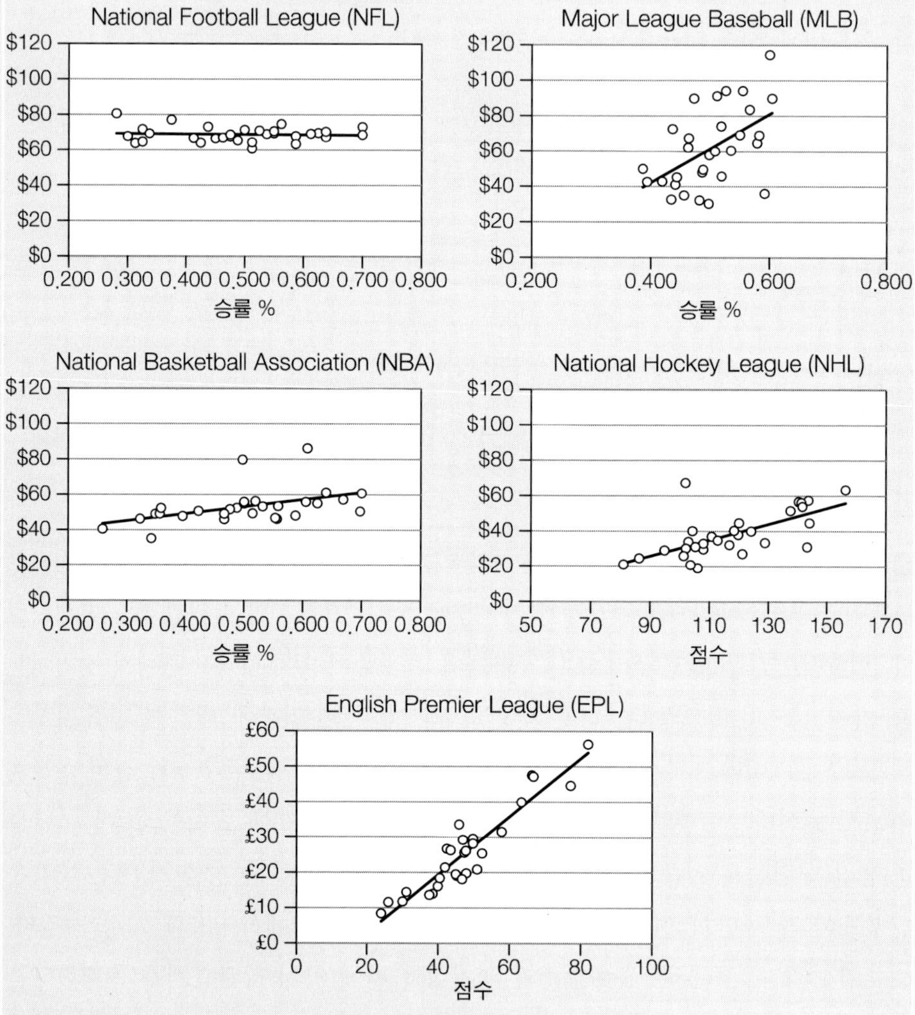

자료: Forbes지와 Financial World의 데이터, 선수협회 데이터, 구단 자료.

파업과 직장폐쇄

많은 스포츠에서 선수와 구단주가 항상 조화로운 관계를 즐기는 것은 아니다. 실제로 프로 스포츠에서 파업strike과 직장폐쇄lockout는 일반적인 노사협상의 역사를 논의하는데 자주 인용되는 예이다. 파업은 선수들이 제안된 조건하에서 경기하기를 거부할 때 발생한다. 직장폐쇄는 선수들이 구단주가 제시한 조건들에 동의하지 않을 것이라는 이유로 구단운영을 중단할 때 발생한다. | 도표 4•4 | 는 1970년 이후 NFL, MLB, NBA, NHL에서 발생한 파업과 직장폐쇄를 비교적 상세하게 정리한 것이다. MLB는 선수노조와 구단주 간에 지속적으로 적대적 관계를 가지고 있는 것으로 널리 인식되어 있다. 1994/95 시즌 선수파업은 6개월 이상 지속되었고 월드시리즈가 취소되는 결과를 발생시켰다. 그 이후 MLB에서 파업이 없었지만, 협상테이블에서 양측은 계속해서 상대적으로 전투적이었고 자기 자신의 입장에 빠져있었다. 다른 극단에는 NFL이 있다. NFL에서는 리그와 선수협회가 과거 15년 이상 동안 높은 협력관계를 유지해오고 있다.

선수계약과 위험부담

선수계약은 해당 스포츠마다 서로 다른 재무적 위험부담 측면을 가지고 있다. 일부의 예는 이와 같은 측면을 예시해준다.

보증계약: 선수의 미래 성과와 미래 건강에 대한 불확실성이 존재한다. 이와 같은 불확실성의 위험을 누가 부담하는가? 두 가지의 대안적인 방법이 존재한다.

(a) 구단: MLB에서 계약은 전형적으로 계약기간동안 기본 연봉금액을 보증한다. 선수가 아닌 구단이 기대 이하의 경기성과 또는 부상의 위험을 부담한다.

(b) 선수: NFL에서 선수는 출전선수명단에 머물러 있어야만 기본연봉금액을 받는다.

도표 4-4 1970년 이후 미국 주요 스포츠 리그의 파업과 직장폐쇄

리그	연도	파업형태	기간	상실된 게임 수	주요 쟁점
NFL	1970	파업	2일	0	최소연봉, 연금, 의료혜택
	1974	파업	40일	0	자유계약, 최소연봉
	1982	파업	57일	0	총 수입의 선수배분 비율
	1987	파업	24일	대체선수에 의한 경기	자유계약
MLB	1972	파업	13일	86	연금
	1973	직장폐쇄	17일	0	연봉 중재
	1976	직장폐쇄	17일	0	자유계약
	1980	파업	8일	0	자유계약선수 보상
	1981	파업	50일	712	자유계약선수 보상
	1985	파업	2일	0	연봉 중재
	1990	직장폐쇄	32일	0	연봉 중재와 연봉상한제도
	1994-95	파업	232일	920	연봉 중재와 수입배분
NBA	1998-99	파업	191일	928	연봉상한제도, 사치세
NHL	1992	파업	10일	경기 일정 재조정	자유계약, 연봉 중재, 연금
	1994	직장폐쇄	103일	468	연봉상한제도, 사치세, 자유계약

자료: Staudohar, Paul D., "Baseball Negotiations: A New Agreement," Monthly Labor Review 125 (December, 2002): 15-22; NFLPA Playbook; http://www.bls.gov/ opub/mir/1999/04/ art1full.pdf;http://www.cbc.ca/sports/indepth/cba/features/flashback.html; http://www.nflpa.org/aboutus/main.asp?subpage=history를 포함한 다수의 자료들로부터 정리.

한 선수가 연간 200만 달러에 5년 계약에 서명하였다고 하자. 만일 1년 후에 구단이 출전선무명단에서 이 선수를 제외시키면, 구단은 나머지 4년의 각 연도 동안 200만 달러 연봉을 지급할 의무를 가지지 않는다.

선지급보너스: 매우 인기 있는 선수들을 위한 선수계약에는 종종 선지급보너스가 포함된다. 이와 같은 보너스는 선수계약이 계약기간동안 보증되지 않을 때 매우 중요한 요소이다. NFL의 Indianapolis Colts와 맺은 Payton Manning의 7년 9,800만 달러 계약을 살펴보자. 이와 같은 2004년 계약에는 선수의 성과에 따라 위험에 처하게 되지 않는 3,450만 달러의 선지급보너스up-front bonuses가 포함되어 있다. NFL에서 선수에이전트들은 선지급보너스로 분류되는 선수계약의 비율을 증가시키고자 노력한다. 그 목적은 기대 이하의 성과 또는 부상의 위험으로부터 가능한 한 선수들을 격리시키는 것이다.

성과보너스: NFL의 New Orleans Saints와 맺은 Ricky Williams의 1999년 계약은 성과보너스performance bonuses의 위험요소를 보여준다. 런닝백인 Ricky Williams의 7년 계약은 884만 달러의 서명보너스와 17만5,000-40만 달러 사이의 기본연봉을 포함하고 있다. 만일 모든 인센티브가 주어졌다면, Williams는 6,840만 달러를 받았을 수 있었을 것이다. 일부 인센티브는 경기성과와 관련되어 있었다. 1,600 야드의 런닝에 대한 100만 달러 보너스, 1,800 야드의 런닝에 대한 150만 달러 보너스, 2,000야드의 런닝에 대한 200만 달러 보너스, 2,100야드 런닝에 대한 250만 달러 보너스, NFL 단일시즌 러싱 기록 경신에 대한 300만 달러 보너스가 포함되어 있었다. 경기 이외 인센티브는 Williams의 가능한 행위 문제에 대한 우려를 반영하였다. 비시즌 연습 참여와 240파운드 이하의 체중 유지와 같은 일을 하는 데 대한 연간 10만 달러의 보너스 형태로 160만 달러의 보너스가 포함되어 있었다. 이 계약은 Williams가 이와 같은 조건들을 충족시키지 않는 경우에 그 위험을 Williams에 부과하였다. 불행하게도 Williams는 그의 에이전트가 그가

충족시킬 것으로 믿었던 이와 같은 조건들 중에서 많은 조건들을 충족시키지 못하였다. (후속조치로 Ricky Williams는 Miami Dolphins로 이적하였다. 그는 2004 시즌의 출범 이전에 Dolphins에서 퇴출되었다.)

선수계약은 비즈니스의 관점에서 선수/선수 에이전트 측 또는 구단 측에 높은 프리미엄을 부과한다. 우수한 선수들에 대한 지급금의 증가, 이에 포함된 위험과 계약의 복잡성 증가는 스포츠 비즈니스에서 이 분야를 매우 중요하게 만든다.

선수의 의사결정은 재무적 쟁점에 관한 것만 있는 것은 아니다. | 도표 4·5 | 는 선수가 은퇴에 대하여 고려하여야 하는 Bill Walsh가 권고하는 11가지 요소들을 열거한 것이다. 이와 같은 요소들에는 건강, 재무, 기타 요소들의 다양한 결합이 존재한다는 점을 주목하라.

선수 가치의 추정

선수의 재무적 부가가치를 추정하는 일은 새로운 선수들을 위한 연봉 협상에서 중요한 투입요소이다. 2003년 6월에 있었던 Manchester United로부터 Real Madrid로의 David Beckham의 이적에 대하여 살펴보자. Beckham은 Manchester United와의 계약이 거의 종료되는 시점에 있었다. Bosman 룰 하에서 Beckham은 Manchester United에 지불 없이 1년 내에 다른 구단으로 자유롭게 이적할 수 있었다. Beckham을 조기에 트레이드함으로써, Manchester United는 이적 수수료를 받았다. 이와 같은 이적 수수료는 2,425만 파운드에 이르렀다. 이적 수수료는 다음과 같은 세 가지 요소로 구성되었다.

- Beckham 이적 완료에 대한 수수료 525만 파운드.
- 앞으로 4년 동안 할부금형태의 수수료 1,200만 파운드.

도표 4-5 선수의 은퇴결정:
Bill Walsh가 제시하는 선수가 고려하여야 하는 요소

1. 현재의 육체적 건강. 계속 경기하는 경우 건강을 유지할 수 있는 능력.
2. 가능한 연봉 제안과 선수가 요구하는 연봉수준을 충족시킬 수 있는 구단의 잠재적 능력과 용의.
3. 경기를 계속하고자 하는 개인적 욕구. 경기에 여전히 재미를 느끼는가?
4. 계속 경기하는 경우 '한물간 선수'라고 코멘트하는 미디어 압력을 관리할 수 있는 능력.
5. 성과수준. 성과수준이 하락하고 있는가? 성과수준이 경쟁적인가?
6. 선수의 소망. 정상에서 은퇴할 것인가? 퇴출될 때까지 머물 것인가?
7. 선수를 사용하고자하는 코치/경영진의 가능한 의도. 변화가 이미 작동되고 있는가?
8. 구단의 미래 전망. 다음 해에 구단이 우승하게 되면 '크게 후회'할 가능성을 피하는 선수.
9. 은퇴 이후 선수가 선택할 수 있는 경력 옵션. 개인적인 성취? 재무적 성취? 선수가 이미 다음 해를 위해 계획을 하였는가?
10. 은퇴하기 위한 선수의 재무적 능력. 저축자금 또는 투자자금 (얼마나 안전한가)? 자기 자신, 가족, 측근들의 현금에 대한 라이프 스타일 수요.
11. 미래 거래를 협상할 수 있는 에이전트와 에이전트의 능력.

- Champions League에서 Real Madrid의 경기성과에 기초한 수수료 700만 파운드(Champions League 출전자격을 획득하는 매년 87만5,000파운드, Champions League의 준결승에 진출하는 매년 87만5,000파운드)

이와 같은 이적 수수료는 Real Madrid가 Manchester United에 지불한다. 이와 같은 지불에 추가하여 Real Madrid는 Beckham에게 연간 선수연봉을 지불한다.

Real Madrid에서 경기하는 Beckham이 제공하는 수입측면의 시사점은 다음과 같은 요소들에 의존한다.

1. 경기성과에 미치는 Beckham의 영향: 승수의 증가는 Spanish League에서의 우승가능성을 높이고 European Champions League에 출전할 수 있는 가능성을 증가시킨다는 것을 의미한다. Champions League에서의 우승은 상당한 추가적 텔레비전 중계 및 우승 수입을 발생시킨다.

2. 홈경기 관중 수에 미치는 Beckham의 영향: 홈경기 관중 수에 미치는 영향은 스타디움 수용능력과 입장권 매진 수에 의해 영향을 받을 것이다. 관중 수의 증가에 따른 이익에는 티켓 수입과 매점 수입이 포함된다. 만일 모든 경기가 Beckham이 이적하기 전에도 매진되었으면 관중 수 증가에 따른 이익은 제한된다. 어웨이경기의 관중 수 증가로부터 Real Madrid가 얼마나 이익을 얻을 것이냐는 어웨이경기 수입배분 공식에 의해 결정된다.

3. 상품판매의 증가: Beckham의 상품판매 파워는 부분적으로 Beckham과 그의 처 Victoria Beckham('Posh Spice')의 미디어 파워 때문에 전설적이었다. 2002년 Manchester United 상품매출의 50% 이상은 Beckham의 넘버 7 셔츠로부터 발생하였다. Real Madrid에서 넘버 7 셔츠는 이미 세계 제일의 기술축구 선수인 Zinedine Zidane에 의해 사용되었다. Beckham은 Real Madrid에서 23번을 사용하였다. (23번은 Michael Jordan의 넘버였다는 것은 우연한 일이 아니었다.) Real Madrid는 Beckham의 입단 첫 날에 Ronaldo가 서명하였을 때 판매되었던 2,000장의 기록을 갈아치우면서 8,000장의 Beckham 레플리카 셔츠를 판매하였다. 2003년 12월까지 Beckham 셔츠의 판매는 100만 장을

넘어섰다. 보수적으로 계산하여 셔츠당 20파운드의 이윤이 발생한다고 보면 100만 장의 셔츠 판매는 2,000만 파운드의 이윤을 발생시킨다. 이와 같은 금액은 이적 수수료의 보증부분인 1,725만 파운드를 초과한다.

4. Real Madrid의 글로벌 브랜드 파워 증가: Beckham은 그의 경기성과는 넘버원으로 등급이 매겨지지 않음에도 불구하고 전 세계적으로 가장 잘 알려진 축구선수 중의 한 명이었다. Real Madrid의 현재 전략은 더욱 더 글로벌 영향력을 확대하는 것이다. 이 부분에서 수입에 미치는 영향에는 추가적인 아시안 투어와 북미 투어로부터 발생하는 경기수입, 추가적인 상품판매, 더 많은 스폰서가 포함된다. Beckham은 이와 같은 전략에서 훌륭한 추가적인 자산이었다.

이상에서 열거한 요소들은 Beckham를 이적시키고자 하는 Real Madrid의 결정에서 일부의 비즈니스관련 고려사항들이다. 축구 팀의 측면에서 Real Madrid에 소속되어 있는 다른 축구 스타들 연봉과 비교한 상대적인 연봉수준도 고려되어야 할 필요가 있다.

선수 에이전트

에이전트는 구단 또는 토너먼트사와의 협상과 인도스먼트 관련 거래에서 대부분의 선수들을 대표한다. 선수를 대표하는 에이전트를 점차 수용하게 된 것은 여러 가지 요인들에 의해 촉발되었다. 선수들을 위한 재무적 이해가 큰 이유이다. 빈틈없는 계약은 선수의 후생에 중요한 기여를 할 수 있다. 계약은 서로 다른 재무적 보상, 위험, 세금의 의미를 가지는 복잡한 옵션들과 조항들을 포함한다. 많은 선수들은 이와 같은 복잡성을 이해할 수 있는 배경지식을 가지고 있지 않다. 소수의 선수들에게 인도스먼트 계약은 더욱 큰 보상의 가능성을 제공한다. 에이전트는 이와 같은 계약을 식별하고 협상하는 데 있어서 선수들을 크게 도울 수 있다.

선수들은 에이전트의 형태에 관한 다수의 옵션을 가진다.

1. IMG, Assante, Octagon, SFX와 같은 대형 조직: 예를 들면, IMG는 넓은 범위의 선수들을 대표하고 경기계약, 인도스먼트, 개인적 출연, 재무계획, 미디어 관계를 포함하여 선수 경력의 다양한 측면들을 관리하는 능력을 가지고 있다. 초기에 IMG는 개인 스포츠 선수들(골프와 테니스 선수들)을 대표하였다. 현재 IMG가 대표하는 선수들에는 개인 스포츠 선수들뿐만 아니라 팀 스포츠의 선수들이 포함되어 있다.

2. 소형 에이전트 그룹: 한 예는 북미에서 약 10명을 고용하고 있고 한 개의 유럽사무실을 가지고 있는 BDA이다. BDA는 Bill Duffy에 의해 경영되고 있으며 BDA의 고객으로는 Houston Rockets의 Yao Ming이 포함되어 있다.

3. 개인 에이전트: 한 사람이 소수의 선수들을 대표한다.

선수 인도스먼트 수입

선택된 선수들의 중요한 수입원은 선수 인도스먼트endorsement이다. 신발 및 의류회사와 장비회사들과의 인도스먼트 계약은 두드러진 예이다. 선수를 사용함으로써 이와 같은 회사들은 다수의 목적을 달성하고자 한다.

1. 선택된 선수와 적극적으로 동일시하는 사람들의 판매를 이끌어 내어 수입을 증가시키고자 한다.

2. 소망하는 이미지를 매치시키거나 또는 강화시키는 특성을 가지고 있는 선수들을 선택하여 구별되는 브랜드 이미지를 촉진시킨다.

3. 새로운 상품을 개발하는 것을 돕기 위해 선수들을 사용한다.

4. 다른 선수들이 회사와 연계되는 것을 장려하기 위해 기존의 선수 인도서endorser들을 사용한다.

에이전트들은 그들이 대표하는 선수들과 인도스먼트 관계를 찾는 잠재적 회사들 간의 적정한 매치를 식별해야 하는 도전에 직면한다. Nike를 살펴보자. | 도표 4•6 | 은 2002-2004 기간 동안의 각 연도에 이루어진 Nike의 인도스먼트 계약 규모를 정리한 것이다. 2004년 5월 현재, Nike는 170억 달러 이상의 인도스먼트 계약을 가지고 있었다. | 도표 4•7 | 은 Nike가 관심 있는 선수들을 식별할 때 매력적이라고 여기는 일부의 요소들을 열거한 것이다. 위에서 열거된 네 가지의 일반적인 목적 이외에 Nike는 Nike의 '선수가족'을 통하여 진정한 선수들의 필요를 충족시키는 것을 돕고 그들이 더 좋은 성과를 발휘하도록 지원하며 선수들이 그들의 스포츠에 속한 에이전트들을 바꾸는 것을 촉진하고 선수들이 '영웅'이 되는 것을 촉진하는 것과 같은 추가적인 목적을 달성하고자 한다.

Sports Illustrated지가 발표한 2003년 인도스먼트 상위 미국 선수들의 명단, 출연료, (총소득에서 차지하는 비율)은 다음과 같다.

1.	Tiger Woods	7,000만 달러 (91.3%)
2.	LeBron James	3,500만 달러 (89.7%)
3.	Andre Agassi	2,700만 달러 (90.6%)
4.	Lance Armstrong	1,650만 달러 (97.3%)
5.	Dale Earnhardt Jr.	1,500만 달러 (67.9%)
6.	Serena Williams	1,500만 달러 (85.7%)
7.	Phil Mickelson	1,400만 달러 (88.5%)
8.	Shaquille O'Neal	1,400만 달러 (34.6%)
9.	Venus Williams	1,400만 달러 (92.6%)

도표 4-6 Nike의 인도스먼트 계약(100만 달러)

	As of May 31, 2002	As of May 31, 2003	As of May 31, 2004
2003	$ 274.2		
2004	220.3	$ 338.6	
2005	166.1	292.1	$ 355.5
2006	135.5	247.2	322.7
2007	92.0	230.7	323.1
2008		129.1	208.6
2009			128.4
thereafter	208.1	204.7	375.2
합계	$1,094.0	$1,442.4	$1,713.5

인도스먼트 계약에 대하여 열거된 금액은 우리 제품의 선수와 스포츠 팀 인도서에게 지불하여야 하는 대략적인 기본보상액과 최소보증로열티를 나타낸다. 일부 계약 하에서 실제 지급금액은 이와 같은 계약이 선수의 성취도에 기초하여 인도서에게 보너스를 지불하도록 되어있거나 또는 미래 기간 동안에 제품 로열티를 지불하도록 규정되어 있기 때문에 열거된 금액보다 더 많을 수 있다. 또한 일부 계약 하에서 실제 지급금액은 제한된 수의 계약이 미래 기간동안 선수 성과가 하락하면 지급금을 감소시킨다고 규정되어 있기 때문에 열거된 금액보다 더 적을 수 있다 (2004, 10K, p.23).

자료: Nike Inc., 10Ks.

도표 4-7 Nike의 인도스먼트 선수 식별 요소

- 어린 시절에 위대한 선수 자질의 발현.
- 상당한 기간 동안 매우 높은 수준의 성과.
- 성공적인 경기성과.
- 스포츠를 넘어서거나 또는 유명인 지위를 달성하는 능력. 폭넓은 주시의 대상.
- 경기성과와 경기외적 역할 모두에 의해 관중/팬을 열광시키고 감격시키는 능력. 자신감? 자존심? 배짱? 태도?
- 스포츠의 기존원리에 도전하거나 또는 에이전트를 바꿀 용의.
- 선수가 성실의무는 쌍방통행이라는 것을 이해한다.
- 선수가 기꺼이 자신의 행동에 책임을 질 용의를 가지고 있다.

10. Kobe Bryant 1,200만 달러 (47.1%)
11. Jeff Gordon 1,200만 달러 (64.4%)

상위 50위 명단에 속하는 두 명의 여성 선수들은 Serena Williams와 Venus Williams였다. 이와 같은 명단의 상위 그룹에는 지배적으로 개인 스포츠 선수들(테니스, 골프, 사이클, NASCAR 레이싱선수) 또는 농구 선수들이 차지하였다.

불미스러운 행동을 하는 선수들: 운동선수들의 잘못된 행동에 대한 기사들은 모든 형태의 미디어에 항상 나타난다. | 도표 4-8 | 은 누가 이와 같은 기사에 반응해야하고 어떻게 하는 것이 최선인가에 대한 의사결정과 관련된 분류를 개관한 것이다. 이와 같은 분류는 예를 들면 강간혐의 또는 신체적 동료 학대 등과 같은 위법행위와

도표 4-8 선수행동이슈의 분류

		가능한 행동 위반			
		법적 위반	리그 룰 위반	구단 또는 코치 룰/명령 위반	사회적 규범 위반
가능한 반응	선수의 참여 수준				
	선수 에이전트의 참여 수준				
	기타 선수 수준				
	코치 수준				
	구단/팀 수준				
	선수협회 수준				
	리그 수준				
	선수의 스폰서회사 참여 수준				

경기전날 저녁에 호텔방에 여자를 들어오게 하는 것과 같은 구단 또는 코치 룰 위반과 같은 행동유형이슈와 사회적 규범위반을 구별한다. 사회적 규범은 사회의 구성원 그룹 간에 다르기 때문에 어려운 분야이다. 더욱이 선수들은 그들이 믿지 않는 규범 또는 준수하는데 제한되어 있는 것으로 느끼는 규범을 존중하지 않을 수 있다. 그러나 일반적으로 자기 자신의 행동에 대하여 맨 먼저 책임을 지는 것이 선수의 역할이다.

|사례| Alex Rodriguez의 부가가치

서 론

2000년 12월 11일에 25살인 Seattle Mariners의 유격수인 Alex Rodriguez(야구 팬들에게는 A-Rod로 알려져 있다)는 메이저 리그 기록인 10년 동안 2억5,200만 달러로 자신을 Texas Rangers로 보내게 될 거래에 서명하였다. A-Rod는 이미 처음 7시즌 동안 4번의 올스타 경기에 출전하였기 때문에 경기에서 최고의 만능선수 중 한 사람으로 널리 여겨졌지만, 논평자들은 그의 터무니없는 몸값이 정당화 되는지에 대하여 의구심을 가졌다. 2000년 시즌에 71승 91패로 리그 최하위였던 Texas Rangers의 구단주인 Tom Hicks는 'Alex는 Texas Rangers가 월드시리즈 챔피언이 되는 도상으로 계속 나아가는 꿈을 실현시켜 줄 수 있는 선수다'라고 주장하였다. Texas Rangers에게는 불행하게도 이와 같은 예측은 이루어지지 못하였다. 2004년에 손실을 감소시키고자하는 열망으로 Texas Rangers는 A-Rod를 New York Yankees로 트레이드하였다.

Alex Rodriguez는 의심할 여지없이 경기에서 최고 선수들 중 한 사람이었지만, 일부 사람들은 그의 막대한 계약 규모는 그의 에이전트인 Scott Boras의 경험 있고 공격적인 협상 스타일 때문에 비롯된 것으로 생각하였다. 마이너 리그 야구선수였던 Boras는 많은 재능 있는 톱 선수들을 대표하였다. 2004/05 시즌 동안 그의 고객들의 총 급여액 추정치는 거의 2억3,000만 달러였다. Boras는 명백히 그의 고객들을 위해 야구 구단주들로부터 가능한 한 많이 받아내는 데 주저함이 없었다. 그는 "대형 계약은 중요하다. … 대형 계약은 스타를 만들어내고 야구장으로 사람들을 불러 모은다"고 주장하면서 이와 같은 방식을 옹호하였다. 만일 이것도 그와 같은 경우라면, 일부 사람들은 Boras는 Rodriguez 계약의 경우에 지금까지보다 의외로 잘 해냈다고 생각하였다.

초기 시절

1994년에 Seattle Mariners는 아마추어 야구선수 드래프트에서 전체 1순위 선발로 Rodriguez를 선택하였다. A-Rod는 18세의 나이인 1995년에 가장 어린 선수로 메이저 리그에 데뷔하였다. 그는 Seattle Mariners에서 첫 시즌 동안 뛰어난 능력을 발휘하였고 그 다음 시즌에 스타팅 유격수 자리를 부여받았다. 1996년 시즌에 A-Rod는 경기에서 최고의 젊은 선수 중 한 사람으로 자리를 잡았고 MVP 투표에서 2위를 차지하였다. 그는 0.358의 평균 타율, 36 홈런, 123 타점을 포함하여 인상적인 통계를 기록하였다(| 도표 1 | 참조). Rodriguez는 Ken Griffey Jr.와 투수 에이스인 Randy Johnson과 같은 슈퍼스타

도표 1 ▌Alex Rodriguez의 경력 통계

Batting

연도	팀	출전 경기 수	평균타율	홈런	타점	도루
1994	SEA	17	0.204	0	2	3
1995	SEA	48	0.232	5	19	4
1996	SEA	146	0.358	36	123	15
1997	SEA	141	0.300	23	84	29
1998	SEA	161	0.285	42	124	46
1999	SEA	129	0.316	42	111	21
2000	SEA	148	0.318	41	132	15
2001	TEX	162	0.318	52	135	18
2002	TEX	162	0.300	57	142	9
2003	TEX	161	0.298	47	118	17

자료: http://sports.yahoo.com/mlb/players/5275

도표 2 ▌Texas Rangers와 맺은 A-Rod의 2000년 12월 계약

기본 연봉: 2억4,200만 달러			서명 보너스: 1,000만 달러	
연도	연봉	이연지급금액	지급일	금액
2001	2,100만 달러	500만 달러 (3% 이자)	2001년 3월 1일	100만 달러
2002	2,100만 달러	400만 달러 (3% 이자)	2001년 12월 1일	100만 달러
2003	2,100만 달러	300만 달러 (3% 이자)	2002년 3월 1일	100만 달러
2004	2,100만 달러	300만 달러 (3% 이자)	2002년 12월 1일	100만 달러
2005	2,500만 달러	400만 달러 (3% 이자)	2003년 3월 1일	100만 달러
2006	2,500만 달러	400만 달러 (3% 이자)	2003년 12월 1일	100만 달러
2007	2,700만 달러	400만 달러 (3% 이자)	2004년 3월 1일	100만 달러
2008	2,700만 달러	300만 달러 (3% 이자)	2004년 12월 1일	100만 달러
2009	2,700만 달러	300만 달러 (3% 이자)	2005년 3월 1일	100만 달러
2010	2,700만 달러	300만 달러 (3% 이자)	2005년 12월 1일	100만 달러

수상 보너스

- 리그 MVP: 첫 번째 50만 달러; 두 번째 100만 달러; 세 번째와 그 이후 150만 달러. 2-5위 20만 달러; 6-10위 5만 달러.
- 올스타게임 출전: 10만 달러.
- 리그에서 최다 올스타 득표수: 10만 달러.
- Baseball America, The Sporting News, AP, UPI, USA Today 올스타: 10만 달러.

와 함께 팀의 뛰어난 선수였다. Ken Griffey Jr.와 Randy Johnson이 트레이드되었을 때, A-Rod는 2000년 시즌에 진입하는 시점에 팀의 유일한 슈퍼스타가 되었다. 그는 월드시리즈 챔피언이 되었던 New York Yankees에 패배하였던 아메리칸 리그 챔피언쉽 시리즈에 이르도록 Mariners를 이끌었다.

2000년 시즌 후에 A-Rod는 자유계약선수가 되었다. 그는 많은 구단으로부터 강하게 환심을 받았고 진정한 월드시리즈 경쟁자가 되는 구단을 위해 경기하기를 원한다고 암시하였다. 이것이 그가 2000년 월드시리즈 준우승 팀인 New

도표 2 ▌Texas Rangers와 맺은 A-Rod의 2000년 12월 계약 <계속>

수상 보너스

- Baseball America, The Sporting News, AP, UPI, USA Today MVP 또는 올해의 선수: 10만 달러.
- 월드시리즈 MVP: 20만 달러.
- 리그 챔피언쉽 시리즈 MVP: 15만 달러.
- Gold Glove: 10만 달러.
- Silver Slugger: 10만 달러.

기본 연봉 조항

- 2001-2004년 동안 비례 배분된 서명 보너스로 200만 달러를 포함하고 있는 2,300만 달러의 Rodriguez 기본 보상은 메이저 리그 야구에 속한 다른 유격수의 최고 평균 가치보다 200만 달러 이상 증가 된다.
- 2007년 시즌 이후, Rodriguez는 2008-2010 시즌 계약을 무효화시키고 제약이 없는 자유계약선수가 될 수 있는 권리를 가진다.
- 2008년 시즌 이후, Rodriguez는 구단이 그의 2009년 시즌 연봉과 2010년 시즌 연봉을 그 당시 임의의 포지션을 가지는 선수의 최대 연봉보다 500만 달러 또는 100만 달러를 더한 금액 중 더 큰 금액으로 인상시키지 않으면 2009와 2010 시즌 계약을 무효화시키고 제약이 없는 자유계약선수가 될 수 있는 권리를 가진다.
- 본 계약은 또한 Rodriguez가 어떤 잠재적인 트레이드를 거부할 수 있는 트레이드 거부조항을 포함한다.

자료: http://sportsillustrated.cnn.com/baseball/mlb/news/2000/12/11/arod_terms/

York Mets로 갈 것이라는 추측을 불러일으켰다. 그러나 2000년 12월 11일에 Rodriguez는 기록적인 10년 2억5,200만 달러 계약(ㅣ도표 2ㅣ 참조)에 서명한 후에 Texas Rangers 선수가 된다고 발표하였다. 그 후에 그는 Atlanta Braves가 Texas Rangers와의 계약에 포함되어 있는 트레이드 거부 조항을 계약에 포함시키는 것을 거부하였기 때문에 Texas Rangers가 7년 동안 1억2,800만 달러를 제시한 Atlanta Braves를 간신히 눌렀다고 털어놓았다.

Texas Rangers 시절

A-Rod의 첫 해인 2001년 시즌은 그가 대형 계약의 그늘에서 경기를 하였기 때문에 매우 어려웠다. 팬들과 논평자들 모두의 눈에 즉각적인 반전에 이르지 못한 것이 그의 대규모 연봉을 정당화하지 못하는 것처럼 보였다. 실제로 많은 사람들은 A-Rod에 지출된 돈은 Texas Rangers가 포스트시즌 경기에 이르지 못하는 이유로 자주 언급되는 구단의 피칭을 강화하는 데 지출되는 것이 더 좋았을 수 있다고 생각하였다. 이와 같은 상세한 분석에도 불구하고 A-Rod는 2001년에 지금까지 가장 좋은 성적인 52개의 홈런과 135 타점을 치면서 생산적이었다. 그러나 Texas Rangers는 2000년 시즌의 성과로부터 개선되는 데 실패했고 다시 서부지구 아메리칸 리그에서 최하위로 끝마쳤다. Texas Rangers는 그 다음 2시즌 전에도 어떤 중요한 오프시즌 개선을 이룩하지 못하였고 이 결과로 2002년 시즌과 2003년 시즌 모두 서부 아메리칸 리그에서 최하위로 끝마쳤다. A-Rod가 MVP 투표에서 2002년 시즌과 2003년 시즌에 각각 2위와 1위를 하였음에도 불구하고 이와 같은 일이 발생하였다.

2003년 시즌 후에 Texas Rangers의 수뇌부는 명백하게 젊은 유망주 선수가 구단을 재건하기 위한 최선의 방법이라고 결정하였다. Rodriguez와 그의 계약은 이와 같은 경기 계획에 잘 부합되지 않았다. Rangers는 A-Rod를 이리저리 내놓기 시작했고 2003년 12월 초에 Rangers는 여러 해 계속해서 아메리칸 리그 챔피언쉽 경쟁자인 Boston Red Sox와 거래를 성사시킬 순간에 이른 것처럼 보였다. Rodriguez와 트레이드하여 올스타 외야수인 Manny Ramirez를 Texas Rangers로 보냈었을 거래는 성사되지 않았다. 선수노조는 드문 행동이지만 그들이 주장하기를 계약 재조정의 부분으로 A-Rod의 연봉을 감소시키는 거래를 거부하였다. Rodriguez는 원칙적으로 트레이드에 동의하였을지라도 선수노조를 지지하였다고 말했다.

case

도표 3 Rodriguez 구단의 주요 통계

	구단 성적		구단 관중 수					구단 재무정보		
	연도	정규시즌 성적	야구장	수용 규모	평균	시즌 관중 수	리그평균 관중 수	선수연봉	수입	구단가치
Seattle Marriners	1992	64/98	Kingdome	59,166	20,387	1,651,367	2,268,524	29.0	45.4	86
	1993	82/80	Kingdome	59,166	25,341	2,052,638	2,380,955	35.3	50.7	80
	1994	49/63	Kingdome	59,166	19,718	1,104,206	1,728,728	22.0	27.4	76
	1995	79/66	Kingdome	59,166	22,665	1,643,203	1,811,356	34.8	36.7	92
	1996	85/76	Kingdome	59,166	33,837	2,723,850	2,122,721	44.3	57.6	107
	1997	90/72	Kingdome	59,166	39,410	3,192,237	2,234,523	45.7	89.8	251
	1998	76/85	Kingdome	59,166	32,938	2,651,511	2,298,169	52.0	81.3	236
	1999	79/83	Kingdome/SAFECO	59,166	35,999	2,915,908	2,286,874	44.4	111.6	290
	2000	91/71	SAFECO Field	46,621	35,983	3,148,317	2,262,557	64.1	138.3	332
	2001	116/64	SAFECO Field	46,621	43,362	3,512,326	2,346,071	74.7	166.0	373
	2002	93/69	SAFECO Field	46,621	43,710	3,540,482	2,207,891	94.0	167.0	385
	2003	93/69	SAFECO Field	46,621	40,351	3,268,509	2,191,745	99.0	169.0	396

도표 3 | Rodriguez 구단의 주요 통계 <계속>

	구단 성적		구단 관중 수					구단 재무정보		
	연도	정규시즌 성적	야구장	수용 규모	평균	시즌 관중 수	리그평균 관중 수	선수연봉	수입	구단가치
Texas Rangers	1992	77/85	Arlington Stadium	43,521	27,139	2,198,231	2,268,524	30.2	66.2	106
	1993	86/76	Arlington Stadium	43,521	27,711	2,244,616	2,380,955	41.6	60.3	132
	1994	52/62	The Ballpark at Arlington	49,178	43,916	2,503,198	1,728,728	25.2	50.1	157
	1995	74/70	The Ballpark at Arlington	49,178	27,582	1,985,910	1,811,356	32.9	61.9	138
	1996	90/72	The Ballpark at Arlington	49,178	35,448	2,889,020	2,122,721	42.8	87.7	174
	1997	77/85	The Ballpark at Arlington	49,178	36,361	2,945,228	2,234,523	42.9	97.6	254
	1998	88/74	The Ballpark at Arlington	49,178	36,142	2,927,399	2,298,169	54.7	108.1	281
	1999	95/67	The Ballpark at Arlington	49,178	34,253	2,774,501	2,286,874	81.3	117.5	294
	2000	71/91	The Ballpark at Arlington	49,178	31,956	2,800,075	2,262,557	71.7	126.5	342
	2001	73/89	The Ballpark at Arlington	49,178	34,592	2,831,111	2,346,071	88.6	134.0	356
	2002	72/90	The Ballpark at Arlington	49,178	29,043	2,352,447	2,207,891	108.0	131.0	332
	2003	71/91	The Ballpark at Arlington	49,178	25,856	2,094,394	2,191,745	106.0	127.0	309

case

도표 3 ▌Rodriguez 구단의 주요 통계 <계속>

	구단 성적		구단 관중 수					구단 재무정보		
	연도	정규시즌 성적	야구장	수용 규모	평균	시즌 관중 수	리그평균 관중 수	선수연봉	수입	구단가치
New York Yankees	1992	78/86	Yankee Stadium	57,545	21,589	1,748,737	2,268,524	43.5	94.6	160
	1993	88/74	Yankee Stadium	57,545	29,839	2,416,942	2,380,955	54.2	107.6	166
	1994	70/43	Yankee Stadium	57,545	29,656	1,675,556	1,728,728	37.1	71.5	185
	1995	7965/	Yankee Stadium	57,545	23,521	1,705,263	1,811,356	50.5	93.9	209
	1996	92/70	Yankee Stadium	57,545	27,789	2,250,877	2,122,721	63.0	133.3	241
	1997	96/66	Yankee Stadium	57,545	31,856	2,580,325	2,234,523	65.0	144.7	362
	1998	114/48	Yankee Stadium	57,545	36,484	2,955,193	2,298,169	63.2	175.5	491
	1999	98/64	Yankee Stadium	57,545	40,662	3,293,659	2,286,874	88.1	195.6	548
	2000	87/74	Yankee Stadium	57,545	37,956	3,227,657	2,262,557	104.7	192.4	635
	2001	95/65	Yankee Stadium	57,545	40,807	3,264,552	2,346,071	112.3	215.0	730
	2002	103/58	Yankee Stadium	57,545	42,736	3,461,644	2,207,891	141.0	223.0	849
	2003	101/61	Yankee Stadium	57,545	42,785	3,465,600	2,191,745	187.0	238.0	832

자료: http://baseballreference.com/teams, http://www.ballparks.com/baseball/american. Forbes지로부터의 재무정보.

도표 4 ▌New York Yankees와 맺은 A-Rod의 2004년 2월 계약 (100만 달러)

	원래의 계약		새로운 계약		
구단	Texas		Texas	New York	
서명 보너스	$ 10		$ 10	0	
할당 보너스	0		36	0	
2001	21	(5)	16	0	
2002	21	(4)	17	0	
2003	21	(3)	18	0	
2004	21	(3)	3	15	(1)
2005	25	(4)	6	15	(1)
2006	25	(4)	6	15	(1)
2007	27	(4)	7	16	(1)
2008	27	(3)	8	16	
2009	27	(3)	7	17	
2010	27	(3)	6	18	
계	$252	(36)	$140	112	(4)

괄호 안의 숫자는 이연지급금액을 의미함.

서명 보너스: 2001-2005년의 3월 1일과 12월 1일에 각각 100만 달러씩 지불된다.

할당 보너스: 원래의 계약에 포함된 이연지급금액 3,600만 달러는 파업기간에도 보장되는 연보별로 정해진 금액을 받는 할당보너스로 전환된다. 이연된 금액에 대한 이자율은 원래의 3%로부터 트레이드가 이루어지는 일자를 시작으로 1.75%로 낮아지고 할당보너스는 2011-2020년 대신에 2016-2025년의 6월 15일마다 지불된다.

2016년—500만 달러 + 발생 이자 2017년—400만 달러 + 발생 이자
2018년—300만 달러 + 발생 이자 2019년—300만 달러 + 발생 이자
2020년—400만 달러 + 발생 이자 2021년—400만 달러 + 발생 이자
2022년—400만 달러 + 발생 이자 2023년—300만 달러 + 발생 이자
2024년—300만 달러 + 발생 이자 2025년—300만 달러 + 발생 이자

case

도표 4 ▌New York Yankees와 맺은 A-Rod의 2004년 2월 계약 (100만 달러) <계속>

새로운 이연 금액: Yankees는 이자 없이 2004-2007년으로부터 연간 100만 달러를 2011년 1월15일로 이연한다.

새로운 조항: Rodriguez는 어웨이 경기를 위한 호텔 스위트를 받고 Yankees 웹사이트에 그의 개인 웹사이트를 연결시킬 권리를 가진다.

계약선택조항: Rodriguez는 2007년, 2008년 또는 2009년 시즌 후에 계약을 종료시킬 수 있다.

에스컬레이터 조항: 구단은 최고 지불이 이루어지는 비투수 계약의 평균 연간 금액보다 크게 500만 달러 또는 100만 달러만큼 2009년과 2010년의 연봉을 증가시켜야 한다.

트레이드 거부 조항: Rodriguez는 그의 허락 없이 트레이드될 수 없다.

수상 보너스: 이전 계약과 동일

자료: http://www.usatoday.com/sports/baseball/mlbfs41.htm

New York Yankees 시절

2004년 2월 15일에 Texas Rangers는 그의 남겨진 계약의 대부분을 유지하면서 A-Rod를 아메리칸 리그 우승팀인 New York Yankees로 트레이드하는 거래를 발표함으로써 다시 한번 야구계를 경악시켰다. 이와 같은 거래의 조건에 의하면 Rangers는 2025년까지 연장되는 기간 동안 A-Rod의 계약에 남겨져 있는 1억7,900만 달러 중 대략 6,700만 달러를 지불할 것으로 알려졌다(ㅣ도표 4ㅣ 참조). 이와 같은 거래의 대가로 Rangers는 지명될 선수 한명과 함께 올스타 2루수 Alfonso Soriano를 얻었다. MLB 커미셔너 Bud Selig는 마지못해 이와 같은 합의를 승인하였으나 매우 큰 현금지급을 수반하는 거래는 그가 주시하는 가운데 일반적으로 용인되는 기준이 되지 않을 것이라는 것을 다른 구단들에게 경고하였다.

다른 구단들이 Rodriguez 거래에 대한 관심을 표명하였지만, Rodriguez는

2004년 시즌의 출범시점에 명성 있는 Yankees의 줄무늬 야구복을 입고 경기하게 되었다. 새로운 유니폼을 입고 경기하는 외에 Rodriguez는 새로운 포지션인 3루수로 경기하게 되었다. Yankees는 이미 구단의 주장이었던 26세의 Derek Jeter라는 슈퍼스타 유격수를 가지고 있었다. 유격수 포지션 선수에 대한 수요가 없음에도 불구하고 Yankees는 분명하게 Texas Rangers와의 거래를 A-Rod가 군림하는 리그 MVP이기 때문에 '너무 좋아서 무시할 수 없는' 거래로 간주하였다.

이와 같은 거래에서 Rangers는 그의 3 시즌과 3번의 최하위 마무리에 대하여 A-Rod에게 거의 1억4,000만 달러를 지불하게 될 것이다. 이와 같은 거래는 Rangers가 라인업의 다른 공백들을 채우기 위한 선수들을 획득하기 위한 자금을 풀어주었다. Yankees는 이미 Derek Jeter, Gary Sheffield, Bernie Williams와 같은 강타자로 채워져 있는 타격 라인업에 다른 한 사람의 파워 히터를 얻었다. 이에 더하여 Rodriguez는 3루수 포지션에 수비력을 강화시켰다.

A-Rod 거래의 경제학

Rangers와 맺은 A-Rod의 2000년 12월 계약은 Seattle Mariners로부터 Cincinnati Reds로 트레이드되어 2000년 2월에 서명한 Ken Griffey Jr.의 9년 1억1,650만 달러 계약에 의해 세워진 메이저 리그 기록을 경신하였다. 실제로 2,500만 달러의 평균 연간 지급금은 다음과 같은 3개의 대형 야구계약을 왜소하게 만들었다. Toronto Blue Jays의 Carlos Delgado, New York Yankees의 Roger Clemens, Colorado Rockies의 Mike Hampton은 각각 1,700만 달러, 1,545만 달러, 1,512만5,000달러의 평균 연간 연봉 계약을 하였다. 많은 논평자들은 가장 눈에 띄는 피칭의 약점과 같은 많은 확연한 약점들을 가지고 있는 구단에게 한 포지션의 공백을 메우기 위해 그렇게 많은 금액을 지출할만한

case

가치가 있는가에 대하여 문제를 제기하였다. 일부 사람들은 그 돈은 구단의 성과에 더 큰 영향을 미치게 될 많은 포지션에 유틸리티 플레이어utility player를 불러오는 데 더 잘 사용될 수 있었다고 생각하였다. Ranger의 구단주 Tom Hicks는 이와 같은 비판들에 동의하지 않았고 A-Rod가 앞으로 수년 동안 Rangers의 새로운 얼굴이 될 것이라고 믿었다. Hicks는 Rodriguez는 Rangers가 경기하는 라틴계 사람들이 많은 Dallas-Fort Worth 대도시 지역에서 특히 아동 팬들이 좋아할 것이라고 믿었다. 그는 이것이 포스트시즌 경기와 관련된 보상 증가의 가능성뿐만 아니라 상품과 티켓 판매의 증가로 연결될 것이라고 생각했다. 실제로 재무 발표에 의하면 월드시리즈 경쟁자였던 준우승 팀인 New York Yankees와 우승 팀인 Arizona Diamondbacks의 2000년 포스트시즌 수입은 각각 1,600만 달러와 1,300만 달러였다. 리그 준우승 팀들인 Seattle Mariners와 Atlanta Braves도 포스트시즌 성과로부터 각 팀이 대략 265만 달러를 벌었다. 이와 같은 추가적인 수입의 대부분은 홈 팀에게 주로 주어지는 텔레비전 방송계약과 티켓판매로부터 발생한다.

불행하게도 Rangers에게 상황은 계획한 대로 발생되지 않았고 Rangers는 Rodriguez를 Yankees로 내보내기로 결정하였다. Yankees의 A-Rod 획득은 경기 관점에서 올스타 대형선수들로 이미 채워져 있는 구단에게 다른 한 사람의 슈퍼스타를 추가시킨다는 것을 의미하였다. 통계적으로 말하면 이것이 지난 몇 년 동안 Boston Red Sox가 아메리칸 리그 우승을 위한 경주에서 가깝게 추격하였기 때문에 Yankees에게 점점 더 중요해지고 있는 추가적인 승수로 매년 전환될 수 있다. 이에 더하여 Rodriguez는 월드시리즈 경쟁자가 되는 팀에서 경기하기 원한다는 것을 명백히 하였기 때문에 Yankees는 Rodriguez에게 더 잘 맞는 것으로 보였을 것이다. 의심할 여지없이 New York Yankees는 그에게 그와 같은 기회를 제공한다. 경기 외적 관점에서 보면 New York Yankees에 대한 A-Rod의 가치는 그다지 확실하지 않다. 그는 경기에서 가장 멋있는 선수 중 한 사람이지만 Yankees는 이미 A-Rod의 오랜 친구인 Derek Jeter와 같은 선수를 가지고 있다. 더욱이 다른 한 사람의 올스타 선수가 Yankees Stadium에 있는 관중석을 얼마나 더 많이 채울 수 있을 것인지는 불분명하다. 그럼에도 불구하고 New York Yankees 구단주인 George Steinbrenner를 포함한 어느 누구도 Rodriguez가 어떻게 해서든지 Yankees에 영향을 미칠 것이라는 것을 의심하지 않는다.

토의질문

1. A-Rod를 위한 Texas Rangers의 2000년 계약을 생각하라.
   a. A-Rod가 Texas Rangers 선수되는 것으로부터 예상되는 재무적 이익을 추정하라. 당신의 가정들을 간략히 정리하라.
   b. A-Rod와 서명하는데 따라 증가하는 Rangers의 비용을 추정하라.
   c. 당신은 A-Rod의 2000년 계약을 제안할 것인가를 결정하는데 있어서 Rangers가 어떤 요소들을 고려할 것을 권고할 것인가?

2. A-Rod를 위한 New York Yankees의 2004년 계약을 생각하라.
   a. A-Rod가 New York Yankees 선수되는 것으로부터 예상되는 재무적 이익을 추정하라. 당신의 가정들을 간략히 정리하라.
   b. A-Rod와 서명하는 데 따라 증가하는 Yankees의 비용을 추정하라.
   c. 당신은 A-Rod의 2004년 계약을 제안할 것인가를 결정하는 데 있어서 Yankees가 어떤 요소들을 고려할 것을 권고할 것인가?

3. 1과 2에 대한 당신의 답변으로부터 당신은 어떤 시사점을 도출할 수 있는가?

case

CHAPTER

5 대학 스포츠

COLLEGE SPORTS

핵심 쟁점

- 대학 스포츠 경영은 학술 프로그램의 품격, 스포츠 프로그램의 수요와 성공 및 스포츠 프로그램이 대학 및 체육부에 제공하는 비즈니스 기회 간의 균형을 유지하기 위한 끊임없는 분투에 직면하고 있다.
- 대학 스포츠 의사결정은 규제기관(가령 NCAA) 및 입법기관(가령 미 의회의 교육법 9장)에 의해 강하게 제약을 받는다.
- 교육법 9장은 대학 스포츠의 자원배분을 지대하게 변화시켜왔으며, 여성의 스포츠 참여 기회를 크게 확대시켜왔다.
- NCAA체제 하의 대학 스포츠는 자신들이 선택한 대학 스포츠 소속의 아마추어 지위를 유지하는 선수들과 크게 밀착되어있다. 이것이 엘리트 학생 선수들로 하여금 자신들이 대학 수입 창출의 중요한 요소임에도 불구하고 그것의 의미 있는 부분을 차지할 능력을 제약한다.
- 수익 풀과 수익 배분 규칙이 대학 스포츠 경영의 중심적 부분이다. 다수의 대학에서 남성 미식축구 수익, 남성 및 여성 농구 수익으로 캠퍼스 내 타 스포츠의 비용을 상호 보조한다.

대학 스포츠는 다수의 학생에게 있어서 대학 재학생으로서 및 졸업 후 동창으로서의 생활에 필수적인 부분이다. 체육부는 다수의 대학의 예산의 중요한 부분이다. 이 장에서는 대학 스포츠의 비즈니스 측면의 이슈의 복잡성에 초점을 두고 주제들을 논의한다. 학생의 학술적 및 개인적 발달 이슈들과 대학 스포츠 비즈니스 이슈들 간의 관계는 오랫동안 논쟁되어왔고 향후에도 의견의 일치를 보기 어려운 상태로 지속될 전망이다.

미국 대학체육협회

NCAA대학체육협회는 대학 스포츠의 관리에 핵심적 역할을 한다. 이는 대학 간 운동을 견실하게 관리하기 위하여 1,000개가 넘는 대학들, 운동 연맹, 스포츠 조직들로 자발적으로 조직된 협회이다. NCAA의 근원은 1905년으로 거슬러 올라가 13개 대학의 대표자들이 미식축구의 학생선수들이 보다 안전해지도록 게임의 규칙의 변경을 논의하기 위하여 회합한 데서 시작되었다. 12월 28일에 62개 대학의 대표자들이 뉴욕시에 모여 IAAUSIntercollegiate Athletic Association of the United States를 설립하였다. 이것이 1910년 National Collegiate Athletic Association으로 개명되었다.

처음 몇 년간 NCAA는 토론과 규칙 설정을 위한 하나의 포럼이었다. 1921년에 트랙과 필드 종목의 최초의 전국 챔피언쉽을 개최하였다. 점차 NCAA에는 보다 많은 스포츠가 참여하여 많은 챔피언쉽이 추가되었다. 20세기말 NCAA는 그 미션을 '대학 간 운동을 교육 프로그램의 통합적 한 부분으로, 선수를 학생단체의 통합적 한 부분으로 유지하기 위하여 노력한다'고 규정하였다. 그 목표는 대학 간 스포츠를 촉진하고, 학생선수를 보호하며, 학생선수의 평생 리더쉽을 준비하게 하며, 그 목표를 달성하도록 돕기 위하여 재정적으로 지원하는 것에 두었다.

1973년에 NCAA의 회원들은 규정 및 경쟁적 목적 상 3개 리그로 분할되었으며,

Division I의 회원들은 추가 분할되었다. 디비전 I-A 대학들은 미식축구의 최소 관중 수의 조건을 충족하는 것이 요구되었고, 디비전 I-AA은 미식축구의 최소 관중 수의 요구조건이 없었다. 디비전 I-AAA는 미식축구 프로그램이 없었다.

디비전 II와 III 대학들은 디비전 I보다 더 적은 스포츠를 보유하고 있다. 디비전 II 대학들은 학생선수들에게 부분 장학금을 제공하지만, 디비전 III 대학들은 그러한 재정지원을 하지 않는다. 2004년7월 기준으로 각 리그의 회원수는 아래와 같다.

I-A	I-AA	I-AAA	II	III	계
117	121	88	279	419	1,024

대학 간 운동이 성장하면서 이것이 대학의 학술적 사명을 저해할 가능성에 대한 우려가 제기되었다. NCAA의 철학은 학생선수는 우선 학생이라는 것이다. 그러나 선수들에게 향하는 경기성과에 대한 압박과 팀에게 향하는 승리하라는 압박이 선수들로 하여금 쉽게 학술적 사명을 소홀히 하게 하는 환경을 조성한다. 1989년에 대학 간 스포츠에서의 광범위한 스캔들이 수년간 이어진 후, TIME지는 이 문제를 '미국에서 스포츠와 교육의 고상한 이상을 뛰어넘는 승리와 이윤획득에의 집착'이라고 표현하였다. TIME지는 이어 양질의 교육을 받지 못하는 선수들, 모든 학위의 가치를 떨어뜨리고 고등교육의 사명을 저해하는 웃음거리로 만드는 교육 모조품을 생산하는 대학들 모두 그 희생양들이라고 언급하였다.

1989년 10월 Knight Foundation의 이사회는 개혁을 제안하는 위원회Knight Commission를 구성하였다. 최초의 Knight Commission 보고서가 1991년에 발간되었는데, NCAA가 동 위원회의 노력을 기꺼이 수용하고 이의 권고의 대부분을 실행하였다. 10년 후, 위원회는 그 이슈를 재검토하였는데, 그 결과 "좋은 의도와 개혁 조치들이 여전히 달성되지 못했다. '최악의 경우, 일류 대학 선수들이 자신들의 입장을 망각한 것처럼 보인다'는 종전의 결론을 되풀이할 수밖에 없다. 선수들은 여전히 대학의 설립목적을 위협하고 있다"고 언급하였다.

대학 체육부 재무사정

| 도표 5•1 | 은 University of Michigan 체육부의 2004-5회계연도의 재무예산을 보여준다. 또한 2002-3년의 실제 재무사정과 2004년 7월에 추정한 2003-4년도의 재무지표이다. 몇 가지 사항들이 주목할 만하다. 첫째, 2004-5년도의 총예산 6,139만 달러는 주요 대학 스포츠 프로그램에 막대한 재정이 투여된다는 것을 나타낸다. 둘째, 양대 수익원은 관중 입장료(2004-5년도 총수익의 49%)와 연맹 배분금(총수익의 17%)이다. 남자 미식축구와 남녀 농구가 입장료수익 및 연맹 배분금 양 측면에서 대표적 구성요소이다. 셋째, 2,129만9,000달러의 급여, 임금, 상여금(코치 및 팀 요원에 대한 856만4,000달러 포함)과 학생장학금이 양대 비용요소이다. 넷째, 2003-4년의 2,906만7,000달러, 그 보다 감소한 2004-5년의 2,576만9,000달러의 미식축구 입장료 수익은 미식축구 관중 수의 중요성을 말해주고 있다. Michigan Wolverines는 2003-4년(게임당 415만2,000달러)의 7회의 홈게임 스케줄에 비하여 2004-5년(게임당 429만,5000달러)에는 6회의 홈게임 스케줄을 가졌다.

University of Michigan 체육부의 예산은 2002-3년과 2003-4년에 흑자를 보였고, 2004-5년에도 흑자예산으로 편성되었다. 이는 미국에서 자원이 충분하고 경제적으로 자립이 가능한 몇 개 안되는 체육프로그램 중의 하나이다. University of Michigan은 학술 프로그램뿐만 아니라 대학 스포츠에서도 폭넓게 뛰어난 학교로 널리 인정되고 있다.

도표 5-1 University of Michigan 체육부의 재무지표

	2002-3 실제	2003-4 추정	2004-5 예산	2004-5 예산 %
수익				
관중 입장료*	$31,649	$33,357	$29,897	48.7%
연맹 배분금**	10,084	10,617	10,530	17.2
기업 스폰서쉽	4,340	5,000	4,525	7.4
라이센싱 로열티	3,206	3,800	2,200	3.6
체육 장학 기금	3,744	4,750	2,027	3.3
우선좌석 수익	-	-	3,600	5.9
라디오	1,090	1,710	1,485	2.4
시설	2,033	1,900	1,900	3.1
구내매장 및 주차료	1,591	1,904	1,448	2.3
기타수익	0,871	1,380	1,628	2.6
투자수익	2,168	2,100	2,150	3.5
당기 펀드 수익	60,776	66,608	61,390	100.0
비용				
급여, 임금, 상여금	18,986	20,581	21,299	34.7
학생재정보조	10,617	10,900	12,125	19.8
팀 및 게임 비용	9,531	10,528	10,787	17.6
시설	4,618	4,632	4,712	7.7
기타	10,551	11,878	10,110	16.4
당기 펀드 비용	54,303	58,519	59,033	96.2
순 영업 잉여	$6,473	$8,089	$2,357	3.8
				100.0%

도표 5-1 University of Michigan 체육부의 재무지표 <계속>

	2002-3 실제	2003-4 추정	2004-5 예산	2004-5 예산 %
*관중 입장료				
미식축구	$27.599	$29.067	$25.769	86.2%
농구	2.243	2.365	2.200	7.4
아이스하키	1.564	1.775	1.765	5.9
기타	0.243	0.150	0.163	0.5
계	$31.649	$33.357	$29.897	100.0%
**연맹 배분금				
텔레비전(미식축구 및 농구)	$5.745	$6.101	$6.210	59.0%
미식축구 보울게임	1.848	1.993	1.801	17.1
NCAA농구 배분금	2.085	2.232	2.169	20.6
기타	0.406	0.291	0.350	3.3
계	$10.084	$10.617	$10.530	100.0%

자료: University of Michigan (2004년 7월).

대학 스포츠 의사결정

대학 스포츠 의사결정은 복잡한 가이드라인과 제약 속에서 이뤄진다. NCAA룰은 Title IX교육법 9장 준수와 같은 명시적인 가이드라인을 제공할 뿐만 아니라 도박 및 약품에 대한 제한을 가한다. 다수의 대학의 교수들은 선수들의 역할과 체육부의 지출예산에 대하여 다양한 견해를 가진다. 어떤 교수들은 대학 스포츠의 여러 측면을 강하게 지지하지만, 어떤 교수들은 도시대항 스포츠 및 체육관에서의 운동 이상의 스포츠에 대하여는 부정적이다. 대학총장과 관리자들은 대학의 학술적 사명, 체육 프로그램의 재정수요, 성공적인 체육 프로그램과 연계된 동문 지원의 혜택 간에 절묘하게 균형을 이뤄나가야만 한다. 그들은 선도적 학자와 선도적 미식축구 및 농구 코치에 대한 보상수준 간의 긴장을 절묘하게 다뤄나가야만 한다. 여기서는 대학 스포츠의 비즈니스 측면에 영향을 미치는 주요 요인들을 살펴본다.

교육법 9장Title IX: 미국 역사상 오랜 기간 남성이 여성보다 더 많은 경제적 기회를 가져왔다. 1972년에 미 의회는 수정 교육법 9장을 발효시켰다.

> 미국에서 어떤 사람도 성별을 이유로 연방 재정 지원을 받는 모든 교육 프로그램과 활동에 있어서 배제되거나, 혜택을 거부당하거나, 차별받지 않는다.

Title IX가 구체적으로 체육 프로그램을 지칭하지는 않았지만 법률소송이나 가이드라인들은 이의 적용을 명백히 하고 있다. 1979년에 미 보건, 교육, 복지부는 대학이 Title IX를 준수하는지 여부에 대하여 판단하는 데 사용될 수 있는 3개의 기준을 제시하였다.

- 대학의 학부 등록학생의 남녀 비율에 비례한 운동선수의 남녀비율을 유지하고 있는가.
- 대학이 여성을 위한 프로그램을 과거부터 계속적으로 실시하고 있는가.

- 대학이 여성의 이익과 능력을 위하여 최대한 효과적으로 편의를 도모하는가.

대다수의 대학들이 첫째 기준을 적용하기에 가장 분명한 기준으로 여긴다. 대학 체육부장들은 남학생 대비 여학생의 비율을 높이기 위하여 다음과 같은 복합전략을 구사해왔다.

- 기금지원을 받는 여성 스포츠 수를 증가시킨다. 여기서 기금지원이라 함은 장학금과 코칭스탭 및 시설을 위한 기금을 포함한다.
- 기금지원을 받는 남성 스포츠 수를 감소시킨다.

2001년에 정부회계국GAO은 대학간 체육에서 팀의 추가 및 삭제에 대하여 평가한 보고서를 발간하였다. GAO는 1981-2년에서 1998-9년 사이에 여성 팀 수는 3,784팀, 55% 증가하였다(5,695에서 9,479). 남성 팀은 거의 변화가 없었는데 1998-9년에 9,149팀으로 1981-2년보다 단지 36팀 증가한 데 그쳤다. 1981-2년에서 1998-9년 사이에 가장 팀이 많이 증가한 스포츠는 여성축구로 80팀에서 926팀으로 증가하였고, 관계자가 18,132명 증가하였다. 서베이한 25개 여성 스포츠 가운데 6개 스포츠를 제외한 모든 여성 스포츠가 팀 및 관계자 모두 증가하였다. 서베이한 26개 남성 스포츠 가운데 15개 스포츠는 17년의 기간중 불변이거나 팀이 감소하였다. 팀이 가장 많이 감소한 스포츠는 레슬링으로 1981-2년에 존재했던 426팀에서 171팀이 감소하였다.

| 도표 5•2 | 는 1991-1년에서 2001-2년 사이에 대학 학부 체육 프로그램에의 남성 및 여성의 참여자 수를 나타낸다. 미식축구가 디비전 I의 남성 참여자수의 다수를 차지하였는데 종종 한 대학 팀에 100명 이상의 학생선수가 활동하였다. 여타 남학생이 많이 참여하는 스포츠로는 로우잉, 라크로스, 트랙 및 필드, 농구, 아이스하키, 축구, 수영 등이다. 디비전 I에서 여학생이 많이 참여하는 스포츠로는 축구, 로우잉, 트랙 및 필드, 라크로스, 수영, 필드하키, 아이스하키 등이다. Title

도표 5-2 대학 체육 프로그램의 남녀 학생 선수 참여자 평균

	1991-1992	1995-1996	1999-2000	2002-2002
디비전 I				
남자	250	226	233	262
여자	112	130	163	204
디비전 II				
남자	167	149	155	166
여자	79	80	96	108
디비전 III				
남자	216	190	184	213
여자	116	116	123	143

자료: NCAA, 2001-2 NCAA 성별 형평 보고서

IX의 당위성에 대하여 논쟁이 지속되고 있지만 이는 대학 스포츠 비즈니스에 영향을 미치는 가장 중요한 요인 중의 하나이다.

학생선수에 대한 보상에 관한 NCAA룰: NCAA는 체육활동으로 학생이 받을 수 있는 금전적 보상에 대하여 엄격하게 규정하고 있다. NCAA 내규는 아마추어리즘과 대학간 스포츠에 관한 동 조직의 의도를 정의하고 있다.

> 12.01.2 분명한 경계선. 회원 기관의 체육 프로그램은 교육 프로그램의 일환으로 고안된 것이다. 학생선수는 학생집단의 일부분이며 따라서 대학

체육과 프로 스포츠 사이에 분명한 경계선을 유지한다.

NCAA는 선수들을 교육을 추구하는 학생으로 보지만, 프로 스포츠는 선수를 비즈니스 자원으로 본다. NCAA 내규(12.02.3)는 프로 선수를 'NCAA의 지배 법규가 허용하는 것 이외의, 일체의 체육활동의 대가로 직, 간접적으로 보수를 수령하는 자'라고 규정하고 있다. 체육 관리자는 학생선수를 유치하거나 자교의 스포츠 프로그램에 계속 유지하기 위하여 장학금 이외의 어떤 재정적 보상도 제공할 수 없다.

'아마추어 지위'에 대한 NCAA룰들은 대학 수익 창출에 크게 기여하는 개인 스타 선수들은 그 수익의 어떤 의미 있는 부분도 취할 수 없음을 의미한다. 대학 스포츠의 이러한 '활동에 대한 비보수'의 견지는 특히 농구나 미식축구의 경우 졸업 전에 프로로 전향하도록 하는 경제적 유인을 낳고 있다. 농구의 경우 NBA는 고교 졸업생이 바로 프로구단에 입단할 수 있도록 허용하고 있다. 슈퍼스타 고교 선수들은 종종 대학을 건너뛴다. 가령 Kobe Bryant가 Los Angeles Lakers로, Lebron James가 Cleveland Cavaliers로 간 경우 등이다. NFL는 고교 졸업생 선수가 NFL에 입단하기 이전에 최소 3년을 경과해야하는 일종의 장애물 시스템을 가지고 있다. 이 NFL룰은 NCAA의 아마추어 룰과 함께 대학들로 하여금 최소한 스타 미식축구 선수들을 고교졸업 후 3년간은 유리하게 확보할 수 있게 한다.

수익 시사점

| 도표 5•3 | 은 Division I-A 미국 대학 컨퍼런스들의 평균 수익 및 이익 명세를 보여준다. 이 커퍼런스들의 구성은 | 도표 5•4 | 에 나타나있다. | 도표 5•3 | 과 여타 관련 데이터에서 주목할 만한 몇 가지 특징은 다음과 같다.

도표 5-3 Division I-A 대학 컨퍼런스들의 2002-3 평균 수익 및 순이익(100만 달러)

컨퍼런스	총 프로그램*		남성 프로그램		여성 프로그램	
	총 수익	순 이익	총 수익	순 이익	총 수익	순 이익
Big Ten	44.507	4.193	33.236	16.419	1.354	(6.028)
SEC	41.192	5.889	34.465	17.490	1.863	(5.376)
Big 12	34.397	2.500	22.472	9.024	1.138	(4.631)
Pac 10	33.014	(0.883)	21.719	5.633	1.214	(5.622)
ACC	31.332	(0.350)	21.187	6.677	1.696	(4.529)
Big East	27.184	(3.787)	17.416	2.068	1.540	(4.527)
Mountain west	18.428	0.472	9.059	0.301	1.420	(2.353)
C-USA	14.421	(3.287)	8.021	(0.686)	0.564	(2.602)
WAC	11.704	(2.941)	5.208	(1.382)	0.492	(3.048)
MAC	10.102	(1.965)	2.277	(2.931)	0.531	(2.526)
Independent	8.670	(2.512)	3.798	(1.137)	0.990	(0.882)
Sun Belt	6.783	(2.510)	3.084	(1.483)	0.523	(1.533)
평균	25.358	(0.090)	16.634	4.971	1.128	(3.934)

* 총 프로그램 수익 및 이익은 남성 프로그램, 여성 프로그램, 성별과 무관한 수익 (가령 체육부 기금 이자)을 포함.

도표 5-3 Division I-A 대학 컨퍼런스들의 2002-3 평균 수익 및 순이익(100만 달러) <계속>

컨퍼런스	남성 미식축구 프로그램 총 수익	남성 미식축구 프로그램 순 이익	남성 농구 프로그램 총 수익	남성 농구 프로그램 순 이익	여성 농구 프로그램 총 수익	여성 농구 프로그램 순 이익
Big Ten	21.533	12.730	8.170	5.208	0.383	(1.132)
SEC	26.901	18.134	5.687	2.923	0.618	(0.948)
Big 12	16.187	8.249	4.146	1.610	0.501	(1.096)
Pac 10	15.904	6.210	4.986	2.314	0.457	(0.944)
ACC	11.755	4.083	8.148	5.104	0.192	(1.266)
Big East	12.992	3.735	3.615	0.750	0.599	(0.986)
Mountain west	4.991	(0.059)	2.857	1.095	0.312	(0.564)
C-USA	4.529	(0.452)	2.865	1.060	0.161	(0.774)
WAC	3.112	(0.825)	1.701	0.500	0.111	(0.772)
MAC	1.440	(1.469)	0.504	(0.355)	0.141	(0.549)
Independent	3.017	0.148	0.344	(0.382)	0.060	(0.291)
Sun Belt	2.258	(0.791)	0.594	(0.279)	0.202	(0.395)
평균	11.483	4.897	3.900	1.781	0.336	(0.859)

자료: D.H.Fulks and NCAA Research Staff, Revenues and Expenses, Profits and Losses of Division I—A Intercollegiate Athletic Programs Aggregated by Conference—2003 Fiscal Year.

도표 5-4 2004년 Major Division I-A 대학 컨퍼런스 구성

Big Ten

Illinois
Indiana
Iowa
Michigan
Michigan State
Minnesota
Northwestern
Ohio State
Penn State
Purdue
Wisconsin

Southeastern Conference(SEC)

Alabama
Arkansas
Auburn
Florida
Georgia
Kentucky
Louisiana State
Mississippi
Mississippi State
South Carolina
Tennessee
Vanderbilt

Big 12

Baylor
Colorado
Iowa State
Kansas
Kansas State
Missouri
Nebraska
Oklahoma
Oklahoma State
Texas
Texas A&M
Texas Tech

Big East

Boston College (leave in 2005)
Connecticut
Georgetown*
Notre Dame*
Pittsburgh
Providence*
Rutgers
St. John's*
Seton Hall*
Syracuse
Temple
Villanova*
West Virginia

Cincinnati (join in 2005)
DePaul (join in 2005)
Louisville (join in 2005)
Marquette (join in 2005)
South Florida (join in 2005)

Sun Belt

Arkansas-Little Rock*
Arkansas State
Denver*
Idaho (football only, leave in 2005)
Louisiana-Lafayette
Louisiana-Monroe (football only)
New Orleans*
North Texas
South Alabama*
Troy (football only)
Utah State (football only, leave in 2005)
Western Kentucky*

Florida Atlantic (join football in 2005 and all sports in 2006)
Florida International (join football only in 2005)

Conference USA

Alabama-Birmingham
Army
Charlotte
Cincinnati (leave in 2005)
DePaul (leave in 2005)
East Carolina
Houston
Louisville (leave in 2005)
Marquette (leave in 2005)
Memphis
Saint Louis
South Florida (leave in 2005)
Southern Mississippi
Texas Christian (leave in 2005)
Tulane

Central Florida (join in 2005)
Marshall (join in 2005)
Rice (join in 2005)
Southern Methodist (join in 2005)
Texas-El Paso (join in 2005)
Tulsa (join in 2005)

도표 5-4 2004년 Major Division I-A 대학 컨퍼런스 구성 <계속>

Pacific 10
Arizona
Arizona State
California
Oregon
Oregon State
Southern California
Stanfod
UCLA
Washington
Washington State

Atlantic Coast Conference(ACC)
Clemson
Duke
Florida State
Georgia Tech
Maryland
Miami (FL)
North Carolina
North Carolina State
Virginia
Virginia Tech
Wake Forest

Boston College (join in 2005)

Western Athletic Conference(WAC)
Boise State
Fresno State
Hawaii
Louisana Tech
Nevada
Rice (leave in 2005)
San Jose State
Southern Methodist (leave in 2005)
Texas-El Paso (leave in 2005)
Tulsa (leave in 2005)

Idaho (join in 2005)
New Mexico State (join in 2005)
Utah State (join in 2005)

Mountain West
Air Force
Bringham Young
Colorado State
Nevada-Las Vegas
New Mexico
San Diego State
Utah
Wyoming

Texas Christian (join in 2005)

Mid-American Conference(MAC)
Akron
Ball State
Bowling Green
Buffalo
Central Florida (leave in 2005)
Central Michigan
Eastern Michigan
Kent State
Marshall (leave in 2005)
Miami (OH)
Northern Illinois
Ohio
Toledo
Western Michigan

Independent
Navy
Noter Dame (football only)
Troy State*

* indicates that the football team does not compete in the respective conference

자료: 컨퍼런스 웹사이트.

(a) 다수의 대학 체육 프로그램은 조금 이익을 내는 정도이다. 상위 6개 대학 컨퍼런스들 중 3개는 평균비용보다 낮은 평균수익을 갖는다. | 도표 5•1 | 에서 보고된 University of Michigan의 흑자예산은 예외적이다. University of Michigan의 체육 프로그램은 미국에서 가장 수익성이 높은 미식축구 팀에 의하여 뒷받침된다. 10만 장이 넘는 좌석표가 매 게임마다 매진되고, 관중은 높은 충성도를 보이며 동문들의 기반이 크며, University of Michigan은 예산 안에 상당한 크기의 수익규모에 대한 예측가능성이 있다. 대다수의 다른 프로그램들은 보다 낮은 수익 잠재력과 더 높은 수익 불확실성을 가진다. 이러한 불확실성은 영업손실의 잠재적 발생 빈도를 높인다. 대학 예산에서 다수의 비용 항목들은 학년도 초기에 발생하며 수익이 예산규모보다 미달할 경우에도 쉽게 축소되기 어렵다.

(b) 남자 미식축구 및 농구가 디비전 I-A 및 II-A의 대다수 체육 프로그램 중 수익과 이익 양면에서 주로 기여한다. 이 두 개의 남자 프로그램이 대학 내 다른 다수의 남자 및 여자 스포츠 프로그램에 보조금을 지원하는 역할을 한다.

(c) 대학 여성 체육 프로그램들은 수익을 유치하기 위하여 정말 분투한다. 여성 프로그램들은 총비용이 총수익을 상회한다. 여성 농구가 변함없이 주도적인 수익창출원이고, 그 뒤를 배구, 소프트볼, 축구, 체조 등이 따른다.

(d) 대학 예산은 텔레비전 계약으로부터 큰 혜택을 입는데, 그 중 다수는 NCAA 혹은 컨퍼런스 수준에서 협상이 이뤄진다. | 도표 5•5 | 는 2001-2년도의 회원 대학에 배분된 컨퍼런스 수익풀을 보여준다. 둘째 열은 총액을 나타낸다. 셋째 열부터 여섯째 열은 핵심 개별 요소들을 보여준다. 미식축구(남자)와 농구(남자 및 여자)의 두 가지 주요 수익원이 있다. 정기시즌 텔레비전 계약과

도표 5-5 회원 대학에 배분된 컨퍼런스 수익풀: 2001-2(100만 달러)

컨퍼런스 (1)	배분된 총수익풀 (2)	정기시즌 미식축구 컨퍼런스풀 (3)	정기시즌 농구풀 (4)	미식축구 보울게임풀 (5)	NCAA 농구 토너먼트풀 (6)
Big10	97.8	62.4	3.9	24.7	8.9
SEC	95.7	51.0	3.5	30.7	7.9
Big12	84.0	43.0	4.0	26.6	6.4
Pac10	64.0	37.8	4.0	19.3	6.9
ACC	87.6	49.1	5.3	20.5	7.6
Big East	55.4	28.0	N/A	18.7	7.3

자료: Street & Smith's Sports Business Journal, "By the Numbers" 2004.

포스트시즌 텔레비전 계약(미식축구의 보울경기와 농구 토너먼트 경기). | 도표 5•5 | 는 대학 농구의 흡인력을 보여준다.

대학 예산 및 보고 상의 하나의 이슈는 수익들이 할당될 다양한 양동이들 문제이다. 대학에 높은 충성도를 보이는 동문들은, 그것이 부분적으로 미식축구 팀의 성공에 기인하더라도, 여전히 자신들의 동문기부를 대학 체육부에 지정기탁하지 않고 100% 대학 전체에 기부할 수 있다. 체육부는 종종 최근 학생선수들의 출중한 경기 실적으로 기부금 증액에 기여하였음에도 불구하고 이것이 충분히 인정되지 않는 경우가 많다.

대학의 학술측면과 대학 스포츠의 수익측면 간의 긴장이 '어느 팀이 최고의 대학 미식축구 팀인가?'인가에 대한 논쟁에 영향을 미친다. 현재로는 BCSBowl Championship System이 일련의 탈락 게임 없이 단일의 '최종 대학 슈퍼 게임'으로 종료되는 구조로 되어있다. 대학 미식축구의 '플레이오프와 수퍼보울'을 가지기 위하여 보울 게임을 더 추가함에 따른 수익 유치는 자명하고 매력적이다. 그러나 보울 게임을 추가하는 것(그리고 대학 미식축구를 1월까지 연장하는 것)은 대학 학생선수들로 하여금 학업과의 균형을 이루는 일을 현재보다 더 어렵게 만들 것이다. 현재까지 대학 총장들은 대학 수퍼보울 탈락 플레이오프 시스템으로 발전하는 것을 지지하지 않고 있다. 그러나 대학 스포츠계의 일부 논평가들은 "만약 돈을 추구한다면, 대학 미식축구가 매년 플레이오프와 메가 보울 이벤트를 가지는 것은 시간문제이다"고 언급하였다. 대학 체육 의사결정에 있어서 돈의 힘은 최근의 일부 컨퍼런스 재편 결정에서 명백해졌다. ACCAtlantic Coast Conference가 Miami와 Virginia Tech를 2004년에 포함시키고, 2005년에 Boston College를 포함시킨다는 2003년의 대박 발표는 컨퍼런스 수익 증대의 강력한 동인이 되었다.

CHAPTER

6 스포츠 마케팅 (1) : 광고, 스폰서십, 인도스먼트

SPORTS MARKETING (1): ADVERTISING, SPONSORSHIP, AND ENDORSEMENTS

핵심 쟁점

- 기업들은 자사 제품을 광고 홍보하고 표적고객과의 유대를 강화하기 위하여 스포츠를 어떻게 연계시킬 것인가 하는 점에서 복수의 옵션들을 가지고 있다. 스포츠 비즈니스 주체들sports properties: 선수, 구단, 리그 등 재산권을 가지면서 스포츠 비즈니스 계약의 주체들의 통칭- 역자 주은 자신들의 마케팅/스폰서십/광고 파트너사에 경제적 영향을 미칠 수 있는 모든 의사결정을 할 때 이러한 옵션들을 염두에 두어야 한다.
- 주요 광고주들은 자사의 총 광고비 지출과 이 광고비를 스포츠 분야와 타 분야에 어떻게 배분할 것인가를 지속적으로 재검토하고 있다.
- 기업 스폰서십 프로그램은 사전 선택과 사후 평가를 용이하게 할 수 있도록 스포츠 스폰서십의 목적을 명료하게 규정하여야 한다.
- 스포츠 스폰서십이 제공하는 혜택은 연상(가령 '공식 스폰서'), 시각적 이미지 사용, 이벤트 당일의 활동, 선수와 관련된 외관, 매복 마케팅ambush marketing으로부터의 보호 등이다.
- 스폰서십 효과 측정방법으로는 판매추적분석, 표적목적분석, 브랜드인지/회상분석, 미디어노출분석 등이 있다.

| 사 례 | '나는 New Haven에서 Volvo를 잃었다'
: 테니스 토너먼트 스폰서십
Visa 올림픽 스폰서십 마케팅

광고주, 스폰서, 인도서endorser 등 마케팅 파트너들은 대다수의 성공적인 스포츠 리그, 스포츠 이벤트, 스포츠 구단의 핵심적 기둥이다. 스포츠 경영자가 스포츠 비즈니스 자산을 구축하는 데 실패하게 된 중요한 원인들 중의 하나는 마케팅 노력의 부족이다. 6장과 7장에서는 스포츠 비즈니스의 마케팅측면에 관한 이론과 사례에 초점을 둔다. 6장에서 광고, 스폰서쉽 및 후원에 대하여 논의하고, 7장에서 티켓팅, 팬 서비스fan avidity, 구단 브랜딩에 초점을 둔 구단 마케팅을 다룬다.

중추적인, 막대한 금액의 마케팅지출

스포츠 이벤트, 스포츠 리그 및 스포츠 구단들은 매년 수십억 달러(수조 원)에 달하는 수익금을 텔레비전이나 라디오 방송사로부터 획득한다. 광고비는 이 방송파트너들로 하여금 해당 스포츠 기관들에게 적절한 수익금을 지불할 수 있도록 하는 가장 중요한 원천이다. | 도표 6•1 | 은 스포츠 이벤트 시점에 광고비를 가장 많이 지출한 미국의 12개 기업을 보여주고 있다. 또한 이 기업들이 지출한 총광고비도 제시되어있다. 이 중 6개 기업의 경우, 스포츠관련 광고가 총광고비 지출의 50% 이상을 차지한다. 스포츠 비즈니스 전문조사기관인 Stree & Smith사에 따르면 상위 50개 기업의 총 스포츠 광고비 지출액이 2002년 34억 달러를 상회하였다.

스폰서쉽 지출규모도 수십억 달러에 달한다. | 도표 6•2 | 는 IEG사가 발표한 미국의 2003년중 스폰서쉽 지출 상위 12개 기업의 리스트이다. 상위 50개 기업의 스폰서쉽 지출은 30억 달러를 상회한다. 스폰서쉽 분야의 전문 조사기관인 IEG에 따르면 2004년중 총 스폰서쉽 지출의 69%가 스포츠분야에 이루어졌다. | 도표 6•2 | 에 제시된 12개 기업 리스트는 5개의 올림픽게임 공식스폰서TOP: The Olympic Partner(Coca Cola, Nike, McDonald's, Eastman Kodak, Visa)를 포함하고 있다.

도표 6-1 2002년 상위 50개 스포츠광고주—Street & Smith사 랭킹 (2002년 중 총 스포츠 광고비 지출 기준)

순위	광고주	총 스포츠 광고비 (100만 달러)	총광고비 (100만 달러)	스포츠 광고 비중 (%)
1	Anheuser-Busch Cos.	264	322	82
2	Chevrolet Motor Division	201	370	54
3	AT&T	134	340	39
4	Visa International	129	255	51
5	Ford Motor Company	120	430	28
6	Miller Brewing Company	110	181	61
7	Coors Brewing Company	105	135	78
8	American Honda Motor	86	217	40
9	Nike, Inc.	86	142	61
10	McDonald's Corp.	84	383	22
11	Pepsi-Cola Company	79	204	39
12	Coca-Cola USA	79	173	46

자료: Street & Smith, *Sports Business Journal*, 2004년 각호.

도표 6-2　2003년 미국의 대표적 스폰서기업—IEG랭킹(100만 달러)

순위	기업	스폰서 금액
1	PepsiCo, Inc.	250-255
2	Anheuser-Busch Cos.	240-245
3	General Motors Corp.	185-190
4	Coca-Cola Company	180-185
5	Nike, Inc.	160-165
6	Miller Brewing Company	155-160
7	Daimler-Chrysler Corporation	125-130
8	Ford Motor Company	100-105
9	McDonald's Corporation	95-100
10	Eastman Kodak	95-100
11	Visa International	90-95
12	Master Card International	85-90

자료: IEG, Inc.: IEG Sponsorship Report (December 22, 2003).

이 기업들은 올림픽게임 공식스폰서가 되기 위하여 국제올림픽위원회IOC에 매 4년마다 각각 최소한 5,000만 달러 이상을 지불한다. '5,000만 달러 이상'이라는 규모의 금액은 스폰서비용sponsor fee의 투자가치를 극대화하기 위하여 부수적으로 필요한 광고나 영접hospitality 등 추가적인 활성화비용activation outlays 지출을 포함하지 않은 금액이다.

IEG는 2001년에서 2003년의 기간중 스폰서비용 대비 활성화비용의 비율activation ratio이 아래와 같이 평균 1을 상회한다는 서베이결과를 보고한 바 있다.

2001	2002	2003
1.2	1.7	1.3

활성화비용 비율이 1.3이라는 것은 5,000만 달러라는 일등급 올림픽 스폰서비용을 지불한 한 스폰서가 이 올림픽 공식스폰서기업이라는 지위를 활용한 마케팅효과를 극대화하기 위하여 추가적으로 6,500만 달러(1.3×5,000만 달러)를 지출한다는 것을 의미한다.

스폰서쉽 비용은 어떤 스포츠 리그의 성공과 실패의 차이를 의미한다고 볼 수도 있다. 가령 여성프로축구리그인 WUSA를 생각해보자. WUSA는 2001년에 출범한 후 2003년에 종말을 고하고 말았다. 2003년 후반에 이 리그를 다시 시작하자는 제안들이 제시되었다. | 도표 6•3 | 은 리그 마지막 연도의 추정 재무자료와 재출범 일차 연도의 예산을 보여주고 있다. 재출범 예산에서는 2003연도의 비용지출과 비슷한 규모의 비용지출을 예산으로 책정하였다. 그러나 재출범 수익예산을 보면 스폰서쉽 수익이 2003년의 860만 달러였던 데 비하여 2,100만 달러로 대폭 증가한 수치를 보여주고 있다. 분명히 이러한 예산 아래의 WUSA의 재출범 제안은 프로여성 축구의 스폰서쉽 수익규모를 대폭 확대할 수 있다는 잠재력을 토대로 한 것이다.

복합적인 의사결정사항들

스포츠마케팅 프로그램에 참여하는 기업은 아래와 같은 복합적인 의사결정을 하여야 한다.

도표 6-3 WUSA의 재출범 사업제안서의 핵심요소로서의 스폰서십 (100만 달러)

	2003년 추정 WUSA 수지	2005년 재출범 제안예산	변동액
수익			
스폰서십 수익	8.6	21	12.4
티켓판매 수익	4.7	8	3.3
상품판매 수익	0.6	2	1.4
기타 수익	1.8	1	−0.8
	15.7	32	16.3
비용			
선수 급여/비용	9.6	10	0.4
직원 급여/비용	11.0	7	−4.0
운영 경비	8.5	6	−2.5
TV 비용	2.5	4	1.5
마케팅비용	3.5	8	4.5
기타비용	0.5	1	0.5
	35.6	36	0.4
이익	−19.9	−4	

자료: "Details and Analysis of WUSA's Comeback Plan," IEG Sponsorship Report (December 8, 2003).

1. 총 마케팅지출 결정문제이다. 마케팅은 기업이 투자하는 여러 사업 분야 중의 한 분야이다. 다른 분야로는 제조, 유통, 신제품개발 등이 있다. Eastman Kodak사는 올림픽게임의 일등급 스폰서이다. 이는 Kodak사로 하여금 하게

및 동계올림픽을 통틀어 실행비용을 포함하여 매 사년마다 1억 달러 이상씩 지출하게 한다. 이상적으로 Kodak의 올림픽게임 스폰서쉽에 대한 투자가 가령 새로운 사진기술에 대한 투자보다 더 나은 효과를 계속적으로 제공한다면 좋을 것이다. 기업경영자는 만약 타 경영분야에서 보다 더 매력 있는 투자기회가 있다면 스포츠마케팅에 대한 투자를 축소하는 의사결정을 하여야 할 것이다.

2. 마케팅믹스 결정문제이다. 이 의사결정은 상이한 유형의 마케팅지출과 각 유형별로 상이한 영역을 포함한다. 다음과 같은 옵션을 생각해보자.

	광고	스폰서쉽	선수 인도스먼트	기타
스포츠 관련	I	II	III	IV
비 스포츠 관련	V	VI	VII	VIII

기업들은 마케팅지출을 배분할 때 스포츠 영역 이내에서든 바깥에서든 다양한 대안들이 있다. 많은 기업들은 마케팅지출을 I에서 VIII 유형까지 다양하게 배분한다. | 도표 6•1 | 은 12개 기업들의 총광고비지출 중 스포츠광고 지출이 차지하는 비중에 있어서 나타난 현저한 차이 — McDonald's사의 22%에서 Anheuser-Busch사의 82%까지 — 를 뚜렷이 보여주고 있다.

3. 스포츠 마케팅 지출의 초점문제이다. 기업들은 마케팅지출을 리그, 이벤트, 구단, 선수 등 다양한 수준에서 집행할 수 있다. 또한 마케팅 지출에 투자하는 기업들은 다양한 옵션을 갖는다. 스포츠단체들은 기업 마케팅 파트너들의 지출 목적을 십분 이해하고 그 결과에 대한 정보를 제공해줌으로써 그들과 보다 공고한 관계를 구축할 수 있다.

마케팅계약, 위험공유 및 인센티브

다수의 마케팅계약은 일방 혹은 쌍방에 상당한 리스크를 안겨준다. 한 광고주가 수퍼보울Super Bowl 등의 프라임타임 이벤트를 전후하여 몇 개의 30초단위 시간대에 광고하기로 경기 수개월 전에 계약할 수 있다. 그러나 실제 시청자수 등 광고효과는 기대이하로 나타날 수 있다. 즉 수퍼보울 게임이 중소도시 지역 출신의 두 팀의 시합으로 이루어져 전국적 바람을 일으키지 못한다거나, 하프타임 이전에 이미 일방적인 게임으로 결정된다든지 하는 경우들이다. 불확실성은 다른 영역에도 또한 존재한다. 스폰서나 후원사가 한 선수에게 큰 규모의 후원계약을 한 후에 나중에 선수가 장기간 부상을 입는다든지 이미지의 손상을 초래한다든지 할 수 있다. 이러한 리스크를 스포츠 비즈니스 계약에 포함하기 위한 다음과 같은 메커니즘들이 존재한다.

- 주요 스포츠 이벤트 시의 30초짜리 텔레비전 광고는 광고단가가 매우 높다. 이러한 높은 광고단가는 높은 시청률에 근거한다. 광고계약에는 약속이행make-good조항을 삽입하기도 한다. 스포츠 방송이 기대한 수준의 시청률을 달성하지 못하였을 때, 방송사는 최소 시청률 이하의 시청률수준을 보충하는 추가적인 광고 시간을 제공한다. 광고계약에 이러한 조항이 있을 경우 광고주는 그러한 조항이 없을 경우보다 기대수준 이하의 시청률에 따른 리스크 부담이 더 낮아진다.
- 스포츠선수의 구두나 의류 인도스먼트 계약은 상승 및 하락 보호조항을 포함하기도 한다. 가령 현재 세계 2위에 랭크되어 있는 테니스선수와의 인도스먼트 계약을 맺는다고 생각해보자. 이 선수에게 인도싱 기업endorsing company은 3년간 매년 200만 달러를 지불하고, 만약 이 선수가 특정 연도에 세계 1위가 된다면 매년 100만 달러의 보너스를 지불하고, 만약 선수가 상위5위권 밖으로 하락하면

매년 50만 달러의 페널티를 부과하며, 상위 10위권 밖으로 하락하면 100만 달러의 페널티를 부과하는 식으로 상승 및 하락 보호조항을 삽입할 수 있다. 이러한 계약은 인센티브와 리스크공유의 요소를 함께 가진다. 스포츠선수는 그의 세계 랭킹을 향상시킬 재무적 인센티브를 가지게 되고, 동시에 만약 본인이 부상을 입거나 계약체결 시에 예상했던 수준보다 성과가 저조할 경우 인도스먼트 수입이 삭감될 위험을 아울러 가지게 된다. 인도싱 기업은 스포츠선수에게 3년간 매년 200만 달러를 보장하는 계약의 경우보다 선수의 세계랭킹 하락에 다른 위험을 덜 부담하게 된다.

스포츠 비즈니스에서 스폰서쉽 대안들

'특정 재산권property에 연관된 개발가능한 상업적 잠재력에 대한 접근의 대가로 지불하는 현금 혹은 물품'이라는 IEG의 스폰서쉽 정의는 몇 가지의 핵심적 요소를 부각시킨다. | 도표 6•4 | 에 제시된 제공물deliverables들은 비교적 근원적인 것들이다. 각각의 스포츠는 고유한 특질적 비옥성을 가진다. 자동차 경주 스포츠는 스폰서쉽의 매력적인 영역이다. | 도표 6•5 | 는 대표적 스포츠마케팅회사인 Octagon사가 분석한 NASCAR — 최고급 자동차 경주 단체 — 의 스폰서쉽 대안들을 보여주고 있다. | 도표 6•5 | 의 패널A는 스폰서쉽이 얼마나 다양한 수준으로 존재할 수 있는가 하는 것과 스폰서쉽의 다양한 비용(활성화비용 불포함)을 보여주고 있다. 패널B는 드라이버수준, 팀수준, 이벤트수준, 및 타이틀수준별 스폰서쉽 등 다양한 유형의 실행 통로를 보여주고 있다. 2003년에 커뮤니케이션기업인 NEXTEL사와 NASCAR가 10년 기간의 7억 달러 스폰서쉽 계약 — NEXTEL사가 NASCAR의 최고급 자동차 경주시리즈의 타이틀 스폰서가 되는 계약(R. J. Reynolds사의 담배브랜드인 Winston을 대체하는 계약) — 을 선포하였다.

도표 6-4 공식 스포츠 관련 스폰서쉽에 제공되는 혜택

연상유형의 혜택
Association Type Deliverables

- 명칭 연상 인식- '공식 스폰서'
- 스포츠 연상 인식
- 스포츠선수 연상 인식

시각적 이미지 혜택
Visual Image Deliverables

- 이벤트 장소에서
- 이벤트 주변에서
- 이벤트의 직접 전달 시
- 이벤트의 재방송 시
- 광고 홍보 시 사용

이벤트 당일 및 관련 혜택
Event Day and Related Deliverables

- 티켓/인기좌석구역의 티켓
- 영접 스위트/시설
- 출입금지구역 접근

선수/팀/시설 혜택
Athlete/Team/Facility Deliverables

- 선수 출연
- 선수 인도스먼트
- 선수 이미지
- 기업이벤트에 시설 사용

매복 마케팅으로부터의 보호
Ambush Marketing Protection

- 매복기업에 대한 공격적 대응

도표 6-5 NASCAR의 스폰서쉽 옵션들

패널 A: NASCAR의 스폰서쉽 통로들

통로	연간 비용	혜택
시리즈 타이틀 스폰서	$6,000만 달러 이상	카테고리 독점(팀, 트랙, 드라이버, 미디어) 마크 및 초상의 사용
이벤트 타이틀 스폰서	$1-200만 달러	Winston 컵 시리즈 레이스 명칭 사용권 TV노출 레이스를 기반으로 사용하는 촉진 기회
공식 NASCAR 스폰서	$200-1,000만 달러	NASCAR 마크 사용 촉진 시 NASCAR 사용 특별 NASCAR 프로그램 참여
팀 스폰서	$600-2,000만 달러	자동차에 기업 아이덴티티 부착 드라이버 초상의 사용 촉진 시 자동차 사용
드라이버 스폰서	$15-50만 달러	드라이버 초상을 사용할 기회 종업원 프로그램에 드라이버를 사용할 기회 NASCAR의 가장 소중한 자산에 직접 연결

도표 6-5 NASCAR의 스폰서쉽 옵션들 <계속>

패널 B: 스폰서 실행 통로들(Sponsor Activation Avenues)

활동	드라이버 수준 스폰서쉽	팀 수준 스폰서쉽	이벤트 수준 스폰서쉽	타이틀 스폰서
드라이버 유니폼 로고	2	3	1	3
경주 자동차에 배치	2	5	2	2
트랙에 고정된 미디어	1	1	4	5
테마 마케팅	2	3	2	5
점포 내 출연	2	2	2	5
드라이버 출연	2	2	2	5
라이센스 상품	2	2	2	5
이벤트 시 영접 스위트	1	2	4	5
이벤트 중 피트* 레인 접근	2	2	4	5
브랜딩	2	4	2	5
무선 콘텐츠	1	1	1	5
NASCAR 팬 데이터베이스 접근	1	1	2	5
트랙 내 제품 전시	1	1	4	5
전시(진열) 기술	1	2	4	5
노출 수준	**	**	4	5

*Pit: 자동차 경기장의 수리 등을 하는 곳.
**성과기준

노출 없음	1
최소 노출	2
중간 수준 노출	3
이벤트별 노출	4
최대 노출	5

자료: Octagon (내부 자료).

스폰서쉽의 목적과 평가

스폰서쉽 관계에 투자하는 기업은 아래와 같은 다양한 목적을 가진다.

판매 자극: 기존 고객의 구매증대 유발 혹은 신규고객의 유인.

브랜드 인지도: 브랜드명 노출의 증대를 통한 소비자의 호의적인 제품 인식 제고.

브랜드 퍼스낼리티/이미지: 제품을 스포츠리그, 이벤트, 구단 및 선수와 연상시킴으로써 차별적이고 기억하기 쉬운 특성을 가진 제품으로 촉진.

고객 접근: 표적화를 통하여 바람직한 고객베이스에 접근.

독점: 잠재 경쟁사의 제품이 고객의 마음을 얻을 기회를 배제하도록 하는 기본 토대를 제공.

종업원 동기부여: 종업원의 높은 충성도와 몰입을 촉진.

지역사회 봉사: 커뮤니티의 구성원이 심정적 애착을 가지고 있는 이벤트나 구단을 지원하는 기업으로 포지셔닝.

스폰서쉽 목적에 대한 IEG의 서베이 결과 나타난 중요도의 순서가 다음과 같다. ① 인지도/지명도 창출, ② 브랜드 충성도 제고, ③ 이미지 변화/보강, ④ 소매상/중간상 방문고객 증대, ⑤ 판매/시용 자극, ⑥ 커뮤니티 봉사 부각, ⑦ 제품 전시.

스폰서쉽 효과 평가

스폰서쉽을 통하여 추구하는 목적들이 그 효과측정 유형에 대한 지침을 제공한다. 데이터를 수집하고 분석하는 원천에 투자하는 것이 효과에 대한 적절한 의사결정을 가능하게 한다. 그 예로는 다음과 같은 것들이 있다.

판매추적분석: 가장 초보적인 접근이 스폰서쉽 시작 이전과 이후의 매출을 단순 비교하는 것이다. 보다 정교한 분석은 스폰서쉽 시작 이전 및 이후 매출 변화를 설명해주는 스폰서쉽 이외의 변수들을 고려하는 것이다. 이때 영향을 받을 것으로 예상되는 표적 매출지역을 적시하는 것이 중요하다. 가령, 단일 구단 스폰서쉽은 전국 리그 스폰서쉽에 비하여 보다 더 좁은 지역에서의 매출 증대를 유발할 것으로 예상할 수 있다.

표적 목적분석: 어떤 기업은 스포츠 스폰서쉽을 정당화하기 위하여 계량적 목적을 수립한다. 가령, 제품 사용에 대한 노출 증대가 미래의 매출 증대 가능성을 높인다는 믿음 하에 제품의 쿠폰 사용 증대를 하나의 목적으로 삼기도 한다. 최근에는 스폰서쉽에 대하여 상이한 정도로 노출된 다양한 지역에서의 쿠폰 사용을 측정하는 보다 정교화된 추적정보의 활용이 가능하다.

브랜드 인지도/회상 측정 및 구매확률 측정: 스폰서쉽이 잠재고객의 제품 및 스폰서 인지도를 제고시켰는지, 제품 시용 가능성을 증대시켰는지, 제품구매 가능성을 증대시켰는지를 분석하기 위하여 서베이법을 사용할 수 있다. 기존 고객을 대상으로 한 서베이를 통하여 구매를 지속할 가능성을 분석하거나, 혹은 스폰서쉽 때문에 구매금액이 증가하였는지를 분석할 수 있다.

미디어 노출 분석: 어떤 스포츠주체sporting properties에 대한 스폰서쉽의 결과는 청중의 브랜드명에 대한 노출을 가져온다. 이 '청중'은 게임이나 이벤트 현장에 있을 수도 있고, 이벤트 중개반송을 집에서 시청할 수도 있다. NASCAR 이벤트 및 팀의 다수의 스폰서는 TV 미디어 노출을 자사의 스폰서쉽 투자의 핵심적 혜택으로 보고 있다. NASCAR 팬들은 그 스포츠에 대하여 높은 열정을 가지고 있으며, 스폰서들은 이것이 NASCAR 스폰서사의 제품에 대한 팬들의 관심

증대로 이어지기를 희망한다. 이 분야에서 흔히 사용되는 평가방법이 미디어 노출 분석이다. Joyce Julius and Associates사가 이 분야의 선도적 컨설팅기업이다. 동사의 2003 NASCAR Winston Cup Series Year-End Report는 다음과 같은 내용을 담고 있다.

> 이 보고서는 Daytona 500부터 시작하여 Ford 400까지 그 시즌의 36개 이벤트에 대한 텔레비전 방송 기간중에 누적된 노출정보를 담고 있다. 총 37회의 텔레비전 방영 – Fox, FX, NBC, 및 TNT사를 통한 방영 – 이 동 시리즈를 기록하였다.
>
> 매 방영마다 Sponsors Report사에 의하여 모든 명확하고 초점이 맞춰진 노출이 기록되었고 집계되었다. 또한 스폰서의 이름이나 제품명을 언급한 횟수가 매 10초마다 기록되었다.
>
> 각 스폰서의 노출의 경제적 가치를 결정하기 위하여 스크린에 나타난 시간과 언급된 횟수가 네트워크사의 특정 방영 시의 30초당 광고단가와 비교되었다.
>
> 2003년 시즌 방영 기간중 263시간 13분 19초의 명확하고 초점이 맞춰진 노출시간을 확보하고, 7,295회의 언급, 36억9,228만1,465달러의 수익을 확보하기 위하여 1,087개 스폰서들이 참여하였다.
>
> 이 분석은 각 스폰서의 이름이 명확하게 언급된 시간을 추적하고 이를 동 방영사의 30초당 광고단가를 사용하여 금액으로 환산하였다. | 도표 6-6 | 은 총 미디어 가치와 이 가치에 기여한 5대 상위 노출 포인트를 보여주고 있다. 이와 같은 정보는 자동차나 드라이버의 어느 부분이 청중에게 가장 잘 노출되는가를 예측하는 데 활용할 수 있다.

Joyce Julius and Associates사는 스폰서쉽 평가서비스 분야의 선도적 기업이다. 다른 기업들로는 Bonham Group, Front Row Marketing, Opinion Research Center가 있다. 이 기업들은 스폰서들이 스폰서쉽 지출을 계획하고 평가하는 데 도움을 주는 다양한 정량적, 정성적 분석을 제공한다.

도표 6-6　2003 NASCAR Winston Cup Series의 미디어 노출 분석: Joyce Julius and Associates사의 상위 4개 스폰서에 대한 분석

	Chevrolet	Winston	Ford	Dodge
노출시간	15.06:34	9.17:00	9.08:26	7.12:09
스폰서 언급	447	1,209	367	325
미디어가치(100만 달러)	$209,695	$164,306	$133,241	$110,001
상위 5개 원천				
앞범퍼 표식	68,751		15,855	44,124
주행순위와 함께 제시된 그래픽	32,074		25,547	24,555
주행순위 그래픽	27,071		44,405	7,849
뒷범퍼 표식	21,487			12,466
언급	16,940	42,996	13,661	3,813
드라이버 유니폼		30,401	9,286	
이벤트 타이틀 그래픽		19,230		
옹벽		15,053		
시리즈 타이틀 그래픽		14,513		

자료: Joyce Julius and Associates, 2003 NASCAR Winston Cup Series Year-End Report.

case

|사 례| '나는 New Haven에서 Volvo를 잃었다' : 테니스 토너먼트 스폰서쉽

미국 Connecticut주 New Haven에서 1995년 Volvo 국제 테니스 토너먼트VITT: Volvo International Tennis Tournament가 시작될 무렵, 토너먼트 소유주인 Jim Westhall이 그의 애견 Aztec(1982, 1986, 1987년 VITT의 챔피언인 Ivan Lendl로부터의 선물)을 경기장 주변에서 걷게 하고 있었다. 그는 호기심 강한 구경꾼들로부터 쏟아지는 질문을 받았다. "Jim, 1996년에는 누가 타이틀 스폰서title sponsor가 되나요? … Volvo는 정말 그만두는 건가요? … 토너먼트를 매각한다는 소문이 사실입니까?"

Volvo Cars of North America는 타이틀 스폰서로서의 23번째이며 마지막 해를 맞고 있었다. Volvo사는 프로테니스에서 가장 오랜 기간을 지속한 타이틀 스폰서였다. 그러나 Westhall의 견해로는, Volvo가 이 토너먼트로 하여금 테니스 스포츠계의 재정적 변화에 대응하기에 충분한 스폰서쉽 대금을 지불하지 않았다고 생각했다. 6년 전 이 토너먼트가 Vermont주 Stratton Mountain으로부터 이곳으로 옮겨온 이후 상금이 2배 이상으로 인상되었지만, Volvo의 연간 재정후원금은 거의 변화가 없었다. Westhall은 최소한 3년의 기간에 걸쳐 연간 약 140만 달러를 후원할 타이틀 스폰서를 찾고 있었다.

Westhall은 현재 The Pilot Pen Corporation of America 및 Diners Club International과 1996년 및 그 이후의 타이틀 스폰서쉽을 부여할 최종 협상을 전개하고 있었다. 그는 이들 중 한 기업의 제안을 수용할지 아니면 계속 탐색할지를 고민중이었다.

이벤트 역사

Westhall은 1970년 이 토너먼트를 창설하였다. 그의 회사인 JEWEL Productions는 두개의 테니스 토너먼트를 조직하고 촉진하였다. 이것이 그의 연중 주요 활동이었다.

1970년 최초 토너먼트는 5,000달러의 상금을 제공하였고, 호주의 스타선수들인 Rod Laver, Roy Emerson, Ken Rosewall, 및 Fred Stolle을 등장시켰다. 관중들은 New Hampshire주 Bretton Woods에 있는 세계적으로 유명한 Mount Washington Hotel에 있는 붉은색 클레이코트 위쪽의 잔디로 덮인 언덕에 앉아있었다. 1973년 Volvo Cars of North America가 타이틀 스폰서가 되었다. 1974년 이 토너먼트는 New Hampshire주 North Conway의 Mt. Cranmore 스키지역으로 위치를 옮겼다. 그후 1985년에 Vermont주 Stratton Mountain의 더 넓은 지역으로 옮기기까지 약 10년을 이 North Conway에 머물렀다. 이 유서 깊은 여행지 리조트지역에서 이 이벤트는 관광 중에서 가장 성공적이고 호평 받는 이벤트 중의 하나였다. (| 도표 1 | 은 VITT의 역대 챔피언을 제시하고 있다.)

1989년에 테니스프로협회ATP: Association of Tennis Professionals와 토너먼트 이사들이 결집하여 새로운 남성 프로테니스투어The ATP Tour를 조직하였다. 이 투어의 규정으로 1990년부터 모든 챔피언쉽 시리즈 이벤트는 영구적 시설에서 이루어져야한다고 명시하였다. Stratton Mountain은 새로운 스타디움을 위해 필요한 1,400만 달러 중 1,000만 달러를 모금할 수 있었다. 토너먼트 소유주 Westhall은 나머지 금액을 모금할 수 없었다. 주정부세금제안과 이 자금 부족분을 보충하기 위한 주정부채권발행안이 승인될 가능성은 낮았다.

1989년 9월 Westhall은 1990년 VITT 개최지로 코네티컷주의 뉴해븐으로

case

case

도표 1 ▌VITT 역대 챔피언

연도	챔피언	장소
1994	Boris Becker	New Haven
1993	Andrei Medvedev	New Haven
1992	Stefan Edberg	New Haven
1991	Petr Korda	New Haven
1990	Derick Rostagno	New Haven
1989	Brad Gilbert	Stratton
1988	Andre Agassi	Stratton
1987	John McEnroe/Ivan Lendl*	Stratton
1986	Ivan Lendl	Stratton
1985	John McEnroe	Stratton
1984	Joakim Nystrom	North Conway
1983	Jose-Luis Clerc	North Conway
1982	Ivan Lendl	North Conway
1981	Jose-Luis Clerc	North Conway
1980	Jimmy Connors	North Conway
1980	Harold Solomon	North Conway
1978	Eddie Dibbs	North Conway
1977	John Alexander	North Conway
1976	Jimmy Connors	North Conway
1975	Jimmy Connors	North Conway
1974	Vijay Armitraj	Bretton Woods
1973	Cliff Richey	Bretton Woods

*우천으로 결승전 취소.

자료: 1995 Volvo International Tournament Magazine.

결정하였다고 발표하였다. Connecticut 주정부는 Yale 대학교 캠퍼스 내의 7만 좌석의 Yale Bowl과 6,000좌석의 Yale Field(야구장)에 인접한 지역에 1만5,000 좌석의 초현대 스타디움 건설을 위한 자금을 지원하였다. 스타디움을 사용하는 대가로 Westhall은 모든 티켓, 상품, 음식료판매수입의 8%와 모든 Connecticut주 내 스폰서쉽의 15%를 TFCTennis Foundation of Connecticut, Inc.에 지불하기로 하였다. 또한, Westhall은 모든 티켓판매액의 10%를 세금으로 주정부에 납부하고(건설채권의 상환을 위하여), 3%의 티켓세금을 New Haven 시청에 납부하기로 하였다. 추가적으로 Westhall은 시내 어린이들을 위한 테니스 프로그램에 자발적으로 매년 10만 달러 이상을 기부하기로 하였다. Yale 대학교와의 스타디움 건설을 위한 부지협상과정에서 Westhall은 티켓 등 판촉물에 'from Yale University'라는 문구를 삽입하기로 약정하였다. 또한 Yale 대학교는 자체 의전목적으로 상당수의 박스를 구입할 수 있도록 하였다.

Westhall은 New Haven이 그의 이벤트를 성장시키는 데 대단히 적합한 지역이라고 판단하였다. New Haven 카운티는 미국에서 가장 부유한 카운티들 중의 하나인 Fairfield 카운티에 인접해있다. Connecticut주에는 다수의 기업본부가 주소지를 두고 있었다. Yale 대학교와의 협력관계를 통하여 동문 기업경영자와 접촉하고, 그의 이벤트를 Connecticut주 전역에 마케팅함으로써 Westhall은 북미의 다른 어느 남성테니스 이벤트보다 더 많은 스폰서쉽과 티켓판매수입을 올릴 계획을 가지고 있었다.

1995년 여름까지 Westhall의 계획은 결실을 맺지 못했다. 긍정적인 측면으로는 VITT가 전 세계에서 개최된 다른 어느 일주일간의 남성테니스경기보다 더 많은 박스좌석 및 이벤트티켓 판매를 기록하였다. 또한 Westhall은 SNET Classic을 개발하였는데, 이는 VITT의 후기에 개최되었고 지역 전화회사인 Southern New England Telephone이 스폰서한 성공적인 프로여성 테니스시합이었다. 그러나 이 무렵 Connecticut주는 최악의 불황을 겪었다. 기업들은 이러한 경제여건에서 스폰서쉽 비용지출을 꺼렸다. 더욱이 다수의 팬들과 기업은 New Haven의 범죄문제를 우려하여 등을 돌렸다. New Haven은

case

case

또한 Stratton Mountain이 가졌던 아름다운 자연과 숙박시설이 부족하였다. 언론은 계속 날씨와 강우가능성에 초점을 맞추었다. Westhall은 열기구타기hot air ballon rides, 길거리 하키클리닉, 피크닉, 복권판매 등 선수와 팬의 흥미와 경험을 증진시키기 위하여 적극 투자하였다. 그러나 그의 생각에 이 토너먼트는 새로운 이미지로 띄우는 작업이 필요하다고 판단되었다. (| 도표 2 | 는 토너먼트와 관련된 특별 이벤트들을 보여주고 있다).

남자 프로테니스와 New Haven의 인가

남자프로 테니스투어는 ATP선수협회와 토너먼트 이사들에 의해 지배, 운영되었다. 1995년 이 투어는 6,000만 달러 이상의 상금으로 80개 이상의 국제 시합을 가지는 대회로 성장하였다. 이 토너먼트들은 지역, 상금, 날짜에 따라 조직되었다. The ATP Tour가 이들 각각의 요소를 다각도로 통제함으로써 토너먼트의 변화가능성을 제한하였다.

New Haven으로부터 8월의 U.S. Open 2주 전에 Champion Series Double-Up 이벤트를 위한 인가(즉 이벤트 적격성 재가)가 났다. 이는 이 토너먼트가 동일한 주간에 Indianapolis에서 개최되는 RCA 챔피언쉽과 직접 경쟁하는 것을 의미하였다. 이 개최일자와 특정수준의 상금을 유지하는 대가로, ATP Tour는 RCA와 VITT 양쪽에 세계 상위10위권 선수 3명의 참가를 보장하였다. 불행하게도 Westhall은 3명의 세계 상위10위권 선수 참가보장이 New Haven에는 충분하지 못하다고 생각하였다. 그 이유로 Westhall은 정말 잘 알려진 미국선수가 참가하는 것과 덜 알려진 외국선수가 참가하는 것에는 차이가 있다고 생각하였기 때문이었다. 8월에 참가할 세계 상위10위 선수들은 다음과 같았다. Andre Agassi, Pete Sampras, Thomas Muster, Boris Becker, Michael

도표 2 | 토너먼트 관련 특별 이벤트들

VOLVO INTERNATIONAL
PRESENTED BY TIME MAGAZINE

Volvo International August 12–20

The ABCs of tennis: **Agassi. Becker. Chang** begin the alphabet of top tennis players in the 1995 Volvo International. **Michael Stich, Luke and Murphy Jensen, Sergi Bruguera, Richard Krajicek** and over 50 more players make it letter perfect. Your ticket to great tennis starts here but the best prices end July 21. Boxes, day & night series, session and group tickets are still available. Call 1-800-548-6586 or 203-772-3838.

players/times subject to change

Volvo International Best Buys

Kids 14 and under - They get in for half-price.
Families - With half-price kids and low-priced tickets it's no contest when it comes to a great family outing.
Early buyers - Ticket prices are inexplicably inexpensive for anyone who buys on or before July 21.
Big shots - Our corporate package includes a 4-seat box, 100 session tickets and a spot in the Legends Tennis Clinic.
Cheap shots - Get a group of 20 together and get tickets for $5. That's not just cheap, that's smart!

Softball, Aug. 12
Basketball, Aug. 13

Tom Brokaw's team will play softball against **Doc Rivers'** team in the CT Special Olympics Celebrity Softball Game, Sat. Aug. 12, 7pm, Yale Field. For softball tickets call (203) 782-1666. Sunday, Aug. 13, 3:00pm, on the Grandstand Court, Doc Rivers and players from the knicks, Celtics and San Antonio Spurs will play basketball alongside the tennis pros in the **FootAction Shootout.** For basketball info call 1-800-548-6586.

A Whole Bunch of Special Events

All kinds of exciting activities will be served on and off court during the Volvo International and the SNET Classic. ReMax hot air **balloon rides** will keep you on top of things. The **Peter Burwash International Tennis Show** is a sophisticated production combining music, humor and slick racquet and ball control skills. **Libor Karas** will show why he is a stunt bike champion. The **Hartford Whalers** will put on street hockey clinics and exhibitions. Incredible **Rollerbladers** will be spinning their wheels throughout both events. The **Tennis Legends** return to display their skills. **JEWEL Grassroots Excellence Team** will "court" your attention. And overhead, after some of the evening sessions, you can look up to a colorful display of **fireworks.**

자료: 1995 Volvo International Tournament Magazine.

Chang, Goran Ivanisevic, Yevgeny Kafelnikov, Thomas Enquist, Marc Rosset, 및 Wayne Ferreira. 각 선수가 참가할 토너먼트를 결정하는 것에 영향을 미칠 수 있는 다양한 요소들이 있었다. 장소, 날짜, 날씨, 토너먼트의 즐거움, 이벤트 스폰서 등이 그것이었다.

어떤 토너먼트들은 톱스타 선수들의 참가를 유도하기위하여 불법적인 출전료를 지불한다는 소문이 나돌기도 하였다. New Haven의 날씨와 예정된 주간은 U.S. Open을 개최하기에 최적이었지만, 몇몇 상위선수들이 긴, 더운 여름에 지쳐 그 주간은 휴식하기를 희망했다. 또 다른 선수들은 New Haven에 최상급 호텔이 없다는 이유로 이곳에서 시합하기를 꺼렸다. 더욱이 기업스폰서들이 선수들이 시합할 장소를 결정하는 데 보다 더 적극적으로 관여하기 시작했다. Westhall은 Indianapolis시합의 주 스폰서인 Nike사가 자사와의 계약선수들인, New Haven 시합의 톱시드top seed의 Andre Agassi와 같은 선수들에게 일정을 변경하도록 영향력을 발휘하는 것을 우려하였다. 어떤 선수가 경기하느냐 하는 것이 VITT가 스폰서의 수입과 티켓판매수입을 끌어올릴 수 있도록 하는 능력에 직접적인 영향을 주었으므로 스타 선수가 New Haven에 오는 것이 중요하였다.

Stratton Mountain에서의 Westhall의 시합은 선수들이 투어 중에 참가하기를 가장 선호하는 시합이었다. 선수들은 전 가족을 토너먼트에 데려왔다. 그들에게 스키산장이 제공되었고, 골프, 낚시, 소프트볼 게임, 불꽃놀이, Westhall의 유명한 랍스터 요리 접대를 받았다. 테니스는 단지 이 전체적인 경험의 한 부분이었다. 다수의 팬들도 일주일 휴가를 받아 리조트 휴양지에서의 관광을 즐기면서, 일주일 전체 테니스경기를 관람하기 위하여 코트사이드 박스좌석티켓을 구입하였다. 이러한 점에서 New Haven은 Stratton Mountain의 매력에 뒤질 수밖에 없었다.

토너먼트의 경제학

프로테니스 토너먼트는 스폰서쉽, 티켓판매, 식음료 및 상품의 구내매장판매concessions 등 다양한 원천으로부터 수익을 창출하였다. New Haven 시합의 경우 수익의 55%를 티켓에서, 40%를 스폰서쉽에서, 5%를 구내매장에서 창출하였다.

박스좌석티켓box seat ticket이 매출의 40%를 차지하여 단일 원천으로서 최대의 수익원천이다(|도표 3|에 1995년의 박스좌석티켓 가격범위가 제시되어 있다). 박스좌석 보유자의 80%가 토너먼트기간중이나 그 후 한달 이내에 내년 게임을 위하여 재구입하기 때문에 이 금액은 특히 현금흐름 측면에서 중요하였다. 이 선판매advance sales는 연간 대부분의 운용자금을 제공하는 역할을 하였다.

일반 입장권은 수익의 15%를 차지하였다. 그러나 이 수익은 예측불가능하고 일기불순, 선수의 부상, 초기 라운드에 대한 실망 등으로 급격히 감소할 수 있었다. 일반 입장권은 시합 몇 주일 전에 판매되거나 종종 경기당일 판매되기도 하였다.

타이틀 스폰서쉽이 일반적으로 수익의 20%를 차지하였다. 또한 통상적으로 타이틀 스폰서가 그 시합을 중계할 TV방영시간을 구매할 책임을 졌다. 테니스의 시청률이 저조한 탓에 네트워크방송사들은 New Haven이벤트와 같은 시합의 방영권을 위하여 대가를 지불하기를 꺼렸다. 그러나 스폰서 가치를 극대화하기 위하여 텔레비전 방영이 필요하였다. Westhall의 관점에서 볼때, 이상적인 스폰서는 스폰서쉽비용 제공뿐만 아니라 연상을 통하여 이벤트의 명성을 제고시키고, 테니스에 대한 지속적이고 가시적인 후원자가 되며, 자신의 기업파트너들(가령 주요 중간상들)로 하여금 이 이벤트에 참여하도록 권장하는 역할을 한다.

case

도표 3 ▌1995년 박스좌석 가격정보

Box seats are the premier seats in the stadium and you get to select the one that's right for you. The Accompanying stadium diagram shows the availability.

Your box includes:

- One to ten seats for 15 sessions of tennis (9 days and 6 nights)
- Personalized identification plaque
- Access to boxholder restaurant
- Option to purchase preferred parking (limited availability)
- Renewable option on seats
- First right-of-refusal on other JEWEL Productions events in the Connecticut Tennis Center

Call (203) 776-7331 and ask for a sales representative. We'll be happy to answer any of your questions

Volvo International dates:
August 12-20, 1995

1995 BOX SEAT PRICES

ROWS	1995 PRICE
Baseline North & South Boxes	
1	$3632
2-4	$2946
5-8	$2740
9-12	$2604
13-16	$2398
17-19	$2262
Courtside West & East Boxes	
1	$3496
2-4	$2740
5-8	$2604
9-12	$2466
13-16	$2330
17-20	$2056
Courtside West Boxes	
21-24	$1918
25	$1782
Courtside East Boxes	
21-24	$1748
25-26	$1624
Baseline Concourse Luxury Boxes	
Luxury	$6029

Prices based on 4-seat boxes and 8-seat Lux Boxes.
2-seat boxes available at 1/2 the listed prices.

자료: 1995 Volvo International Ticket Brochure.

하위급 스폰서쉽lower-level sponsorships들이 수익의 나머지 20%를 창출하였다. 이 금액의 대부분은 '프리젠팅 스폰서presenting sponsor'와 몇몇의 '서포팅 스폰서들supporting sponsors'로부터 나온다. New Haven의 현재 스폰서들은 Volvo 외에 다음과 같은 글로벌, 전국, 및 지방 조직들을 포함한다. TIME(Magazine), Shawmut Bank, Footaction USA, Unisource, RADO Swiss Watches, IBM, the ATP Tour, Toshiba, Polo Sport(Ralph Lauren), US Air, SNET, New England Brewing Co., the Connecticut Lottery, 현지의 기업간 소매상 및 특수 소매상, 및 현지 네트워크 TV채널. 또한 다수의 현지 스폰서들이 항공권, 광고, 자동차, 사무용품, 외식 등의 거래혜택을 제공하였다.

스폰서 탐색

1994년 가을, Volvo Cars of North America는 Westhall에게 1995년 이후 적용되는 새롭게 연간 120만 달러로 인상된 타이틀 스폰서쉽 계약을 경신하지 않겠다고 통보하였다. Westhall은 즉각 새로운 스폰서를 찾아 나섰다. 모든 토너먼트 표식signage 등을 교체하고 새로운 타이틀 스폰서를 선전하는 데 소요되는 투자를 감안할 때, 1-2년의 시일을 끄는 협상은 불가능해보였다.

Westhall은 테니스팬의 고급수준에 맞는 상품이나 서비스를 취급하는 기업들을 표적으로 삼았다. 과거의 Volvo이벤트 때 수행한 조사결과를 토대로 할 때, VITT의 고객은 평균 39.5세의 나이에 가구소득 8만9,500달러를 보유하였다. 약 70%가 대졸, 66%가 전문학위를 보유하고 있었고, 40%가 투자를 하고 있었다. 또한 82%가 내년 토너먼트에 다시 올 것이라고 응답하였다. 관객 평균 총 15게임 중 3.6게임을 관전하였다. 개괄적으로 보건대 금융서비스기업, 고급 자동차기업, 보험회사(Conneticut주가 강한 산업)가 적합성이 높은 산업

case

case

으로 판단되었다.

Westhall의 판매팀은 또한 과거에 프로테니스에 관여했던 기업들과 향후 코네티컷으로 대규모의 진출을 고려 중인 기업들을 탐색하였다. 최근의 타 주요 U.S. 테니스 이벤트들의 타이틀 스폰서들은 AT&T, Comcast, Diet Pepsi, Legg Mason, Lipton, Miller Lite, Newsweek, Nuveen, Purex, RCA, 및 몇몇 수퍼마켓 체인들이다. 테니스의 시청률이나 참여율이 하락하고 있어 토너먼트 소유주가 관심을 가진 주요 스폰서를 찾기가 어려웠다. 어떤 U.S.토너먼트는 타이틀 스폰서를 가지지 못했다.

스폰서 혜택들

이벤트가 타이틀 스폰서에게 제공해 줄 것이 다양했다. 특히 타이틀 스폰서는 국제적, 전국적, 지역적 미디어 커버리지, 촉진 권리, 의전 기회, 커뮤니티 가시성 등의 혜택을 가진다. 타이틀 스폰서는 또한 제품군 내에서 독점적 지위category exclusivity를 가진다. 타이틀 스폰서쉽은 스폰서에게 제품 및 서비스를 전략적으로 촉진할 '공격적' 기회를 제공할 뿐만 아니라, 최고의 이벤트로부터 경쟁기업을 배제할 수 있는 '방어적' 기회를 보장한다.

타이틀 스폰서의 이름은 코트끝 표식end-court identity, 타이틀 그래픽스, 방송 중 언급, 촉진광고 등의 텔레비전 방영을 통하여 노출된다. | 도표 4 | 에는 1992년 VITT의 타이틀 스폰서쉽을 통하여 Volvo가 획득한 것으로 예측된 노출 혜택들이 나타나있다. 이 노출의 가치는 771만3,809달러로 추정되었다(다수의 스폰서들은 이러한 추정금액을 액면 그대로 받아들이지 않고 통상 평가절하한다는 것을 염두에 둘 필요가 있다). 1994년에 이 토너먼트는 미국의 전국 케이블 텔레비전방송인 ESPN과 ESPN2에 20여 시간 방영되었다. Volvo는

도표 4 ▌1992 VITT 노출 요약

Volvo International

노출부문	노출시간	언급된 항목수	임프레션	노출가치
1) 전국 텔레비전	6:35:42	205	162,226,420	$4,515,785.26
2) 국제 텔레비전	NTIV	NTIV	8,144,850	48,787.65
3) 현지 텔레비전	NTIV	NTIV	46,951,586	281,239.99
4) 전국 라디오	NTIV		2,332,800	13,973.47
5) 현지 라디오	NTIV		10,039,074	60,133.97
6) 이벤트장소 및 현지시장	NTIV		108,884,520	652,218.27
7) 범기업 광고	NTIV		17,647,250	105,707.03
8) 인쇄	NTIV	224	356,505,530	2,096,097.75
계	6:35:42	429	712,732,030	$7,713,809.42

자료: VITT

이 방영기간중 25%의 광고시간을 배정받았다.

이벤트 현장과 현지시장 노출이 65만 달러 이상으로 추정되었다(ㅣ도표 5ㅣ에 1992년의 이벤트 가시성에 따른 총 임프레션 등이 제시되어있다). 타이틀 스폰서는 15만 장 이상의 티켓, 18만 권 이상의 브로셔, Connecticut주의 가장 번화한 고속도로상의 세 개의 입간판, 기타 무수한 지역에 노출되었다. 한 달 이상 코네티컷 복권 뒷면에 토너먼트 이름과 정보를 인쇄하는 등 참신한 프로그램들을 실시하였다(ㅣ도표 6ㅣ에 1992년 교차 기업cross-corporate 촉진 프로그램이 요약되어 제시되어있고 그 가치가 10만5,707달러로 추정되었다).

도표 5 ▌1992 VITT 이벤트 현장 및 현지 시장 노출

	임프레션	노출가치
계	108,884,520	$652,218.27

이벤트 현장 및 현지 시장 노출 임프레션은 스폰서가 활용하는 노출수단(표식, 인쇄물, 전단지, 천막 등), 관객 수, 노출수단의 생동감으로부터 창출된 임프레션 등 이벤트 현장에서의 관여수준을 비교한 공식에 의하여 계산.

Volvo International과 시장에서의 Volvo 임프레션에 기여한 노출들은 다음과 같다.

배포된 아이템	수	임프레션	노출가치
관중	165,000	19,800,000	$118,602.00
푸드 코트	10,000/일	2,240,000	13,417.60
티켓 브로셔	180,000	1,440,000	8,625.60
우편물	35,000	280,000	1,677.20
엽서	5,000	40,000	239.60
포스터	5,000	22,610,000	135,433.90
프로그램/잡지	13,500	162,000	970.38
그림	40,000	480,000	2,875.20
티켓	152,000	608,000	3,641.92
신용증명서 (credentials)	13,500	54,000	323.46
챔피언구단 브로셔	3,500	28,000	167.72
문구	25,000	150,000	898.50
미디어 홍보 편지지	10,500	63,000	377.37
우편발송 라벨	1,200	14,400	86.26
크리스마스 카드	17,500	420,000	2,515.80
연하장 엽서	15,000	90,000	539.10
스폰서 브로셔	1,250	10,000	59.90
언론사 보도자료	18	43,200	258.77
티켓오피스로 걸려온 전화	50,000	50,000	299.50

도표 5 ▌1992 VITT 이벤트 현장 및 현지 시장 노출 <계속>

빌보드/95New Haven고속도로	1	6,951,300	41,638.29
빌보드/95Bridgeport고속도로	1	5,610,000	33,603.90
빌보드/Hartford 고속도로	1	2,320,500	13,899.80
버스 뒷면	60	5,348,200	32,035.72
버스 사인	12	393,550	2,357.36
머그잔	233	111,840	669.92
생수병	186	122,760	735.33
앞치마	48	720	4.31
모자	1,443	1,082,250	6,482.68
차양 (visors)	300	144,000	862.56
밀짚모자	50	110,000	658.90
티셔츠	9,731	11,677,200	69,946.43
운동용 스웨터	4,191	23,469,600	140,582.90
자원봉사자 셔츠	800	2,960,000	17,730.40
계	750,025	108,884,520	$652,218.27

자료: VITT.

인쇄 광고와 기사들은 200만 달러 이상의 가치를 가지는 것으로 평가되었다. 이 토너먼트는 400개 이상의 신문에 수천 건 이상의 기사로 보도되었다. 과거에 주요 신문에 보도된 토너먼트 관련 기사가 일주일 혹은 그 이상 보도되었는데 USA Today지에는 12일간 기사화되었다.

미디어 가치 이외에 이 토너먼트는 현재 및 미래의 기업고객을 즐겁게 하고, 종업원들을 보상하며, 타 기업스폰서들과 제휴하는 기회를 제공하였다. 에어컨디션 설비가 갖춰진 의전 텐트hospitality tents가 경기장 코트 가까이에 설치되었다.

case

도표 6 | 1992 VITT 교차 기업 광고 노출

	임프레션	노출가치
계	17,647,250	$105,707.03

이 부문에 제시된 것은 Volvo Internaitonal과 관련이 있는 타 스폰서나 조직에 의하여 수행된 교차 기업 촉진활동(cross-promotional activity)에 의한 노출이다.

교차 기업 광고 (cross-corporate advertising)

아이템	배포수	임프레션	가치
Chase Manhattan/우편물	300,000	1,200,000	$7,188.00
Chase Manhattan/전시물	100	357,000	2,138.43
쇼핑백	17,000	102,000	610.98
코카콜라 cut-outs	50,000	300,000	1,797.00
Mobil 쿠폰	1,000,000	8,000,000	47,920.00
MObil 전시물	250	7,675,000	45,823.50
Volvo 시험운전	10	38,250	229.12
계	1,367,360	17,647,250	$105,707.03

자료: VITT.

의전 텐트에는 외국 요리식당, 오픈 바, 경기관람용 폐쇄회로TV가 갖춰져 있었다. 타이틀 스폰서는 세션별로 40명을 초대할 수 있고, '스폰서 주최 무도회Sponsor Promenade' 때에는 250명을 파티에 초대할 수 있다. Westhall은 전설적인 테니스 스타들인 Rod Laver, Vijay Armitraj, Ken Rosewall, Fred Stolle, Cliff Drysdale, Roy Emerson, Ilie Nastase 등을 초대하여 스폰서들 및 그들의 손님들을 위하여 클리닉을 개설하고 무도회에서 함께 어울릴 수 있게 하였다. 또 다른 타이틀 스폰서에 대한 혜택은 과거 및 현재 선수들과 스폰서 골프 토너먼트에의 참여, Connecticut 특별 올림픽Connecticut Special Olympics의 저명한 기금기부자들의 소프트볼 시합에 스폰서로 인정, 중앙코트에서 개최되고 생중계로 TV에 방영되는 토너먼트 시상식에 참여 등이다. 타이틀 스폰서는 또한 베이스라인(baseline)쪽 첫째 줄과 둘째 줄의 4개좌석이 있는 박스 10개, 8개 좌석이 있는 Concourse Luxury 박스 2개, Gold Club 주차권을 받는다.

타이틀 스폰서는 자선단체에 최대 1만5,000장까지의 티켓을 기부할 수 있다(이 단체들은 시단체, 자선단체, 학교, 교회, 커뮤니티, 예술단체, 청소년그룹 등 다양한 단체를 포함한다). 타이틀 스폰서는 또한 Westhall이 도시빈민 청소년을 위하여 운영하는 Grassroots Tennis Program에 저명인사로 인정된다. 이 프로그램은 코네티컷주의 도시빈민 청소년들에게 테니스를 가르쳐주고 자율, 자긍심, 건강유지 및 체력단련 습관을 키워주기 위하여 연중 제공하는 활동이다. 아홉 개의 각 Grassroots 도시에 연중 내내 프로그램 활동이 있었다. 과거에는 MaliVai Washington, Luke and Murphy Jensen, 및 고 Arthur Ashe가 특별강사로 초빙되기도 하였다. 타이틀 스폰서사의 종업원들이 연중 자원 프로그램에 참여할 수 있는 기회도 주어졌다. 이러한 모든 혜택과 약 일년간의 탐색노력에도 불구하고, 단지 소수의 관심을 가진 기업만을 찾을 수 있었다.

AT&T

AT&T사는 주내 장거리전화시장이 새롭게 규제가 완화된 Connecticut주로 진출하고 있었다. SNET사가 1994년까지 이 서비스를 독점해왔다. 타이틀 스폰서쉽은 AT&T에게 막대한 노출을 제공해주고, 주요 고객을 즐겁게 할 수 있게 할 것이다. AT&T는 이미 매년 봄마다 AT&T Challenge in Atlanta의 타이틀 스폰서로서 남자 프로테니스에 관여하고 있었다. 그러나 SNET는 Westhall의 여자테니스시합의 타이틀 스폰서와 남자시합의 서포팅 스폰서를 맡고 있었다. SNET는 본부가 New Haven에 있고 1990년부터 스폰서를 해왔다.

만약 Westhall이 적극적으로 AT&T를 타이틀 스폰서로 추진한다면, SNET는 이 두개 이벤트의 스폰서십 모두를 종료하겠다는 의사를 표시하였다. 더욱이 그는 이러한 변경은 지역 정치인들과 다른 New Haven에 기반을 둔 기업들을 자극할 가능성을 우려하였고, AT&T를 추진하지 않기로 결정하였다.

Pilot Pen

Westhall은 The Pilot Pen Corporation of America사의 CEO 및 사장인 Ron Shaw와 오랜 우정을 지속하고 있었다. Pilot사는 과거에 California 남자테니스 이벤트(1985-1987)를 스폰서하였고, New Haven 이벤트에 5만 달러를 후원하였다. Ron Shaw는 New Haven의 유력한 인사였다. 그는 Shubert Theater의 회장이고 Jewish Community Center에 관여하고 있었다. Westhall은 종전까지 자신에게 닫혀있었던 Connecticut주의 기업들의 문을 Ron Shaw가 열게 해 줄 수 있기를 희망하였다. Shaw는 그의 경력을 Connecticut에서 스탠드업 코미디언으로 시작하였고, Westhall은 Shaw가 테니스계에 활력을 불어넣어줄 수 있으리라고 확신하였다. Shaw는 그의 작품의 관객과 토너먼트의 관중이 인구통계학적으로 겹친다고 생각하였고, ESPN의 도달이 완벽한 보완이 될 것으로 생각하였다. 그러나 Shaw가 스폰서쉽 수수료 이외에 추가로 많은 자금을 Pilot사가 토너먼트를 후원하는 데 사용할 지는 불투명하였다. 이와는 대조적으로 Volvo사는 아마추어 리그, 대학테니스 시리즈, 일곱 개의 타 프로테니스 이벤트를 후원하는 등 스폰서쉽 이외에 추가적인 후원금을 제공하였다. Westhall은 또한 Pilot의 이름이 Volvo의 인지도와 이미지에 미치지 못하는 점을 우려하였고, 이 점이 토너먼트의 이미지에 어떤 영향을 미칠지 궁금해 하였다.

Diners Club

DCIDiners Club International사는 스포츠 마케팅 컨설턴트 Harlan Stone 및 Advantage International사의 Ron Erskine과 함께 California에서의 Diners Club Matches 골프이벤트를 동부해안지역에서 성공시킬 수 있는 버팀목 역할을 할 수 있는 이벤트를 모색하고 있었다. DCI사는 타이틀 스폰서쉽으로서의 노출과 뉴욕시 인근에 있는 주요 고객들을 접대할 기회를 원하였다. DCI사는 세계수준의 이미지를 추구하였고, 주말 결승전을 위하여 ABC나 CBS의 방영시간을 구매할 의사를 가지고 있었다(NBC는 이미 Indianapolis의 준결승 및 결승전을 중계방송하기로 계약을 맺은 상태였다).

DCI사는 ESPN 케이블방송보다 네트워크방송 커버리지가 훨씬 더 가치가 높다는 점, 하지만 비용 또한 더 비싸다는 점을 인식하고 있었다. 그래서 DCI사는 비용을 보전할 수 있도록 Westhall이 방영시간대에 광고시간을 구입하기를 희망하였다. Volvo사의 경우 ESPN커버리지에 매년 약 20만 달러를 지출하였고, 네트워크방송사는 약 80만 달러를 소요하였다. Westhall은 이 플랜을 이상적이지는 않더라도 가능한 대안으로 고려하였다. 그는 이 광고시간을 구입하면서 큰 위험부담을 안을 것이지만, 이것을 하위급 이벤트 스폰서쉽과 패키지로 묶음으로써 그 가치를 증가시키기를 희망하였다. 또한 코트 옆의 표식sinage을 포함한 스폰서쉽은 ABC 및 CBS 방송의 테니스 중계에 대한 높은 시청률을 감안하면 그 가치가 상승하리라고 기대하였다. 1994년에 비교 가능한 남자테니스 중계방송의 경우 ESPN은 0.3~0.9의 시청률을 보였고, ABC, CBS, 및 NBC는 1.5~2.0 수준을 보였다. 시청률은 차치하고서도 토너먼트가 전국 네트워크방송의 하나에 중계됨으로써 이미지 상승효과를 거둘 것이었다.

case

Westhall은 Diners Club이 바로 자신의 토너먼트가 필요로 하는 리프트라고 믿었다. 그는 스폰서쉽과 이벤트의 도달범위를 넓히기 위하여 추가지출을 하여야 할 것이라고 확신하였다.

그러나 Diners Club과의 협상은 Westhall에게 많은 잠재적으로 부정적인 재무성과를 나타내었다. Advantage사가 부과할 15%의 커미션은 Pilot사와의 협상에 비하여 이득이 적게 만든다. 더욱이 Westhall은 만약 협상과 커미션이 외부 기업에게 돌아간다면 내부 판매원들의 사기가 저하될 것을 우려하였다. 또한 주요 서포팅 스폰서로서의 Fleet Bank를 잃을 위험도 안게 되었다. Fleet사는 금융서비스분야에서의 자사의 독점권이 은행뿐만 아니라 신용카드업에도 확대 적용되어야한다고 주장하였다. Fleet는 New England지역에서 최대 규모의 은행이었으므로, Fleet의 스폰서쉽 금액에 필적할 만한 스폰서를 할 만한 타 은행을 찾기가 어려울 것이었다.

Westhall은 자신과 DCI 간의 협상에 있어서 재무사정상의 융통성의 결여가 자신과 ATP Tour 간의 관계를 악화시킬 가능성을 또한 우려하였다. 이 투어는 최근 Mercedes-Benz를 공식 자동차로 발표하였다. 의무적인 것은 아니었지만, ATP 관리들은 토너먼트들로 하여금 Mercedes와 별도의 협상을 가질 것을 권하고 있었다. Mercedes는 자사와 투어와의 관계가 개별 토너먼트와의 협상에 있어서 다소의 유리한 레버리지를 제공해준다는 사실을 알고 있었다. 따라서 그들이 Westhall과 타 토너먼트 이사에게 제안한 스폰서쉽이 토너먼트들이 공개시장에서 획득할 수 있는 제안보다 유리하지 않았다. ATP관리들은 New Haven과 Indianapolis 간에 선수들이 경기장소를 결정하는데 있어서 균형을 잡는데 도움이 되었다. Westhall이 ATP의 요청을 수용하는 방안을 찾는 것이 당연한 일이었다. 그는 Diners Club 협상이 그의 재정적 탄력성을 제한할 것을 우려하였다. 1992년 중앙 코트 표면의 박판을 제거하는 작업이 VITT의 몇 개 세션을 취소하게 만듦에 따라 그의 회사의 자원은 손상을 입었다.

결정

1995년 8월 미확정의 Volvo와의 결별 소식이 New Haven Register에 보도되었다. Westhall은 즉각 결정을 내리고 발표하여야만 했다. 새로운 타이틀 스폰서가 없을 경우 그는 박스 보유자들이 1996년에 이벤트가 있을 것이라고 확신할 때까지 구입을 연기할 것을 우려하였다. Westhall은 이 판매수익을 올해의 이벤트 결과 나타날 수 있는 잠재적인 부족액을 메우거나, 향후 11개월간(내년의 수익금이 들어오기 전까지)의 운영경비를 커버할 재원으로 사용하기 위하여 필요로 하였으므로 현금흐름의 관점에서 이는 방어하기 어려운 생각이었다. 그는 또한 박스좌석 보유자들을 일단 잃으면 다시 획득하기가 더 어려울 것이라고 우려하였다.

Westhall은 그의 옵션들을 평가하였다. 그는 Pilot Pen을 선택하고 도달범위가 좁은 지역 이벤트로 비춰지는 위험을 감수해야할 것인가, Diners Club을 선택하고 비싼 네트워크 방송시간을 구매하는 재정적 위험을 떠안을 것인가? 만약 그가 광고시간을 판매하는 비즈니스를 한다고 예상할 경우, 상당한 광고시간을 확보하는 대신에 Presenting Sponsor인 TIME으로 하여금 대신 타이틀 스폰서 역할을 하게 하는 것이 더 나을 것인가? 아니면 결정을 미루고 더 나은 대안을 탐색해야할 것인가?

토의문제

1. 어떤 타이틀 스폰서 기회가 Westhall에게 가장 좋다고 생각하는가? 그 이유는?
2. 이 토너먼트의 특색은 무엇인가? 그것은 과거처럼 여전히 특별한가?
3. Indianapolis와 토너먼트 일정이 겹쳐짐에 따라 제기된 문제점들은 무엇인가?
4. 주요 스포츠 매니지먼트 회사를 토너먼트 타이틀 스폰서의 원천으로 하는 것의 이점과 불리한 점은 무엇인가?

case

|사례| Visa 올림픽 스폰서쉽 마케팅

Visa는 전 세계에서 대표적인 지불수단 브랜드이었으며 동사의 비전은 '세계 최고의 지불수단'이었다. 2003년에 Visa란 브랜드를 단 카드의 판매고가 연간 2조7천억 달러를 상회하였고, 카드수가 12억 개, 150여개 국가에서 사용되었다. 한마디로 Visa는 가장 국제적으로 널리 알려진 브랜드의 하나였다. 그 광고의 맺는 문구tag line인 "그것은 당신이 원하는 어디에나 있습니다"는 많은 나라에서 사전목록의 하나가 되었다. Visa의 성공의 중요한 부분은 | 도표 1 | 에 나타나 있는 바와 같이 1986년부터 시작한 올림픽게임 스폰서쉽과 같은 초대형 스폰서쉽에 기인한 바 크다. 2002년 가을 Visa는 동사의 올림픽게임 스폰서쉽을 2012년까지 연장하기로 결정하였다고 발표하였다.

Visa International사는 6개의 지역별 운영조직 — 아시아·태평양, 캐나다, 중서부유럽·중동·아프리카, 유럽연합, 라틴아메리카·캐리비언, 미국 — 으로 구성되어 있었다. 전 세계적으로 뻗어있음에도 불구하고 Visa는 현지조직의 성격을 잘 유지하였다. 지역조직본부는 고도의 운영 및 마케팅 자율권을 가졌다. Visa사의 국제마케팅·파트너쉽·스폰서쉽 담당 수석부회장인 Thomas Shepard는 Visa의 6개 지역본부 이사회와 국제이사회가 올림픽 및 패러림픽Paralympic 스폰서쉽을 연장하는 것을 허용하도록 설득하는 데 큰 역할을 하였다. 그 스폰서쉽은 Visa사와 자매금융기관들(은행, 신용협동조합 등)에게 올림픽링 및 기타 그래픽을 사용한 광고 및 촉진 등 독점적 마케팅권한을 부여하였고 향후에도 계속적으로 부여할 예정이다. Visa사는 또한 온라인 거래, 티켓판매, 올림픽주제 이벤트 등 올림픽 통제 하에 이뤄지는 모든 거래에 대한 독점권을 부여받게 된다.

case

도표 1 ▮ 2004 국제올림픽 공식(TOP) 스폰서

기업/브랜드	업종	최초 올림픽 후원
Kodak	필름/사진 및 이미징	1896
Coca-Cola	청량음료	1928
Swatch	시계, 스코어링 시스템	1932
Xerox	서류 출판 및 자재	1964
Sports Illustrated-Time	정기간행물/신문/잡지	1980
Panasonic	오디오/TV/비디오 장비	1984
Visa	소비자 지불수단	1986
John Hancock	생명보험/연금	1994
McDonald's	소매 푸드 서비스	1996
Samsung	무선통신기기	1997
Altos Origin	정보기술	2001

자료: http://www.athens2004.com/en/OlympicPartners

Visa 스폰서쉽 마케팅 전략 및 과정

Visa사는 올림픽게임, 패러림픽, the Best of Broadway, NASCAR, NFL, the Visa Triple Crown, Walt Disney Company 등을 스폰서하였다. Shepard는 스폰서쉽이 어떻게 Visa로 하여금 브랜드이미지를 개선하고 바꿀 수 있게 하는지를 다음과 같이 논의하였다.

"지불서비스산업에서 우리는 소비자들이 브랜드를 어떻게 보는가 하는 점에 대하여 연구하고 있다. 우리는 소비자의 마음을 잘 파악하고 있으며 소비자의 라이프스타일에 의미 있는 영향을 주고 있다. Visa는 사람들에게 마음의 평화를 주고, 사람들은 카드를 매일 사용한다. 사람들은 우리 회사가 고품질이라고 생각하지만 독특하다고 인식하는 것은 아니다. 바로 그 점에 대하여 우리는 노력해왔고, 스폰서쉽이 우리에게 도움을 줄 수 있는 부분이다. Visa의 스폰서쉽 포트폴리오가 남성시장 및 하급시장에 경도되었다는 점이 지적되었고 동 연구결과 우리 회사의 포트폴리오에 보다 균형을 취하고 있다."

정기적으로 Visa사는 '스폰서쉽 재충전refresh'에 착수하였는데 스폰서쉽의 목적이 Visa의 기업 목적에 부합하는지를 스폰서쉽 팀이 검토하였다. Shepard는 "우리의 스폰서쉽 마케팅의 목표는 기업 목표에 그 토대를 두며, 브랜드가치 제안brand value proposition을 통하여 집행된다." 2004년 봄 Shepard와 그의 팀은 차기 스폰서쉽 재충전 작업을 위하여 모였다. 그들은 최근의 기업전략을 논의하고 이를 통하여 기존의 올림픽 스폰서쉽 전략을 재정비하였다. 최근 기업전략은 엔터테인먼트 분야에 중점이 두어졌고 Walt Disney사와 같은 새로운 파트너와 거래를 시작하였다.

스폰서쉽 개발 사이클과 선택 기준

Visa는 스폰서쉽 기회를 3개 개발 사이클로 나누었다. ① 신흥시장(이름 인식, 브랜딩, 제품샘플링), ② 성장시장(브랜드명 구축, 광고, PR, 촉진), ③ 성숙시장(현시presence, 제품, 파트너쉽, 대체 미디어). 마지막의 성숙시장부문에서 Visa는 경쟁사로부터의 제품차별화를 추구하였다.

Visa의 스폰서쉽 선택 기준은 다음과 같다. ① 브랜드 적합성, ② Visa 회원을 위한 사용 자극, ③ 이벤트 역사/신뢰도, ④ 광범위한 도달, ⑤ 지배기구 통제, ⑥ 지지 창출, ⑦ 저위험, ⑧ 이벤트의 마케팅계획, ⑨ 실행의 용이성, ⑩ 강력한 회원사member의 홍미. Shepard는 장기 스폰서쉽 기회에 대한 평가의 도전요소들을 언급하였다. "지불수단산업에는 다양한 새로운 지불수단들이 생겨나고 있어, 이의 미래의 전개방향에 대해 전망을 하는 일이 스폰서쉽 기회를 평가하는데 가장 어려운 요소이다."

스폰서쉽 마케팅 플랫폼과 마케팅믹스

Shepard는 | 도표 2 | 에서 제시되어있는 바의 '선순환'을 Visa의 스폰서쉽 마케팅 플랫폼과 마케팅믹스를 설명하는 데 이용하였다.

> "Visa와 연관된 재산은 모두 플랫폼을 창출하는 것에 관련된 것이다. 광고플랫폼 관점에서는 인지도와 이미지를 구축하고 회원 획득/사용을 지원하는 데 주안점을 둔다. 촉진플랫폼 관점에서는 강력한 브랜드를 통하여 사용과 파트너를 증가시키는 데 주안점을 둔다. 기업관계플랫폼 관점에서는 타 마케팅노력의 효과/도달을 증진시키고, 우리 회사의 명성과 이미지를 강화하며, 종업원 프로그램(가령, Disney사와의 이벤트, Visa의 스폰서, 종업원들에게 왜 Visa사가 Disney사와 제휴하기로 결정했는지 설명하는 일 등)을 통하여 종업원관계를 개선하는 데 주안점을 둔다. 제품플랫폼 관점에서는 신기술을 전시하고, 신제품을 출시하며, 인프라를 개발하는 데 주안점을 둔다."

도표 2 | Visa 스폰서쉽 마케팅 플랫폼과 마케팅믹스

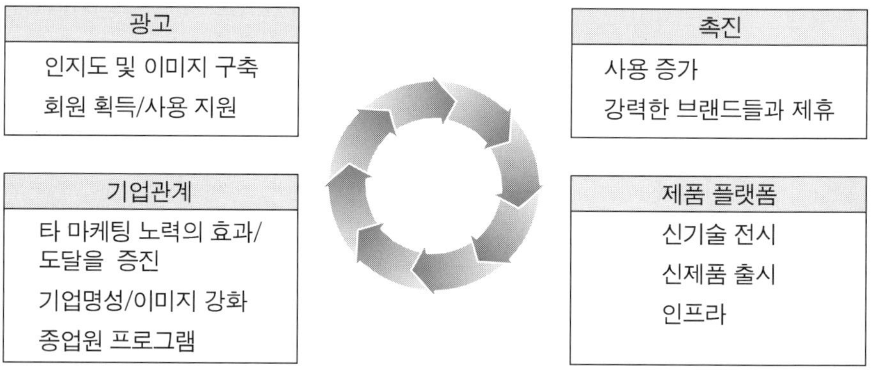

자료: Visa.

스폰서쉽 마케팅 플랫폼들을 실행하기 위하여 Visa사는 우선 핵심 소비자조사를 수행한 후 태스크포스 회의를 열고 촉진 브리핑을 가졌다. 동사는 다양한 광고기획회사와 기업내부 구성원이 한 팀이 되어 마케팅 및 촉진 개념을 개발하고 테스트하는 복합에이전시 '촉진 플랫폼promotional platform'을 개발시키는 데 신념을 가지고 있다.

올림픽게임

개관

올림픽게임은 정치적, 지리적 경계를 초월하여 국제적 노출, 광범위한 청중에 대한 어필, 실질적으로 모든 인구통계학적 그룹에 어필하는 다양한 문화와 스포츠이벤트를 제공한다. 2002년 Salt Lake City에서 개최된 동계올림픽 기간 동안 160개국의 21억 명의 세계청중이 131억 시간을 시청하였다. (| 도표 3 | 이 1984년 이후 매 올림픽게임마다 미국 텔레비전의 유효시청범위coverage와 시청률ratings을 보여주고 있다.) 최근의 올림픽 스캔들에도 불구하고, 다수의 기업들이 여전히 올림픽 이벤트를 스폰서하고 있다. 사실 오늘날의 세계적 스폰서기업들은 국제올림픽위원회와 오랜 기간 유대를 지속해오고 있다.

정확한 스폰서쉽 규모는 공표되지 않았지만 2002년 올림픽 공식 스폰서들은 IOC에 사년간의 스폰서쉽 기간중 5,000만 달러 이상씩 지불하였다. 또한 Visa사는 광고비 및 타 마케팅 프로그램비용 등 그 스폰서쉽을 활성화하기 위한 추가비용을 지출하였다. Visa의 회원사들은 Visa의 스폰서쉽 지위에 기인하여 의전상의 혜택을 받았는데, 회원사 및 그 고객의 엔터테인먼트를 위하여 일정수의 객실과 티켓이 제공되었다(가령, Visa사는 Salt Lake City에

case

case

도표 3 ▌1984년 이후의 올림픽게임과 미국 텔레비전 유효시청범위

연도	게임	장소	미국TV 네트워크	평균 프라임 타임 시청률	총 네트워크 시간	참가국	올림픽 이벤트 수
1984	동계	Sarajevo, Yugoslavia	ABC	18.4	41.5	49	40
1984	하계	Los Angeles, USA	ABC	23.2	180	140	221
1988	동계	Calgary, Canada	ABC	19.3	95	57	46
1988	하계	Seoul, South Korea	NBC	17.9	176	160	237
1992	동계	Albertville, France	CBS	18.7	107	64	57
1992	하계	Barcelona, Spain	NBC	17.5	148	171	257
1994	동계	Lillehammer, Norway	CBS	27.8	110	67	61
1996	하계	Atlanta, USA	NBC	21.6	164	196	271
1998	동계	Nagano, Japan	CBS	16.3	124	80	68
2000	하계	Sydney, Australia	NBC	13.8	162.5	199	300
2002	동계	Salt Lake City, USA	NBC	16.9	168.5	80	78

자료: Street and Smith's *Sports Business Journal, By the Numbers 2003* (December 30, 2002)

약 800명의 손님을 초대하였다). Visa의 회원사들은 또한 개인 선수나 팀을 스폰서할 수 있고, TV광고나 제품홍보를 포함한 마케팅 프로그램에 올림픽 주제Olympic theme를 사용할 수 있었는데, 오륜Olympic rings이 포함된 올림픽 카드를 발행하거나, 추가 비용을 지출하지 않고도 스폰서하는 선수나 팀의 사진이 포함된 올림픽 카드를 발행할 수 있었다. Visa가 올림픽 스폰서쉽을 시작한 이후 그 회원사들이 오륜을 독점적으로 사용한 Visa카드를 2,100만 장 이상 발행하였다.

Shepard는 Visa사가 올림픽을 스폰서하는 이유를 아래와 같이 설명하였다.

"우리는 한 재산권property(즉 스폰서쉽)이 우리의 사업을 발전시키는 데 기여하는 자산equities에 주목한다. 우리는 소비자 지출 피라미드상의 정점에 애호advocacy가 위치하도록 하는 스폰서쉽을 추구한다. 우리는 올림픽이 우리 회사에 완벽하게 적합하다고 본다. 올림픽 브랜드자산은 제품군에서의 최고 위치, 전 세계적 어필, 탁월성을 상징, 광범위한 소비자 인지와 수용, 현지시장에의 영향과 함께 글로벌시장에의 도달, 리더쉽의 상징 등을 포괄한다. 업계의 리더, 글로벌하면서 동시에 현지화된, 어디서나 수용되는, 혁신적이고 현대적인, 탁월한 서비스를 포괄하는 Visa의 브랜드자산은 올림픽의 브랜드자산과 일치한다. 비록 Visa가 현재로는 가장 혁신적 브랜드로 인식되고 있지는 않지만 보다 혁신성을 추구할 수 있을 것이다."

2002년 11월, Visa사는 올림픽 스폰서쉽을 2012년까지 연장한다고 발표하였다. 이 계약 경신의 결과 Visa는 Athens에서 개최된 2004년 하계올림픽 이후 4개 올림픽 게임을 위한 독점적 지불카드와 공식 지불서비스 기관이 되었다. 이는 Italy의 Torino에서의 2006년 동계올림픽 게임, 중국 Beijing에서의 2008년 하계올림픽 게임, Canada의 Bancouver에서의 2010년 동계올림픽 게임, 아직 개최지가 미정인 2012년의 동계올림픽 게임을 포함한다. Shepard는 2012년까지의 스폰서쉽 연장에 대하여 아래와 같이 언급하였다.

"나는 Visa사의 국제이사회international board로부터 우리의 2012년까지의 올림픽 스폰서쉽 연장 건을 승인받기위하여 6개 지역이사회regional boards에 그 내용을 청원하였다. 그들은 나에게 'Visa가 미국 TV에서 업계를 장악하기 위하여 터무니없이 막대한 금액을 지불하는 것이 아닙니까?'라고 물었다. 사실 이 점이 우리 회사와 타 스폰서가 평가해야할 사항이다. 그것은 대단히 값비싼 기회이다. 단순히 재산권(스폰서쉽) 자체의 비용만 계산해서는 안된다. 스폰서쉽 비용에 더하여 TV방영권 비용, 광고제작비용 등을 포함한 전체 비용을 따져봐야 한다. 이러한 결정에 수백만 달러가 추가된다. 문제는 이 재산권(스폰서쉽)을 여하히 최대한 활용할 것인가? 이 스폰서쉽을 여하히 효과적으로 비즈니스에 활용할 것인가 하는 것이다."

case

case

올림픽 스폰서쉽의 발달

Shepard는 Visa사와 올림픽과의 관계의 진전에 대하여 다음과 같이 언급하였다. "우리는 Visa와 올림픽 사이의 유대관계를 서서히 상향시켰다. 처음 올림픽과 스폰서쉽 관계를 시작했을 때 단순히 우리 회사 이름을 등장시키는 데 그쳤고, 하나의 광고플랫폼으로 사용하였다. 우리의 스폰서쉽 전략은 현지관련성을 가지면서 동시에 글로벌플랫폼으로 발전해왔다. 통합적 마케팅접근법을 취해왔고, 단순히 올림픽 게임을 뛰어넘어 기회 확대를 창출하는 도구로 사용해왔다. Albertville에서의 1992년 동계올림픽 게임부터 우리의 모든 회원사 금융기관을 위한 마케팅 프로그램을 구축하기 시작하였다. 우리는 전 세계적으로 회원사 및 유통기관 참여를 확대하였다. Barcelona에서의 1992년 하계올림픽 게임 때 유통경로에 관여하고 현지에 자체 서비스센터를 개설함으로써 처음으로 개최지에서의 Visa의 가시성을 증대시켰다. Lillehammer에서의 1994년 동계올림픽 게임 때 처음으로 글로벌 기업관계 플랫폼을 출범시켜 본격적으로 개최도시 전역에서의 가시성을 증대시켰고, 팀을 스폰서하기 시작하였다. Atlanta에서의 1996년 하계올림픽 게임 때 처음으로 우리 제품을 현지에서 종합적으로 마케팅하기 시작하였다. 우리는 선불카드pre-paid cards를 발행하였으나 미미한 성과를 거두는 데 그쳤다. 우리의 의전hospitality프로그램, ATM설비, 고객서비스센터 등이 과거의 어느 올림픽게임 때보다 대폭 확대되었다. Nagano에서의 1998년 동계올림픽 게임 때는 가시성 측면에서 과도하게 노력을 투입하였고, 나가노에 5개의 상이한 Visa 로고가 존재하는 결과를 가져옴으로써 종합적인 조정노력이 필요함을 깨닫게 되었다."

올림픽 통합마케팅 프로그램

올림픽 게임을 통하여 Visa는 통합적 마케팅 프로그램을 창출하는 데 초점을 두었는데 이는 핵심적 마케팅 주제marketing theme 창조, 게임 관람, 회원사 및 소매상 프로그램, 광고, 촉진, PR, 선수관계, 개최지 파트너host city partner 프로그램, 현장 활성화 역량onsite activation capabilities, 의전hospitality 등을 포괄한다.

핵심적 마케팅 주제와 게임 관람

Salt Lake City에서의 2002년 동계올림픽 게임 때 Visa는 "당신은 그것이 쟁취하는 것을 손에 넣었다You've got what it takes"라는 핵심 마케팅주제를 중심으로 하여 통합적 마케팅 플랫폼을 창조하였다. Shepard는 "이 주제가 탁월한 수용superior acceptance이라는 핵심 브랜드 포지션, 올림픽의 중추인 선수들, Visa 카드소비자들, 및 Visa사 종업원들에게 호소하였다. 또한 Visa의 외관은 Salt Lake City 올림픽위원회의 외관과 느낌을 보충하였다"고 언급하였다.

회원사 및 영업주 프로그램 및 촉진

Salt Lake City에서의 2002년 동계올림픽게임 때 Visa는 전 세계의 500개 회원사들이 설명서 삽입물statement inserts, 템플릿templates, 타 촉진 캠페인 등의 Visa의 권리를 사용할 있도록 한 회원사 및 영업주 merchant 프로그램을 만들었다. 회원사들은 Visa 카드를 발급하는 은행, 신용협동조합, 및 기타 금융기관이었다. Visa의 올림픽 마케팅 프로그램을 안내하는 5,000만 장 이상의 설명서 삽입물이 소비자들에게 배포되었다. Visa는 Salt Lake City 게임 때 상위 12개 미국 회원사로부터 회원프로그램에 대하여 유례없는 100% 참여를 이끌어내었다. 이 상위 회원사들 중에 75%가 복수의 비즈니스(신용, 차감결제debit, 상업, 종업원 인센티브)를 커버하는 복합 프로그램을 수행하였다.

case

case

영업주들은 Visa를 통하여 올림픽과 간접적인 제휴association혜택을 가지게 되었다. Salt Lake City 게임 때 설명서 삽입물은 올림픽 관련 내기sweepstakes 등의 제안을 포함하였다. 또한 Salt Lake City 게임 때 54개의 회원 내기 프로그램member sweepstakes programs이 개발되었다. 가령, 분할지불 카드소지자time cardholder들이 Visa카드를 사용할 때마다 자동적으로 올림픽게임 관람을 위한 여행 내기에 응모되었다. Kansas의 Intrust Bank of Wichita의 부사장인 Linda Cullinan은 부분적으로는 올림픽 게임과 관련된 명성 때문에 MasterCard 대신 Visa와 제휴하기로 결정하였다고 언급하였다. Intrust사는 10만 명의 카드계좌 소지자들에게 보낸 명세서에 Visa 올림픽 촉진 삽입물을 활용하였다. Visa사가 Intrust사에 재무적 측면에서 경쟁사보다 더 좋은 조건을 제시하기는 하였지만, 그녀는 "Visa가 수행하는 촉진과 그것들의 수용성acceptability, 시장에서의 지위가 그것을 선택하게 한 가장 중요한 이유였다"고 언급하였다.

1994년에 Visa는 또 하나의 전 세계적 PR 프로그램 — 'Visa 상상력 올림픽Visa Olympics of Imagination'이라는 명칭의 어린이 미술 콘테스트 — 을 수행하였다. 세계 각국의 9세에서 13세 사이의 어린이들이 하나의 지정주제에 관한 미술품을 제출하도록 초대되었다. Atlanta 하계 올림픽 게임 때 Visa는 어린이들로 하여금 미래의 올림픽 스포츠를 발명하여 제시하고, 그 스포츠가 세계 평화와 일치를 어떻게 촉진할 수 있는가에 대하여 작문하도록 하였다. Nagano 올림픽 때의 콘테스트에서는 어린이들로 하여금 동계올림픽 스포츠에서 그들이 만났고, 존경한 사람을 표현한 공예품artwork을 제출하도록 하였다. 수상자에게는 올림픽게임 관람을 위한 무료여행이 제공되었다. Atlanta 게임 때 콘테스트는 50개 이상 국가의 1,000여 개 신문, 잡지, TV, 라디오에 긍정적으로 기사화되었으며, Visa는 약 6억 회의 미디어 임프레션media impressions을 받았다. San

Francisco의 Visa사의 기업관계 담당 부사장인 Mike Sherman은 "이는 1년간 매일 Wall Street Journal지에 기사화되는 것과 같은 효과이다"라고 언급하였다.

소매상 프로그램merchant programs은 온라인 및 오프라인 노력을 포함하였다. Salt Lake City 게임 때 Federated, Nordstrom, CompUSA 및 Gap.com등이 Visa 카드를 사용하는 소비자들로 하여금 올림픽게임 관람을 위한 여행을 촉진하는 소매상 프로그램에 참여하였다. Salt Lake City 이전에도 소매상들은 100만 개 이상의 판매시점point-of-sale 촉진 싸인들을 주문하였고, 1만5,000개 이상의 소매상들이 소매상 프로그램에 참여하였다.

광고

광고는 Visa의 통합적 마케팅 프로그램의 중요한 부분이었다. Sydney 올림픽게임 때 Visa는 9개월 전의 수퍼보울 게임중에 자사의 올림픽후원을 부각시키는 두 개의 텔레비전 광고를 방영하였다. Visa는 특히 각 올림픽 게임 상황의 특성을 반영하기 위하여 광고를 맞춤화하였다. Visa사의 전 부사장인 Matt Beispiel은 "매 올림픽 경기마다 각각 상이한 느낌과 톤을 가지고 있다. 우리는 각 올림픽 게임에 맞는 개념을 개발하기 위해 노력한다. Sydney에서의 2000년 올림픽게임 때 우리가 개발하고자 한 것은 호주 올림픽의 독특한 측면이다. '무한한 꿈dream with no boundaries'이라는 주제는 이 대륙의 거대한 규모와 무한한 자연을 최대한 표현한 것이다"라고 언급하였다.

Sydney 올림픽 때 광고믹스는 텔레비전이 주도하였다. Visa는 NBC 올림픽방송의 독점방송권을 구매하였고 이 방송사뿐만 아니라 MSNBC나 CNBC의 올림픽게임 방송에 있어서 동종업계에서 유일한 광고주였다. Visa는 또한 상위 10여 개의 지역 NBC가맹사의 독점적 방송권을 구매하였다. 또한 라디오, 인쇄매체, 온라인광고를 실시하였다. 초기 Visa의 TV광고는 American Express 카드는

case

받지 않고 Visa 카드를 받는 점포들을 부각시켰다. 이 캠페인은 1985년에 BBDO에 의해 개발되었다. Beispiel은 "그것은 Visa 브랜드를 MasterCard 브랜드와 차별화시키고자 한 것이다. 우리는 동일한 기능을 수행하는 두개의 브랜드를 가지고 있으며, 우리 브랜드를 앞서게 하기 위하여 소비자의 마음속에 브랜드를 차별화시키는 것이 필요하다"라고 언급하였다.

경기자 관계관리 (athlete relationships)

Visa는 전 세계의 운동선수들과의 관계를 개발하였다. 미국에서 Visa는 1986년부터 스키팀을 후원해왔고, Salt Lake City 게임 때는 운동선수 스폰서쉽을 스노우보딩snowboarding, 봅슬레딩bobsledding(가령 Jean Racine과 Jen Davidson), 프리스타일freestyle, 피겨스케이팅(가령 Sasha Cohen)과 패러림픽의 타 경기자들을 후원하였다. Visa는 또한 캐나다 봅슬레이bobsleigh팀, 러시아 하키팀, 일본 스키점핑팀을 후원하였다.

행선지 마케팅 — 개최지 파트너/부각 프로그램

Visa는 올림픽게임 개최지에 연결시킨 행선지 마케팅destination marketing을 전 세계 최초로 출범시킨 올림픽 파트너였다. Visa의 전략은 올림픽 스폰서쉽의 혜택을 실제 올림픽 게임을 넘어 확대하는 데 있었다. Shepard는 "우리는 마케팅 기회를 올림픽기간에서 4, 5년의 기간으로 연장시킬 수 있었다. 우리는 여행, 상업, 광고 등 결코 중단되지 않는 전 세계적 스폰서쉽을 가지고 있다"라고 언급하였다. Visa는 자사의 파트너와 회원사들이 올림픽게임과 관련하여 추가적인 가치와 혜택을 창출할 수 있도록 도왔다. Shepard에 의하면 Sydney는 Visa의 행선지 마케팅 노력의 전형이었다. Sydney에서는 2000년 올림픽게임 때까지 4년간에 걸쳐 호주에게 Sydney올림픽 게임과 관련하여 약 4,000만 달러 이상의 마케팅 가치를 창출해주었다. 이와 관련하여 Shepard는 아래와 같이 언급하였다.

> "Sydney는 우리의 Visa 회원 네트워크를 위한 가치 창출의 가장 확고한 사례였다. 우리는 그때부터 최근까지 호주관광위원회Austrailian Tourism Commission, Sydney 컨벤션·방문자국Sydney Convention and Visitors Bureau 등과 제휴관계를 지속하고 있다. 우리는 이미 Sydney의 실업계에 침투하였다. Sydney가 우리의 전형이 되었고, Salt Lake City에서도 이러한 노력을 지속하였다. Athens에서의 2004년 하계올림픽 게임에서도 Athens를 Greece뿐만 아니라 이를 뛰어넘는 범유럽지역의 교두보로 구축하고자 한다."

Salt Lake City에서의 게임 때, Visa는 올림픽 경기자를 부각하며 Utah주를 게임기간중의 여행지로 부각하는 전국 텔레비전 광고를 방영하였다. '서핑surfing'이라는 제목의 한 광고는 Utah주에 위치한 헬리콥터 스키 및 스노우보드 회사인 Wasatch Powderbird Guides사를 등장시켰다. Sherman은 "우리는 올림픽을 스폰서해 온 이후 지난 16년 동안 방법론을 변화시켜왔다"라며 아래와 같이 언급하였다.

> "우리의 1988년 Calgary 올림픽 게임 때의 캠페인은 전부 브랜딩 위주였고 17일간의 경기기간에 초점을 두었다. 1994년에는 Visa가 관광여행에 보다 밀접하도록 마케팅노력을 수정하는 것이 필요하다고 판단되었고, 마케팅노력을 보다 장기간으로 연장하였다. 우리가 회원사들에게 최대의 혜택을 공헌해 주기 위해서는 올림픽 게임 이전, 기간중, 이후에 걸쳐 올림픽 개최지를 마케팅해야 함을 깨달았다. 우리는 왜 올림픽 개최도시들이 개최를 지원하였는지를 자문해본 후, 개최도시를 전 세계에 전시하기 위한 것이라는 대답을 도출할 수 있었다. 올림픽 게임만이 관광객을 개최지로 유인한 것이 아니라 게임 이상의 커다란 효과를 수반하는 후광효과halo effect가 창출되었다. 1992년 올림픽 개최 이전에 Barcelona는 유럽에서 16위의 인기 관광지였다. 1993년 Barcelona는 3위로 상승하였다. 호주에서도 2000년 올림픽 게임 이후에 유사한 상승효과가 있었다."

Salt Lake City 올림픽 게임 기간중에 주변 지역에서 Visa 카드결제를 수반한 매출이 2001년 동기에 비하여 30% 증가하였고, 전월에 비하여 23% 증가하였다. Salt Lake City 컨벤션·방문자국에 따르면 전체적으로 예약의 55%가 Visa카드로 이루어졌는데 이는 2001년의 46%, 2000년의 41%보다 더욱 상승한 것이다.

현장 활성화 및 마케팅

현장 마케팅활동onsite marketing activities이 Visa의 통합적 마케팅 프로그램의 또 다른 중요한 요소였다. Salt Lake City에서 Visa는 모든 경기장 및 주변지역에 두개의 모바일 ATM을 포함한 ATM네트워크를 설치하였고, 경기장에 650개의 판매시점 판촉물 수령 단말기를 설치하였으며, 카드분실신고와 경기관련 문의에 응답하기 위한 고객정보센터를 설치하였다. Visa사는 이러한 노력들이 소비자의 인지도와 지불수단으로서의 브랜드선호를 강화한다는 신념을 가졌다. Salt Lake City 현장에서의 Visa카드 매출액은 올림픽 규모가 4배나 컸던 2000년 Sydney 게임 때보다 200만 달러를 초과하는 수준을 달성함으로써 이러한 개선효과를 입증하였다.

Athens 2004 하계 올림픽게임

Athens올림픽을 위하여 각 제품군별로 하나씩 총 11개의 세계적인 공식 스폰서가 선정되었다. 이 스폰서의 하나인 Visa는 Athens올림픽 게임의 독점적 지불카드 및 공식 지불서비스기관이고, 모든 공식적인 올림픽관련 거래를 위하여, 모든 올림픽 게임 경기장에서 유일하게 수용되는 카드이다. Visa사는 국제프레스센터, 국제방송센터, 올림픽선수촌에 특별 올림픽 ATM 네트워크와 수백 개의 판매시점 수령 단말기를 설치한다. Visa서비스센터VSC가 카드소지자에게 다중언어 긴급서비스 및 일반안내서비스를 제공한다. Visa사는 또한 올림픽 참가자들이 집회를 하거나 휴식할 수 있는 Visa Olympians Reunion Center를 스폰서한다. Visa사는 또한 미국 체조팀, 트랙팀, 필드팀, 스키팀, 스노우보드팀, 하키팀, 피겨스케이팅팀을 스폰서한다.

회원사들을 위하여 Visa사는 마케팅제휴tie-ins, 국제적인 노출 및 이미지 개선의 기회를 제공함으로써 올림픽게임을 스폰서쉽 플랫폼으로 활용한다. Sydney와 Salt Lake City에서와 마찬가지로 Visa사는 향후 올림픽게임 때에도 개최도시와 함께 행선지 마케팅을 수행할 계획이다. 2002년 11월 Visa사와 Greece전국관광협회Greek National Tourism Organization는 Greece를 전 세계에 핵심적인 여행지로 홍보하고 Visa의 Athens 올림픽게임 스폰서쉽을 선전하기 위하여 글로벌 제휴를 맺었다. Visa사는 50여개 국가에서 Greece를 여행지로 촉진하기 위하여 광고, 다이렉트메일, 카드소지자 커뮤니케이션, 올림픽 촉진을 수행한다. 또한 방문객을 서비스하고 관광정보를 제공하기 위한 정보부스information booth를 공동개발 및 설치하는 프로그램을 수행한다. Visa사는 또한 자사의 'Visa Destinations'이란 인터넷 여행사이트에서 Greece를 홍보하고, 자사의 호텔 및 항공제휴사들과 함께 Greece를 홍보한다. Shepard는 "우리는 Visa 카드 사용자에게 경품으로 Greece 및 Greece섬의 패키지 여행을 제공한다"라고 언급하였다.

Visa사는 올림픽 스폰서쉽의 연장으로서 Athens에서의 2004년 패러림픽 게임을 최초로 스폰서하였다 (Visa사는 다양한 방식으로 이미 타 패러림픽 게임들을 후원해왔다). Visa의 스폰서쉽 결과로 시각, 청각, 이동의 장애를 가진 사람들이 접속할 수 있는 최초의 Visa Paralympic Website가 개설되었다. Visa의 회원사들이 패러림픽 게임의 메시지(추구, 힘, 영감, 축하)를 전하는 데 도움을 줄 수 있다. Visa사는 이 패러림픽 게임 스폰서쉽이 자사 브랜드와 전 세계의 장애자 및 그 가족간의 친화affinity를 강화할 수 있기를 희망한다. Shepard는

case

"전 세계에 7억5,000만의 장애자가 있다. 우리가 만약 그들과 그 가족들이 필요로 하는 무엇인가를 만들 수 있다면 우리는 그들과 호혜적 파트너쉽을 창조할 수 있을 것이다"라고 언급하였다.

스폰서쉽 성과 측정

스폰서쉽의 인기가 높아지고 비용이 증대함에 따라 스폰서들은 이벤트 마케팅의 가치를 평가하는 방법을 강구하기 시작하였다. 사용된 최초의 기법이 텔레비전 방영 로고타임televised logo time, 즉 스폰서의 로고가 텔레비전 시청자들에게 보인 시간이었다. 그러나 이벤트 중에 회사 로고를 비춰주는 데 드는 비용이 이벤트 중 광고를 실시하는 비용보다 저렴해졌고, 이 두 가지 방법의 효과가 동일하지 않다는 점 때문에 마케팅전문가들이 이 기법의 가치에 의문을 제기하기 시작하였다. 스폰서기업들은 포커스그룹 인터뷰나 현장서베이 등 사전 및 사후이벤트 결과를 측정하기 위한 다양한 연구조사기법을 사용하기 시작하였다.

Visa사는 첫째, 경영진 및 둘째, 이사회에게 스폰서쉽의 경영모범사례가 존재한다는 것을 설득할 목적으로 올림픽 스폰서쉽이 창출하는 가치를 계량화하기 위하여 종종 외부 컨설턴트를 활용하였다. 그 결과는 스폰서쉽이 직접적으로 브랜드 인지도나 시장점유율과 같은 유형적 혜택을 가져오고, 중대한 가치를 가짐을 보여주었다. 1986년 이후 Visa 카드 발행수가 1억3,700만 장에서 10억 장 이상으로 증가하였고, 전체 카드매출액이 1,110억 달러에서 2조3,000억 달러로 증가하였다. Visa사는 1986년에 처음 올림픽을 스폰서한 이후 시장점유율이 33% 증가하여 53%로 상승하였다. Visa International의 CEO 및 사장인 Malcolm Williamson은 "그리고 이 레버리지를 회원은행들로부터 획득한 경우에는 올림픽이 엄청난 재산이다"라고 하였다. 또한 Visa사가 올림픽을 스폰서한 이후 미국에서의 브랜드선호도가 상승하였는데 '최고의 카드'로 평가한 비율이 50%로 상승하였다. Visa사는 미국인의 66% 이상이 올림픽 스폰서가 기업에 유익하다고 생각한다는 연구결과를 가지고 있다. 이벤트 및 스폰서쉽 마케팅 담당 수석부사장인 Michael Lynch는 "이 모든 결과가 올림픽 때문인 것만은 분명히 아니다. 그러나 우리의 올림픽 스폰서쉽 사실을 아는 소비자들은 이 사실을 모르는 소비자들보다 더 Visa 카드를 사용한다는 것을 발견하였다"라고 언급하였다.

브랜드 마케팅 담당 수석부사장인 Becky Saeger는 아래와 같이 언급하였다.

> "Visa사는 회원사들의 투자수익률을 확보하기 위한 우리의 노력을 종종 재검토한다. 1986년 이후 올림픽 스폰서쉽 이외의 어떤 스폰서쉽(재산권)도 더 효과적으로 우리 브랜드를 구축하고 우리 카드의 사용을 촉진시지 못했다. … 1986년 이후 Visa 카드매출액은 매년 16%씩 증가하였다. Sydney 올림픽 이후 Visa의 올림픽 스폰서쉽에 대한 소비자의 비보조 인지도는 유례없는 수준인 72%에 달하였다고, 한 연구결과는 스폰서쉽 인지가 Visa의 브랜드 선호를 촉진함을 보여주었다. 2002년 올림픽게임은 NBC방송으로 하여금 기록적인 시청률을 달성하게 하였고, Visa로 하여금 전보다 더욱 대규모의, 다양한 청중에 도달할 수 있게 하였다."

Visa사는 또한 개별 캠페인의 성과도 측정하였다. 동사는 1992년에 매 카드거래 금액의 1%를 미국 올림픽 팀에 기부하겠다고 광고하였다. 거래는 17% 증가하였다. 그때까지 Visa사는 어떤 광고나 촉진캠페인의 결과로부터 3% 이상의 매출증가를 거둔 적이 없었다.

미래

Visa사는 1986년 올림픽을 스폰서한 이후 각 올림픽 게임마다 높은 마케팅 효과를 거두었다. 동사는 광고로부터 개최도시 파트너/부각 프로그램에 이르는 통합적 마케팅 프로그램을 창조하였다. 2004년 봄, Shepard와 그의 팀은 California의 Foster City에 있는 Visa사의 국제본부에 모였다. 2004 올림픽을 위한 계획이 준비되었다. Shepard와 그의 팀은 자사의 올림픽 및 패러림픽을 위한 '스폰서쉽 재충전'을 계속하기를 희망했다. 2006, 2008, 2010, 2012 올림픽 스폰서쉽 지위를 확보함으로써 오륜과의 제휴를 통하여 최대한의 가치를 도출할 수 있는 새로운 방안을 창출하고 혁신을 지속함으로써 유익을 얻을 것이 많다.

부록

Visa 개관

Visa는 전 세계 은행 및 신용협동조합 등의 21,000개 금융기관(회원사)의 공동소유이다. 이는 회원사들이 개인 및 기관 소비자에게 신용카드와 지불수단을 제공하는 민간, 영리협회였다. 카드는 Visa 협회Visa association에 의해 발행되는 것이 아니라 Visa의 회원사에 의하여 발행되었다. Visa의 회원사들은 또한 소매상을 모집하고, 카드소지자를 모집하며, 카드수수료와 카드사용한도, 이자율 등을 결정하였다.

Visa 상품 및 서비스는 회원사로부터 소비자에게 직접 제공되었다. Visa는 카드를 발급하지도 않고, 카드연회비를 설정하지도 않으며, 이자율을 결정하지도 않으며, 영업주들에게 카드를 수령하라고 요청하지도 않으며, 할인율을 설정하지도 않았다. 회원사들이 소비자들과 영업주들과의 관계를 관리하였다. Visa의 목표는 신뢰받는 승인 증표approval seal로서의 브랜드를 창조함으로써 회원사들이 Visa를 자사의 목적을 달성하는 기반으로 사용할 수 있도록 하는 것이었다. Shepard는 Visa와 회원사와의 관계에 대하여 다음과 같이 상설하였다.

> "우리의 2만1,000개의 회원 금융기관이 우리를 소유한다. Visa의 국제적 역할은 6개 지역본부를 조정하고 우리가 소유하고 있는 재산에 대하여 혁신적인 해결수단들을 제공하는 일이다. 우리의 일차적 임무는 회원사들에게 지불수단을 제공하고, 새로운 지불기술을 제공하며, 역동적이고, 효율적이고, 안전한 처리서비스를 제공하며, 글로벌 Visa 브랜드를 제공함으로써 그들이 사업에 성공하도록 도우는 일이다."

수익모델

Visa의 수익모델은 Visa 카드를 수령하는 영업주들로부터 받는 일련의 수수료를 포함한다. 대표적인 수수료는 ① 할인율discount rate(인터넷 계정의 경우 1.99~2.54%에 달하고, 소매점 계정의 경우 1.35~1.79%에 달하는 매출액의 일정비율), ② 거래수수료per item fee, transaction fee(이는 영업주가 고객의 신용카드를 수령할 때마다 발생하며 통상 거래건당 20~50센트), ③ 월 최저수수료monthly minimum(영업주의 신용카드 수령금액이 월 최저액인 25~50달러에 이르지 못할 경우 부과하는 수수료), ④ 명세서 수수료statement fees(영업점주들이 요청할 경우 매달 수령하는 모든 거래를 나타낸 명세서에 대한 수수료, 월 약 15달러), ⑤ 지불거절 처리수수료chargeback processing fees(지불거절은 고객이 자신의 신용카드 사용명세서에 기재된 특정 거래에 대하여 지불을 거절하는 것으로 수수료는 발생 건당 5~25달러), ⑥ 단말기 임차료terminal lease or rental fee(영업점주가 크레딧카드를 수령하기 위하여 필요로 하는 단말기를 리스함에 따라 지불하는 수수료로 통상 200달러 혹은 월 5~50달러).

case

Visa는 손익분기 기준으로 운영하는데, 회원사들로부터 그 규모를 기준으로 하여 회비membership dues를 징수한다. Visa와 같은 신용카드협회는 일반적으로 이익을 달성하지 않는다. 혹 이익이 발생하였다면 협회의 발전을 위하여 재투자해왔다. Visa 협회의 회원이 되려는 기관은 신청하는 멤버십 유형, 발행할 카드 유형, 3년 후 예상되는 계정 수에 따라 결정되는 초기서비스수수료를 지불해야 한다.

토의 질문

1. Visa 브랜드에 대하여 설명하시오. Visa 브랜드의 어떤 속성attributes이 다음 항목들과 이를 잘 어울리게 하거나 혹은 잘 어울리지 않게 하는가?
   a. 스폰서쉽
   b. 스포츠 스폰서쉽
   c. 올림픽 스포츠 스폰서쉽
2. 올림픽 스폰서쉽은 Visa의 전략의 중심적 부분이다. Visa가 TOPThe Olympic Partners라는 최상급 올림픽 스폰서의 지위를 레버리지(유익하게 활용)하는 방법들에 대하여 설명하고 평가하라.
3. 스포츠 스폰서쉽을 '활성화activating'하는 것이 Visa에게 핵심적인 이슈이다. Visa가 스폰서쉽 비용sponsorship fee의 2배에 달하는 추가비용을 스폰서쉽 가치를 극대화하기위한 활성화비용으로 지출하였다고 가정하시오. 이 추가비용의 본질과 정당성을 평가하시오.
4. Visa가 스포츠관련 스폰서쉽으로부터 최대한의 가치를 도출하는 데 있어서 당면하는 주요 도전들은 무엇인가? 동사는 이 도전들에 대하여 어떻게 대응하는가?

case

CHAPTER 7

스포츠 마케팅 (2) : 구단 마케팅, 브랜딩, 팬 서비스

SPORTS MARKETING (2): CLUB MARKETING, BRANDING, AND FAN AVIDITY

핵심 쟁점

- 지역 수준에서의 수익 증대는 경기장 규모, 시즌 티켓 패키징, 티켓 가격 등급 설정price tiering, 가변적인 가격전략 등에 대한 의사결정을 포함한 과거와 현재의 의사결정에 의하여 형성된 틀 안에서 이루어진다.
- 구단들은 현재 암시장 티켓상들에게 몰리는 인기가 높은 이벤트로부터의 추가 수익을 공략하기 위한 방안들(가령 2차 티켓secondary ticket 옵션들)을 모색하고 있다.
- 팬 만족의 다양한 차원에 보다 많은 관심이 두어지고 있다. 필드에서 승리하는 팀, 경쟁적인 티켓 가격 설정, 선수들에 대한 접근, 경기장에서의 경험, 게임촉진의 질 등이 그것이다.
- 핵심적인 스포츠 구단 브랜드 드라이버에는 브랜드자산을 구축하고자 하는 경영자의 의지, 장기적인 승률, 홈시장의 강점, 경기장의 강점 등이 포함된다.
- 선수 브랜딩이 점점 중요해지고 있다. 경기자의 가치에 영향을 주는 요인들은 스포츠의 인기, 경기 능력, 승리 전통, 카리스마, 대중 인지도, 미디어 노출시간 등이다.

| 사 례 | Atlanta Falcons
: 새로운 구단주에 대한 브랜딩/마케팅 도전

구단 마케팅은 지역 수익local revenue 증대와 구단 브랜드관리 문제를 포함한다. 각 구단의 지역 수익 규모와 브랜드 강도에는 극적인 차이가 존재한다. 이러한 차이의 중요한 원천은 구단 팬의 규모와 열성avidity의 차이이다.

이 장은 다음의 주제들을 다룬다.

1. 지역 수익 증대와 티켓 가격설정
2. 팬 만족 촉진
3. 구단수준 및 선수수준에서의 브랜딩 도전들

지역 수익 증대 및 티켓 가격설정

티켓 수익은 다수의 구단에 있어서 유일한 최대 지역 수익원이다. 티켓가격에 관한 의사결정은 구단 수익성과 관전하는 팬의 수에 중대한 영향을 미칠 수 있다. 2001 MLB 공시disclosures에는 개별 구단의 티켓 수익이 포함되어있다. 30개 구단의 평균은 4,570만 달러였다. 티켓수익에 있어서 상위3개 및 하위3개 구단의 수익(100만 달러 기준)과 평균대비 비율은 다음과 같다.

상위3개 구단

1	New York Yankees	$98.000	(2.14)
2	Boston Red Sox	$89.743	(1.96)
3	Seattle Mariners	$76.570	(1.68)

하위3개 구단

28	Minnesota Twins	$17.605	(0.39)
29	Florida Marlins	$16.756	(0.37)
30	Montreal Expos	$6.405	(0.14)

이러한 막대한 티켓수익 차이를 가져오는 복수의 의사결정들은 다음과 같다.

경기장 수용 규모: 경기장을 건축하는 시기가 용량을 결정하기에 가장 융통성이 있는 때이다. 그러나 구단들은 종종 좌석을 추가하거나 고급 티켓 좌석을 늘리기 위하여 건축된 이후에 좌석을 조정하기도 한다. 9장에서 스타디움 이슈들을 보다 상세히 논의한다.

시즌티켓 패키징: 여기서 결정해야 하는 것은 시즌티켓 보유자에게 모든 게임을 구매하도록 할 것인가 혹은 패키지 안에 일부의 게임만 포함할 수 있도록 허용할 것인가 하는 문제들이다. 많은 부분이 수요의 정도와 게임의 수에 달려있다. 각 NFL구단은 단지 8번의 홈 게임만 가지는데 모두 일요일에 개최된다. 변함없이 모든 티켓을 팔아치우는 NFL 구단들은 단지 풀시즌 패키지만 제공한다. 반면에, MLB 구단들은 81회의 홈게임을 가지는데 모두 주중 혹은 주말의 낮이나 밤에 개최된다. 다수의 구단들은 전체 81게임의 풀시즌 패키지나 혹은 보다 작은 범위의 패키지를 판매한다.

티켓가격 등급화: 티켓가격 등급화는 한 경기장 내의 상이한 티켓가격의 수와 최고가격과 최저가격 간의 가격차의 기울기와 관련된다. 다수의 북미지역 스포츠리그의 최고 및 최저의 단일 게임 티켓가격들이 2004 Revenues From Sports Venues지에 게재되어있다. | 도표 7•1 | 은 이 잡지에서 인용한 것이다. 최고가격의 최저가격 대비 비율이 리그별 가격 등급화의 정도를 나타낸다. 농구의 경우, NBA와 WNBA가 최고수준의 가격 등급화 — 각각 20.45 및 8.73배 — 를 나타낸다. NBA와 WNBA의 경우 앞줄좌석이 프리미엄 좌석이다. 이들은 타 리그에서 좀처럼 찾아보기 어려운, 게임 가까이서 몰두할 수 있는 기회를 제공해준다. 각 스포츠 리그 내에서도, 구단별로 가격 등급설정 상에 상당한 차이를 보인다.

가격등급화와 관련이 있는 사항으로 경기장 내 상이한 가격포인트의 수를 들

도표 7-1 티켓가격 등급화: 단일 게임 티켓가격의 경우
2004 Revenues From Sports Venues Survey

리그 (1)	평균 최고 단일 티켓가격 (2)	평균 최저 단일 티켓가격 (3)	등급화: 최고/최저비 (4)=(2)/(3)	경기장 평균 수용인원 (5)	경기장 평균 관람객 수 (6)
미식축구-NFL	$111.37	$36.52	3.05	69,828	66,662
야구-MLB	59.12	7.11	8.32	46,278	28,025
농구-NBA	222.28	10.87	20.45	19,353	16,833
하키-NHL	166.75	19.10	8.73	18,490	16,589
Arena Football	81.72	10.03	8.15	16,196	11,397
축구-MLS	35.20	14.10	2.50	21,174	14,898
농구-WNBA	90.35	8.38	10.78	18,705	8,933
야구-Minors					
International League	9.07	5.82	1.56	12,333	6,706
Pacific Coast League	11.07	5.33	2.08	12,582	6,283
Texas League	9.56	5.88	1.63	7,571	5,017
하키-Minors					
American HL	25.69	12.98	1.98	11,748	5,741
Central HL	22.91	10.74	2.13	8,445	4,520
ECHL	20.58	10.29	2	9,744	4,109

자료: 2004 Revenues from Sports Venues.

수 있다. 이 점에서 구단들은 반드시 수익극대화와 관련이 있지 않은 여러 가지 이유로 매우 큰 차이를 보인다. MLB의 San Francisco Giants는 SBC Park에 13종류의 가격 카테고리를 가지고 있다. Giant팀은 모든 게임은 아니더라도 다수의 게임의 경우 표를 다 팔아치운다. 반면에 NFL의 San Francisco 49ers는 모든 정규시즌 게임 표를 다 팔아치운다. 49ers팀은 Candlestick Park의 모든 좌석에 동일한 가격(2004년의 경우 64달러)을 설정하였다. 좌석배치는 시즌패키지의 구매 시점을 기준으로 하여 이루어졌다. 장기간 시즌티켓 보유자에게는 저층 데크lower deck 좌석, 50야드 라인 티켓이 주어지고, 가장 최근의 티켓 구매자에게는 상층 데크upper deck(쌍안경 구역binocular land)의 맨 위 좌석이 주어진다. 이러한 단일 티켓가격은 상대적으로 흔하지 않으나, Candlestick Park이 100% 공개모집방식으로 자금조달이 이루어진 데 그 연유가 있다.

가변적 가격설정: 티켓 가격설정에 있어서 증가하는 추세는 동일한 좌석에 대하여 다음 중 어느 하나 혹은 그 이상의 요인에 따라 상이한 가격을 설정하는 것이다.

- 상대팀: 높은 수요의 방문객이 예상될 경우 고가격 설정.
- 개최 요일: 주말 게임에 고가격 설정.
- 시즌: 여름 게임에 고가격 설정.

선택된 가격설정 파라미터별로 수요의 차이에 대한 신뢰할 만한 정보가 주어진다는 전제조건 하에서는 가변적 가격설정방식이 경제적 관점에서 매력적이다. 이것이 어떤 스포츠 환경에서는 어려울 수 있다. 가령 가격을 설정할 시점에 강력한 팀으로 예상되었던 상대팀이 시즌중 급격히 실적이 떨어짐에 따라 낮은 가격의 티켓이더라도 관중들이 줄어들 수 있다. 만약 관중들에게 가변적 가격설정이 구단주가 팬으로부터 최대한 이익을 도모하려는 기회주의적 행동으로 인식될 경우, 관중들이 이를 외면하고 반격할 수도 있다.

이차적 시장 티켓 가격설정: 티켓 암거래scalping는 오랫동안 스포츠에 존재해왔다. 이미 표가 다 팔려 구단으로부터 표를 구입할 수 없는 팬들이 불법일 수 있는 암시장에서 구매를 시도할 수 있다. 어떤 구단은 오늘날 이러한 이차적 티켓시장에서 수익을 획득하고자 도모한다. San Francisco Giants는 시즌티켓 보유자에게 소위 '더블 플레이 티켓 기회double play ticket window'를 제공한다. 이는 시즌티켓 보유자로 하여금 자신이 판매할 의사가 있는 티켓을 Tickets.com이란 웹사이트에 등록할 수 있게 한다. 티켓은 무한정 비싼 가격에 거래될 수 있도록 상방한도upper limit는 없으며, 티켓의 액면가격이 하방한도(lower limit)이다. 최근 '더블 플레이 티켓 기회'에서 판매된 평균가격을 보면 액면가격의 약 40%의 프리미엄이 부가되어 거래되고 있다. 거래당 총 21%의 커미션이 구매자와 판매자에게 공동으로 부과된다. 이 커미션은 Giants, 온라인 공급기업, 및 Tickets.com이 나눠가진다. Giants는 이차적 시장에 참여함으로써 복수의 혜택을 누린다. 첫째, 시즌티켓 보유자는 보다 적은 미사용 티켓을 가지게 되고, 이점이 시즌티켓 보유자의 구매경신율을 높인다. 둘째, 팬들이 프리미엄 구역 좌석에 접근할 수 있게 되고, 이점이 추후의 경기장 방문에 대한 흥미를 높일 수 있다. 셋째, Giants팀은 거래당 총 21%인 커미션의 일부를 수익으로 수령할 수 있다. 암시장은 만약 팬들이 구매한 티켓이 가짜일 경우 팬들에게 많은 고통을 안겨줄 수 있다. '더블 플레이 티켓 기회'에서 티켓을 구매한 팬들은 티켓이 진짜임을 보장받는다.

팬 만족 촉진

팬들은 직, 간접적으로 스포츠 비즈니스를 받치고 있는 현금창출의 핵심요소이다. 팬들은 게임당일의 티켓과 구내매장에서의 구입품에 대하여 지불한다. 그들은 게임 분위기와 스포츠의 순간들에 영원한 생동감을 불어넣어 주는 흥행을 창출하는 것을 돕는다. 그들은 자신들의 열정과 지원의 세계에 대한 상징으로서 입고 휴대하는 상품들에 대하여 지불한다. 그들은 모든 다양한 미디어에 눈과 귀를 기울이고, 이것이 다시 광고, 스폰서, 인도스먼트 등을 유도한다.

팬에 관한 연구들은 그들의 행동을 추동하는 복수의 요인들을 보고하고 있다. ESPN The Magazine과 University of Oregon의 Warsaw Sports Marketing Center의 연구는 다음의 8개 변수를 제시하고 있다.

1. BNGBang for the Buck: 지난 3년간의 승리를 기준으로 배분된 팬으로부터의 직접 수익.
2. FRLFan Relations: 선수, 코치, 경영자에 대한 접근의 용이성.
3. OWNOwnership: 정직; 선수와 도시에 대한 충성도.
4. AFFAffordability: 티켓, 주차, 구내매장의 가격.
5. STDStadium Experience: 환경 친화성; 게임일 촉진의 질.
6. PLAPlayers: 필드에서의 노력; 친화력.
7. CCHCoach/Manager: 강력한 필드에서의 리더쉽.
8. CHAChampionship: 이미 획득하였거나 혹은 조만간 획득이 예상되는 타이틀.

이 8개 변수들은 '스포츠팬들이 구단으로부터 가장 돌려받고자 하는 것이 무엇인가'를 결정하기 위하여 전국 여론 조사한 결과에서 도출된 것이다. 그리고 팬들은 ESPN.com에서 이 8개 변수들 상의 구단별 순위를 계산하기 위하여 사용된 질문들에 응답하였다. NFL, MLB, NBA, 및 NHL의 모든 구단의 팬들이 참여하였다. 이를 토대로 각각의 8개 변수별로 모든 구단들이 최고(1=팬에게 가장 많이 돌려준다)부터 최저까지 순위가 매겨졌다. 또한 팬들에게 최고인 구단을 산출하기 위하여 8개 변수들에 가중치를 주어 단일랭킹이 개발되었다. 가중치는 팬들이 인식하는 8개 변수들의 상대적 중요성을 토대로 하여 주어졌다.

| 도표 7•2 | 는 2004년도 120구단 중 24구단 — NFL, MLB, NBA, NHL의 각 최고 3구단, 최저 3구단 — 선발 결과이다. 전반적인 최고 및 최저 구단들은 다음과 같다.

	2003		2004
1	Green Bay Packers	1	San Antonio Spurs
2	Arizona Diamondbacks	2	Dallas Mavericks
117	New York Knicks	119	Arizona Cardinals
118	Cincinnati Bengals	120	Chicago Blackhawks

이 연구들을 뒷받침하는 변수들은 팬 경험을 고양하기 위한 노력이 복합적으로 이루어져야 함을 보여준다. 필드에서의 성공이 중요하기는 하지만 팬들에게 중요한 유일한 변수는 결코 아니다. 가령, 경기장에서의 경험이나 티켓 획득가능성, 주차, 구내매장 서비스 등이 팬들에게 또한 중요하다.

가족이 스포츠 이벤트에 참여할 수 있는 가능성이 팬들에게 중요하고 다수의 미디어 집중을 받는다. Team Marketing Report지가 팬 비용지수FCI: fan cost index를 정기적으로 서베이하였다. 이 지수는 4인 가족의 스포츠 이벤트 참여비용을 추적, 조사하였다. FCI는 다음의 요소를 포함한다. 2인 성인용 평균 티켓가격, 2인 어린이용 평균 티켓가격, 4개의 작은 컵 음료수, 2개의 작은 잔 맥주, 4개의 핫도그, 2권의 프로그램, 주차, 2개의 성인용 모자. | 도표 7•3 | 은 리그와 구단별로 획득가능성 상의 커다란 차이를 보여주고 있다. 요약은 다음과 같다.

리그	평균 FCI	최고 FCI	최저 FCI
MLB	$156	$263(Boston)	$108(Montreal)
NBA	261	387(LA Lakers)	185(Golden State)
NFL	302	405(New England)	230(Arizona)
NHL	254	318(Detroit)	193(Carolina)
Minor 야구	81	98(Charlotte)	56(Burlington)

도표 7-2 팬 만족 랭킹: 2004 ESPN The Magazine의 서베이 (2004년에 120구단이 랭크; 2003년에 118구단이 랭크)

	BNG	FRL	OWN	AFF	STD	PLA	CCH	CHA	2004 Overall Rank	2003 Overall Rank
NFL:										
1.Green Bay Packers	24	3	1	6	4	19	51	8	3	1
2.Kansas City Chiefs	44	4	4	19	10	5	2	33	5	28
3.Tennessee Titans	48	9	19	13	11	2	7	21	7	25
29.Cleveland Browns	84	118	95	94	79	108	97	97	110	64
30.San Diego Chargers	94	116	118	111	117	114	114	110	118	80
31.Arizona Cardinals	64	119	117	95	121	117	104	120	119	112
MLB:										
1.Anaheim Angels	19	11	18	21	19	15	5	11	6	10
2.Arizona Diamondbacks	5	18	20	34	17	38	61	14	9	2
3.St. Louis Cardinals	49	15	15	18	37	26	57	24	18	17
28.New York Mets	107	112	69	114	114	111	100	38	111	88
29.Milwaukee Brewers	75	106	119	58	66	84	66	119	112	107
30.Detroit Tigers	114	117	108	96	68	118	65	65	113	116
NBA:										
1.San Antonio Spurs	4	1	2	4	7	1	18	2	1	3
2.Dallas Mavericks	12	2	5	20	3	7	17	34	2	5
3.Detroit Pistons	18	7	17	9	18	3	24	23	4	13
27.Portland Trail Blazers	55	121	100	103	92	121	56	81	115	110
28.New York Knicks	116	114	102	119	82	115	117	104	116	117
29.Atlanta Hawks	98	115	113	110	99	113	113	118	117	111
NHL:										
1.Edmonton Oilers	1	16	57	8	44	41	44	41	8	9
2.Ottawa Senators	6	17	26	27	41	51	38	42	10	26
3.Minnesota Wild	79	6	14	14	2	9	4	36	11	N/A
28.Washington Capitals	54	88	75	112	71	116	119	112	109	68
29.New York Rangers	119	107	86	116	74	120	111	43	114	109
30.Chicago Blackhawks	101	120	120	121	120	119	106	121	120	108

*BNG=Bang for the Buck; FRL=Fan Relations; OWN=Ownership;
AFF=Affordability; STD=Stadium Experience; PLA=Players;
CCH=Coach/Manager; CHA=Championship.

자료: 2005 ESPN Magazine, LLC.

도표 7-3　팬 비용지수: 리그별 비교

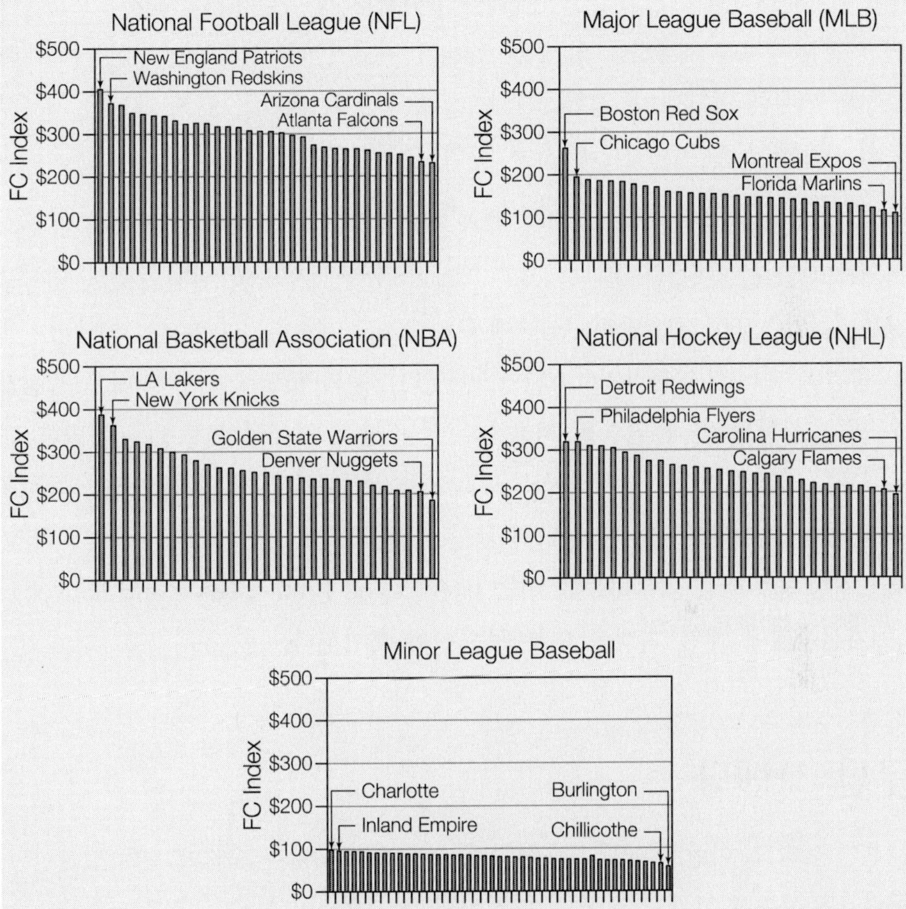

자료: Team Marketing Report website (Sept. 2004).

미디어는 종종 이러한 자료들을 상이한 구단들에 대한 보고를 위해 사용한다. 최고수준의 티켓가격을 지불하기를 요구받는 팬들에게 언론이 경기장 티켓, 주차, 구내매장에 대하여 비싼 가격을 징구하는 구단들의 팬 사취행동에 대하여 보도한다면 적절한 정보를 제공하는 일이 될 것이다. 최고가격을 설정하는 구단들에 대한 도전은 뛰어난 경기장 내 경험within-stadium experience을 제공함으로써 팬들이 지불한 돈의 가치를 느낄 수 있도록 하는 일이다.

구단들은 지속적으로 특별한 팬 경험과 새로운 게임당일 수익을 창출하기 위해 노력하고 있다. 가령, MLB의 Chicago White Sox는 게임당일 '이닝 중간에 내야를 갈퀴질하기(1,500~2,000달러), 심판에게 타순카드 제출하기(1,500~2,000달러), 게임 중간에 베이스 교환하기(1,000~1,500달러)' 등의 필드에서 돈을 내고 경험할 수 있는 활동별 가격 일람을 제공한다. 이러한 노력에서의 도전은 특별한 팬 옵션들을 제공하는 일과 부정적이고, 모든 것을 상품화하고 지나치게 수익을 목적으로 한다는 이미지가 생기지 않도록 균형을 이루는 일이다. White Sox는 'White Sox 경험'의 10%를 기부하는데 이는 Friends and Family, Good and Souvenirs 등 자선단체에 게임 티켓을 기부하는 일이 포함된다.

구단 브랜딩

브랜딩은 리그, 이벤트, 구단, 및 선수 등 스포츠의 다양한 수준에 걸쳐 발생한다. 구단 및 선수의 브랜딩은 구단 마케팅의 핵심요소이다.

구단 브랜딩: 강력한 브랜드를 가진 구단은 보다 유리한 조건으로 스폰서쉽 협상을 할 수 있고, 게임당일 표를 매진시킬 가능성이 높아지는 등 많은 상업적인 이점을 가진다. 브랜드가치의 동인을 이해하는 구단들은 그 가치를 상승시킬 방안의 로드맵을 개발한다.

글로벌 마케팅기업인 FutureBrand사는 스포츠 브랜드들에 대하여 광범위한 연구를 실시하였다. 동사는 다음과 같이 브랜드를 정의한다.

> 브랜드는 아이덴티티identity와 명성reputation으로 정의될 수 있다.
>
> - 아이덴티티는 브랜드 포지셔닝의 시각적, 언어적, 환경적 표현이다. 즉 특정 브랜드가 고객에게 어떻게 커뮤니케이트되는가, 고객이 브랜드와 어떻게 궁극적으로 일체화하는가 하는 것이다.
> - 명성은 제품 혹은 아이템과 관련된 약속과 성과로 분해될 수 있다.

스포츠 구단을 위한 핵심적인 브랜드 가치 동인들은 다음과 같이 정리될 수 있다.

1. 팬 기반의 힘
2. 경영자의 브랜드 개척
3. 장기적 승리 기록
4. 홈 시장의 세력
5. 경기장의 강점

FutureBrand는 "스포츠 브랜드의 가치를 그것의 현재 수익과 미래수익의 창출 능력에 토대를 두었다." 현재 수익은 팀 로고, 상품 판매, 텔레비전방송 관련 권리 등의 일련의 수단들을 활용하여 브랜드를 재무적 수익 창출에 활용하는 것과 관련되었다. 미래 수익은 브랜드가 그 수익 흐름을 얼마나 강력하게 지속적으로 포착할 수 있는가 하는 것과 관련되었다. 동사의 서베이 증거는 팬들로 하여금 특정 팀을 지원하게 하는 다음과 같은 네 가지의 가장 중요한 요인들을 발견하였다.

- 나의 부모/친구/지인들이 그 팀을 지원한다(31.7%).
- 내가 가장 좋아하는 선수가 그 팀에서 활동한다(21.7%).
- 그 팀은 나의 고향 팀이다(21.7%).
- 그 팀은 트로피와 타이틀을 획득하였다(6.8%).

경기장에서의 성과가 팬 지원의 가장 중요한 이유라기보다 네 번째의 중요 이유(혹은 네 번째로 인정된 이유)로 지적된 점을 주목하라.

｜도표 7•4｜는 유럽 및 북미지역의 스포츠 구단들의 브랜드 가치에 대한 FutureBrand의 랭킹을 제시하고 있다. ｜도표 7•4｜에 포함된 엘리트 브랜드들은 거대한 팬 기반과 이 팬 기반 및 스포츠 구단의 타 자산요소들로부터 복합적인 수익 원천을 창조적으로 개척한 경영자에 그 토대를 둔다.

선수 브랜딩: 선수 브랜딩은 스포츠 마케팅에서 가장 미개척된 분야의 하나이다. 그것은 팀 스포츠 내의 개인선수와 골프나 테니스 등 개인종목 스포츠의 선수에게 모두 적용된다. 선수 브랜드를 구축하고 증진시키는 것과 관련되는 요인들은 다음과 같다.

- 스포츠의 인기
- 경기력 및 성과의 일관성
- 승리 역사 (팀 혹은 개인)
- 카리스마/개성
- 공공 이미지
- 미디어 노출 시간

팀 스포츠 내의 개인선수를 브랜딩하는 일은 마술과 같은 일이 될 수 있다. 개인 선수 브랜드와 팀 브랜드 간의 갈등이 양자의 마케팅 파워를 희석시킬 수 있다. '불량아' 이미지를 가지고 있는 선수의 이미지를 '가족친화적' 이미지를 촉진시키려는 팀의 이미지로 투사하기에는 어려움이 있다. 스포츠별로 개인 선수의 얼굴 이미지가 방영시간 중에 노출되는 시간의 길이가 다양하다. 축구와 농구가 그 스펙트럼의 한쪽 극단에 위치하고, 미식축구와 하키가 스펙트럼의 다른 쪽 극단에 위치한다.

4장에서 '불량하게 행동하는 선수들'이란 주제에 관해 논의하였다. 이러한 행동이

도표 7-4 가장 가치 있는 스포츠 브랜드들에 대한 FutureBrand의 랭킹

패널 A: NFL, MLB, NBA, 및 NHL에서 가장 가치 있는 브랜드들 (2002)

리그	구단	브랜드가치(100만 달러)	전체 순위
NFL	1. Dallas Cowboys	$300	2
	2. Washington Redskins	192	5
	3. New York Giants	167	6
MLB	1. New York Yankees	$334	1
	2. New York Mets	135	12
	3. Boston Red Sox	111	15
NBA	1. Los Angeles Lakers	$272	3
	2. New York Knicks	238	4
	3. Chicago Bulls	156	7
NHL	1. New York Rangers	$155	8
	2. Detroit Red Wings	152	10
	3. Chicago Blackhawks	64	30

패널 B: 유럽에서 가장 가치있는 축구팀 브랜드들 (2004)

구단	리그	브랜드가치(100만 유로)
1. Manchester United	England	288
2. Real Madrid	Spain	278
3. AC Milan	Italy	197
4. Bayern Munich	Germany	149
5. Barcelona	Spain	141

자료: FutureBrand, The Most Valuable Football Brands in Europe: The 2004 Reports, and The Most Valuable Brands in Sports: The 2002 Report.

때로는 의식적으로 개발된 선수 이미지를 강화할 수도 있다. 반면에 또 다른 경우에는 그것은 인도스먼트 기회를 축소시킬 수 있다. 선수가 범죄적이거나 극도로 불량한 행동을 하지 않는다면, 계속 뛰어난 경기력을 나타낼 경우, 그 선수의 브랜드는 과거의 행동문제를 뛰어넘어 상승할 수 있다.

스포츠에서의 승리는 과거의 악취 혹은 문제를 해소하는 방취제가 될 수 있다.

|사례| Atlanta Falcons: 새로운 구단주에 대한 브랜딩 및 마케팅 도전

Atlanta Falcons는 1965년 6월 30일 NFLNational Football League가 애틀랜타의 사업가인 Rankin Smith에게 8,500만 달러에 프랜차이즈를 부여하면서 생성되었다. 그 때, 또 다른 프로 미식축구 프랜차이즈가 위치해있는 가장 가까운 지역은 570마일 떨어진 세이트루이스였다. Smith는 Falcons가 남부 미국의 대도시인 애틀랜타의 성장세를 활용할 수 있을 것이라고 기대하였다.

Smith의 의도에도 불구하고 Falcons는 수년간 힘겹게 생존해왔다. 이 팀은 최초의 NFL 플레이오프 출전을 플레이를 시작한 지 13시즌을 지난 1978년에 하였다. 그 후 19년간 이 팀은 플레이오프에 단지 4회 출전하였을 뿐이다. 1998년에 이 팀은 마침내 도약하는 해를 맞아, 정규시즌에서 14-2의 실적을 올렸고, NFL 수퍼보울 챔피언쉽 게임에 출전하였다. 그러나 그 성공은 오래 지속되지 못하여 Falcons가 다음 시즌에는 5-11의 실적으로 떨어졌다. 전반적으로, 1966년에서 2001년까지 Falcons는 정규시즌 게임에서 202-327-6의 실적을 기록하였고(승률 0.393의 비참한 기록), 36년간 플레이오프전에서 단지 4회 승리하였으며, 연속 승리한 시즌을 가지지 못했으며, 리그 챔피언쉽을 따지 못하였다. 이 팀은 패배와 동의어였고, 팬 기반을 확보하기 위하여 안간힘을 썼다.

애틀랜타의 인구통계학적 특성

애틀랜타는 미국의 '남부 깊숙한deep south' 지역의 중심에 있는 지리적으로 넓게 퍼져있는 도시이다.

case

2000년 US Census에 따르면, 애틀랜타의 인구는 410만을 넘어 미국에서 11번째로 인구가 많은 도시이다. 더욱이 애틀랜타의 인구는 1990-2000년 기간 동안 40% 증가하여, 동 기간중 미국의 도시들 중에서 11번째로 빠른 성장률을 보였다. 미국의 30대 대도시 가운데 애틀랜타에서 가장 가까운 도시는 오하이오주의 신시내티로 약 500마일 떨어져있다.

애틀랜타의 인구통계학적 특성은 단지 높은 흑인 거주율을 보인다는 점 외에는 미국의 타 대도시와 유사하다. 흑인의 비율이 미국 전체 인구의 12.3%인데 비하여, 애틀랜타는 인구의 28.9%를 점하고 있다.

애틀랜타 스포츠 시장

애틀랜타 메트로폴리탄 지역의 규모와 성장률, 타 도시와 지리적으로 분리되어 있다는 점을 감안할 때 애틀랜타는 매력적인 스포츠 시장인 것처럼 보였다. Smith에게는 불행하게도, Smith뿐만 아니라 타 프로 스포츠 리그의 프랜차이즈 구단주들도 애틀랜타를 신흥 기회로 삼아 활용하고자 의도하였다. MLBMajor League Baseball의 Braves도 1966년에 밀워키에서 애틀랜타로 이동하였다. NBANational Basketball Association의 Hawks도 1968년에 세인트루이스에서 애틀랜타로 이동하였다. Atlanta Flames는 1971년에 확장 NHLNational Hockey League 프랜차이즈로 창설되었다. Flames는 1980년에 캘거리로 이동하였으나, 1999년에 NHL은 다른 확장 프랜차이즈, Atlanta Thrashers로 다시 애틀랜타로 돌아왔다. 각 메이저 프로 스포츠의 시즌들이 완전히 겹치지는 않았지만, 애틀랜타 팀들은 지역 브랜드 성장과 애틀랜타 팬들의 연간 스포츠 지출예산을 두고 서로 경쟁하였다. Braves는 Turner Field(1997년 개장)에서 플레이한다. Hawks와 Thrashers는 Phillips Arena(1999년 개장)에서 플레이한다.

2002년 2월: Arthur Blank가 Falcons를 구매

The Home Depot의 공동설립자이며 전 CEO인 Arthur Blank가 2001년 12월에 Rankin Smith로부터 Atlanta Falcons를 5억4,500만 달러에 구매하기로 합의하였다. NFL은 2002년 2월 이 거래를 승인하였다.

Blank는 The Home Depot에서 오랜 기간 성공적인 경영자로 활동하였고, 그가 Falcons를 구매하기로 한 결정은 그의 구매금액에 의문을 가진 몇몇 아웃사이더들을 놀라게 하였다. Blank는 5억4,500만 달러에 약한 브랜드자산과 보잘것없는 경기실적을 가지고 있는 병든 프랜차이즈를 인수한 것이었다. 그러나 Blank는 자신의 동기는 단지 이익달성만의 목적을 뛰어넘는다는 점을 분명히 하였고, 그는 Falcons를 무엇보다 하나의 커뮤니티 및 문화자산으로 인식하였다. Blank는 1978년 이후 애틀랜타 주민이었고, 문제점이 있던 프랜차이즈를 탈바꿈시킴으로써 애틀랜타 커뮤니티에 활기를 불어넣고자 하였다. Blank는 자신의 구매에 대하여 다음과 같이 언급하였다.

> "Falcons를 구입한 것은 나에게는 스포츠에 더욱 굳게 연결되는 방안이고, 커뮤니티에 공헌하는 길이다. 내가 그 팀을 소유하지만, 나는 정말 나 자신을 Atlanta의 팬들을 위한 이 팀의 관리자로 인식한다."

Falcons를 전환시키기 위한 그의 노력의 와중에서 Blank는 The Home Depot에서 성공했던 자신의 경영철학을 적용하겠다고 공언하였다. 특히, Blank는 적극적인 청취, 성실한 반응, 지속적인 학습의 원칙을 강조하였는데, 이 원칙들이 The Home Depot를 500억 달러의 기업으로 만든 수단이었다. 그의 구매승인을 발표하는 2002년 2월의 NFL 기자회견에서 Blank는 그의 철학을 다음과 같이 토로하였다.

> "지난 2개월간 나는 세상의 모든 것에 대해 학습하였다. 나는 계속 경청할

case

case

것이다. 나는 계속 학습할 것이다. 우리의 의무는 필드 안과 밖에서 최고의 상품을 만드는 것이다. 우리는 팬들이 우리의 고객인 것을 안다. 나는 팬 메일을 전부 읽는다. 나는 모든 메일에 반응을 했다. 우리는 The Home Depot를 매우 단순한 철학을 기반으로 하여 위대한 기업으로 만들었다."

Blank는 필드에서 좋은 경기성과를 거둘 뿐만 아니라, 팀이 기여하는 모든 당사자들로부터 탁월한 애호를 창출하기 위하여, 팬, 코치, 및 전체 애틀랜타 커뮤니티가 이야기하는 것을 경청하겠다고 약속하였다. 그의 스타일은 적극적이고, 가시적이며, 일선에서 뛰는, Smith 가족의 멀리 떨어져있는 냉담한 성격과 매우 다른 스타일이었다. Blank는 또한 "나는 애틀랜타의 모든 시민과 조지아주의 모든 주민을 위하여 수퍼보울 링을 손에 낄 기회를 잡을 때까지 휴식하지 않겠다"고 말하면서 승리에 대한 의지를 보였다.

Blank가 Dick Sullivan을 고용함: Falcons를 구매한 후에 Blank는 즉시 조직을 그의 목적과 경영스타일에 맞게 변혁시켰다. 마케팅 쪽은 The Home Depot 시절부터 오랜 동료인 Dick Sullivan에게 맡겼다. Sullivan은 The Home Depot에서 9년간 근무하였는데, 마케팅 캠페인 및 글로벌 브랜드전략 담당 수석부사장을 맡았었다. 그는 Blank의 경영철학을 잘 이해하고 있었다. Sullivan은 2002년 4월 Falcons에 합류한 후, 핵심 전략사업 – Falcons의 브랜드에 새로운 생명을 불어넣기 위한 계획을 수립하고 실천하는 일 – 의 책임을 부여받았다.

2002년 4월: Sullivan이 Falcons의 브랜드전략에 대해 숙고하다

Sullivan은 The Home Depot에서 많은 브랜드 구축 경험을 가지고 있고, 일부의 전통적인 브랜드 전략들이 Falcons에 적용가능하다는 점을 인식하고 있었으며, 또한 스포츠 브랜드는 독특한 특성을 가진다는 것도 알고 있었다. 가령, 스포츠 브랜드는 전통적인 기업 브랜드보다 더욱 강한 감성적 요소를 가지며, 소비자들이 스포츠 브랜드를 단순히 기능적 혜택보다 브랜드 자체와 깊게 동일시하는 경향이 강하다. 이는 스포츠 브랜드를 감성으로 가득 채워진 소비자들에게 마케팅 할 수 있는 넓은 기회를 제공해주지만, 이는 동시에 스포츠 브랜드에 대한 소비자의 부정적인 인식은 극복하기가 더욱 어렵다는 것을 의미한다.

더욱이, 스포츠 팀 조직은 관할 구역과 이익배분에 관하여 리그의 룰의 지배를 받도록 되어있어, 그들은 전통적인 기업 조직들보다 운영상의 자유가 보다 적다. 따라서 홈 시장에서의 성공이 스포츠 팀 브랜드에 특히 중요하다.

Sullivan은 Falcons에 닥친 도전을 인식하였다. 몇몇 NFL 팀은 브랜드 포지셔닝을 탁월하게 수행하였는데, 가령 Dallas Cowboys를 'America's Team'으로, Green Bay Packers를 '깊은 지역적 뿌리를 가진 커뮤니티에 기반한 조직'으로 포지셔닝하였다. 그는 Falcons를 위하여, 우울했던 과거를 딛고, 어떻게 가치 있는 브랜드 아이덴티티를 창조할 것인가를 고민하였다. 더욱이, NFL은 타 프로 스포츠보다 적은 수의 게임을 가지고 있어 보다 적은 직접 브랜딩 기회를 가졌다. 거기서 수행할 적절한 브랜드 전략은 무엇인가?

2002년 4월: Sullivan이 Falcons의 상황을 검토하다

Sullivan은 Falcons를 위한 계획을 생각할 때 스포츠 브랜드의 독특한 특성을 감안하였지만, 우선 브랜드 전략 수립에 투입요소를 제공할 수 있는, 중요 분야별로 Falcons가 처한 현재 상황을 검토하였다.

팬의 인식: Falcons의 패배역사에 기인하여, 이 팀에 대한 지역 및 전국의 인식은 대단히 좋지 않았다. 관중 수가 리그에서 거의 꼴찌 수준이었고, 한 조사결과는 몇몇 Falcons의 홈 게임 때 상대팀 응원 관중이 Falcons 팬보다

case

case

더 많은 경우도 있었다고 보고하였다.

더욱이, Falcons의 홈 게임은 종종 애틀랜타 텔레비전 시장에 방영조차 되지 않았는데, 이는 지역 주민들이 TV를 통하여 Falcons의 홈 게임을 시청할 수 없었다는 것을 의미한다. NFL의 미방영black out 정책은 1970년대에 시작되었는데, 게임의 티켓이 게임이 시작되기 72시간 전까지 매진되지 않을 경우에는 홈 텔레비전 시장에서 이 게임을 미방영하도록 규정하고 있다. 종전에 티켓 판매가 부진하여 20회의 Falcons 홈 게임 중 18회가 애틀랜타 지역에서 텔레비전에 방영되지 않았고, 따라서 게임에 직접 참석하지 않은 지역 팬들은 계속 팀과 유대를 갖지 못하였다.

스타디움: Falcons는 홈 게임을 애틀랜타 시내 중심부에 위치한 스타디움인 Georgia Dome에서 하였다. Georgia Dome은 1992년에 2억1,400만 달러의 개발비용을 들여 Georgia World Congress Center와 Centennial Olympic Park 근처에 건설되었는데, 세계에서 최대 규모의 컨벤션 센터 및 복합 엔터테인먼트 단지를 조성하였다. 이 구역은 또한 Atlanta Hawks와 Atlanta Thrashers의 공동 홈구장으로 1999년에 개관된 Philips Center Arena도 포함하고 있다. 이 복합단지는 Atlanta의 공공 철도시설인 MARTA의 두 개 노선이 교통을 지원하고 있다.

Georgia Dome은 Georgia주가 소유하고 Falcons와 타 조직에게 임차하였다. Falcons는 Georgia Dome의 주 임차인이었지만, 이 팀은 일년에 15일 미만을 사용하였다. Georgia Dome은 또한 콘서트, 프로 레슬링, 대학 농구, 대학 미식축구, 체조, 로데오, 트랙, 필드 경기 등 다른 이벤트를 위하여도 사용되었다.

Georgia Dome은 개관 당시에는 최고의 구장venue으로 인식되었다. 그러나 미국 및 캐나다에서의 스타디움 개발 '작전' 추세에 의하여, Georgia Dome은

4억 내지 5억 달러의 개발비용을 들여 건설된 다른 새롭고 보다 정교한 경기장에 의하여 이내 추월당하였다. 특히 Georgia Dome이 개관된 1992년부터 Blank가 Falcons를 구매하기로 합의한 2001년 12월까지의 기간중에 10개의 새 NFL 스타디움이 개관하였고, NBA, NHL, MLB가 함께 사용할 수 있는 43개의 새 구장들이 개관되었다.

선수와 경기실적: Falcons는 2001년에 7-9의 경기실적을 거두었는데, 이는 2000년의 4-12의 경기실적보다 개선되었지만, 여전히 우승팀이 될 수 있는 수준보다 훨씬 저조하였다.

이 팀의 2001년 중의 패배 실적에도 불구하고, 이 시즌의 가장 흥미로운 점은 쿼터백인 Michael Vick의 선전이었다. Vick은 탁월한 스피드, 민첩성, 강한 팔을 구비한 매우 뛰어난 선수였다. Falcons는 Vick이 NFL에 들어가기 위하여 그의 남은 대학 2년을 뛰어넘기로 결정한 후, 그를 2001년 전체 NFL 드래프트에서 1번으로 선택하였다. Vick은 3년간 1,530만 달러의 급여를 개런티로 받고, 6년간의 계약기간중 최대 6,200만 달러까지 받을 가능성이 있는 인센티브를 포함한 Falcons와의 6년간의 계약에 서명하였다. 이는 NFL 역사에서 신인선수rookie로는 가장 고액을 지급하는 계약이었다. 많은 분석가들은 검증되지 않은 프로 선수에게 건 Falcons의 리스크에 대하여 의문을 제기하였으나, Falcons는 Vick은 결코 간과할 수 없는 뛰어난 운동 재능을 가지고 있다고 판단하였다.

Vick은 2001년 신인데뷔 해에 Falcons 팀을 위해 단지 2게임을 경기하였지만, 훌륭한 기량을 선보였고, Falcons는 그에 대한 투자가치를 충분히 확인할 수 있었다. 2002년 시즌이 시작되기 전에 Falcons는 21세의 약관인 Vick을 스타팅 쿼터백으로 임명하였다. 종전의 쿼터백인 Chris Chandler는 Falcons의 역사상 세 번째로 좋은 실적을 보인 패서passer이며 14시즌을 뛴 베테랑이었는데 교체되었다. Falcons의 감독인 Dan Reeves는 그 때 Vick에 대하여 "나는 그가 이 리그에서 2년차 쿼터백으로서 가능할 수 있는 최대한의 준비가 된 선수라고 생각한다"고 언급하였다.

Vick을 스타팅 쿼터백으로 임명한 후 Falcons는 상당한 추가적 변화를 실행하였는데, 결국에는 2002년 시즌에 뛸 21명의 선수진을 새로이 개편하였다.

티켓 판매 및 관중 수: Falcons는 지속적으로 홈 게임의 티켓판매가 부진하여 애를 먹었는데 이는 경영진과 선수진 모두의 사기를 저하시켰다. 티켓 판매는 보다 성공적인 시즌과 Georgoa Dome 개관 직후에는 높았다가 변동을 보였는데, 연간 평균매출액은 NFL 표준에 비추어보면 저조한 수준이었다. | 도표 1 | 은 1992-2001년 중 Falcons의 티켓 판매 자료를 제시하고 있다.

| 도표 2 | 는 2001년 시즌에 Falcons가 설정한 2개의 가격등급별 ─ 시즌티켓당 370달러 구역과 330달러 구역 ─ 좌석분포를 보여준다. | 도표 2 | 는 또한 Georgia Dome 관리소에서 판매한 'Club Level Section'도 보여준다. Georgia Dome이 1992년에 개관될 때 구단 좌석을 7년의 다년 라이센스로 판매하였다. 이 라이센스(좌석당 매년 1,500달러)로는 Dome에서 개최되는 모든 이벤트(SEC Championship과 Peach Bowl을 포함)를 관람할 수 있었다. 최초 7년이 경과한 뒤, Georgia Dome 관리소는 티켓 소지자에게 원할 경우 3년 혹은 5년간 사용할 수 있는 티켓을 고정가격으로 제공하였다.

도표 1 | Falcons의 티켓 판매: 1992-2001

연도	정규시즌 승패 기록	승률[1]	평균 티켓가격	홈 게임 평균 티켓판매량[2]	수용인원 대비 티켓 판매비율[3]
1992[4]	6-10	0.375	$28.28	68,246	95.4%
1993	6-10	0.375	$28.41	60,894	85.2%
1994	7-9	0.438	$28.37	58,160	81.3%
1995	9-7	0.563	$31.75	52,283	73.1%
1996	3-13	0.188	$31.31	46,311	64.8%
1997	7-9	0.438	$31.09	44,387	62.1%
1998	14-2	0.875	$30.51	51,786	72.4%
1999	5-11	0.313	$38.02	54,708	76.5%
2000	4-12	0.250	$38.52	49,585	69.3%
2001	7-9	0.438	$36.58	53,855	75.3%

1) 승률=승리회수/(승리회수+패배회수)
2) 사전게임 (preseason game)도 포함.
3) Georgia Dome 수용인원인 71,500명 기준
4) Georgia Dome 개관

자료: Internal Falcon Records.

타 NFL 프랜차이즈들과의 비교: Atlanta가 외견상으로 매력적인 스포츠 시장일 것으로 보임에도 불구하고, 2001년 중 Falcons는 평균 관중 수 및 구장 사용률 모두 NFL에서 최하위에서 두 번째를 기록하였다. Arizona Cardinals가 2001년 중 평균 관중 수 38,414 및 구장 사용률 52.2%로 양 지표 모두에서 최하위였다. NFL 팀 평균은 평균 관중 수 65,791 및 구장 사용률 93.0%였다.

타 애틀랜타 프로 스포츠 프랜차이즈들과의 비교: Falcons처럼 NBA의 Atlanta Hawks와 NHL의 Atlanta Thrashers도 승률과 관중 수에서 각 리그에서 거의 최하위에 랭크되었다. 반면에, Atlanta Braves는 1992년 이후 다른 어느 MLB

case

도표 2 Georgia Dome Stadium 지도, 2001 Falcons의 티켓 가격 등급

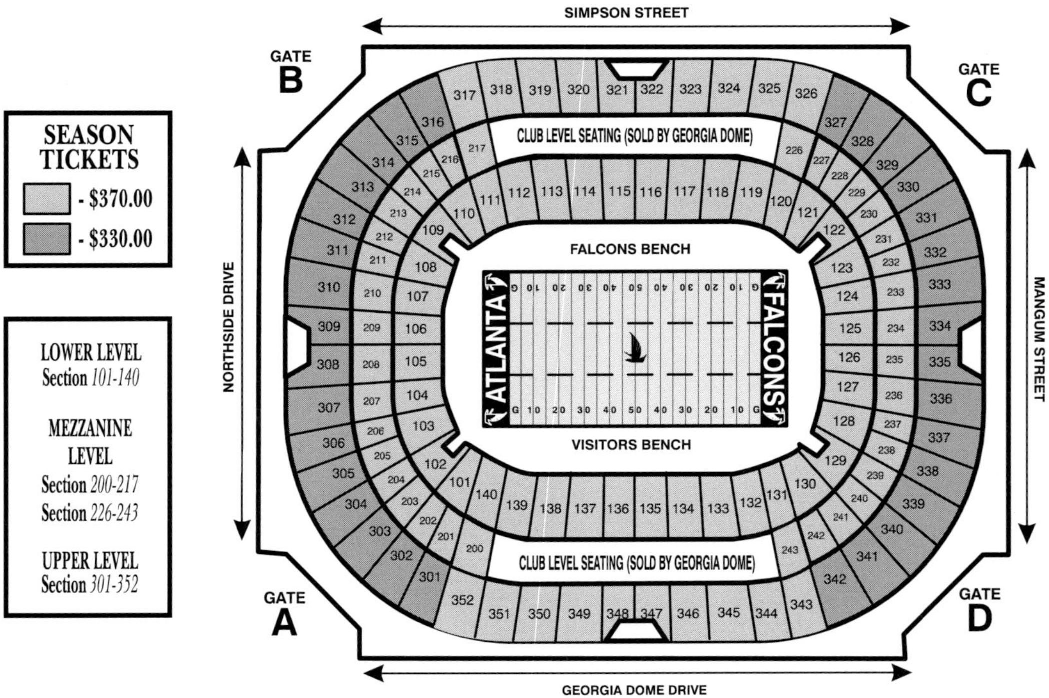

자료: Falcons internal records

도표 3 ▌Atlanta 프로 스포츠 프랜차이즈들 (2002년 NFL 시즌 개최 시점)

Atlanta 팀이름	승률[1]	팀 평균 티켓가격 (리그순위)	리그 평균 티켓가격	구장 수용인원	평균 홈 게임 관중 (리그순위)	구장 사용률[2] (리그순위)	2002 Forbes지 추정가치 (100만 달러)
Falcons (NFL)	0.438	$36.58 (30)	$47.41	71,500	54,251 (30)	75.9% (30)	$407
Braves (MLB)	0.543	$20.78 (9)	$17.69	49,831	34,858 (12)	70.0% (15)	$424
Hawks (NBA)	0.402	$39.02 (17)	$42.02	20,000	12,344 (27)	61.7% (27)	$199
Thrashers (NHL)	0.268	$40.26 (17)	$41.02	18,750[3]	13,668 (28)	72.9% (29)	$134

1) 승률 = 승리 횟수 / (승리 횟수 + 패배 횟수)
2) 구장 사용률=평균 홈게임 관중/구장 수용인원
3) Philips Arena의 수용인원은 스타디움의 개축으로 야구장보다 하키장이 다소 적음.

자료: 2004 Revenues From Sports Venues; Forbes지 2003 각호.

팀보다 더 많은 게임을 승리하였다. 그러나 필드에서의 전례 없는 성공에도 불구하고, Braves는 2001년에 MLB 팀들 중 총 관중 수에서 12위, 구장사용률에서 15위에 랭크되는 데 그쳤다. ㅣ도표 3ㅣ은 2002년 NFL 시즌 이전까지의 Atlanta 프로 스포츠 프랜차이즈들을 비교한 리스트이다.

NFL 수익 배분 구조 내에서의 Falcon: Falcons는 타 프로 스포츠 리그보다 NFL에 보다 높은 이익배분율을 허용하도록 설계된 NFL의 수익 배분 정책의 지배를 받는다. 가령, 모든 NFL 텔레비전 방영권은 리그수준에서 협상되고, 그 결과 수익은 각 팀에 균등배분된다. 최근 NFL 텔레비전 방영수익은 매년 약 7,500만 달러이며, 다수의 팀에게 이 수익이 최대 수익원천이다. 더욱이, NFL은 입장료gate revenues 및 상품 수익merchandise revenues을 배분하는 정책을

case

가지고 있다. 입장료 수익은 60/40으로 배분되는데, 홈팀이 60%를 가지고, 나머지 40%를 다른 팀들에게 균등 배분한다. 상품 수익은 전국규모의 소매상들과의 협상에서 나오는데 균등하게 배분된다. 그러나 리그는 일부 상품수익은 지역 상점과 시장에 배분하도록 허용하고 모든 팀들에게 배분하도록 요구하지 않는다. 요컨대, NFL 수익의 60% 이상이 리그 내 팀들에게 균등하게 배분된다.

NFL의 광범위한 수익 균등정책이 바람직한 경쟁상의 균형을 촉진하지만, 단점은 각 팀이 스스로 주도한 노력의 결과로 거둔 수익에 대하여 누릴 권리가 제한된다는 점이다. 따라서 NFL에서의 팀 브랜드 구축이 MLB와 같이 수익의 균등 배분 요구가 적은 다른 프로 스포츠보다 잠재적으로 더 어렵다. 순전히 수익 관점에서 보면, 각 NFL 팀이 통제할 수 있는 최대의 경쟁도구competitive levers는 홈 티켓 판매, 기타 스타디움 수익이며, 지역 상품수익과 프리시즌 텔레비전 및 라디오 수익이 약간의 영향을 가진다.

2002년 4-5월: Sullivan이 최종 평가를 하다

Sullivan이 가진 시간은 많지 않았다. NFL 프리시즌pre-season이 8월에 시작되고, Falcons는 새로운 경영자와 구단주를 알릴 강력한 브랜딩 선언이 필요하였다. Falcons의 상황에 대한 개인적인 평가에 더하여, Sullivan은 Blank의 적극적 청취 철학과 보조를 같이하여 신속히 팬 포커스 그룹 조사를 실시하였다. Sullivan은 3개의 주요 팬 세분시장을 표적으로 하였다. 시즌티켓 소지자, 단일 게임 참여자, 과거 2년간 Falcons 게임에 참여한 적이 없는 자. 이 조사의 주요 결과는 다음과 같다. 전반적으로 프로 스포츠의 가격이 과도하게 비싸다. Falcons의 전반적 게임당일 경험에 개선할 여지가 있다. Falcons가 팀을 커뮤니티와 통합시키는 것이 필요하다. Sullivan은 이 결과를 검토한 후 Falcons 브랜드 가치 증대라는 자신의 최우선 초점을 감안하여 이 제안들에 대하여 어떻게 대응할 것인가를 고민하였다. 충분한 예산이 뒷받침되어 있음으로, Sullivan이 6월에 예정된 전략 발표를 준비하면서 택할 수 있는 여러 개의 대안들이 있었다.

토의문제

1. 구단주가 교체될 시점에 Atlanta Falcons 브랜드가 NFL 구단 브랜드들 중 최하위급에 랭크된 주요 이유는 무엇인가?
2. 새로운 Falcons의 경영진이 새로운 브랜딩 및 마케팅 전략을 수립하는데 있어서 활용 가능한 강점들은 무엇인가?
3. 새로운 브랜딩 및 마케팅 전략을 수립하는데 있어서 Sullivan과 Falcons의 경영진이 고려해야할 큰 영역들broad areas은 무엇인가?
4. Falcons 브랜딩 및 마케팅 전략과 2002년 4/5월에 시작하는 일련의 실행단계에 대하여 조언하시오.

case

CHAPTER 8

BROADCASTING, MEDIA, AND SPORTS

방송, 미디어, 그리고 스포츠

핵심 쟁점

- 스포츠 컨텐츠는 다수의 스포츠에서 공중파free-to-air방송보다 케이블방송을 통하여 점점 더 많이 방영되고 있다. 공중파는 단일 수익흐름 모델(광고)로 운영하는데 비하여, 케이블은 두 가지 수익흐름 모델(케이블 가입 수수료와 광고)로 운영한다.

- 케이블 컨텐츠 채널들과 케이블 유통 플랫폼 기업들이 케이블 산업의 두 개의 중요한 부분이다. 단지 극히 일부의 스포츠 케이블 컨텐츠 기업들(가령 ESPN이나 FOX Sports)만이 케이블 유통기업들과의 관계에서 상당한 영향력을 가진다.

- 스포츠 단체들은 그들의 텔레비전 파트너들과 보다 다양한 계약들을 협상하고 있다. 선불upfront 고정 수수료 모델이 여전히 일반적이지만, 다른 대안들(가령 수익 배분이나 방영시간 구매)들도 점차 증가하여 협상테이블 위에서 논의되고 있다.

- 케이블 스포츠는 고도로 혁신을 지속해온 분야이다. 다양한 유형의 지역 스포츠 네트워크RSNs나 리그가 소유하는 케이블 컨텐츠 채널들이 나타나고 있다.

| 사 례 | NFL-네트워크 텔레비전 계약들, 1998-2005

공중파 방송, 케이블, 인터넷, 인쇄 미디어는 스포츠에서 많은 역할을 한다. 이들 중 일부는 스포츠 이벤트와 게임을 그곳에 직접 참석하지 않은 팬과 청중에게 생생하게 전해준다. 그런 생방송이 팬들로 하여금 스포츠와 감성적으로 연결을 지속하게 하고, 스포츠 경쟁의 진수인 결과의 불확실성을 경험할 수 있게 한다. 미디어는 또한 스포츠를 촉진하는 홍보 수단의 일부이다. 게임 전 및 게임 후의 분석은 개별 이벤트, 게임, 구단, 및 리그에 대한 팬의 흥미를 높인다. 미디어는 또한 스포츠의 형태를 만든다. 리그들은 방송사 네트워크의 일정에 맞추어 플레이 시즌을 조정해왔다. 미디어 중계coverage는 게임 중간의 휴식시간의 길이나 시기 등의 게임당일 이벤트를 변화시키기도 한다. 중계와 재방송은 게임 룰의 시행 및 룰 자체에 영향을 미친다. 미디어와 스포츠의 접촉부분의 비즈니스 측면을 분석하는 것이 스포츠 비즈니스를 이해하는 데 매우 중요하다.

이 장에서는 다음과 같은 상호 관련된 주제들을 다룬다.

- 스포츠 컨텐츠를 텔레비전을 통하여 전달하는 메커니즘의 대안들.
- 스포츠 관련 권리들의 협상을 위한 계약 모델의 대안들.
- 지역 스포츠 네트워크RSN의 성장을 포함한 스포츠 방송의 추세.

스포츠의 텔레비전 중계

텔레비전 산업은 스포츠 프로그램이 시청자에게 전달되는 형태를 두 가지로 분류한다. 공중파 방송과 케이블 텔레비전. | 도표 8•1 | 은 이와 같은 텔레비전 시장의 양면의 개관을 보여주고 있다.

공중파 방송: 텔레비전과 스포츠 중계의 시초가 공중파방송이다. 수년간 이것이 텔레비전 컨텐츠를 수신하는 유일한 방식이었다. 집이나 아파트들은 방송 신호를

도표 8-1 미국의 텔레비전—공중파 방송 및 케이블

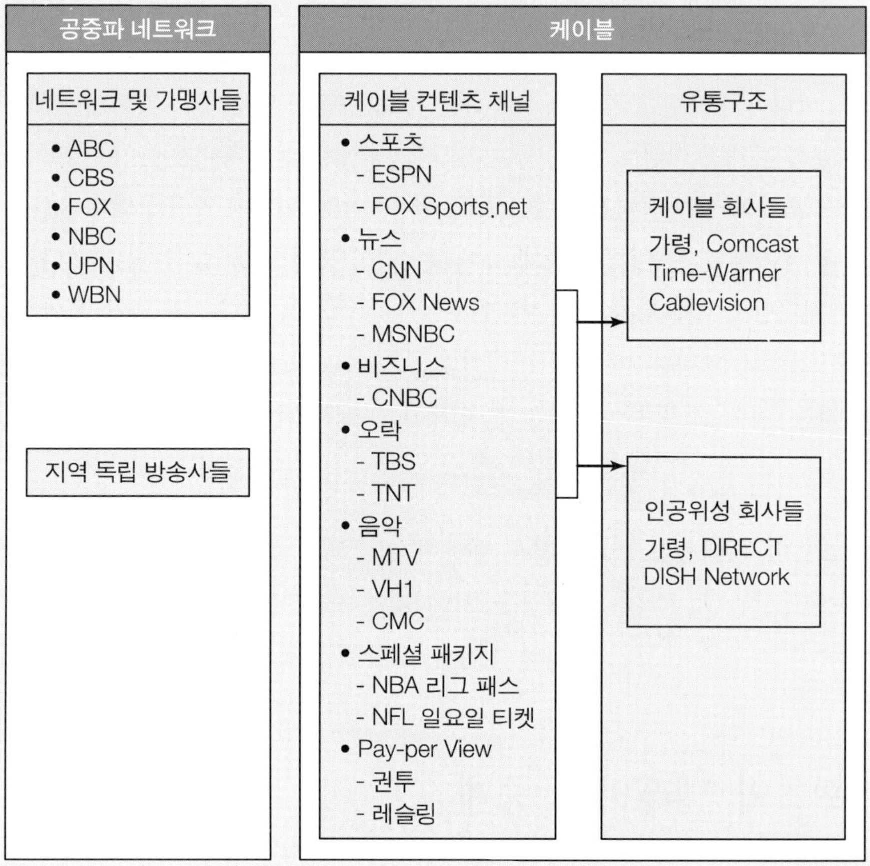

잡기 위하여 실외 안테나를 보유하였다. 방송 네트워크는 전국 곳곳의 시청자들이 시청할 수 있도록 전국적 중계를 개발하였다. 시초의 빅3 네트워크사들(ABC, CBS 및 NBC)은 1990년대에 FOX가 주요 방송사로 발전하면서 빅4가 되었다. FOX의 빠른 성장은 당시의 기록적 금액인 매년 3억9,500만 달러의 수수료를 지불하고 NFL 스포츠 권리를 구매한 것에 일부 기인한다. 각 텔레비전 구역은 공중파 네트워크 텔레비전 방송국과 지역 독립 방송국에 접근된다. 스포츠 중계도 공중파 네트워크 텔레비전 방송국과 지역 독립 방송국에 모두 포함된다.

공중파 방송의 수익모델은 30초짜리 상업광고이다. 광고주들은 예상 시청률과 예상 시청자의 인구통계학적 특성을 토대로 하여 광고비를 지불한다. 스포츠는 역사적으로 공중파 방송 텔레비전의 최고 시청 프로그램이다.

케이블: 텔레비전의 케이블 측면에는 두개의 축이 있다. 케이블 컨텐츠 채널과 유통기관이다.

- **케이블 컨텐츠 채널:** 이 채널들은 상이한 표적청중에게 컨텐츠를 제공한다. 스포츠 채널들은 가장 시청률이 높은 케이블 채널에 속한다. | 도표 8•2 | 는 DIRECTV 가입자들에게 제공되는 두 개의 패키지에 들어있는 스포츠 채널들을 보여준다. 'Basic Package'는 매달 39.99달러에 130개 채널을 제공한다. 이는 ESPN으로부터의 4개의 채널을 포함하여 상당한 스포츠 채널 컨텐츠를 담은 최소한 9개 채널을 제공한다. 'Total Choice Premier Package'는 매달 90.99달러에 210여개 채널을 제공한다. 이는 Basic Package의 모든 채널에 더하여 24개의 상당한 스포츠 컨텐츠를 포함한 다른 80개 채널을 제공한다. 이는 18개의 FOX Sports Net 지역 채널을 포함한다.

최근의 케이블 스포츠의 추세는 시즌 내내 지역 방송사나 지역 케이블 채널이 중계하지 않는 타 도시 게임의 중계를 제공하는 'Special Sports Packages'를 포함하는

도표 8-2 DIRECTV의 스포츠 케이블 채널(2004)

BASIC PACKAGE: 매달 39.99달러에 130개 채널 제공. 스포츠 채널은 다음과 같다.

- ESPN
- ESPN2
- ESPN News
- ESPN Classic
- Speed Channel
- Superstation WGN
- TBS
- TNT
- Turner South

TOTAL CHOICE PREMIER PACKAGE: 매달 90.99달러에 210여개 채널 제공.
스포츠 컨텐츠를 담은 채널은 BASIC PACKAGE의 채널에 추가하여 다음의 24개를 제공.

- FOX Sports Net Channels(Arizona, Bay Area, Chicago, Cincinnati, Detroit, Florida, Midwest, New England, New York, North, Northwest, Ohio, Pittsburgh, Rocky Mountain, South, Southwest, West, West2)
- FOX Sports World
- Golf Channel
- MSG
- NESN
- Sunshine Network
- YES Network

SPECIAL SPORTS PACKAGES

• NFL Sunday Ticket	$219	(2004-05시즌)
• MLB Extra Innings	$169	(2004시즌)
• NBA League Pass	$169	(2004-05시즌)
• Mega March Madness	$59	(2005시즌)
• English Premier League	$299	(2004-05시즌)

것이다. | 도표 8•2 | 는 그러한 DIRECTV의 다섯 가지 예를 보여준다. 가령, NBA League Pass는 시청자가 거주하는 도시 밖의 타 도시에서 개최되는 정규시즌 게임을 주당 최대 40게임을 제공한다. 이는 시즌당 169달러이다.

대다수 케이블 컨텐츠 채널은 두 가지의 주요 수익원천을 가진다. ① Comcast나 DIRECTV 등 케이블 유통전문 회사로부터 수령하는 컨텐츠 수수료carriage payments, ② 광고 수익. 컨텐츠 수수료는 극적으로 크게 차이가 난다. 케이블 컨텐츠 채널들과 유통 파트너들 간의 대다수의 계약은 매 월 가입 여부subscriber를 기준으로 이루어진다. 고용량 가입자 패키지(가령, Comcast의 Standard Cable이나 DIRECTV의 Basic Package)가 케이블 컨텐츠 채널들이 전형적으로 선호하는 포지션이다. 이는 주어진 월별 컨텐츠 수수료에 추가하여, 가입자가 많으면 많을수록 케이블 컨텐츠 채널의 수익은 더욱 많아지는 구조임으로 전체적으로 케이블 컨텐츠 채널에 많은 수익을 가져다주는 결과를 낳는다. 어떤 경우에는 케이블 컨텐츠 채널들이 고용량 가입자 패키지로 포지션되기 위하여 컨텐츠 수수료의 인하를 제시하기도 한다.

스포츠 컨텐츠 케이블 채널의 주요 원가는 스포츠 리그나 스포츠 구단에 지불하는 스포츠 권리 수수료rights fees이다. 가령, ESPN은 NFL과의 1998-2005년의 기간중 NFL의 야간 게임을 일요일 밤에 중계할 권리를 매년 6억 달러를 지불하는 조건으로 구입하였다.

- **유통 플랫폼 회사**: 이 기업들은 복수의 개별 케이블 채널들을 묶어서 다음 중 하나의 기술을 이용하여 시청자들에게 유통한다.

1. 지하 매설 케이블. 2003년 가입자 기준으로 대표적 회사는 Comcast(2,200만 명), AOL Time Warner(1,300만 명), 및 Charter Communications(700만 명).
2. 집이나 아파트에 부착된 접시에 신호를 전달하는 인공위성. 2003년 가입자 기준 2대 회사는 DIRECTV(1,100만 명) 및 DISH Network(700만 명).

케이블 유통전문 회사들의 수익모델은 가입자들로부터의 월별 수수료이다. 가령, Comcast는 2004년 9월 지하 매설 케이블 서비스 가입자들에게 다음과 같은 몇 개의 패키지를 제공하였다.

- Standard Cable 월 $43.99
- Digital Classic 월 $53.94
- Digital Silver 월 $71.94
- Digital Gold 월 $83.94
- Digital Platinum 월 $94.94

| 도표 8•2 | 는 DIRECTV의 'bird in the sky' 위성 서비스 내에서 제공되는 패키지들을 보여주고 있다. 스포츠 채널들은 각 패키지에 포함되어 있다. 추가 스포츠 채널은 각 패키지에 추가하여 월 4.99달러를 지불하면 구입할 수 있다. Comcast는 가입자 수의 증대와 기존 고객으로 하여금 보다 비싼 패키지로 변경하도록 유도함으로써(가령 Standard Cable에서 Digital Platinum으로) 수익증대를 꾀한다.

Comcast 등 유통 플랫폼 회사들의 주요 원가는 각 채널을 자사 플랫폼을 통하여 시청자들에게 송신할 수 있는 권리에 대하여 케이블 컨텐츠 채널들에게 지불하는 컨텐츠 수수료carriage payments이다. Kagan Research사는 2003년 월별 가입자별 평균 라이센스 수수료에 대하여 다음과 같이 보고하였다. ESPN($1.93), FOX Sports($1.21), TNT($0.77), Disney Channel($0.75), USA($0.42), CNN($0.38).

텔레비전 스포츠 시청률 및 타 계약모델

텔레비전 시청률ratings은 방송사들과 케이블회사들이 스포츠 미디어 권리와 관련한 계약에 서명할 때 얼마를 지불하겠다고 제시할 것인가를 결정하는 데 가장 중요하다. | 도표 8•3 | 은 주요 리그 및 이벤트별 최근의 텔레비전 시청률을 요약해 보여준다.

도표 8-3 스포츠 텔레비전 Nielson 시청률[a]-2000년에서 2003년: 공중파 네트워크 TV 및 케이블 TV[b]

리그	공중파 방송				케이블 TV			
	2000	2001	2002	2003	2000	2001	2002	2003
NFL-남자								
정규시즌	10.7	10.1	10.3	10.3	7.0	6.3	7.4	7.7
플레이오프	17.2	17.8	18.9	19.0	—	—	—	—
슈퍼 보울	40.4	40.4	40.7	41.4	—	—	—	—
MLB-남자								
정규시즌	2.6	2.6	2.5	2.7	1.3	1.2	1.1	1.0
디비전 플레이오프	4.9	5.2	6.2	7.5	2.9	—	—	3.9
리그 챔피언쉽	6.9	7.0	6.5	10.7	—	—	—	—
월드시리즈	12.4	15.7	11.9	12.8	—	—	—	—
NBA-남자								
정규시즌	3.3	2.9	2.9	2.6	1.3	1.3	1.3	1.2
플레이오프	5.7	4.9	5.6	4.8	2.9	2.3	2.5	3.2
NBA 결승	11.6	12.1	10.2	6.6	—	—	—	—
WNBA-여자								
정규시즌	1.4	1.1	0.9	0.8	0.5	0.4	0.3	0.2
플레이오프	1.4	1.1	1.0	0.9	0.4	0.4	0.3	0.4
NHL-남자								
정규시즌	1.3	1.1	1.4	1.1	0.6	0.6	0.5	0.5
플레이오프	1.5	1.5	1.5	1.3	1.1	1.0	1.0	0.7
Stanley Cup 결승	3.7	3.3	3.6	2.9	—	—	—	—
MLS-남자								
정규시즌	0.8	0.8	0.7	0.9	0.3	0.3	0.3	0.2
플레이오프	0.7	1.0	0.8	0.6	0.3	0.3	0.4	0.2
WUSA-여자								
정규시즌	N/A	—	0.1	0.1	—	0.4	—	0.2
플레이오프	N/A	—	0.1	—	—	0.1	—	—
Arena Football-남자								
정규시즌	1.2	0.9	0.8	0.8	0.6	0.4	0.4	—
플레이오프					0.8	0.7	0.9	—

도표 8-3 스포츠 텔레비전 Nielson 시청률[a]-2000년에서 2003년: 공중파 네트워크 TV 및 케이블 TV[b] <계속>

리그	공중파 방송				케이블 TV			
	2000	2001	2002	2003	2000	2001	2002	2003
대학 미식축구-남자								
정규시즌	3.8	3.3	3.6	3.5	1.9	1.6	1.9	1.8
보울 게임즈	8.3	7.0	7.6	8.1	2.6	2.8	2.8	2.7
대학 농구-남자								
정규시즌	1.8	1.9	1.8	1.9	0.9	0.9	0.8	0.9
포스트시즌 토너먼트	6.4	6.5	6.5	5.5	0.8	0.7	0.9	1.6
챔피언쉽 게임	14.1	15.6	15.0	12.6	—	—	—	—
대학 농구-여자								
정규시즌	—	—	—	—	0.6	0.4	0.3	0.3
포스트시즌	—	—	—	—	1.1	1.1	1.2	1.1
모터 스포츠-남자								
NASCAR	5.1	5.5	5.5	5.3	4.0	3.8	4.6	4.3
IRL	2.3	2.0	1.6	1.5	0.6	0.5	0.5	0.5
CART	—	—	—	—	0.8	0.5	0.4	0.2
골프-남녀								
PGA-남자	3.4	3.6	3.4	2.9	1.4	1.8	2.1	1.3
LPGA-여자	1.3	1.2	1.2	1.2	0.6	0.4	0.4	0.5
테니스-남녀								
그랜드 슬램-남자	—	2.94	2.77	2.25				
그랜드 슬램-여자	—	3.72	3.42	2.30	—	—	—	—
올림픽-남녀								
프라임 타임 (남녀)	13.8	—	19.2	—	—	—	—	—

a 닐슨시청률의 1포인트는 미국 전체 텔레비전 시청가구의 1%를 나타냄. 2000, 2001, 2002, 2003년의 추정 텔레비전 시청가구는 1억80만, 1억220만, 1억550만, 1억840만 가구이다. 따라서 2002년의 1포인트는 105만5,000가구를 나타낸다.
b 케이블 텔레비전 시청률은 ESPN, FX, Lifetime, Oxygen, TBSm TNT 등 전국 케이블 텔레비전 방송국에 관한 것임. 지역 케이블 방송국은 불포함.

자료: Nielson Television Index Sports Decks, Nielson Galaxy Explore/테니스는 By The Numbers 2004.

| 도표 8•3 | 에 제시된 방송 시청률은 방송사의 경우는 복수의 방송국을 평균한 것이고, 케이블의 경우는 보고된 최고의 시청률을 담고 있다.

미디어회사들과 스포츠 권리 보유자들이 채택할 수 있는 매우 상이한 계약 모델들이 존재한다. 다음에서 세 가지 예를 살펴본다.

미디어회사가 선불로 고정 수수료를 지불하는 모델: 이것이 주요 스포츠 재산권에 가장 일반적으로 사용되는 모델이다. | 도표 8•4 | 는 복수의 계약과 복수의 리그에 대하여 지불된 권리 수수료의 규모를 보여준다. 이 데이터는 전국 텔레비전 방송사 및 케이블사의 중계 계약에 관한 것이다. | 도표 8•4 | 는 개별 MLB, NBA, NHL 구단들이 지역 텔레비전과 맺은 계약이나 특별 외부 지역 패키지(가령 'NBA League Pass'나 'NFL Sunday Ticket' 등)는 포함하지 않는다.

보장된 고정 수수료란 측면은 스포츠 리그에 수익의 확실성을 제공해준다. 이는 미디어회사에 시청률 하락이나 광고비 하락의 리스크를 안긴다. 2002년 6월 30일을 기말시점으로 한 연중에 News Corp.사는 스포츠 재산권을 약 9억 달러어치 감가상각 처리하였는데, 이는 이 스포츠 재산권이 당초 기대했던 수준의 광고수익을 유인하지 못한 것을 반영한 것이다. 동사의 2002연차보고서에는 다음과 같이 언급되어있다.

> 연중 스포츠 관련 광고의 감소, 장기 광고 성장률 예측치의 감소의 결과, 기업의 회계기준에 준거하여, 이사들은 특히 미국 내의 특정 스포츠 계약의 원가의 회수 가능성을 재평가하였다. 그 결과, National Football League에 3억6,700만 달러, NASCAR에 2억8천만 달러, Major League Baseball에 2억1,000만 달러, 미국 이외 지역의 크리켓 프로그램 권리에 4,300만 달러, 도합 9억 달러를 기타비용으로 계상하였다.

이 감가상각은 선불 고정수수료 모델에 내재한 위험을 극명하게 보여준다.

수익 배분 모델: 이 모델에서는 스포츠 권리 수수료(혹은 모든 수수료)의 한 구성요소가 그 이벤트의 방송 관련 수익의 함수이다. 이 모델은 광고 수익 흐름을 스포츠

도표 8-4 미국에서의 전국 텔레비전 권리 협상(100만 달러)

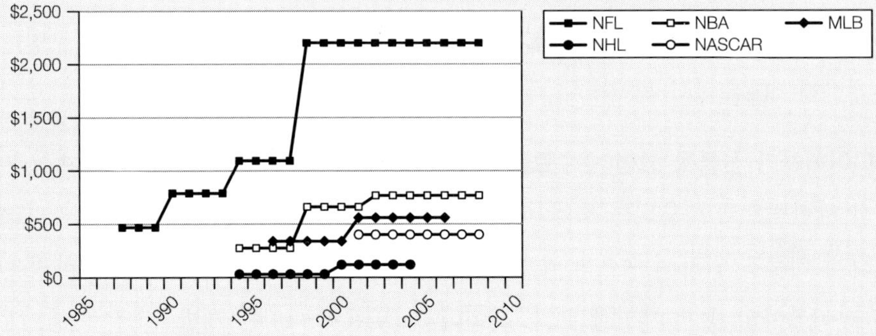

리그	계약기간	방송 파트너	케이블 파트너	평균 연간 권리 수수료
NFL	1987-1989	CBS, NBC, ABC	ESPN	$468
	1990-1993	CBS, NBC, ABC	ESPN	789
	1994-1997	FOX, NBC, ABC	ESPN, TNT	1,097
	1998-2005	FOX, CBS, ABC	ESPN	2,200
MLB	1996-2000	FOX, NBC	ESPN	$340
	2001-2006	FOX	ESPN	559
NBA	1994-1998	NBC	TNT	$275
	1998-2002	NBC	TNT, TBS	660
	2002-2008	ABC	ESPN, TNT	767
NHL	1994-1999	FOX		$31
	1999-2004	ABC	ESPN	120
NASCAR	2001-2008	FOX, NBC	FX, TNT	$400
올림픽게임	1980(동),1980(하)			$122
(동계/하계)	1984(동),1984(하)			390
	1988(동),1988(하)			728
	1992(동),1992(하)			928
	1994(동),1996(하)			1,251
	1998(동),2000(하)			1,845
	2002(동),2004(하)			2,215

자료: Street & Smith's Sports Business Journal, By the Numbers 2004, individual leagues.

방송과 일치시킬 수 있는 공중파 방송사 파트너의 경우에 가장 분명하게 적용된다. NBC와 WWEWorld Wrestling Entertainment 간의 합작회사인 XFL사는 동사의 두 개의 합작 파트너사와 제작비용을 차감한 이후의 이익을 50/50으로 배분하는 조건으로 운용하였다. 이는 미래 수익의 불확실성에 따르는 위험을 공동으로 부담하는 것이었다.

스포츠 권리 보유자가 미디어의 방송 시간을 구입하고, 동시에 판매하는 모든 광고 수익을 취하는 모델: 이 경우 미디어회사에게 수익의 확실성이 보장된다. 시청률이나 광고수익이 하락할 경우 그 위험이 그대로 스포츠 권리 보유자에게 부담지어진다. 극단적인 버전은 스포츠 권리 보유자가 스스로 케이블 컨텐츠 채널을 설립하여 네트워크를 통하여 자체의 게임을 송신하는 것이다.

실제로는 이 3개 모델이 다양한 변형의 형태를 띤다. 어떤 리그의 경우, 미디어 파트너는 스포츠 권리 수수료 계약의 가치동인value drivers으로 광고 수익이나 케이블 가입자 증대 이상을 상정할 수 있다. 최근의 AFLArena Football League와 NBC 간의 계약을 생각해보자. 2003년에 NBC는 선불수수료를 지불함이 없이 수익배분 조건으로 AFL과 방송 파트너 계약을 체결하였다. 종전에는 AFL이 케이블을 통하여 방영되었는데 저조한 시청률을 나타내었다. NBC는 자사가 AFL에게 광범위하고 보다 수준 높은 촉진 기회를 제공한다고 생각했다. 이는 개별 AFL 구단들의 시장가치를 향상시킬 수도 있다. 2003년 AFL/NBC 계약에는 NBC가 특정 구단이 매각될 경우 2003년 가치보다 증가된 가치를 나눠가지도록 규정하고 있다. NBC는 자사의 광범위한 방송의 힘이 AFl의 가치를 증가시켰다고 생각하고, 동사의 가치 증가분의 일부분을 자사가 획득한다는 조항을 계약에 삽입하였던 것이다!

스포츠 권리 수수료-권리 보유자의 관점

협상 전문가들은 각 당사자는 상대방이 기대하는 것이 무엇이고, 상대방이 협상에서 고려할 점이 무엇인가를 살펴보기를 권한다. 스포츠 권리 보유자는 미디어 파트너를 선택할 때 다음의 요소를 포함한 몇 가지의 고려할 요소들을 가진다.

- 조건으로 제시된 권리 수수료의 크기. 다른 것들이 동일하다면 가장 높은 금액을 제시한 자가 가장 매력적이다.
- 높은 금액 제시자의 재무적 지불능력. 몇몇 리그는 스포츠 권리를 최고 금액 조건 제시자에게 부여하였는데, 그 당사자가 나중에 부도가 나서 약정한 금액을 지불하지 못하여 곤란을 당하였다.
- 포괄지역의 광범위성. 가능한 한 넓은 지역의 시청자들에게 중계방송을 할 수 있는 능력(전형적으로 공중파 방송 쪽이 케이블 쪽보다 더 넓음).
- 응찰자가 그 이벤트를 방송할 능력. 기술적 역량과 중계방송의 혁신 능력.
- 응찰자가 스포츠 리그를 마케팅하고 교차 촉진할 능력.
- 장기적 관계. 방송 파트너와 신뢰를 개발하는 데는 오랜 시간이 걸린다. 혁신적이고 높은 시청률을 보이는 기존의 방송 파트너가 리그에게 유리하다.

계약대상보다 더 많은 수의 응찰자들 간에 경쟁을 유도하는 협상이 스포츠 권리 보유자에게는 보다 바람직하다. 계약대상보다 응찰자가 더 많은 경우에 미디어회사들은 최종 낙찰에서 배제될 것을 우려하여 더 높은 수수료 금액을 제시할 것이다. 구입자가 시즌의 매주 일요일 타 지역에서 개최되는 NFL 게임들을 시청할 수 있는 시즌 패스인 'NFL Sunday Ticket'을 생각해보자. NFL은 협상에서 ESPN과 같이 모든 케이블 유통 플랫폼의 모든 가입자들에게 동일하게 시청할 수 있도록 하는 옵션을 가졌다. 그러나 NFL은 케이블 유통 플랫폼 회사들이 서로 경쟁하도록 입찰에 부쳤다. 그 결과 2004년에 DIRECTV는 2010년 시즌까지 5년간 'NFL Sunday Ticket'에 대한 독점적인 권리를 35억 달러에 구입하는 조건으로 재계약하였다. 이는 기존의 5년간 계약금액인 20억 달러보다 75% 증가한 금액이다. DIRECTV는 NFL Sunday Ticket의 유일한 공급사이다. 현재 지하매설케이블을 사용하고 있는 열정적인 NFL팬들은 NFL Sunday Ticket을 구입하기 위하여 어쩔 수 없이 DIRECTV로 서비스를 바꾸어야 한다. DIRECTV로 하여금 NFL에 이 패키지 권리에 대하여 높은 금액으로 응찰하게 유도한 한 가지 요소는 자사가 지하케이블회사나 DISH Network으로부터 고객들을 탈취하여 유지할 수 있다는 자신감이었다. 그러한 새 고객들로부터의 잠재 수익은 프리미엄 케이블 패키지와 패키지관련 전화 및 인터넷통신DSL을 포함한다. NFL Sunday Ticket은 DIRECTV로 하여금 수년간 가입자 기반을 자산으로 구축할 수 있게 하였다. NFL은 DIRECTV가 이러한 자산 구축으로부터 획득할 수 있는 이득의 일부를 자사가 포착할 수 있도록 입찰 구조를 디자인한 것이었다.

케이블 스포츠 네트워크와 지역 스포츠 네트워크

ESPN은 1979년 9월에 케이블 컨텐츠 채널로 출범하였다. 이는 스포츠 방송에 있어서 하나의 선도적 이벤트였다. 그 후 가장 높은 가치를 지닌 케이블 채널로, 스포츠 권리를 두고 전국규모의 방송 네트워크사들과 경쟁할 수 있을 만큼 성장하였다. ESPN 모델은 전국규모의 24시간 스포츠 네트워크이다. 케이블 스포츠 방송계에서 ESPN의 핵심시장에서 경쟁을 시도하거나, ESPN 및 타 스포츠 방송사가 관심을 두지 않는 틈새시장을 노리는 여러 가지의 움직임이 있었다.

지역 스포츠 네트워크: 스포츠구단에 대한 팬의 관심은 대단히 지역에 초점이 두어진다. 여러 지역에서 지역 케이블 스포츠 컨텐츠 채널을 지원하기에 충분한 스포츠 상품들이 존재한다. 가령, 플로리다주의 Sunshine Network은 1988년 3월에 출범하여 2004년에 300만 이상의 가입자를 확보하였다. 동사의 웹사이트는 "매년 600개 이상의 생방송이 Sunshine Network을 통하여 방영된다"고 언급하고 있다. 중계하는 스포츠구단들은 Florida Seminoles(대학), Florida Gators(대학), Miami Heat(NBA), Orlando Magic(NBA) 및 Tampa Bay Lightning(NHL) 등을 포함한다.

전국/지역 복합 스포츠 네트워크: 개별 지역 초점의 케이블 컨텐츠 채널들은 지역 초점의 혜택을 갖지만, 시청자들은 또한 전국 수준에서 일어나는 스포츠에도 관심을 가진다. 1997년에 FOX Sports사가 FOX Sports Networks를 출범시켰다. 이는 지역에 초점을 두는 새로운 전국 스포츠 채널이었다. 2002년까지 FOX는 20여개의 지역 스포츠 네트워크들RSNs의 지분을 인수하였다. 그 목적은 지역 구단 및 대학들이 출전하는 MLB, NBA, NHL, 및 대학 게임 등 지역 프로그래밍의 보충을 받는 각 RSN에 일관된 전국 컨텐츠를 제공하는 공동 브랜드(FOX Sports Net)를 창조하는 데 있었다.

스포츠 구단이 통제하는 RSN: 전통적 RSN은 개별 스포츠구단들과 긴밀한 관계를 가진다. 스포츠구단이 지분 투자자인 RSN들을 창설하는 데 관심이 점차 높아지고 있다. 가령, NESNNew England Sports Network은 Boston Red Sox의 구단주가 80%를 소유하고 있다. 당연히 Red Sox는 NESN의 대표적 프로그래밍 컨텐츠이다. 이처럼 구단들이 스포츠 가치 체인의 텔레비전 영역으로의 잠식을 추구하는 현상에는 복합적인 이유들이 있다. 만약 어떤 구단의 게임이 특정 RSN의 핵심 컨텐츠라면, 그 RSN을 소유하는 것이 가치 체인에서 텔레비전 요소로부터의 렌트뿐만 아니라 구단 및 스타디움 요소로부터의 렌트를 포착하는 기회를 제공한다. 구단 및 스타디움뿐만 아니라 RSN을 소유하는 것은 소유주 그룹에게 브랜드 관리상의 보다 많은 통제력을 부여한다.

구단이 지분을 소유하지 않는 기존의 RSN들은 스포츠구단의 RSN 통제의 혜택이 과장되어 논의되고 있다고 주장한다. 현재 대다수 스포츠구단의 핵심 역량은 텔레비전 프로덕션이나 중계를 포함하지 않는다. 구단들이 이러한 역량을 개발할 수 있을지 불확실하고 또한 많은 비용이 든다. 관련 RSN을 보유한 구단은 전략추진상에 추가적인 재무 리스크를 안게 된다. 독립 RSN으로부터의 보장된 장기 고정 권리수수료는 구단으로 하여금 보다 확실한 예상수익을 가지고 선수들과 계약할 수 있도록 한다. 반면에, 구단이 소유한 RSN의 케이블 가입률 및 광고수익으로부터 불확실성에 직면하게 된다.

구단의 지분 소유관계가 있는 유명 RSN로는 New York Yankees(Yes Network)와 Red Sox(NESN) 등이 있다. Chicago, Denver, 및 Houston지역의 구단들도 이 영역을 개척하고 있다. MLB구단을 NBA나 NHL구단과 결합하는 것은 24시간, 연중 방송하는 구단 소유의 RSN을 개척한 데 필요한 최소한의 잠재적 컨텐츠를 제공하는 것으로 광범위하게 알려져 있다. 이러한 RSN들이 출범함에 따른 위협은 기존 RSN들에게 지역 구단들에게 제시하는 권리 수수료를 인상하거나, 아니면 한 도시에서의 복수의 구단과의 계약들이 동시에 만기가 도래하지 않도록 재조정하거나, 구단들에게 기존 RSN의 운영과 관련한 통제나 의결권이 없는 지분을 제시하는 방안을 선택하도록 재촉하고 있다.

단일 스포츠 관련 네트워크: 특정 스포츠의 열성적인 팬들은 그 스포츠에 집중된 채널을 강력히 선호할 것이다. 그 채널들은 그들의 스포츠 열광을 만족시키는 정기적이고 상세한 중계를 보장할 것이다. Speed Channel의 출범과 성장은 이러한 비즈니스 기회를 보여준다. 이는 open-wheel(가령 Formula 1 및 IRL), NASCAR, 자전거 경주, 및 전통적 모터스포츠 이벤트의 재방송을 포함한 모터스포츠 중계방송을 한다. Speed Channel은 광고주들에게 매우 표적화된 청중, 및 그들의 스포츠를 스폰서하는 광고주에게 높은 충성도를 보이는 시청자를 제공한다. 이것의 한 가지

도전은 과연 몇 가지의 스포츠들이 Speed Channel의 성공을 반복할 수 있을 만큼의 충분한 컨텐츠를 제공하면서 동시에 충분한 시청자를 유인할 수 있을 것인가 하는 점이다.

리그가 소유하고 운영하는 케이블 컨텐츠 채널: 메이저 리그 단체들이 자신들의 스포츠에 전문한 케이블 컨텐츠 채널을 소유하고 운영하려는 움직임이 있다. NBA TV는 DIRECTY, DISH Network 및 복수의 케이블 운영사(Comcast, Cox Communications, Time Warner, 및 Cablevision)를 통하여 시청할 수 있는 케이블 방송이다. 동사는 자사의 웹사이트에 '생방송 게임, 경기장면 이후 접근, 생방송 고화질 게임방송, 새로운 오리지널 프로그래밍 등 농구에 관한 모든 것에 접근할 수 있는 방송'이라고 언급하고 있다.

이 채널들은 단일 스포츠 관련 네트워크가 가지는 많은 혜택들을 역시 가진다. 리그의 경우 추가적인 혜택이 있다. 리그 수준의 브랜드 관리는 리그 소유의 케이블 컨텐츠 채널을 통하여 더 잘 촉진될 수 있다. 더욱이, 리그는 텔레비전에 관한 전문역량을 구축할 수 있다. 이는 독립 네트워크이나 케이블회사와 더 높은 스포츠 권리 수수료를 수령하기 위하여 협상할 때 보다 유리하게 작용할 수 있다. 기존의 스포츠 권리 보유자들은 NBA TV 케이블 채널을 시작하는 NBA에 대하여 매우 엇갈리는 혼합된 반응을 보이고 있다. 그들은 이 채널이 가지는 팬의 관심을 증대시키는 역할에 대하여 긍정적이지만, NBA 스포츠 권리 수수료를 끌어올리는 견인차 역할에 대하여는 회의적이다.

| 사 례 | NFL-네트워크 텔레비전 계약들, 1998-2005

1997년 여름, National Football League 임원들은 주요 방송사 및 케이블TV 파트너들과 다가오는 전국 텔레비전 계약을 경신하기 위하여 준비하고 있었다. 텔레비전은 NFL과 그에 소속된 30개의 개별 팀들에게 중심적인 요소였다. (개별 팀들은 전국 TV 권리 수익을 균등하게 배분하였다. 이는 최근 팀당 연간 3,900만 달러였고, 각 팀의 수익의 절반을 넘는 금액이다.)

텔레비전은 또한 미국 스포츠 조망에서 NFL이 선도적 위치를 차지하게끔 인기가 증가하게 만든 일등 공신이었다고 광범위하게 인식되고 있다. 부록 A 'NFL 텔레비전 역사'는 NFL TV정책의 발전, 최근 홈 및 도로 방영 실제, NFL 텔레비전 권리 수익의 발전 경로 등을 담은 1997년 9월에 출간된 NFL문서이다. (또한 텔레비전에서의 NFL 역사에 초점을 둔 90분짜리 비디오가 1998년 4월에 방영되기 위하여 만들어졌다.) | 도표 1 | 은 1970년 이후 시즌 및 계약별로 본 NFL의 전국 텔레비전 권리 수익을 보여준다.

최근의 패키지들

1997년 현재 네 가지의 NFL 전국 TV 패키지들이 있었다.

일요일 오후(AFC) NBC
일요일 오후(NFC) FOX
일요일 저녁(케이블) TNT(시즌 전반), ESPN(시즌 후반)
월요일 밤 미식축구 ABC

Harvard Business School Case No.9-599-037. Copyright 1999 President and Fellows of Harvard College.

종합하면 5개 파트너들과의 4개 패키지는 타 어느 리그나 스포츠보다 많은 연간 11억 달러의 권리

case

도표 1 NFL의 전국 텔레비전 권리 수익(단위: 천 달러) **1970-1997시즌**

	정규시즌									
연도	ABC*	CBS	NBC	FOX	ESPN	TNT	계	포스트 시즌	총계	클럽당 평균
1970-1973	$ 34,632	$ 73,000	$ 49,000				$ 156,632	$ 29,000	$ 185,632	$ 7,140
1974-1977	72,000	88,000	74,000				234,000	35,000	269,000	9,970
1978-1981	232,000	192,000	168,000				592,000	54,000	646,000	23,071
1982-1986[a]	650,000	665,000	590,000				1,905,000	171,000	2,076,000	74,143
1987-1989[b]	360,000	450,000	360,000		$ 153,000		1,323,000	105,000	1,428,000	51,000
1990-1993[c]	888,000	1,052,000	744,000		445,500	445,000	3,575,000	41,000	3,616,000	129,143
1994-1997	920,000		868,000	1,580,000	525,500	496,000	4,389,500	0	4,389,500	152,612
1970-1997	3,156,632	2,520,000	2,853,000	1,580,000	1,124,000	941,500	12,175,132	435,000	12,610,132	447,078

* ABC의 금액은 1979-1985시즌의 미니 패키지를 포함하고, 1984-85부터 시즌당 5게임 미니 패키지를 가정함.

a 스트라이크 영향(반영되지 않음): 1982년 정규 시즌 스트라이크로 총 3억 달러에서 216,416,664달러로 감소(포스트시즌은 38만 달러 감소). 또한 1982년 스트라이크로 1983년 총계 3억4,500만 달러에서 318,419,048달러로 감소. 총 스트라이크 비용은 110,554,288달러이었음.

b 스트라이크 영향(반영되지 않음): 1987년 정규 시즌 스트라이크로 총 4억7,500만 달러에서 417,669,000달러로 감소.

c 스케줄 조정: 1992년 시즌을 18주에서 17주로 축소함으로써 1993년 권리 수수료를 2,800만 달러 되돌려줌.

자료: National Football League.

수수료를 가져다주었다. 1993년 말에 체결된 현 계약 하의 4년간 총액은 약 44억 달러에 달한다. 이는 | 도표 2 | 에서 보는 바와 같이 타 주요 리그나 올림픽보다도 많은 금액이다.

계약절차에 따르면, 기존의 파트너는 가을 중반 내지 말까지 기존 패키지에 대하여 NFL과의 배타적인 협상기한을 갖는다. NFL은 기존 파트너에게 패키지의 경신을 위한 금액을 제시할 의무가 있었다. 기존 파트너가 NFL에 제시한 금액을 수용하지 않을 경우에만 그 패키지는 다른 응찰자에게 개방된다.

4년 전의 이와 유사한 절차가 일요일 오후 게임의 NFL 부분에 대하여 FOX가 거액을 제시한 결과를 낳았다. FOX는 1994-1997년의 4시즌 기간의 NFC 일요일 오후 게임에 대하여 직전 계약기간인 1990-1993년의 4년간 CBS가 지불한 10억5,000만 달러보다 훨씬 많은 15억8,000만 달러의 기록적인 금액을 지불하였다.

1994-97년 기간중 CBS는 NFL TV 대열에서 이탈해있었다. 다수의 CBS 계열 방송국의 경영자들은 동 네트워크가 NFL 미식축구를 따지 못한 것에 대하여 불만을 가졌다. 1997년 들어 CBS 경영자들은 공공연하게 자사 네트워크가 NFL TV 대열에 복귀하기를 희망한다고 언급하였다. 명백히 이것은 NFL에게 추가 응찰자를 제공할 뿐만 아니라 TV 권리에 대한 가격이 상승하리라는 신호를 제공한다.

NFL의 준비

1997년 협상시기가 다가오면서 NFL의 고위 임원들은 리그의 권리 수익의 또 한번의 상당한 증가를 위하여 준비하였다. 그 중에는 네트워크사들이 지불 가능한 '최대의 합리적인 금액'을 추정하기 위하여 방송, 재무, 마케팅

case

도표 2 ▌최근 스포츠 TV 권리 현황(100만 달러)

	1994	1995	1996	1997	1998	1999	2000
NFL							
ABC	195.0	230.0	247.5	247.5			
FOX	340.0	385.0	436.0	419.0			
NBC	237.0	217.0	197.0	217.0			
TNT	115.0	120.0	128.0	133.0			
ESPN	127.8	127.8	135.0	135.0			
계	1,014.8	1,079.8	1,143.5	1,151.5			
NBA							
NBC		187.5	187.5	187.5	187.5		
TNT		88.0	88.0	88.0	88.0		
계		275.5	275.5	275.5	275.5		
MLB							
FOX			115.0	115.0	115.0	115.0	115.0
NBC			95.0	95.0	95.0	95.0	95.0
ESPN			91.0	91.0	91.0	91.0	91.0
Liberty/FOX			—	43.0	43.0	43.0	43.0
계			301.0	344.0	344.0	344.0	344.0
NHL							
FOX		31.0	31.0	31.0	31.0	31.0	
ESPN	12.5	12.5	12.5	12.5	12.5	12.5	
계	12.5	43.5	43.5	43.5	43.5	43.5	
Olympics							
CBS-동계	295.0		—		375.0		—
NBC-하계	—		456.0		—		715.0
계	295.0		456.0		375.0		715.0

자료: National Football League.

전문가들로 구성된 태스크포스를 조직한 것을 들 수 있다. NFL 커미셔너 Paul Tagliabue와 사장 Neil Austrian이 프로젝트에 투입한 시간도 도움이 되었다.

수백 페이지의 추정들이 네트워크/케이블 채널 수익과 NFL 미식축구 텔레비전 방송의 결과 거둘 이익률을 계산하는 모델에 투입되었다. 가령, '월요일 밤 미식축구'에 대하여는, 잠재수익의 첫 요소는 각 시즌별 정규시즌 게임의 수(17), 게임당 30초짜리 광고 횟수(56), 광고당 추정 광고비(광고비 추세를 고려하여 계산)를 토대로 하여 추정되었다. 여기에 두 번의 프리시즌 프라임타임 게임(광고비 단가가 더 낮은 수준), 두 번의 와일드카드 포스트시즌 토요일 오후 게임, 계약기간중 각 수퍼보울(광고비 단가가 더 높은 수준)의 광고 수익을 유사한 방법으로 추정하여 더하였다. 수퍼보울에 프리 게임 및 포스트 게임 프로그램으로부터의 수익을 더하였다. 네트워크의 경우, 네트워크이 소유하고 운영하는 방송국들(전형적으로 주요 시장에 존재)에 의해 실행된 NFL 텔레비전 방송으로부터 벌어들인 수익의 지역분 몫이 잠재적 추가 수익으로 더해졌다. 각 NFL TV 패키지도 이와 유사한 방식으로 추정하였다.

이 금액에서 추정된 제작비용, 탤런트 비용, 및 관리운영비가 차감되었다.

이들 추정을 위한 투입요소들은 다양한 자료원들로부터 나왔다. 이들은 4개 네트워크 전체로 1987-88년 기간중 46.9(76% 점유)에서 1996-97년 기간중 43.1(72% 점유)로 하락한 TV 네트워크 프라임타임 시청률, 광고주들이 가장 관심을 가지는 연령대인 18~49 및 25~54세 시청자의 시청률을 포함한 TV스포츠 시청률(도표 3), 상이한 스포츠 리그들의 정규시즌 및 포스트시즌의 TV 스포츠 시청률(도표 4), 패키지별 TV시청률, 총 네트워크 및 케이블 가구수, 프라임타임 시청 및 분기별 시청의 공중파방송 대 케이블의 점유율과

case

도표 3 ▌TV 스포츠 네트워크 시청률 1988-1996

	1988	1989	1990	1991	1992	1993	1994	1995	1996
NFL									
총 미국 가구	14.2	14.2	13.9	13.9	13.9	14.1	14.4	13.7	12.9
남자 18-49	11.9	12.0	11.8	11.8	11.9	12.0	12.2	11.2	10.4
남자 25-54	12.8	12.7	12.7	12.7	12.6	12.9	13.1	12.0	11.4
NBA									
총 미국 가구	8.1	7.5	7.3	6.8	6.8	7.9	6.8	7.2	7.7
남자 18-49	7.1	6.4	6.2	5.9	5.9	6.8	6.0	6.1	6.6
남자 25-54	7.1	6.6	6.3	5.9	5.8	6.6	5.9	6.0	6.6
MLB									
총 미국 가구	9.5	7.7	9.3	11.0	9.0	9.3	8.9	11.0	7.1
남자 18-49	6.0	4.7	5.8	7.3	5.9	6.1	5.9	7.4	4.6
남자 25-54	6.6	5.1	6.3	8.0	6.4	6.7	6.1	8.2	5.3
NHL									
총 미국 가구	–	–	–	2.4	2.2	1.8	1.8	2.2	2.6
남자 18-49	–	–	–	1.9	2.0	1.7	1.6	2.0	2.3
남자 25-54	–	–	–	1.8	2.1	1.7	1.7	1.9	2.3

자료: National Football League.

같은 텔레비전과 관련된 기타의 추세 등을 포함한다. NFL이 압도한 석 달이 속한 마지막 분기는 1990년에서 1996년 사이에, 프라임타임에 공중파방송 시청 점유율이 76%에서 64%로 하락하였다. 동 기간중 케이블 시청 점유율은 22%에서 34%로 상승하였다.

1981년에서 1996년까지의 기간중, 미국 TV 가구 수는 8,150만에서 9,700만으로 증가하였고, 케이블 가구 수는 3,150만에서 6,850만으로 증가하였고(모든 가구가 ESPN을, 3,780만 가구가 ESPN2를 보유), 인공위성 TV 가구 수는

도표 4 ▌스포츠 리그별 텔레비전 시청률 1990-1997

	1990	1991	1992	1993	1994	1995	1996	1997
NFL								
ABC Monday Night Football	17.2	16.8	16.8	16.8	17.8	17.0	16.2	15.0
NBC NFL 정규시즌	11.0	10.9	11.2	11.3	12.5	11.1	10.9	10.4
FOX NFL 정규시즌a	13.5	13.1	13.0	12.9	12.1	12.5	11.3	10.7
TNT NFL 정규시즌	7.0	6.4	6.9	7.6	8.8	8.1	7.3	7.3
ESPN NFL 정규시즌	9.8	8.4	8.4	8.2	10.5	9.0	8.1	7.6
NBC AFC 챔피언쉽 게임	23.6	27.4	25.5	28.6	28.3	27.1	28.5	25.0
FOX NFC 챔피언쉽 게임a	30.2	29.5	33.3	31.6	34.2	33.3	30.1	26.2
수퍼보울	41.8	40.3	45.1	45.5	41.3	46.0	43.3	44.5
NBA								
NBC NBA 정규시즌	5.0	4.5	4.8	5.0	4.6	5.2	5.3	4.9
NBC NBA 플레이오프	7.3	6.7	7.2	8.2	7.2	8.1	8.0	7.4
NBC NBA 결승전	12.3	15.8	14.2	17.9	12.4	13.9	16.7	16.8
MLB								
리그 챔피언쉽								
프라임타임 게임	13.5	13.7	12.7	13.2	–	13.1	9.5	9.6
주중 게임	8.5	8.3	7.3	8.8	–	–	8.0	7.1
월드시리즈	20.8	24.0	20.2	17.3	–	19.5	17.4	16.8
NHL								
FOX 정규시즌 (ABC 93-94)				2.2	1.7	2.0	2.1	1.9
FOX NHL 올스타 게임 (NBC 89-94)	3.6	2.7	2.3	2.4	2.5	–	4.1	2.7
FOX Stanley Cup 플레이오프 (ABC 93-94)				1.7	1.6	2.3	2.7	2.4

[a] 1990-1993년 기간중에는 CBS

자료: National Football League.

1991년의 100만 가구 미만에서 680만 가구로 증가하였고, 또한 DIRECTV 가구 수는 1996년에 210만 가구에 달하였다. 케이블 및 인공위성 시청 가구의 증가는 공중파방송의 프라임타임 시청자 점유율 하락에 반영되어 1981년 92%에서 1986년 88%로, 1991년 77%로, 1997년 64%로 하락하였다.

정규시즌 미방영blackout 비율은 최근 안정적인 추세를 보이고 있다. (NFL 텔레비전 정책은 기본적으로 모든 게임이 텔레비전 방영될 것을 요구한다. 그러나 게임티켓이 사전에 매진되지 않았을 경우에는, 홈팀의 도시에서는 텔레비전에 방영되지 않는다. 각 미방영은 리그의 전체 TV 시청률을 떨어뜨렸다.)

이 고위 요원 태스크포스는 또한 네트워크/케이블 채널 스포츠 부문장들과의 토의 시기와 순서를 결정하였다. 핵심적인 역할은 구단주의 텔레비전 위원회의 멤버들에 의해 이루어졌다. 이 구단주들의 소규모 그룹은 토의과정에서 현실에 대한 이해를 바탕으로 타 구단주 및 네트워크 경영자들을 도와주었다. 결국, TV 계약 패키지는 구단주들 중 4분의 3(30명 중 23명)의 승인을 요함으로, 이 위원회 멤버들은 최근의 협상 및 NFL 임원들에 의한 권리 협상 과정의 관리에 관련된 투입을 제공하였다.

협상

1993년 협상의 빅뉴스는 FOX가 진지한 응찰자로 등장한 점이다. 당시에, NFL 임원에 따르면, CBS 및 NBC와 장기간 논의 한 끝에 NFL임원들은 아무도 FOX가 진지한 응찰자로 생각하지 않았다. 1993년의 CBS 및 NBC의 최초 오퍼는 (직전 계약의) 기존 가격보다 낮은 수준이었다. NFL은 10~15%의 상승을 기대하고 있었다. CBS가 NFL이 제안한 연간 2억9,500만 달러를 거절한 후, FOX는 드디어 NFC패키지를 확보하기 위하여 3억9,500만 달러로 응찰하였다. (AFC의 규모에 비하여 작은 NFC의 규모를 감안할 때 이 가격은 더욱 높은 것이다.)

앞에서도 언급한 바와 같이 1997년 후반까지는 CBS가 NFL TV 라인업에 복귀하기를 희망하는 것이 분명하였다. 동사의 가맹사들도 그 네트워크의 최고경영자가 그렇게 하도록 촉구하고 있었다. 또한 NFL TV 시청자들이 프로그래밍 측면과 광고주들이 희망하는 시청자들인가 하는 관점에서 CBS의 니즈에 부합하는 것처럼 보였다.

1997년 후반의 또 다른 관련되는 이벤트는 NBA가 NBC 및 Turner와 4년간의 계약을 체결한 점이다. 최초 보고는 새 계약의 가치는 1995-1998년 기간의 총 계약금액 11억 달러보다 월등히 많다는 점이다. (NFL에 의해 확인된 상세한 내용이 | 도표 5 | 에 나타나있다).

분리된 것이면서 동시에 전략적으로 관련이 있는 TV 협상의 가닥이 선수관계 쪽에서 이루어지고 있었다. 그 의도는 NFL이 전형적인 4년간의 계약 대신 8년간의 텔레비전 계약을 추구할 수 있도록 NFL Players Association과 합의를 보기위한 것이었다. 마침내, 최종 패키지는 모두 8년간(2005년 시즌까지)이었고, NFL이 5년 후에 일방적으로 모든 계약(선택적인 계약이 아니라)을 재개할 수 있도록 명시하였다.

NFL과의 일련의 토의 과정에서 권리 계약 후보자들에 의하여 제안된 다양한 특별 아이디어들은 다음과 같다.

- NFL이 새로운 14게임 목요일 시리즈를 창설한다.
- 현재 분리되어있는 두 개의 일요일 저녁 케이블 시리즈(시즌 전반 및 후반)를 단일 케이블 네트워크로 통합한다.
- NBC는 일요일 AFC패키지를 고수하기보다는 월요일 밤 미식축구를 추구한다.

case

case

도표 5 ▌NBA TV 딜의 세부내용

전반적인 딜 포인트:

- 딜은 1998/99시즌부터 2001/02시즌까지의 4년 기간 동안 해당된다.
- 네트워크는 노동쟁의로부터 보호되는데 만약 노동쟁의가 발생할 경우 네트워크는 연간 수수료를 예정대로 지불하고, 필요할 경우, 리그가 나중에 네트워크에 보상 지불한다.
- 수익 배분은 공중파 및 케이블 딜의 한 부분이다.

공중파 딜:

- NBC는 총 17억5,000만 달러 혹은 연간 4억3,750만 달러의 권리를 유지한다.
- NBC는 5:30-8p.m. 혹은 6:30-9p.m.의 시간대에 7회의 정규시즌 게임을 추가하여 게임 수를 33회로 늘린다(올스타 게임을 포함).
- NBC는 또한 8회의 플레이오프 게임(대부분 Turner를 통하여 지역화된 초반부 게임)을 추가하여 최소한의 플레이오프 게임수를 23회에서 31회로 늘린다.
- NBC는 게임당 2회의 광고단위를 추가하여 평균 전국 광고단위를 58회로 늘린다.
- 최근의 4년간의 7억5,000만 달러의 딜은 수익 배분을 포함한다. NBC는 최근의 딜에서 11억 달러의 수익을 거두었는데, 이는 제작비용 및 간접비로 약 5,000만 달러를 공제하고, 이익으로 3억 달러를 거둔 것을 의미한다.
- 수익배분에 따라 3억 달러의 이익 중 1억5,000만 달러는 NBC에, 나머지 1억5,000만 달러는 NBA에 돌아간다.
- 권리 수수료가 두 배 이상 증가한 것으로(133%) 보고될 것이지만, 실제 NBA의 증가율은 94%이다(17억5,000만 달러 대 9억 달러−권리 수수료 7억5,000만 달러 플러스 수익 배분 1억5,000만 달러).
- 게임수와 광고의 증가로 네트워크는 현재의 리그 스폰서들로부터 10%의 증가만 요구할 것이다. 실제로, 네트워크는 기존의 대형 스폰서들(자동차, 맥주 등)로부터 30%의 증가를 요구할 것이고, 나머지 갭은 새로운 스폰서나 소규모 스폰서로 메울 것이라고 NBC는 보고하였다.

도표 5 ‖ NBA TV 딜의 세부내용 <계속>

케이블 딜:

- Turner는 총 8억9,000만 달러의 권리 혹은 연간 2억2,250만 달러의 권리를 유지한다.
- Turner는 9회의 정규시즌 게임을 추가하여 총 80회의 게임을 가진다.
- 기존의 수요일 밤 게임 TBS패키지는 NFL 시즌을 따라 월요일 밤으로 이동한다.
- Turner는 NBC가 부여받은 7회의 플레이오프게임(종전에 TNT와 동일한 시간대에 TBS에 방영된 7회의 게임)을 잃어, 총 40회의 플레이오프 텔레비전 방송만을 보유하게 되었다.
- 최근의 3억5,200만 달러 4년간의 딜은 수익 배분을 포함하였다. Turner는 최근의 딜에서 약 4억9,200만 달러의 수익을 거두었는데, 이는 제작비 및 간접비로 약 5,000만 달러를 공제하고 이익으로 9,000만 달러를 획득한 것을 의미한다.
- 수익배분에 따라, 9,000만 달러의 이익에서 4억5,000만 달러가 Turner에게, 나머지 4억5,000만 달러가 NBA에 돌아간다.
- 권리 수수료가 기존의 2.5배로 증가할 것으로(153%) 보고될 것이지만, NBA의 실제 증가율은 124%이다(8억9,000만 달러 대 3억9,700만 달러—권리수수료 3억5,200만 달러 플러스 수익배분 4,500만 달러).

자료: National Football League

- ABC는 ABC 및 ESPN에 대한 통제를 여하히 최대한 활용할 것인가를 숙고한다.

NFL은 기존 파트너인 NBC에 제안될 일요일 AFC패키지의 가격으로 연간 5억 달러로 결정하였다. 이는 FOX에게 제안될 NFC패키지의 가격으로 약 5억5,000만 달러, Monday Night Football의 가격으로 최소한 5억 달러가 되는 결과를 가져올 것이다. 일요일 저녁 케이블 패키지는 최소한 각 2억8,000만 달러의 가격이 제시될 것으로 예상되었다.

case APPENDIX

부록: NFL 텔레비전 역사

1997년 9월

NFL의 텔레비전 역사는 안정, 혁신, 및 적시의 전략적 의사결정의 이야기이다. 그것은 사려 깊게 NFL 텔레비전 상품을 극대화하면서, 동시에 과잉노출과 시장포화의 이슈에 계속 민감하게 대응하는 데 관한 이야기이다.

현재의 계약 하에서 팀이 연간 3,900만 달러 수령한다는 것을 보면서, 20년 전에 팀이 시즌당 평균 200만 달러 이하, 1981년까지만 하더라도 연간 600만 달러 이하를 수령했다는 사실을 잊기 쉽다.

리그의 TV역사에 관하여 연대기적으로 본다면 다음과 같다.

우리의 텔레비전 시작은 보잘 것 없는 수준이었다. 현재의 WNBC 뉴욕 방송국을 통하여 1939년에서 1940년대 그리고 1950년대, 대학농구가 대단히 인기 있는 위치를 점하던 시기에 Brooklyn Dodgers-Philadelphia Eagles 게임을 최초로 방영하였다.

가령, 1949년에 리그의 텔레비전 권리는 총 7만5,000달러에 불과하였다.

1950년에 몇몇 NFL구단들이 홈도시에 텔레비전 방영될 일부의 원정 경기에 대하여 계약을 체결하기 시작했다. 그러나 NFL텔레비전 방송을 위하여 채택될 정책은 1950년대가 시작되면서 Los Angeles Rams가 도입한 특이한 계약으로부터 발전된 것이었다.

1950년, Rams는 텔레비전 세트 제조기업인 Admiral Television과 팀의 모든 원정 경기를 Los Angeles에 방영하는 계약을 체결하였다. Rams는 또한 스폰서를 위하여 홈게임을 로스앤젤레스에 실황 중계하기로 계약하였는데, 그 전제조건으로 전기 시즌의 6회 게임의 관중 수보다 더 관중이 적을 경우 Admiral이

그 차이에 따른 재무적 손실을 보전해주기로 하였다.

Rams는 뛰어난 팀이었고 챔피언쉽 게임에서 플레이하였으나 지역에 중계방송된 홈게임의 관중 수는 상당히 하락하였다. Admiral Television은 계약에 따라 Rams에게 30만7,000달러를 지불하였는데, 이 금액은 오늘날과 비교하여 당시에 팔린 텔레비전 세트의 수를 감안하면 막대한 금액이었다. 1950년에 로스앤젤레스의 전체 164만3,000가구 중 단지 약 42%인 69만 가구에 텔레비전 세트가 있었다. 오늘날, 로스앤젤레스지역 전체 가구의 98%가 넘는 약 500만 가구에 텔레비전 세트가 있다.

45년 전의 이 경험을 바탕으로, NFL 팀들은 지역에 상시적으로 홈팀 경기를 텔레비전 방송할 수 없다는 것을 깨달았고, 스타디움에 상당한 규모의 관중을 유인하기를 기대하였다. (몇몇 Admiral의 임원들도 새 직장을 찾아보도록 권유받았을 때 교훈을 얻었다).

모든 NFL팀들이 1950년대에 원정 경기를 홈도시에 중계방송하기 시작하여 이것이 점차 확대되어 외부의 지역 네트워크들을 포함하게 되었다.

그러나 리그 룰이 게임이 플레이되는 날 그 지역에 텔레비전 방송되는 것을 금지하였을 뿐만 아니라, 게임이 개최되는 날에는 그 지역에 다른 어느 NFL 게임도 텔레비전 방송될 수 없도록 금지하였다. 후자의 룰은 1953년 법무부로부터 이의제기를 받았으나, 리그는 중계방송이 관중 수에 부정적인 영향을 미친다는 주장을 관철시켜 필라델피아 연방법원에서 Allan K. Grim 판사의 판결로 NFL의 정책이 승소하였다.

그리하여 당시 12개의 NFL 팀들은 개별적으로 가능한 최선의 계약을 협상하는 관행을 계속하여, 1950년대를 통하여 일반적으로 시즌당 약 10만 달러의 계약을 체결하였다. 각 계약은 홈지역에 텔레비전 방송되었던 6회의 원정

case

경기만을 커버하였다.

1960년에, 텔레비전 미디어는 그 범위가 전국 규모로 확대되었고 변화가 일어났다. Cleveland Browns의 권리는 양조회사가 소유하였고, 이 스폰서는 이 인기 있고 성공적인 팀의 게임을, 독립적인 Sports Network을 통하여, 당일 NFL 게임이 개최되는 도시를 제외한 전국에 방영하였다.

NBC TV가 이 패턴에서 실마리를 얻어 Johnny Unitas가 이끄는 Baltimore Colts 및 Pittsburgh Steelers의 두 팀과 계약을 체결하였다. 매주 일요일 NBC는 Cleveland 게임이 중계되는 방식과 동일한 방식으로 Colts나 Steelers의 게임을 전국 대부분의 지역에 텔레비전 방영하였다. CBS TV에게 나머지 9개 팀이 남았고, 이 팀들의 게임을 지역 네트워크들을 통하여 전국에 방영하였다.

이는 매주 일요일 3개의 NFL 텔레비전 방송이 전국 대부분 지역에 방영되는 상황을 낳았고, 그 결과 미식축구 시청자를 나누는 현상이 생겼다. 이 상황은 CBS로서는 받아들이기 힘들었다. 왜냐하면 자사는 전국 시청자들에게 도달하기 위하여 9개 팀에게 직, 간접적으로 권리 수수료를 지불하였으나, Sports Network 및 NBC는 단지 각각 하나 혹은 두 개의 구단에만 지불하고 동일한 시청자들에게 도달하고 있었기 때문이었다.

CBS는 중계방송 중인 구단 중의 일부를 제외하고, 선별한 대규모 도시 팀의 전국 커버리지를 확대하려는 강한 조짐이 보였다. 이는 어떤 팀들은 원정경기의 홈 도시로의 중계를 포함한 모든 텔레비전 수익을 상실할 수 있음을 의미했다.

결과는 리그가 모든 NFL 팀들의 권리를 단일 네트워크에 패키지로 판매하기로 결정한 것인데, 이러한 방식은 대학수준에서 NCAA와 새로운 American Football League에서 이미 도입한 것이다. 이 때, New York Giants, Chicago

Bears, Los Angeles Rams 등 대도시 팀들이 자신들의 대규모 인구로 구성된 홈 텔레비전 시장의 가치를 포기하고, 파트너 사에게 리그 패키지를 판매한 대가로 동등한 수익의 배분을 받는 데 동의하였다.

이는 1961년 시즌부터 적용될 예정이었다. 그러나 법무부가 각 팀은 개별적으로 텔레비전 권리 판매에 대하여 경쟁하여야 한다고 주장하면서 이 계획안을 법원에 제소하였다.

1961년 9월 18일, Emanuel Cellar 하원의원이 프로 스포츠 리그에 의한 단일 네트워크 패키지 판매를 합법화하는 법안을 하원에 제출하였다. 이 법안은 의회를 최종 통과하여 9월30일 John F. Kennedy 대통령이 법안에 서명하였다.

이는 1961년 시즌에 적용하기는 너무 늦었다. 그러나 1962년 1월 10일, NFL은 CBS TV와 1962년 및 1963년의 두 해 동안 연간 465만 달러의 금액으로 리그 텔레비전 권리 계약을 체결하였다. 이 계약이 CBS와 협상된 이유는 이 네트워크가 1963년까지 효력이 있는 개별 팀들과의 유효한 계약을 보유하고 있는 유일한 네트워크이었기 때문이다. 우리의 14개 팀들은 매년 구단당 약 40만 달러를 수령하였다. 1963년 시즌 이후에는 리그는 모든 계약이나 법적 장애로부터 자유로워져 자사의 TV 권리를 ABC, CBS, 및 NBC 3사 네트워크를 대상으로 입찰에 부칠 수 있게 되었다.

고도로 공개된 입찰 컨테스트에서, 성장중이고 매우 경쟁적인 텔레비전 회사들에 의해 제안된 금액이 들어있는 밀봉된 봉투들이 개봉되었다. 네트워크 대표들 앞에서 커미셔너인 Pete Rozelle이 개봉한 첫째의 봉투는 NBC가 제출한 것이었다. 그것은 1964년 및 1965년 시즌 기간중 연간 1,075만 달러의 오퍼를 담고 있었다. 그 다음 개봉된 봉투는, 연간 1,320만 달러의 ABC의 제안이었다. 마지막 봉투는 연간 1,410만 달러, 총 2,820만 달러의 CBS의

case

제안이었다. NFL 14개 구단들은 매년 100만 달러 이상을 수령하였다.

1964년 계약기간의 첫 해에, 하나의 의미 있는 NFL 텔레비전 정책상의 변경이 도입되었다. CBS는 당일 현지에서 게임이 개최되지 않는 도시에는 두 번째의, 일반적으로 늦게 시작되는, 게임을 방영할 수 있게 허용되었다. 즉, 소위 '더블 헤더' 게임이 도입되었다. 그러나 NFL팀이 홈에서 경기할 경우, 당일 그 도시에는 여전히 텔레비전에 NFL 게임이 방영되지 않았다.

새롭게 NFL 권리의 계약이 가능하게 된 1966년에는 NFL은 3인의 응찰자를 가지는 사치를 누리지 못하였다. 이 때 NBC는 American Football League와 계약을 체결하였고, ABC는 NCAA 대학 패키지를 염두에 두고 있었다.

CBS와의 협상의 진전에 만족하지 못한 리그는 게임들을 독립 방송국 네트워크에 방송하는 가능성을 진지하게 연구하였다. 구단들은 이 도박을 하기로 결정하였다. 그러나 CBS와의 마지막 협상이 결실을 보아, 1966년에 1,880만 달러에 시작하여 그 후 계약금액을 증액하는 조건으로 2년간 이 네트워크가 권리를 계속 보유하는 계약을 체결하는 데 성공하였다. 이로써 NFL구단들은 구단당 약 160만 달러를 수령하였다.

이 계약의 의미 있는 점은 NFL 정책의 중요한 변화이다. 구단들은 홈 관중의 참여를 유지하면서, 동시에 자기 팀이 홈 도시에서 경기할 때 다른 팀의 경기가 홈 도시에 텔레비전 방영될 수 있도록 허용할 수 있는 단계에 도달하였다고 느꼈다. 그리하여 완전히 미방영blackout되는 상태가 제거되게 되었다. 그 결과, 지역 NFL팀이 경기하는 당일 그 도시에 다른 NFL 팀의 게임이 처음으로 방영되었다.

이 기간 동안 CBS가 몇몇 야간 게임을 스페셜로 전국 방송하기로 동의함으로써 프라임 타임의 장벽을 부수었다. 다섯 개의 게임이 1966부터 1969년까지 방영되었는데 한 게임을 제외한 전부가 시청률 40%대를 점유함으로써, 1970년대의 정규 월요일 밤 풋볼 프로그래밍의 토대가 놓여졌다.

1966년 6월 AFL이 NFL로 흡수되어 단일 리그로 출범한다고 선언되었다. 이 통합이 1970년 시즌에 완전히 실행될 때가지는 4년 동안 NFL게임은 계속 CBS에서, AFL게임은 NBC에서 방영되었다. World Championship Game 혹은 수퍼보울이 1996년 시즌 이후 도입되어 결국 매년 미국의 최고 이벤트(텔레비전 및 여타 미디어)가 되었다. 1996년 시즌까지 항상 10대 최고 스포츠 이벤트 중 아홉 개가 수퍼보울이었다. 그 중 SB XVI의 시청률 49.1이 역대 텔레비전 이벤트 중 최고였다.

리그가 3대 텔레비전 전부와 계약하기 시작한 것은 1970년이었다. CBS와 새롭게 구축된 National Football Conference 일요일 오후 게임을 방영하기로 계약하였고, NBC와 AFC의 유사한 게임을 방영하기로 계약하였다. 컨퍼런스 간 게임의 경우에는 방문 팀이 소속한 컨퍼런스가 게임을 방영할 네트워크를 결정하였다.

CBS와 NBC가 프로 미식축구의 최근 중계 텔레비전이었으므로 월요일 밤 NFL게임 정규 시리즈의 방영에 관심이 있는지 접촉이 시도되어왔다. 1960년대의 CBS의 프라임 타임 밤의 경험은 성공적이었으나, 월요일 밤 풋볼을 위하여 프라임 타임 프로그래밍을 삭제하는 도박을 할 수 없었으므로 CBS와 NBC는 이 제안을 거절하였다.

그 후 월요일 밤 풋볼 권리에 대한 협상은 ABC 및 독립사인 Hughes Sports Network과 진행되었다. ABC Sports의 책임자인 Roone Arledge는 그 시리즈가 성공할 것이라는 Pete Rozelle의 확신을 공유하였다. ABC 또한 제휴를 Hughes Newtwork에 잃을 것을 우려하여 프라임 타임 풋볼에 도박을 걸기로 결정하였

case

다. 당시에 1970-1973년의 4년간 그러한 프로그래밍에 몰입하는 것은 용기를 필요로 하는 결정이었다. 그러나 ABC는 그렇게 결정하였고, 이는 네트워크와 NFL 모두에게 바람직한 결과를 가져다주었다. 그 후 Monday Night Football은 ABC의 프라임 타임 프로그램이었고, 1991-1996년 기간중 연속 6년간 상위 10대 프라임 타임 텔레비전 쇼에 속하였다.

1970년대는 다음과 같은 패턴으로 시작하였는데, 이는 25년 후 NFL 텔레비전의 기념비적 패턴으로 남았다.

1. 전체 3개 네트워크와의 계약은 홈 타운 팬들이 자기 팀의 원정 경기의 모든 게임을 텔레비전으로 시청할 수 있도록 보장한다.
2. NFL 게임이 당일 현지에서 개최되는 도시를 제외한 전국에서 세 개의 NFL 텔레비전 방송이 매주 일요일 오후에 방영된다.
3. 한 NFL 팀이 일요일 오후에 홈에서 경기할 경우, 두 개의 텔레비전 방송이, 하나는 CBS(나중에 FOX)에 의해, 다른 하나는 NBC에 의해, 그 도시에 방영된다. 한 팀이 일요일 밤에 홈에서 경기할 경우, 두 개의 오후 텔레비전 방송이 역시 홈 시장에 방영된다.
4. 매주 월요일 밤 게임은 ABC에 의해 전국에 방영된다.
5. 시즌 종반의 Thanksgiving 및 일요일 게임은 CBS(나중에 FOX)와 NBC 양사가 방송한다.

1970-1973년의 4년간 CBS, NBC 및 ABC와의 새 계약은 스포츠 및 NFL에 대한 인기를 반영하여, 4년간 총 1억8,500만 달러를 상회하였고, 26개 멤버 구단당 연간 약 170만 달러에 달하였다.

1973년 Washington D.C.에서 개최된 Redskins의 매진 게임이 만들어 낸

흥분이 의회의 행동을 촉발하였다. 1973년 시즌이 개막되면서, 경기 개최 72시간 전에 티켓이 매진된 홈 게임의 경우, NFL로 하여금 지역 텔레비전에 방영하도록 강제화하는 법률이 통과되었다. 리그는 만약 게임을 집에서 텔레비전을 통하여 편안히 볼 수 있게 되면 표를 가진 많은 사람들이 경기장에 관람하러 오지 않을 것이라는 점에서 이 법을 우려하였다. 머지않아, 그러한 '불참'이 '불매'가 될 것이라고 추론되었다. 어느 정도 이것이 현실화되었다.

이 법이 단 3년간의 기간 동안에 국한하여 유효한 것으로 통과되었지만, 다시 영구적으로 유효한 법으로 경신되고, 아마도 더 규제적인 법이 될지도 모른다는 우려감에서, NFL은 의회 지도자들에게 1975년 이 법의 만료 이후에도 자신들이 자발적으로 그 법의 정신을 따르겠다는 의사를 전달하였다.

이 법이 실행된 이후 시즌티켓 판매의 감소와 관중의 불참에 따른 구단에 대한 재무적 영향을 보여줄 수 있었지만, 그때나 지금이나 의회 내에서 홈에서 매진된 경기를 텔레비전 방영하지 못하게 하는 논쟁에서 NFL이 이길 조짐은 없어 보인다. 더욱이, 옛날의 정책으로 회귀하는 것은 텔레비전 네트워크으로부터 부정적인 경제적 반응을 촉발할 수 있다.

1973년 법안이 통과된 직후 리그는 1974년에서 1977년의 기간중 개최될 게임을 위하여 3개 네트워크와 계약에 들어갔다. 패키지는 단 한 가지를 제외하고는 종전과 동일하였다. ABC가 종전의 13개 월요일 밤 게임에서 14번째 게임을 추가하였는데, 시즌 마지막 주이자 14번째 주의 토요일 밤 게임을 방영하기로 하였다.

재무적으로, 새로운 4년간의 계약은 1970년부터 1973년까지의 기간중 1억 8,500만 달러에서 1974년부터 1977년까지의 기간중 2억6,900만 달러로 급상승하였다. 멤버 팀들은 매년 텔레비전으로부터 팀당 약 250만 달러를 수령하였다

case

case

(Seattle과 Tampa Bay는 이 리그에 1976년 시즌부터 합류하였다).

1978년부터 1981년까지의 기간중 CBS, NBC, 및 ABC와의 계약에는 소위 '특별' 프라임 타임 게임들 — 월요일 이외의 요일의 밤, 일반적으로 일요일 혹은 목요일에 개최되는 게임 — 이 추가되었다. ABC와의 계약은 매년 4개 내지 6개의 특별 게임을 게임당 300만 달러에 개최할 것을 요구하고 있다. 그리고 개최할 게임의 수는 NFL이 결정하도록 하였다. 우리는 과도한 횟수의 게임을 개최하는 것의 부정적 영향을 우려하였으므로 매년 특별 게임의 수를 4회로 제한하였다. 리그의 지나치게 많은 횟수의 게임 개최에 대한 우려는 철학적인 것이 아니고 실용적인 것이었다. 1978년부터 1981년의 4년간의 기간중 우리는 2,400만 달러를 테이블에 남겨놓았다.

이 기간중 증가한 NFL 풋볼의 인기는 우리가 협상할 수 있었던 권리수수료의 급격한 증가로 나타났는데 1974년의 2억6,900만 달러에서 1978년의 6억4,600만 달러로 140% 증가하였다. 구단당 수익은 연간 550만 달러 이상 늘어났다.

1981년 시즌의 기치 아래에서 전무후무하게 높은 시청률을 기록한 해에, 방송위원회는 1982년부터 1986년까지의 기간의 새로운 5년간의 계약을 21억 달러에 협상하였다. 이는 그때까지 텔레비전 산업에서 가장 큰 규모의 권리 딜이었고, 그 후 NFL의 36억 달러 딜이 체결될 때까지 그러하였다.

CBS, ABC 및 NBC와의 5년간 계약 아래 구단 당 수익은 매년 1,500만 달러씩 증가하여 마지막 시즌에는 1,700만 달러 이상으로 증가하였다. ABC는 최초로 수퍼보울 게임을 텔레비전 중계하기로 계약하였다. 1977년에서 1982년까지 단 5년 동안 NFL의 구단 당 수익이 연간 250만 달러에서 1,500만 달러로 급상승하였다!

흥미로운 것은, 1982년 계약은 단지 한 회의 정규시즌 텔레비전 방송을 추가하는 데 그쳤다는 점이다. 어떤 사람들은 NFL이 전체 목요일 밤 패키지로 전환하든지 혹은 케이블 TV로 진출하는 것을 제안하였으나, 우리의 생각은 텔레비전에 추가적으로 풋볼 게임을 방영하는 것은 그 당시로는 전반적으로 부정적인 영향을 미칠 수 있다고 판단하였다. 그래서 우리는 ABC 특별 게임의 수를 4회에서 5회로 단지 1게임만 추가하였다.

우리의 꺼려함이 다른 회사를 멈추게 하지는 않았다. 1982년에 NCAA는 하나의 네트워크(ABC)에서 두 개의 네트워크(ABC와 CBS)으로 전환하였고, 또한 Ted Turner와 케이블 패키지를 통합하였다. 1983년에 미국 풋볼 리그는 연중year round 풋볼로 전환하였다.

1984년에 NCAA에 반하는 대법원의 판결은 대학 풋볼의 텔레비전 중계에 관심 있는 누구에게나 문호를 개방하였다. 그리고 여러 시장의 시청자들은 일요일에 10개 혹은 12개의 대학 게임들 중에서 선택할 수 있게 되었다. 우리의 관점으로는 이러한 풋볼의 대폭적인 양적 확대는 호기가 아니면 결코 불가능한 일이었다.

1982년에 선수들의 스트라이크는 리그에게 약 2억 달러 수준의 수익의 감소를 초래하였을 뿐만 아니라, 또 다른 부정적인 요소로, 대중들로 하여금 탐욕스러운 선수들이 부유한 구단주와 싸움에 따라 자신들에게 희생을 전가한다는 인식을 가지게 하였다.

1982년에서 1984년의 기간중, 3개 네트워크들은 지속적으로 시청자 점유율이 잠식되는 현상을 보게 되었다. ABC, CBS 및 NBC 합하여 90% 이상이던 점유율이 추락하기 시작했다. 독립 방송국들과 케이블들이 자신들의 점유율을 증가시킴에 따라 네트워크사들의 점유율이 60%대 후반으로 감소하였다. 동시에, 전국적으로 홈 무비가 주요 엔터테인먼트로 추구되는 현상과 맞물리면서

case

비디오의 열기가 불었다.

대학 풋볼과 USFL에 의해 촉발된 풋볼의 포화 상태의 결과, 1982년 선수들의 스트라이크와 그 후유증, 프라임 타임으로부터 스포츠에 이르기까지 네트워크의 판매상의 문제들, 시청률의 하락, 네트워크에 대항한 독립 케이블 프로그램의 강화된 힘, 비디오와 다른 새로운 형태의 엔터테인먼트 유형에 대한 관심의 증가 등이 NFL이 차기의 텔레비전 계약을 협상하는 데 매우 부정적인 영향을 미쳤다.

그럼에도 불구하고, 1987년에 리그는 케이블 텔레비전 시장으로의 진입을 스포츠 시장에서의 자신의 최고의 위치를 유지하는 수단으로 사용하였다. ABC, CBS, NBC 및 ESPN과의 1987, 1988, 1989년 시즌의 3년간 계약은 14억2,000만 달러에 달하였다. 각 NFL 팀은 연간 1,700만 달러를 수령하였다.

ESPN과의 새 계약은 시즌의 마지막 8주간 일요일 밤에 모든 스포츠 네트워크를 통하여 케이블 방송하도록 규정하였고, 또한 ESPN에게 AFC-NFC Pro Bowl 게임의 포스트시즌 권리를 부여하였다. ESPN은 1987-1989년 기간중 정규시즌 중계방송의 시청률이 평균 10.0을 기록하여, NFL풋볼을 케이블 역사 상 가장 높은 시청률을 기록한 프로그래밍으로 만들었으며, 이는 ESPN이 1996년 시즌까지 지속한 성취였다. 정규시즌 패키지의 독특한 점은 방문 팀(72시간 이전에 표가 매진될 경우 개최도시 홈 팀도 포함)의 게임을 홈 도시에 공중파 텔레비전 중계하도록 규정하고 있다.

1982-1986년 기간중의 패키지에 비하여 1987-89년 계약에서 권리 수수료가 완만히 증가함에 따라, 지난 5년간 재무적으로 그다지 튼튼하지 못했던 네트워크들로 하여금 건전성을 회복하게 하여, NFL로 하여금 1989년 시즌에 보다 진전된 권리 수수료를 추구할 수 있게 하였다는 것이 방송위원회(및 결국

멤버쉽)의 견해였다.

네트워크들이 건실해지고, 경제가 호조를 보이며 긍정적인 텔레비전 환경 하에서, NFL은 1982년의 5년간 21억 달러 계약을 왜소하게 보이게 만든, 5개 네트워크와의 1990-1993의 4년간 계약을 체결하였다. 36억 달러의 새 계약은 구단의 권리 수수료를 1,700만 달러 수준에서 3,250만 달러로 약 91% 증가하게 하였다.

새로운 권리 수수료를 달성하기 위하여, NFL은 시즌 전반부의 패키지를 TNT가 방영하도록 Turner Broadcasting과 계약을 체결함으로써 일요일 케이블 패키지를 전체 시즌으로 확대하였고, 두 개의 새로운 토요일 와일드카드 게임을 추가하여 ABC를 프리 수퍼보울 포스트시즌 믹스에 추가하였고, 시즌을 17주 동안 16게임을 진행하도록 연장하였다가 나중에 다시 18주 동안 16게임으로 다시 연장하였고, CBS 및 NBC에 후반 시즌 일요일 오후 게임 주일을 추가하였고, 게임당 텔레비전 광고단위를 증가시켰다.

1990년 3월, 판매자시장 및 호조세를 보이는 경제 환경 하에서 더욱 많은 것들이 NFL 및 텔레비전 파트너들에게 유리하게 보였다. 그러나 몇 달 후, 급격한 후퇴가 시작되었다. 결국, 1990년대 초반에 경기침체가 프라임타임, 스포츠 및 타 주간파트 등 네트워크에 전면적으로 닥쳤다. 단위당 가격 상승은 최소한에 그치거나 아예 존재하지 않았다.

NFL의 시청률은 야구 및 타 스포츠가 겪은 하락세에 비하여 비교적 견조세를 보였지만, 시장은 새로운 NFL 권리수수료 수준을 감내할 수 없었다. 특히 1992년과 1993년 중 급격히 상승한 권리 수수료로는 우리의 방송 파트너들이 손실을 입을 상황이었다.

따라서 1993년 가을의 협상을 위하여 분위기가 그다지 좋지 않았다. 그러나

case

FOX가 일요일 오후 패키지를 방영할 것을 심각하게 고려하면서 전체적인 분위기가 급속히 달라졌다. 커미셔너인 Tagliabue와 방송위원회는 스포츠 부문도 없는 신생의 네트워크에 패키지 중의 하나를 부여하는 것의 효과에 대하여 심사숙고하였다.

1993년 12월, 리그는 기존의 ABC, NBC, ESPN 및 Turner와 CBS를 대신하여 새롭게 진입한 FOX를 NFC 패키지의 권리보유자로 하는 새로운 4년간의 계약을 발표하였다. 계약금액은 총 44억 달러의 어마어마한 규모였다. FOX는 'Under the Helmet' 공공 서비스 발표, 한 시간짜리 프리게임 쇼, 혁신적인 FOX 시계 및 NFL 권리를 따기 전의 92%보다 늘어난 전국의 98%에 도달하는 확대된 네트워크 등을 통하여 NFL의 연중 촉진을 실시하였다. 산업계 추정으로는 CBS로부터 FOX로 변경함에 따라 NFC의 시청률이 19~15% 하락할 것으로 예측하였는데, FOX의 첫 두 해 동안의 커버리지는 평균 12.3에 달하여 1993년의 CBS의 시청률보다 단지 4% 하락한 수준을 보였다.

NBC 및 FOX와의 최근의 계약들은 NFL SUNDAY TICKET이란 이름의 새로운 특징을 추가하였는데, 이는 리그와 FOX 및 NBC 간에 맺어진 C-Band 및 DSS 접시를 이용한 인공위성 전송을 위한 합작으로 이루어졌는데, 이는 1985년 당시 커미셔너였던 Pete Rozelle에게 현재의 리그 사장인 Neil Austrian이 보고했던 것이 발전한 결과이다.

NFL SUNDAY TICKET은 접시 소유자에게 일요일 오후의 역외 게임(또한 표가 게임 개최 72시간 전에 매진된 팀의 홈 게임)을 시청할 기회를 제공하였고, 이사하기 전의 장소를 홈으로 하는 팀의 경기를 계속 시청하기 희망하는 많은 이사한 NFL 팬들의 성원을 받았다. NFL SUNDAY TICKET로부터의 처음의 수익흐름은 보잘 것 없었으나, 장기 전망은 매우 긍정적이고, 촉진

가치는 상당하다.

이 때 새로운 스포츠 케이블 조직이 설립되었고, CBS가 NFL 패밀리로 복귀하겠다고 공언한 점 등 방송 환경은 계속 발전하고 있다. 촉진의 측면에서, NFL은 확대된 프리게임 쇼 및 다른 부수적 프로그래밍shoulder programming으로부터 혜택을 입고 있다.

앞길이 어떠하든, NFL은 1964년 및 1965년에 14개 팀의 구단당 평균 권리 수수료가 100만 달러에 불과하였던 것으로부터 최근의 구단 당 평균 3,900만 달러 이상으로 증가시켜, 리그를 다른 어느 스포츠 리그보다 앞서는 위치를 점하게 하였고, 이를 스포츠 프로그래밍에서 가장 매력 있는 인기거리로 만든 과거의 성공적인 협상들을 회고할 수 있다.

토의문제

당신이 NFL-네트워크 텔레비전 협상의 네트워크/케이블 채널 참여자의 하나라고 가정하고 다음의 문제들에 대하여 답하시오.

첫째, 1997년 가을 현재 당신의 네트워크/케이블 채널이 이미 소유하고 있는 다른 주요 스포츠 텔레비전 권리들을 고려하시오.

NBC	CBS	ABC
올림픽 2000-2008	NCAA 풋볼	NCAA 풋볼
NBA	NCAA 농구 준결승	NCAA 농구
골프	1998 올림픽	NFL 월요일 밤 풋볼
MLB	마스터즈 골프	골프
NFL-AFC		Wide World of Sports
Norte Dame Football		

case

FOX	ESPN	TNT
NHL	NCAA 농구	NBA
MLB	NCAA 풋볼	NFL-1/2 일요일 밤
NFL-NFC	NFL-1/2 일요일 밤	
	MLB (일요일 밤 포함)	
	NHL	

1. NFL TV 권리가 네트워크와 케이블 채널에 왜 그렇게 중요한가?
2. NFL 패키지가 기존의 방송사에게 얼마나 중요한가?
3. 하나의 네트워크 혹은 케이블 채널로서, NFL TV 패키지를 가지는 현재 및 미래의 가치를 어떻게 평가할 것인가? 어떤 요소들을 고려할 것인가?
4. 스포츠에 대한 전반적인 시청률 하락에 비추어볼 때, 새로운 NFL 패키지의 가격이 왜 그렇게 상승하였는가?
5. 각 네트워크/케이블 채널이 NFL 비용의 급상승을 어떻게 보전하는가?
6. CBS의 입장에서, NFL TV 라인업으로 복귀하는 것이 왜 중요한가? 그것이 NFL 텔레비전 방송 및 프리게임/하프타임 프로그램으로부터 예상되는 광고수익보다 가치가 더 높은가?
7. NBC의 입장에서, 일요일 오후 AFC패키지를 이익이 나지 않더라도 계속 보유하는 것이 얼마나 중요한가? (NBC는 이를 보유하는 각 네트워크는 새 계약상으로 연간 1억5,000만 내지 2억 달러의 손실을 입을 것이라고 주장하였다).
8. FOX의 입장에서, 1993년에 1994-97 NFL NFC 일요일 오후 패키지를 위하여 당신이 지불한 막대한 금액이 가치 있는 것이었는가? 왜 그런가? 왜 그렇지 않은가? 다음 계약을 위하여 또 한번 지불금액을 대폭 인상할

가치가 있는가?

9. ABC의 입장에서, 월요일 밤 풋볼의 권리를 계속 보유하는 것이 얼마나 중요한가? 그것을 위하여 재무적으로 어느 정도 몰입할 것인가?

10. ESPN의 입장에서, 새로운 NFL 패키지(후반부, 일요일 밤)를 위하여 약 두 배의 금액을 지불할 의사가 있는가? 현재의 TNT 패키지도 역시 인수하기 위하여 더 많은 금액을 지불할 가치가 있는가?

11. NFL이 월요일 밤 풋볼의 가격에 비례하는 가격으로 목요일 밤 패키지를 창설하는 것이 합당한가?

12. NFL이 4년의 TV 계약 대신에 8년 계약을 추구할 논리적 근거는 무엇인가? 네트워크들이 왜 동의해야 하는가? NFL이 5차년도에 계약을 재개할 수 있는 일방적인 옵션을 가지는 것은 어떠한가?

case

CHAPTER

9 스타디움

STADIUMS AND ARENAS

핵심 쟁점

- 스타디움 의사결정은 누가 그 스타디움을 소유하고 있는가, 누가 스타디움 운영권을 가지고 있는가, 스타디움의 고정 임차인의 수, 스타디움에서 개최되는 타 이벤트의 수와 다양성에 의해 영향을 받는다.
- 새 스타디움(혹은 구 스타디움의 개축)은 스포츠 비즈니스에서 새로운 수익원 발굴의 핵심적 요소이다.
- 스타디움 수용인원 규모를 계획하는 것은 나중의 수년간에 걸친 수익과 팬 경험에 극적인 영향을 미치는 중추적인 우선 의사결정사항이다.
- 공적 자금조달이 최근의 많은 스타디움 건설 프로젝트에서 중요한 역할을 해왔다. 혜택의 규모에 대한 논쟁 및 누가 그 혜택을 누리는가에 대한 논쟁은 새 스타디움 건설에 수반하는 정치적 과정에서 계속적으로 야기되는 부분이다.
- 신 스타디움 건설이 사적 자금조달에 의해 이루어지는 경우, 소유주가 광범위한 의사결정 권한을 가질 수 있다. 그러나 사적 자금조달에 발생하는 별도의 부채 추가비용은 클럽과 스타디움을 함께 소유한 그룹에 재무적 도전을 추가한다.

| 사 례 | San Francisco Giants와 PacBell/SBC Park

스타디움은 스포츠 비즈니스의 중추적 요소이다. 그것들은 다수의 구단들의 주요 수익 원천이다. 다수의 리그에서 최고 및 최저 수익을 창출하는 구단들 간의 차이는 종종 ① 그들의 스타디움의 수익 창출력의 차이, 혹은 ② 그 스타디움 수익의 배분 계약의 차이 중 어느 하나와 관련이 있다. 스타디움은 도시의 경제적 생존과 그 도시에 주요 이벤트를 유치하는 데 중요한 역할을 한다. 가령, Houston은 2004년에 Houston Texans의 홈구장인 Reliant Stadium을 위한 공적 자금조달 지원행사의 하나로 Super Bowl XXVIII을 유치하였다. Houston이 수퍼보울을 유치할 수 있게 한 또 하나의 매력요인은 1997년에 NFL 확장 프랜차이즈를 위하여 Houston 신디케이트 입찰에서 제안된 금액 규모였다.

이 장에서는 스타디움의 건설 및 운영과 관련된 세 가지 핵심 비즈니스 이슈들을 다룬다.

1. 비즈니스와 관련된 스타디움 활동의 핵심 의사결정자
2. 복합적 수익 창출 자산으로서의 스타디움
3. 스타디움 건설 및 운영을 위한 공적 자금조달 지원 모색

스타디움 의사결정에 대한 소유주, 운영자, 고정 임차인의 영향

스타디움 관리의 비즈니스 측면에 영향을 미치는 세 가지 요소는 다음과 같다.

- 누가 그 스타디움을 소유하고 있는가?
- 누가 그 스타디움을 운영하고 관리하는가?
- 몇 개의 스포츠구단이 그 스타디움의 임차인인가?

| 도표 9•1 | 은 이 세 요소의 조합을 보여주고 있다. 가장 단순한 케이스는 한 구단이 스타디움을 소유하고, 운영하며, 유일한 임차인인 | 도표 9•1 | 의 케이스 I이다. 이 케이스의 예로는 NFL에서 FedEx Field/Washington Redskins, MLB에서 SBC Park/San Francisco Giants, English Premier League에서 Old Traford/Manchester United 등이 있다. 이 경우는 스포츠구단이 명명권 스폰서naming right sponsors, 티켓가격 설정, 다른 가능한 임차인 결정 등 다양한 이슈들에 관하여 보다 큰 융통성을 가진다.

단일 고정 임차인을 가진 스타디움은 스타디움이 제삼자에 의해 소유되거나 운영될 때 문제가 복잡해진다. 결정 권리, 수익 배분, 비용 책임 등에 대한 계약이 스포츠구단, 스타디움 소유주, 및 스타디움 운영자 간에 협상되어야 한다. 그 예로는 Louisiana Super Dome이 있다. NFL의 New Orleans Saints가 고정 임차인이다. Super Dome은 Louisiana주가 소유하고, 공공기관인 SMG Facility Managment가 관리한다. 스타디움과 관련한 의사결정은 세 당사자 – 구단, 소유주 및 운영자 – 가 관여된다.

보다 복잡한 상황은 복수의 임차인이 존재할 때 추가된다. 복수의 임차인은 흔히 실내 경기장의 경우에 자주 발생한다. 가장 단순한 케이스는 복수의 고정 임차인의 소유주가 또한 경기장을 소유하고 운영하는 케이스 IV이다. Denver에 있는 Pepsi Center가 그 예이다. Stan Kroenke가 경기장을 소유하고 운영하며, 동시에 두 개의 주요 고정 임차인 – NHL의 Colorado Avalanche와 NBA의 Denver Nuggets – 을 소유하고 있다. NBA와 NHL 모두 개별 스포츠구단 기준으로 재무를 관리하도록 요구하고 있다. 이것이 Pepsi Center로 하여금 경기장의 명명권naming rights수익 및 스위트suite수익 등의 수익을 Avalanche와 Nuggets 간에 혹은 타 이벤트 간에 배분하는 룰을 필요로 하게 만든다. 스위트 보유자는 Pepsi Center에서 개최되는 모든 이벤트를 포괄하는 패키지를 구입한다.

도표 9-1 스타디움 소유주, 운영자, 고정 임차인 수의 관계

	소유주: 스포츠클럽 운영자: 스포츠클럽	소유주: 제삼자 운영자: 스포츠클럽	소유주: 제삼자 운영자: 제삼자
단일 고정 임차인	I	II	III
복수의 고정 임차인	IV	V	VI

가장 복잡한 케이스는 복수의 임차인이 존재하고, 상이한 주체들이 경기장을 소유하고 운영하는 경우이다. Los Angeles의 Staples Center가 전형적인 예이다. Staples는 Phil Anschutz와 Edward Roski, Jr.가 공동 소유하고 있다. 운영은 AEG Anschutz Entertainment Group가 하고, 5개 고정 임차인(NBA의 Los Angeles Lakers와 Los Angeles Clippers, NHL의 Los Angeles Kings, WNBA의 Los Angeles Sharks, AFL의 Los Angeles Invaders)을 가지고 있다. 이 고정 임차인들은 동일한 소유주 그룹을 가지고 있는 것이 아니다. 동일한 개인들이 소유권에서 겹치더라도, 개별 구단이나 경기장의 소유 지분 비율이 상이하다. 그 결과 Staples Center에서 배분 규칙을 협상으로 결정하게 되었다.

복합 수익 창출 자산으로서의 스타디움

모든 분야의 스포츠 경영자는 아마도 끊임없이 수익 기반의 확대 요구에 직면한다. 최고급의 스타디움과 결부된 복합적 수익 원천은 Houston Texans의 홈구장인

Reliant Stadium이 잘 예시해주고 있다. 이 스타디움은 개폐식 지붕과 천연 잔디 필드를 가지고 있다. NFL의 확장 프랜차이즈인 Texans는 2002년 9월 개막 시즌 게임을 Dallas Cowboys와 가졌는데 Houston이 19-10으로 승리하였다. Texans는 NFL에 신규 프랜차이즈 수수료로 기록적 금액인 7억 달러(5년간 할부 지급이 가능)를 지불하였다. Reliant Stadium의 총 프로젝트 비용은 3억1,000만 달러였다. 스타디움의 소유자는 Harris County-Houston Sports Authority이다. 공공분야 당국이 호텔세를 통하여 조달한 자금으로 건설비용으로 1억9,500만 달러를 내놓았다. 나머지 1억1,500만 달러는 양 주요 임차인인 Houston Texas(Bob McNair가 경영)와 Houston Livestock Show and Rodeo에서 조달되었다.

수용규모 결정: Reliant는 약 69,500명의 수용규모를 가진다. 계획 단계에서 수용규모를 확대하는 데 소요되는 추가 비용과 피크 시즌의 좌석 수요를 포함한 예상 좌석 수요 간의 균형을 취하였다. 과도한 수용규모의 비용은 초과 규모의 건설비용과 운영비용뿐만 아니라, 많은 빈 좌석들이 있는 상태에서 게임이 개최될 경우 초래되는 팬 가치의 희석 등을 포함한다. 더욱이, 리그들이 추가 비용을 부과할 수도 있다. NFL은 표가 게임 개최 72시간 전에 매진된 경우에만 홈 도시에 텔레비전 방송 중계될 수 있도록 하는 '미방영 정책blackout policy'을 채택하고 있다. 홈 도시에서의 중계 상실에 따른 시장감소는 스폰서나 팬에게 부정적이다. 이 미방영 정책은 새 스타디움으로 하여금 보다 적은 수용규모를 가지게 하는 유인을 제공하고 있다.

| 도표 9•2 | 는 주요 프로 리그들에 속한 팀의 스타디움 규모의 요약 데이터를 보여준다. MLS, NFL, 및 EPL은 일반적으로 야외 스타디움에서 경기하고, NBA, NHL 및 WNBA는 실내 경기장에서 경기한다(최근 일부 야외 스타디움들이 개폐식 지붕을 가지고 있어 야외 경기장과 실내 경기장의 구분이 종전보다 불분명해졌다).

개인좌석 라이센스: 개인좌석 라이센스PSL: Personal Seats Licenses는 스타디움 내의 특정

도표 9-2 주요 프로 스포츠 리그의 스타디움 규모

리그	최고	최저	평균 용량	평균 참석	평균 스위트 수	평균 구단좌석 수	홈게임 수
NFL	85,407 Washington Redskins FedEx Field	60,272 Indianapolis Colts RCA Dome	69,828	66,662	141	7,636	8+2 프리시즌
MLB	57,545 New York Yankees Yankee Stadium	33,950 Boston Redsox Fenway Park	46,278	28,025	75	3,983	81
NBA	22,076 Detroit Pistons Palace Auburn Hills	17,100 Seattle Supersonics Key Arena	19,353	16,883	89	2,024	41
NHL	21,631 Montreal Canadians Bell Center	11,000 Nashville Predators Gaylord Center	18,490	16,589	94	2,094	41
MLS	25,576 Metro Stars Giants Stadium	8,500 Dallas Burn Dragon Stadium	21,174	14,898	82	4,463	15
WNBA	24,042 Charlotte Sting Charlotte Coliseum	10,000 Connecticut Sun Mohegan Sun Arena	18,705	8,933	84	1,780	17
EPL	67,630 Old Trafford Manchester United	19,148 Fullham Craven Cottage	37,784	35,445	N/A	N/A	19

자료: Media Ventures, 2004 Revenues From Sports Venues (2004), Deloitte, Annual Review of Football Finance (2004).

좌석(전형적으로 프리미엄 위치의 좌석)에 대한 권리를 단번에 구입하는 것이다. PSL은 팬들에게 티켓 및 좌석 위치를 통제할 수 있도록 할 뿐만 아니라 그 좌석의 미래 소유권도 제공한다. 스타디움 소유자는 PSL의 판매를 통하여 선금을 수령할 뿐만 아니라 동 좌석에 대한 연간 시즌티켓 수익도 거둔다. 대부분의 경우 PSL 소유자는 이를 재판매할 권리를 가지며 시장가치의 상승분을 향유할 수 있다.

Houston Texans는 600달러에서 4,200달러의 가격에 약 41,000개의 PSL을 판매하였다. 중간가격인 2,400달러를 가정하면 이는 9,840만 달러의 선불 현금수익을 의미한다. 이 선금 현금수익은 투자그룹으로 하여금 3억1,000만 달러의 건설비용 중에서 지불해야 할 몫을 충당할 뿐만 아니라, 7억 달러의 확대 수수료를 지불할 수 있도록 하였다.

명명권: 매력적인 명명권naming rights 딜은 스타디움에 장기 현금유입을 제공한다. Harris County-Houston Sports Authority는 Reliant Resourses와 3억 달러, 30년 명명권 딜을 서명하였다. 이는 모든 스포츠에서 가장 고가의 명명권 딜 중의 하나이다. | 도표 9•3 | 은 2003년 중 5대 상위 명명권 딜을 보여준다. Houston Texans는 연간 명명권 수익의 75%를 수령한다.

스위트: 스위트suites는 점유자로 하여금 고급스런 환경 — 넓은 공간, 연회 음식료에 용이한 접근, 프라이버시 — 에서 게임을 관전할 수 있도록 한다. 스위트는 보통 다년 기준으로 판매된다. Reliant에는 첫 시즌에 165개의 스위트가 있었다. 높은 수요를 감안하여, 19개의 새로운 고급 스위트를 추가하기로 결정하였다. 대부분의 스위트가 17명에서 21명을 수용한다. 2004-2005년에 가격범위는 5만5,000달러에서 22만5,000달러 수준이다. 평균가격 15만4,000달러로, 184개의 스위트는 매년 2,800만 달러 이상의 수익을 창출한다.

시즌티켓 보유자: 이 수익 원천은 스포츠 구단의 연간 재무계획을 입안하는 데

도표 9-3 메이저 리그 시설에서의 명명권 딜

시설 총 금액	도시 리그	만기년 기간	평균 연간 가치 (100만 달러)	주요 임차인
1. Reliant Stadium 3억 달러	Houston, Texas NFL	2033년 30년	$10.00	Houston Texans
2. EedEx Field 2억500만 달러	Landover, Maryland NFL	2025년 27년	$7.59	Washington Redskins
3. American Airlines Center 1억9,500만 달러	Dallas, Texas NBA, NHL	2030년 30년	$6.50	Dallas Mavericks Dallas Stars
4. Phillips Arena 1억8,500만 달러	Atlanta Georgia, NBA, NHL	2019년 20년	$9.25	Atlanta Hawks Atlanta Thrashers
5. Minute Maid Park 1억7,000만 달러	Houston, Texas NFL	2029년 28년	$6.07	Houston Astros

자료: Street & Smith사의 Sports Business Journal, 2004.

있어 매우 매력적이다. 이는 시즌 초에 전액이 지불된다. 극단적인 경우에, 스타디움의 전 좌석이 시즌티켓 보유자에게 모두 매진되었을 경우, 추후 티켓 마케팅 노력은 불필요하다. Reliant Stadium에는 PSL이 부가된 시즌티켓 보유자가 약 3만8,000명 있다. 연간 시즌티켓 가격은 500달러에서 2,680달러 수준이다. 이의 평균가격이 1,590달러로, 추정 수익은 6,042만 달러이다. 또한 1만6,700명의 비 PSL 시즌티켓 보유자들이 300달러에서 430달러 수준의 가격으로 구입한다. 이의 평균가격이

365달러로, 추정 수익은 609만5,000달러이다.

Reliant의 다른 수익 원천으로는 스타디움 내 스폰서 및 표식, 그리고 주차료수입이다. 또한 Texans는 영빈관hospitality village으로부터 150만 달러를 벌어들였다. 이는 스타디움에 인접해있고 파티 등을 위한 텐트 및 기타 설비를 갖추고 있다. 요컨대, Houston Texans는 Reliant Stadium에서 인상적인 수익창출 시스템을 구축하는데 성공하였다. 동 구단은 이러한 필드 바깥에서의 노력에 대하여 비즈니스 상을 수상하였다.

스타디움 건설 및 운영을 위한 공적자금 지원 모색

새 스포츠 스타디움을 위한 비용은 증가세가 지속되고 있다. | 도표 9-4 | 는 1990년부터 2004년까지의 기간중 MLB 팀들의 새 스타디움 건설을 요약해 보여주고 있다. 1990-1992 중의 세 개의 새 스타디움 건설비용은 평균 1억4,800만 달러이고, 이들 자금의 99%는 공적으로 조달되었다. 2003-2004년 중의 세 개의 새 스타디움 건설비용은 평균 3억6,200만 달러이고, 이들 자금의 67%는 공적으로 조달되었다. 공적 자금조달은 다양한 형태를 띨 수 있다. 이들은 호텔-모텔세, 카렌탈세, 주차세, 공항여행자세, 알코올 및 담배세, 시·군·주의 판매세, 시·군·주의 일반 차입 등을 포함한다.

새 스포츠 스타디움 건설을 위한 공적 자금 사용에 대하여 찬성론자와 반대론자가 지난 20년간 수차례 논쟁해왔다. 각 진영에서 내세우는 논거는 상대적으로 예측 가능하지만, 어떤 특정한 스타디움 상황에의 적용가능성은 매우 가변적이다. 공적 자금조달의 찬성론자는 다음과 같은 논거를 인용한다.

- 새 스타디움으로부터의 추가 수익 — 가령 스타디움 내의 수익(주차료 및 구내매

도표 9-4 MLB에서의 새 스타디움 개관: 1990-2004

개관 연도	팀	이름	비용	공적 자금 조달의 비율
1990	Tampa Bay Devil Rays	Tropicana Field	$ 85	100%
1991	Chicago White Sox	U.S. Cellular Field	150	100
1992	Baltimore Orioles	Camden Yards	210	96
1994	Texas Rangers	Ballpark at Arlington	191	71
1994	Cleveland Indians	Jacobs Field	180	82
1995	Colorado Rockies	Coors Field	215	75
1996	Atlanta Braves	Turner Field	232	100
1998	Arizona Diamondbacks	Bank One Ballpark	354	75
1999	Seattle Mariners	Safeco Field	517	76
2000	Detroit Tigers	Comerica Park	295	45
2000	Houston Astros	Minute Maid Park	248	68
2000	San Francisco Giants	SBC Park	350	0
2001	Milwaukee Brewers	Miller Park	312	71
2001	Pittsburgh Pirates	PNC Park	320	85
2003	Cincinnati Reds	Great America Ballpark	289	90
2004	Philadelphia Phillies	Citizen Bank Park	349	50
2004	San Diego Padres	Petco Park	450	66

자료: 2004 Revenues From Sports Venues (Milwaukee, WI: Media Ventures, 2004).

점 수익 등)과 스타디움 밖의 수익(호텔/숙박 및 렌탈카 수익) — 이 도시에 이득을 가져다준다.

- 스타디움 건설 및 운영에 수반되는 일자리 창출.
- 새 스타디움이 도시로 유인할 추가 대규모 이벤트. 가령, 수퍼보울, 올스타 게임, 혹은 극단적인 사례로 월드컵축구나 월드컵 럭비게임 등.
- 도시 위상의 향상과 그 결과로 관광, 컨벤션 등의 증대.
- 프로 스포츠 팀을 소유함으로써 커뮤니티 구축의 혜택.

| 도표 9•5 | 는 새 스타디움 제안의 잠재적인 경제적 영향을 강조하는 하나의 접근방법을 제시하고 있다. 이 도표는 Barrett Sports Group이 만든 것인데 NFL의 San Diego Chargers의 새 스타디움 건설을 위한 공적 자금조달에 대한 논쟁을 위하여 준비된 것이다.

스포츠 스타디움 건설 및 운영을 위한 공적 자금조달에 대한 반대론자들은 다음의 논거를 인용한다.

- 이미 부유한 스포츠 구단의 소유주들이 새 스타디움의 수익과 연계된 가치 증대분의 지나치게 높은 비율을 누린다.
- 총 도시 수익증대가 과장되고 있다. 증대된 스타디움 수익 중의 일부는 다른 도시 수익의 감소를 수반하고 이루어진 것이다(즉 그것이 새 수익 창출효과라기보다는 수익 대체효과라는 것이다).
- 스포츠 스타디움은 커뮤니티의 우선순위 상·하위에 위치한다. 가령, 증가된 판매세를 사용할 더 우선되는 용처는 학교, 병원, 경찰, 및 소방서비스의 개선이다.

도표 9-5 새 스타디움 제안의 경제적, 재무적 영향 평가

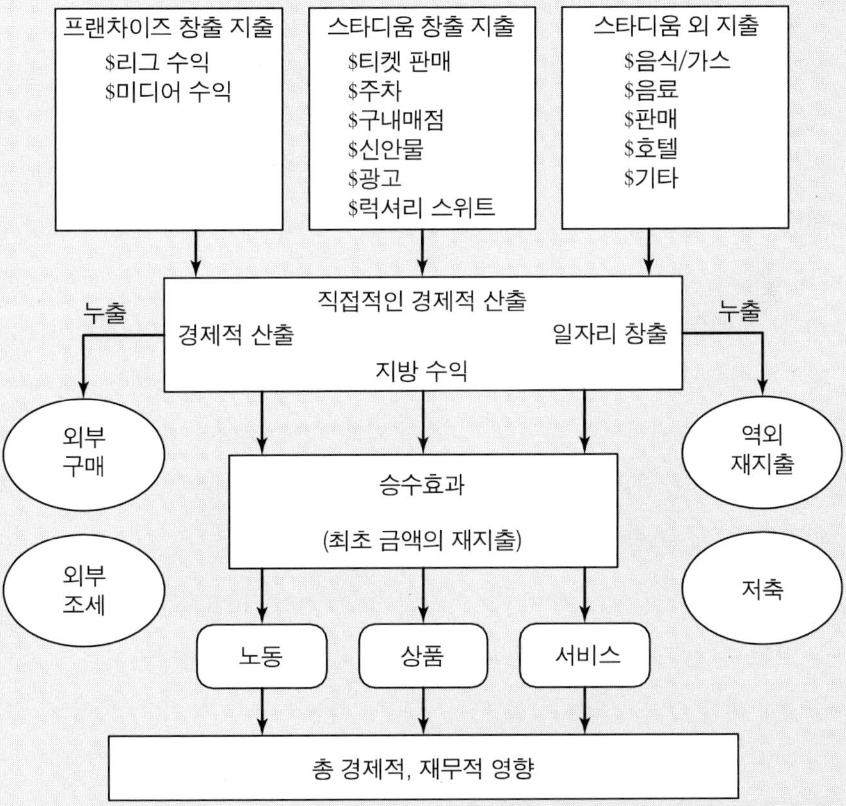

자료: Barrett Sports Group, "Task Force on Chargers Issues Final Report."

스포츠 구단의 의사결정 사항

새 스타디움 프로젝트를 위한 공적 자금지원의 수준은 다양한 그룹의 의사결정의 결과이다. 스포츠 구단에 의한 의사결정을 위한 고려사항들은 다음과 같다.

1. 100% 사적 자금조달이 가능한가? 최근 매우 드물긴 하지만 스타디움을 위한 100% 사적 자금조달 사례가 있었다. 가령, 1999년의 Staples Arena(NBA의 Los Angeles Lakers 및 Los Angeles Clippers, NHL의 Los Angeles Kings를 위한 것), MLB의 San Francisco Giants를 위한 2000년의 Pacific Bell Park(지금의 SBC Park), NFL의 New England Patriots를 위한 2003년의 Gillette Stadium. 이 세 사례는 예외이다. 각 경우, 새 스타디움으로부터의 수익 흐름이 종전의 홈구장에서보다 극적으로 증가하였다. 그와 같은 증가 없이는 100% 사적 자금조달은 경제적으로 가능할 것 같지 않다. '가능성'이란 용어는 추정 수익이 추정 비용보다 적을 경우에도 소유주가 감당할 만한 재무적 역량을 가진다는 의미도 함께 포함된다.

2. 공적 자금조달의 제약과 다른 (명시적 및 잠재적) 비용은 무엇인가? 도시나 군은 스타디움의 사용에 제약을 가할 수 있다. 가령, 명명권이나 티켓가격 증대에 대한 제약, 스타디움을 다른 용도에 사용하는 것 등이다. 공적 자금조달 비용은 새 스타디움으로부터의 수익흐름의 배분도 포함할 수 있다. 가령, 명명권 수익을 스포츠 구단과 추가 세금을 부과하는 시당국 간에 50/50으로 배분할 수 있다. 시나 군과 능숙하게 스타디움 계약을 협상할 수 있도록 대폭 투자하는 스포츠 구단에 높은 프리미엄이 존재한다. 구단이 최소한의 스타디움 수익을 누릴 수 있도록 허용하는 계약은 보다 호의적인 계약을 맺은 구단에 비하여 그 구단을 경제적으로 심각하게 불리한 위치에 빠뜨린다.

3. 상이한 수준의 공적 자금조달에 대한 투표자의 취향은 어떠한가? 새로운 세금은

투표자의 승인을 득해야 한다. 경우에 따라, 투표자는 공적 자금조달을 거의 희망하지 않을 수 있다. 1980년대와 1990년대 초에 San Francisco Giants는 경제적으로 진부화된 Candlestick Park에서의 스타디움 곤란을 해결하기 위하여 공적 자금조달 지원을 모색하기 위한 제안을 하였으나 네 차례나 퇴짜를 맞았다. 그와 같은 경우, 기존의 팀 소유주가 가질 수 있는 옵션은 다음과 같다. ① 공적 자금조달 지원을 제공하는 도시로 팀을 이동, ② 사적 자금조달을 돕기 위하여 새로운 투자자를 유치함으로써 자신의 소유지분을 축소, ③ 기존 스타디움을 고수하고 구단의 낮은 수익기반을 수용. MLB의 Oakland Athletics는 Oakland Coliseum에서 상당한 스타디움 문제를 안고 있었다. 단기간에 문제를 해결할 수 있을 것 같지 않았다. Athletics는 MLB 소속 팀들의 평균 이하 수준으로 선수급여를 대폭 삭감하였다.

4. 강한 커뮤니티 결속의 구축을 통한 혜택. 민간부문과 공공부문의 자금조달의 결합은 양 부문이 함께 생산적으로 작동할 수 있게 한다. 이는 스포츠 구단, 시 공무원 및 정치인, 커뮤니티 간에 보다 견고한 결속을 가질 수 있도록 유도한다.

5. 리그 내에서의 경쟁상황. 만약 다수의 구단들이 공적 자금조달을 주로 사용한다면, 사적 자금조달에 의존하는 소수의 구단은 다른 구단들에 비하여 부채상환에 높은 이자를 지불하게 된다. 이 높은 이자율은 스타디움 수용규모가 경쟁적 예산 하에 운용되어야 한다는 점에서 그 구단을 불리하게 만든다. | 도표 9•4 | 에서 '공적자금 펀딩 비율' 칸은 San Francisco Giants의 공적자금 조달 0%와 다른 많은 구단들의 공적자금 조달 비율 간의 커다란 갭을 설명해준다. San Francisco Giants 경영팀은 다른 팀들이 추가적으로 부담하지 않아도 되는 이자비용으로 매년 2,000만 달러를 수익에서 부담해야만 한다.

case

|사 례| San Francisco Giants와 PacBell/SBC Park

Peter Magowan은 2004년 시즌 중반에 꽉 채워진 SBC Park을 둘러보았다. 그의 마음은 자신이 이끌고 있는 조직의 미래에 두어져있었다. 2004년 시즌 이전에는 SBC Park은 PacBell 혹은 Pacific Bell Park으로 알려져 왔다. 2000년에 PacBell로 옮겨온 이후 Giants는 관중참여가 60% 이상 증가하는 축복을 받았다 (| 도표 1 | 참조). 2002년에 Giants는 월드시리즈에 진출하였으나 Anaheim Angels와의 최종 일곱 게임에서 통한의 패배를 안았다. Giants는 2000년과 2001년에 꽤 이익을 올렸으나, 2002년에는 간신히 이익을 내는 데 그쳤다.

1995년에 Giants가 시내에 새로운 구장을 건설할 계획을 수립하였을 때 의심의 부족이 없었다. 결국, 야구에 대한 인기는 스트라이크 이후에 매우 저조한 상태로 떨어졌다. Bay Area의 투표자들은 새 구장 건설을 위한 공적 자금 지원 요청을 기각하였다. San Francisco Giants의 사장이며, 1992년 말에 Giants에 1억 달러를 투자한 투자그룹의 Managing General Partner인 Magowan은 "사람들이 '당신은 투표에 이기지 못할 것이고, 자금을 조달하지 못할 것이며, 자금을 조달한다 하더라도 경쟁력 있는 팀을 경기에 참가시키지 못할 것이며, 아무도 오지 않을 것이다'라고 말하였다"고 회상하였다. 수석부사장이며 Chief Operating Officer인 Larry Baer는 "우리가 새 스타디움에서 경기하지 않는다면 경제성 있는 프랜차이즈를 가질 수 없을 것이라는 것을 우리는 알았다"고 언급하였고, "현재의 소유주가 3Com Park에서 손익분기에 도달한 유일한 때는 1993년이었는데, 이때 Giants가 103게임을 승리하고 260만 관중을 확보하였다"고 주장하였다.

도표 1 ▌San Francisco Giants의 시합기록 및 관중참여 역사: 1990-2003

연도	구장	S. F. Giants 승/패 기록	S. F. Giants 게임당 평균 관중 수	S. F. Giants 시즌 총 관중	MLB리그 평균 총 관중
1990	Candlestick Park	85-77	24,389	1,975,528	2,040,959
1991	Candlestick Park	75-87	21,450	1,737,478	2,058,014
1992	Candlestick Park	72-90	19,272	1,560,998	2,009,261
1993	Candlestick Park	103-59	32,177	2,606,354	2,637,470
1994	Candlestick Park	55-60	21,045	1,704,608	1,843,416
1995	Candlestick Park	67-77	15,327	1,241,500	1,793,589
1996	Candlestick Park	68-94	17,456	1,413,922	2,169,949
1997	3Com Park*	90-72	20,875	1,690,869	2,277,526
1998	3Com Park*	87-74	23,770	1,925,364	2,401,674
1999	3Com Park*	86-76	25,659	2,078,365	2,380,436
2000	PacBell Park	97-65	40,973	3,318,800	2,480,194
2001	PacBell Park	90-72	40,877	3,311,000	2,481,346
2002	PacBell Park	95-66	40,163	3,253,205	2,309,294
2003	PacBell Park	100-61	40,307	3,264,898	2,273,813

*Candlestick Park은 1997년에 3Com Park으로 개명되었다.

자료: 야구 연감 웹사이트인 www.baseball-almanac.com

Giants의 스타디움 역사

과거에 New York Giants였던 San Francisco Giants는 1958년 시즌부터 서부로 옮겼다(동시에 Brooklyn Dodgers는 Los Angeles로 옮겼다). 처음 2년간은 Giants는 과거에 마이너 리그 구장이었던 Seals Stadium에서 경기를 하였다. 1960년 4월 12일에 Giants는 처음으로 Candlestick Park에서 경기를 하였다. 이는 100% San Francisco시의 공적 자금으로 건설되었고, 결국에는 NFL의

San Francisco 49ers와 구장을 함께 사용하게 되었다. 1970년대 중반까지 이 스타디움은 미식축구를 위한 평균적 경기장으로, 야구를 위해서는 표준에 다소 못 미치는 구장으로 인식되었다. 악명 높게 추운 바람은 경기 컨디션과 관람 컨디션을 모두 어렵게 만들었다. 이 구장은 San Francisco 시청에서 약 7마일 남쪽에 위치해있어 다운타운의 활력 있는 비즈니스 커뮤니티의 이점을 충분히 살리지 못하였다. 대중교통수단에의 접근성도 빈약하였다. 1993년 시즌 이전까지 10년간, Giants의 관중 수는 MLB 전체 팀 평균 관중 수의 80% 수준에 그쳤다. 이러한 관중 참여의 부진은 1962년 및 1989년의 월드시리즈에의 출전을 포함한 시합에서의 일부 성공에도 불구하고 지속되었다.

1992년에 Giants의 구단주 Bob Lurie는 팀의 스타디움 자금조달 수단의 통과의 어려움에 좌절하고, Giants를 Vince Naimoli에게 1억1,500만 달러에 매각하려고 시도하였다. Lurie는 1976년에 그 팀을 800만 달러에 구입한 투자그룹을 선도하였다. Namoli의 의도는 Giants를 1993년 시즌부터 Florida주 St. Petersburg로 옮기려는 것이었다. 그러나 National League의 소유주들은 San Francisco에 팀이 잔류하기를 선호한다는 데 의견을 모으고 그 매각을 봉쇄하였다. MLB는 그 후 Bay Area의 개인 부자들로 구성된 신디케이트에게 그 팀을 매입하도록 제안하였다. Peter Magowan, Walter Shorenstein, Charles Schwab, 및 Donald Fisher를 포함한 이 신디케이트가 그 팀을 1992년 말에 1억 달러에 매입하였다. 그 매입 후 Peter Magowan이 Giants의 사장이자 Managing General Partner가 되었다.

그 다음 2년이 MLB에게는 어려운 해였다. 1994년에 선수들의 스트라이크가 발생하였고, 이것이 팬들을 화나게 만들어 관중 수가 MLB 전체적으로 평균 20% 감소하였다. Giants는 특히 충격이 커 관중 수가 40%나 감소하였다. 대규모 손실의 가능성이 높아지자 새로운 신디케이트의 몇몇 회원들은 그들의 소유권 지위에 불편함을 느꼈다. 새 신디케이트의 일부분은 타 투자자나 신규 투자자에게 매각되었다.

이러한 도전에 직면하여 Giants는 새 스타디움 건설을 위한 자금조달에 대한 여론을 파악하기 위하여 주민들로부터 포커스그룹을 구성하기 시작했다. 주민들은 새 스타디움 건설을 위한 자금조달을 위하여 지방세를 올리는 데 대하여 저조한 호응도를 보였다. Giants는 사적 자금조달을 통한 스타디움 건설 가능성을 모색하기 시작했다. 그 팀은 Candlestick에서 매년 최소한 1,000만 달러씩 손실을 보고 있었기 때문에, 최소한 손익분기점에 도달할 수 있는 스타디움은 이 팀의 재무사정을 대폭 호전시킬 수 있을 것이다. 선호되는 부지는 San Francisco Bay를 완전히 조망할 수 있는 시내 지역인 China Basin의 해안기슭이었다.

승인 획득

새 스타디움 건설을 위한 승인 획득을 위해서 Giants는 시당국, 주민, 그리고 다양한 특수 이익단체들과 협상해야했다. 새 스타디움 건설 제안에 처음으로 반대한 사람은 China Basin 지역 주민, 환경운동가들, 해안기슭에서 다른 활동 하기를 더 선호하는 레크리에이션 애호가들, 해운 산업으로부터 해안기슭의 일부를 빼앗아가는 것을 원치 않는 산업계 인사들 등이었다.

승인 과정의 1단계는 1995년에 Giants가 사적 자금조달을 통하여 구장을 건설하는 데 대하여 주민들의 동의를 얻기 위하여 Proposition B 캠페인을 도입하면서 시작되었다. Proposition B 캠페인은 상당한 규모의 공적 자금조달이 결부되었을 때 스타디움 이슈에 반대하였던 많은 그룹들이 뭉치면서 전기가 마련되었다. 1996년 3월, 이러한 이해관계자들의 단결은 Proposition B를

case

case

투표자의 67%의 찬성으로 통과되도록 만들었다. 그 다음 단계는 공적 자격부여 과정을 통과하는 것이었다. 선임 부사장이면서 고문변호사general counsel인 Jack Bair가 수십 차례의 공개토론과 공공 에이전시 및 기구들과 무수하게 협상하는 과정에서 중요한 역할을 하였다. 관여한 에이전시들은 San Francisco Board of Supervisors, Planning Commission, Redevelopment Commission, Port Commission, Bay Conservation Commission, 및 California Transportation Commission 등이다. 특히, San Francisco Redevelopment Agency는 모든 이해당사자의 욕구를 충족하는 스타디움을 건설하기 위하여, Giants와 주민, 특수 이해관계자 그룹 사이에서 촉진제로서 작용하는 중요한 역할을 하였다.

공적 자격부여 과정의 일부로서, 대중의 우려를 해소하기 위하여 다양한 협약이 체결되었다. 한 협약은 구장 내부에서의 광고 수를 제한하는 것이었다. 구장 외부에 허용된 유일한 광고는 스타디움의 이름과 관련된 것이었다. 또한 구장 내의 모든 광고는 경기필드를 향하여 안쪽으로 마주보도록 규정하였다. 추가적인 협약은 시당국이 지원하는 교통통제요원, 개선된 버스 및 여객선 서비스 등 대중교통에 관련된 조항을 포함하였다. 1997년 9월, Giants는 공적 자격부여 과정을 종결하고 구장 건설 계획을 진행하도록 허가받았다.

자금조달 계획의 개발

사적 자금조달 계획은 CBBCChina Basin Ballpark Corp.의 통제 하에 있는 다섯 개의 주요 부문으로 구성되었다. CBBC는 스타디움 건설을 위한 자금조달을 위하여 설립된 회사로 San Francisco Giants가 지분의 전부를 소유하고 있다. | 도표 2 | 는 실제 스타디움 건설비용을 충당하기 위하여 이용된 자금조달 원천의 명세를 보여주고 있다.

도표 2 ▌PacBell Park 자금조달 원천(100만 달러)

부채 (Chase Securities 등)	$170
스티디움 명명권	50
광고 및 구내매장	75
전용 좌석 라이센스	70
세금 증분 파이낸싱 딜	15
계	$380

부채

Giants의 선임부사장이며 재무담당임원인 John Yee는 1996년 중 많은 시간을 좋은 조건으로 은행 차입을 추진하는 데 보냈다. 1990년대 중후반은 상대적으로 자금조달 환경이 좋은 시기였지만 Giants의 상황은 대다수의 다른 차입 기업과는 달랐다. 이는 스타디움 건설을 위하여 공적 자금조달 노력을 네 차례나 하였으나 실패한 MLB 팀이었다. 이 팀은 이제는 미국에서 가장 물가가 비싼 도시에서 스타디움 건설을 위한 사적 자금조달을 추진하고 있었던 것이다. 은행의 관점에서는 이는 대다수의 다른 대출 고객과는 현저하게 다른 리스크를 가진 프로젝트 파이낸싱 딜이었다. MLB팀들은 일반적으로 그다지 이익률이 높지 않으며 간신히 손익분기점을 맞추거나 종종 손실을 보기도 하였다. 더욱이, 과거의 리그수준에서 발생했던 스트라이크와 공장폐쇄는 대출자에게 리스크를 가중시키는 요인이었다. MLB팀은 1960년대 초반(Los Angeles Dodgers의 Dodger Stadium) 이후에는 스타디움 건설을 위한 사적 자금조달에 성공한 사례가 없었다.

Giants는 1996년 9월 1억4,000만 달러의 은행 대출을 확보하였다. 이 계약은 5년 만기 종료 전에 대출이 연장되는 조건으로 건설 프로젝트 파이낸싱으로

case

구성되었다. 은행 신디케이트는 Chase Securities가 선도하였다. 1997년 중 Giants는 계획 추진을 가속화하여 Anheuser-Busch, Coca-Cola, 및 Chevron을 포함하는 새로운 몇몇 주요 스폰서들과 계약을 맺었고, 리스계약을 종결하였으며, 공적 자격부여 과정을 종료하였으며, 부지에 건설 준비 작업을 시작하였다. 더욱이, 경제가 호전되고 이자율 여건이 보다 개선되었다. 팀의 성적 향상과 호전된 거시경제 환경과 더불어서, Giants는 Chase에게 다시 돌아가서 보다 좋은 조건의 계약을 협상하였다. 1997년 11월, Chase는 20년 만기(2017년 종료), 8% 고정금리로 1억7,000만 달러의 건설 프로젝트 파이낸싱 대출이라는 새로운 대출 패키지를 제안하였다. 최근의 연간 상환금액은 원금과 이자를 포함하여 약 2,000만 달러이다.

스타디움 명명권

지난 수십 년간 프로 스포츠팀들은 기업을 대상으로 스타디움에 명명할 권리를 판매하였다. | 도표 3 | 은 지난 10년간 새 야구장과 관련하여 일어난 명명권 거래들의 요약을 보여준다. Giants는 스타디움 건설 계획을 대중에게 발표했을 때 적절한 명명권 스폰서를 가지기를 희망하였다.

선발 과정을 발의하기 위하여 그 팀은 명명 회사가 되기 위한 다음과 같은 세 가지 기준을 발굴하였다. 그 기업은 ① 초점이 전국적일 것, ② Bay Area에서 높은 가시성을 가질 것, ③ 일반 대중에게 잘 인지되어있고, 호감을 받을 것. 이 기준들을 충족시키는 약 30개의 기업이 파악되었다. Peter Magowan은 각 기업에게 팀의 새 스타디움 건설 계획을 설명하고, 각 기업이 스타디움의 명명권을 구매할 의사가 있는지 문의하는 편지를 보냈다. 그 편지는 팀이 스타디움 명명권을 약 4,000만 달러에서 5,000만 달러의 가격에 판매하려고 한다고 밝혔다. 상당수의 기업들이 반응을 보였고, Giants는 그 중 다섯 개

도표 3 ▮ 대표적 MLB 스타디움의 명명권 거래

연도	구단	구장 이름 (수용 규모)	가격 (100만 달러)	기간(년)	연평균 가치 (100만 달러)	만기
1994	Cleveland Indians	Jacobs Field (42,800)	$ 13.9	20	$0.695	2014
1995	Colorado Rockies	Coors Field (50,000)	15.0	—	—	—
1996	Oakland Athletics	Network Assoc. Coliseum (39,875)	10.8	9	1.20	2007
1997	Tampa Bay Devil Rays	Tropicana Field (45,000)	46.0	30	1.53	2026
1997	Anaheim Angels	Edison Field (45,050)	50.0	20	2.50	2018
1998	Arizona Diamondbacks	Bank One (48,500)	66.0	30	2.20	2028
1998	Seattle Mariners	Safeco Field (47,000)	40.0	20	2.00	2019
2000	Detroit Tigers	Commerica Park (40,000)	66.0	30	2.20	2030
2000	San Francisco Giants	PacBell Park (40,800)	50.0	24	2.08	2024
2001	Pittsburgh Pirates	PNC Park (38,000)	40.0	20	2.00	2021
2001	Milwaukee Brewers	Miller Park (42,500)	41.2	20	2.06	2020
2002	Houston Astros	Minute Maid Park (42,000)	170.0	28	6.07	2029
2003	Cincinnati Reds	Great America (45,000)	75.0	30	2.50	2033
2004	San Diego Padres	Petco Field (42,000)	60.0	22	2.73	2025

자료: Street & Smith사의 Sports Business Journal (2003년 12월28일), 2004 Revenues From Sports Venues.

case

기업들과 진지하게 상의하였다. 결국 Giants는 Pacific Bell 전화회사와 20년간, 5,600만 달러(약 1,500만 달러 선불)의 계약을 체결하였다.

광고 및 구내매점

스타디움 명명권 스폰서를 확보한 다음, 팀은 광고 및 구내매점 스폰서 확보에 주력하기 시작했다. Winners Circle Sponsorship을 위하여 1,500만 달러, 10년간, 300만 달러 선불이라는 벤치마크가 설정되었다. 다만 맥주와 청량음료 스폰서쉽의 경우는 예외적으로 보다 높게 설정되었다. 선불은 1997/1998년에 지불함을 의미하는데, 이는 2000년 MLB시즌 개막이라는 목표 시점의 3년 이전이었다.

스폰서쉽 딜은 Gap, Old Navy, Chevron, Webvan, Visa USA, Coca Cola, Anheuser Busch 등과 체결되었다. 팀은 스폰서쉽 딜로부터 수익을 극대화하기 위한 창의적인 방식을 모색하였는데, 가령 어린이들을 위한 미끄럼틀 역할을 하게 된 레프트필드의 거대한 Coke 병, Webvan이 스폰서하여 각 좌석에 만들어진 컵 홀더, Chevron 및 Old Navy에 의해 만들어진 독특한 외야 벽 디자인, Enron Energy Services와의 설비 관리 계약 등이다. 팀은 식품 및 청량음료 구내매점 기업들은 보다 낮은 운영 커미션율을 보호하기 위하여 보다 높은 선불금 지불을 선호한다는 사실을 발견하였다. 이는 스타디움 건설 자금조달을 위하여 선불을 필요로 하는 이 팀에게는 이상적이었다. 팀은 마침내 약 1,200만 달러, 20년간의 구내매점 딜을 체결하였다. 전체적으로 팀은 광고 및 구내매점 계약으로 약 7,500만 달러의 선불금을 수령하였다.

전세좌석 라이센스

Giants는 당초에 전세좌석 라이센스의 판매로부터 약 4,000만 달러를 조달하는 데 주력하였다. 전세좌석 라이센스는 스타디움의 특정 좌석에 대한 권리를 일시에 구입하는 것인데, 이를 구입하는 팬에게 그 좌석의 티켓, 좌석 위치, 그 좌석의 향후 소유권에 대한 통제권을 부여한다. 이 좌석들은 일반적으로 프리미엄 구역에 위치한다. Giants는 Oakland Raiders의 개인좌석 라이센스의 어려움을 목도한 후 이 전세좌석 라이센스 프로그램을 고안하였다.

Giants는 좌석 라이센스와 관련하여 세 가지 핵심 의사결정을 하였다. 첫째, 이 프로그램을 통하여 단지 Pacific Bell Park의 전체 좌석의 약 삼분의 일만 판매한다. 둘째, 그것들을 영구적이고 이전 가능한 '전세좌석'으로 만든다. 셋째, 최초 십년간 시즌티켓의 증가율이 매년 2%를 넘지 않을 것이라고 동 라이센스 구매자들에게 약속한다. 전세좌석 라이센스의 가격은 1,500달러에서 7,500달러 수준이었고, 그 구매자에게 새 스타디움 건설에 투자할 수 있는 기회를 제공하였다. 팀은 야심찬 마케팅 및 판매 목표를 설정하였다. 그들은 과거 Candlestick Park에서의 1만2,000명의 시즌티켓 팬들에게 1만3,700 라이센스를 판매함으로써 4,000만 달러를 조달할 계획을 수립하였다. 처음에는 종전의 시즌티켓 보유자들에게만 접근하여, 약 1만 좌석을 판매하였다. 그 후 일반 대중에게도 개방하여 총 판매가 1만4,600좌석으로 증가하였다. Giants는 이를 통하여 당초 예상했던 금액보다 3,000만 달러 초과한 약 7,500만 달러를 조달하였다.

세금 증분 파이낸싱 딜

San Francisco Redevelopment Agency는 Pacific Bell Park 프로젝트에 1,500만 달러를 제공하였다. 이 자금은 도로, 간접자본시설, 페리 정박을 위한 광장, 스타디움 바깥의 보도 등을 위한 것이었다. 시당국은 Port of San Francisco에 의해 신탁 보유된 3rd Street과 King Stree에 위치한 13에이커의 해안 지역

case

case

땅을 Giants에게 리스하는 데 동의하였다. 그 리스는 66년간의 계약으로, 토지의 공정시장가격을 토대로 하였다. 리스료는 매년 약 120만 달러였다. 이는 구장 부지 및 현재 A주차장으로 사용되고 있는 구장 남쪽 부지를 포함한다. 팀이 이 부지로부터 주차료 수익을 거두지만 시당국에 주차세를 지불하여야 한다. 시당국은 또한 게임 전후 및 게임 시간 중에 이 지역에 교통정리 요원 및 경찰을 제공하기로 합의하였다.

Giants의 공동투자단은 PacBell Park 주변의 부지를 구입하지 않았다. 이는 부분적으로 최초 구입시점에는 신디케이트의 자금제약 때문이었고, 그 후에는 초점이 새 구장의 건설에 두어졌기 때문이었다.

개관일

구장의 실제 건설은 1997년 12월 11일에 착공되었다. 약 2년 반 후인 2000년 4월 11일 이 스타디움은 완공되었다. 최종 건설비용은 건설 파이낸싱 비용을 포함하여 3억5,000만 달러에 달하였다. Giants는 이 프로젝트를 민간에서 자금 조달할 수 있었고, Pacific Bell Park를 계획한 일정에 맞춰 건설하였다. 새 구장은 대다수 팬들의 높은 기대를 뛰어넘는 수준이었다. Candlestick Park에 비하여 그것은 팬들에게 '약속의 땅'으로 이전하게 한 것이었다.

사적 자금조달 측면은 2000년 이후 새 스타디움 제안들에 있어서 종종 논쟁을 불러일으켰다. Peter Magowan은 "우리는 결코 우리의 방식이 모두에게 옳다고 말한 적이 없다. 우리의 접근방법이 모두에게 유효하지 않다. 우리는 단지 그 당시에 대안이 없었고, 운 좋게도 경제호황기에 스타디움을 건설할 수 있었다. 우리의 타이밍이 매우 좋았다. 만약 우리가 그것을 지금 해야 한다면, 우리가 할 수 있을지 확신하지 못한다"라고 했다.

구단 재무자료

| 도표 4 | (패널 A에서 C까지)는 1990년에서 2003년까지의 기간중 Giants의 추정 수익, 영업 이익, 및 구단 가치를 보여준다. 이 추정치들은 경영전문지인 Forbes지(1997년 및 이후)와 Financial World(1997년 이전)에 의해 이뤄진 것이다. 구단들은 재무자료를 비밀로 여기고 경영전문지 등 제삼자에 의한 추정치에 대하여 함구한다. | 도표 4 | (패널 D)는 1990년에서 2004년까지의 기간중 선수들의 전체 급여 정보를 보여준다. 이 자료는 개별 팀에서 보고한 정보를 토대로 하여 작성된 USA Today MLB 급여 데이터베이스로부터 인용된 것이다. Giants에서 가장 높은 급여를 받은 선수는 Barry Bonds이다. Bonds의 최근 급여수준은 1996년 826만6,000달러, 1998년 891만6,000달러, 2000년 1,070만 달러, 2002년 1,500만 달러, 2004년 1,800만 달러이다.

2001년 하반기에 야구 커미셔너가 의회 청문회에서 구단 재무정보들을 공표하였다. | 도표 5 | 는 이 공표된 재무정보에서 선정된 San Francisco Giants, Oakland Athletics에 관련된 정보들과 각 항목별 최고액 및 최저액을 보여주고 있다. Oakland는 San Francisco Bay 지역에 있는 다른 MLB팀으로 Giants와 팬 참석, 스폰서, 미디어 권리 수수료 등 경기장 밖 활동 측면에서 경쟁한다.

Giants의 새 스타디움의 수익에 대한 영향은 드라마틱하였다. Forbes지의 추정에 따르면 수익이 1999년 Candlestick에서의 7,190만 달러에서 2000년 PacBell에서 1억3,880만 달러로 증가하였다. | 도표 4 | 에서의 추정치와 | 도표 5 | 에서의 MLB 커미셔너의 공표치 간에 차이가 존재한다. Forbes지는 Giants의 2001년 수익을 1억4,200만 달러로 추정하였으나, MLB 커미셔너의 발표 수치는 1억7,029만 달러였다. 이러한 차이는 개별 팀의 신뢰할 만한

case

case

도표 4 ▌San Francisco Giants: 추정 재무자료(100만 달러)*

패널A: 수익 (Financial World/Forbes지 추정)

연도 (시즌)	SF Giants	MLB 순위	최고	최저
1990	$ 50.0	11/26	$ 98.0 (N.Y. Yankees)	$34.0 (Seattle Mariners)
1991	48.9	15/26	91.1 (N.Y. Mets)	38.8 (Milw. Brewers)
1992	47.0	21/26	94.6 (N.Y. Yankees)	39.9 (Clevland Indians)
1993	69.1	10/28	107.6 (N.Y. Yankees)	43.0 (Pittsburgh Pirates)
1994**	43.1	12/28	71.5 (N.Y. Yankees)	25.0 (San Diego Padres)
1995	46.4	15/28	93.9 (N.Y. Yankees)	24.9 (Pittsburgh Pirates)
1996	51.8	17/28	133.3 (N.Y. Yankees)	39.9 (Pittsburgh Pirates)
1997	69.8	15/28	144.7 (N.Y. Yankees)	43.6 (Montreal Expos)
1998	73.3	20/30	175.5 (N.Y. Yankees)	46.5 (Montreal Expos)
1999	71.9	20/30	195.6 (N.Y. Yankees)	47.1 (Montreal Expos)
2000	138.8	5/30	192.4 (N.Y. Yankees)	53.9 (Montreal Expos)
2001	142.0	8/30	215.0 (N.Y. Yankees)	63.0 (Montreal Expos)
2002	159.0	7/30	223.0 (N.Y. Yankees)	66.0 (Montreal Expos)
2003	153.0	8/30	238.0 (N.Y. Yankees)	81.0 (Montreal Expos)

패널 B: 영업 이익(Financial World/Forbes지 추정)

연도 (시즌)	SF Giants	MLB 순위	최고	최저
1990	$ 9.0	12/26	$24.5 (N.Y. Yankees)	−$9.8 (K.C. Royals)
1991	−4.4	21/26	30.4 (N.Y. Yankees)	−11.4 (Milw. Brewers)
1992	−11.1	23/26	25.0 (N.Y. Yankees)	−12.8 (Milwaukee/Oakland)
1993	−0.7	22/28	28.9 (Baltimore Orioles)	− 6.3 (K.C. Royals)
1994**	−10.3	22/28	8.7 (N.Y. Yankees)	−17.4 (K.C. Royals)
1995	−6.0	26/28	38.3 (N.Y. Yankees)	−14.0 (Cincinnati Reds)
1996	−1.9	18/28	24.0 (N.Y. Yankees)	−11.8 (Cincinnati Reds)
1997	0.2	16/28	21.4 (N.Y. Yankees)	−20.5 (Toronto Blue Jays)
1998	−6.4	20/30	23.0 (N.Y. Yankees)	−11.7 (L.A. Dodgers)
1999	−9.0	27/30	17.5 (N.Y. Yankees)	−21.1 (L.A. Dodgers)
2000	27.4	1/30	27.4 (S.F. Giants)	−17.4 (L.A. Dodgers)
2001	16.8	3/30	18.7 (N.Y. Yankees)	−29.6 (L.A. Dodgers)
2002	13.9	3/30	23.3 (Seattle Mariners)	−25.0 (L.A. Dodgers)
2003	0.7	11/30	17.0 (Seattle Mariners)	−28.5 (Texas Rangers)

도표 4 ▌San Francisco Giants: 추정 재무자료(100만 달러) <계속>

패널 C: 가치평가 (Financial World/Forbes지 추정)

연도 (시즌)	SF Giants	MLB 순위	최고	최저
1990	$105	13/26	$225 (N.Y. Yankees)	$ 71 (Seattle Mariners)
1991	99	15/26	200 (N.Y. Yankees)	75 (Montreal Expos)
1992	103	13/26	160 (N.Y. Yankees)	81 (Clevland Indians)
1993	93	19/28	166 (N.Y. Yankees)	75 (Montreal Expos)
1994**	102	14/28	185 (N.Y. Yankees)	70 (Pittsburgh Pirates)
1995	122	13/28	209 (N.Y. Yankees)	62 (Pittsburgh Pirates)
1996	128	14/28	241 (N.Y. Yankees)	71 (Pittsburgh Pirates)
1997	188	14/28	362 (N.Y. Yankees)	87 (Montreal Expos)
1998	213	15/30	491 (N.Y. Yankees)	84 (Montreal Expos)
1999	237	14/30	548 (N.Y. Yankees)	89 (Montreal Expos)
2000	333	10/30	635 (N.Y. Yankees)	92 (Montreal Expos)
2001	355	9/30	730 (N.Y. Yankees)	108 (Montreal Expos)
2002	382	7/30	849 (N.Y. Yankees)	113 (Montreal Expos)
2003	368	7/30	832 (N.Y. Yankees)	145 (Montreal Expos)

패널 D: 총 선수 급여 (USA Today가 보도한 구단 정보)

연도 (시즌)	SF Giants	MLB 순위	최고	최저
1990	$20.942	7/26	$ 23.873 (K.C. Royals)	$ 9.496 (Chicago W. Sox)
1991	30.839	6/26	33.632 (Oakland A's)	11.546 (Houston Astros)
1992	33.126	10/26	44.352 (N.Y. Mets)	8.263 (Clevland Indians)
1993	45.747	14/26	45.747 (Toronto Blue Jays)	8.829 (Colorado Rockies)
1994**	40.747	5/26	44.785 (N.Y. Yankees)	13.529 (S.D. Padres)
1995	34.931	10/26	49.791 (Toronto Blue Jays)	12.031 (Montreal Expos)
1996	34.605	13/28	52.189 (N.Y. Yankees)	15.410 (Montreal Expos)
1997	33.469	19/28	59.148 (N.Y. Yankees)	9.071 (Pitts. Pirates)
1998	40.320	16/30	70.408 (Baltimore Orioles)	9.202 (Montreal Expos)
1999	46.059	16/30	88.130 (N.Y. Yankees)	15.150 (Florida Marlins)
2000	53.541	17/30	92.938 (N.Y. Yankees)	15.654 (Minn. Twins)
2001	63.280	16/30	112.287 (N.Y. Yankees)	24.130 (Minn. Twins)
2002	78.299	10/30	125.928 (N.Y. Yankees)	34.380 (T.B. Devil Rays)
2003	82.852	9/30	152.749 (N.Y. Yankees)	19.630 (T.B. Devil Rays)
2004	82.019	10/30	184.193 (N.Y. Yankees)	27.528 (Milw. Brewers)

* 이 추정치는 재무전문지들에 의해 이루어졌다. 1992-96년 수치는 Finaancial World, 1997년 수치는 Forbes지.

**스트라이크로 시즌이 짧아짐.

자료: USA Today Website

case

case

도표 5 ▌MLB 커미셔너가 공표한 MLB 구단들의 2001년 재무정보들 (100만 달러)

	S.F. Giants	Oakland Athletics	최고	최저
총 영업수익	$170.295	$75.469	$217.807 (N.Y.Yankees)	$34.171 (Montreal Expos)
총 영업비용	151.295	82.582	201.349 (N.Y.Yankees)	72.690 (Montreal Expos)
영업이익	19.000	-7.113	40.859 (N.Y.Yankees)	-38.519 (Montreal Expos)
2001수익배분	-6.308	10.520	28.517 (Montreal Expos)	-26.540 (N.Y.Yankees)
수익배분 후 이익	12.692	3.407	15.475 (Seattle Mariners)	-54.450 (L.A.Dodgers)
이자공제 후 이익	-0.139	-0.532	14.793 (Seattle Mariners)	-68.887 (L.A.Dodgers)
특별 수익항목:				
지역 미디어	17.197	9.458	56.750 (N.Y.Yankees)	0.536 (Montreal Expos)
기타 지역 수익	61.524	13.932	56.211 (Seattle Mariners)	9.770 (Montreal Expos)
전국 배분 수익	24.401	24.401	24.401	24.401
시즌 후 수익	–	2.686	16.000 (N.Y.Yankees)	–
특별 비용:				
선수 급여	72.185	43.821	118.471 (Boston Red Sox)	30.494 (Minn. Twins)
기타 지역 비용	79.110	38.761	84.222 (Seattle Mariners)	35.014 (Montreal Expos)

자료: USA Today (2001년 12월7일)

재무정보를 얻기가 어려움을 시사해준다. Forbes지는 2001년 수익을 1억4,200만 달러로 추정하여 차이가 난 것에 대하여 ① 매년 약 2,000만 달러의 새 스타디움에 대한 부채 이자비용 차감, ② MLB의 수익배분 계획에 의거하여 보다 수익규모가 작은 구단에 대한 약 600만 달러의 수익배분을 차감한 데 기인한 것이라고 밝혔다.

Giants는 새 경기장에서의 최초 네 시즌 동안 대다수 게임에서 매진을 기록하였다. 대규모의 시즌티켓 기반, 강력한 그룹 티켓 판매, 시즌 전 판매 등에 기인하여 Giants는 개막일의 최초 투구 이전에 티켓의 액 80%를 팔아치웠다. Giants는 주중 게임보다 주말게임을 더 높은 가격을 책정하는 변동가격제를 채택하였다. 2004 Revenues From Sports Venues지는 아래에서 보는 바와 같이 Giants의 최저 및 최고 가격의 범위와 2003년 전체 30개 MLB팀들의 평균치를 제시하였다.

	S.F. Giants	MLB 평균
럭셔리 스위트	$65,000~$115,000	$86,713~$171,555
구단 시트	$ 4,500~$ 7,500	$ 3,599~$ 5,638
시즌티켓	$ 729~$ 2,268	$ 747~$ 3,638
단일 게임 티켓	$ 10~$ 70	$ 7.11~$ 59.12

2003년 PacBell의 수용규모는 MLB 평균인 4만6,278명보다 작은 4만0,800명이었다. 2003년 MLB 소속 팀 구장의 규모 범위는 Boston Red Sox의 Fenway Park의 3만3,950명에서 New York의 Yankee Stadium의 5만6,521명에 이른다.

Giants의 지역 미디어 수입은 지역 텔레비전과 지역 라디오 수입으로 구성된다. 지역 미디어 수입의 대표적 원천은 지역 스포츠 네트워크인 FOX Sports Bay Area와의 텔레비전 계약이다. 현재의 Giants의 10년 계약은 2010년에

case

case

종료된다. FOX Sports Bay Area는 5개 메이저 프로 팀을 방영한다. San Francisco Giants(MLB), Oakland Athletics(MLB), Golden State Warriors (NBA), Sacramento Kings(NBA), San Jose Sharks(NHL). 계약 명세는 비밀이기는 하지만 San Francisco Giants는 FOX Sports Bay Area가 방영하는 5개 팀 중에서 가장 많은 금액을 수령한다. | 도표 5 | 는 2001년 지역 미디어 수입을 1,719만7,000달러로 보고하고 있다.

PacBell Park는 구내매장, 스위트 렌탈, 스타디움 광고 등 기타 수입에서 극적인 증가세를 보였다. Giants는 81차례의 홈 게임이 있는 하루 동안 12에서 20개 좌석을 효과적으로 사용하기가 쉽지 않다는 사실을 감안하여 타 스타디움과 비교하여 스위트의 수를 제한하였다. 타 수입 원천은 Double Play Ticket 웹사이트이다. 이 사이트는 시즌티켓 보유자가 미사용 티켓을 일반인에게 판매하도록 허용하는 사이트이다. Giants는 온라인 판매여건을 마련해주고, 모든 거래를 관리해주고, 구매자와 판매자 양쪽으로부터 판매액의 일정비율을 수령한다. 구매자들은 Ballpark에서 티켓을 수령할 수 있고, 보증된 진짜 티켓임을 확신할 수 있다. Double Play Ticket 웹사이트가 Giants에 주는 핵심적 혜택은 시즌티켓 보유자의 경신율 증가이다. 대다수의 시즌티켓 보유자는 전체 81게임에 티켓을 사용하거나 티켓을 공유하는 것이 불가능하다. '책상서랍 속에 잠자는 미사용 티켓'이 일부 시즌티켓 보유자가 다음 연도에 경신하지 않는 주요 이유이다.

야구 외 관련 수입은 대학 미식축구 최상위팀 간 게임bowl-game, 콘서트, 축구 게임 등을 포함한다. Giants Enterprise의 Pat Gallagher 사장이 이 수입 원천을 총 수입믹스의 증가를 위해 활용할 책임을 진다. 가령, 2001년에 XFL의 San Francisco Demons가 PacBell에서 홈 게임을 경기하였다. XFL은 NBC와 World Wrestling Entertainment가 공동 소유한 새로운 미식축구 리그였다. Demons는

XFL에서 홈구장 참석 면에서 선도적 위치(게임당 평균 35,005명)를 차지하였다. 그러나 불행히도 XFL은 1년밖에 존속하지 못하였다.

전망

Giants 경영팀은 PacBell/SBC Park으로 옮겨온 이후 다수의 볼들을 다루어왔다. 선수들의 급여 측면에서 미래의 방향에 불확실성이 상존한다. 어떤 팀들은 Giants보다 더 공격적인 포지션을 채택하였다. New York Yankees는 총 선수급여액을 2001년의 1억1,228만7,000달러에서 2004년 1억8,419만3,000달러로 인상하였다. Giants는 선수급여액을 보다 완만히 인상하는 한편(2001년의 6,328만 달러에서 2004년 8,201만9,000달러로 인상), 민간 부채의 원금에 대한 연간 상환액과 이자를 지불하는 등 재무적으로 책임성 있는 접근을 채택하였다.

Giants에게는 다수의 대안들이 열려있다. 플레이오프와 월드시리즈에서의 성공 가능성을 높이기 위하여 선수급여예산을 대폭 증가시킬 것인가? 더 많은 슈퍼스타들을 추가하는 것이 향후 경신할 지역 미디어 및 스폰서 계약금액을 증대시킬 것인가? 티켓가격을 현재수준보다 더 인상시킬 수 있을 것인가? 비 야구 수익이 극적으로 증가될 수 있을 것인가? Giants 투자 신디케이트 멤버들이 제안된 옵션들에 부수된 증가된 위험을 감수할 것인가? Giants 경영팀들은 경기장 내외의 도전요소들이 상존하리라는 것을 인식하고 있었다. 그들은 또한 자신들이 내리는 모든 결정들이 다른 사람에 의하여 분석되고 또 분석될 것이라는 사실을 알았다. '유리 어항 속에서의 경영'이 Magowan, Baer, Bair, Sabean, Yee 등 Giants 경영자들이 수행해온 일이었다.

토의문제

1. Giants가, 민간자금 조달에 의한 새 스타디움 건설이 1994/1995년에 추구해야 할 옵션이라는 결론에 도달하게 한 핵심적인 이벤트들을 적시하시오.

2. PacBell과 관련하여 Giants가 채택한 각각의 자금조달 원천을 비판하고 평가하시오. 각각 Giants가 어떻게 '테이블에 남겨진 어떤 돈'의 잠재적 부정적 측면을 평가할 것인지 논하시오.

3. 스타디움 건설 계획 결정은 총 수용규모, 박스/스위트/프리미엄 좌석 등의 조합에 대한 결정 등을 포함한다. Giants는 이러한 결정을 하기 위하여 어떤 요인들을 고려해야 하는가?

4. Giants의 Managing General Partner인 Peter Magowan은 최근 다음과 같이 언급하였다. "우리는 우리의 방법이 모든 사람에게 옳다고 말한 적이 결코 없다. 우리의 접근방법이 모든 사람에게 작동되지는 않는다. 우리는 당시 다른 수단이 없었고, 경제호황기에 스타디움을 건설한 것이 행운이었다. 우리의 타이밍이 좋았다. 우리가 만약 지금 그것을 해야 한다면 과연 해낼 수 있을지 나는 확신할 수 없다." 어떤 요인들이 ① 타 야구구단, ② 타 스포츠분야의 스포츠구단의 민간 자금조달 방식의 성공가능성에 영향을 미칠 것인가?

5. Giants가 2002년 플레이오프 시즌 동안 성공적으로 팀을 운영하고 있을 때 Managing General Partner인 Peter Magowan은 다음과 같이 언급한 것으로 언론에 보도되었다. "월드시리즈가 전체 7게임이 이루어질 경우에만 이익이 실현될 수 있을 것이며, 그것도 확실한 것은 아니다." 당신이 신디케이트의 설립 투자자(1994/1995년 투자)라고 가정할 때, 투자의 성공을 어떻게 평가할 것인가? 이를 가능한 한 구체적으로 논하시오.

case

CHAPTER

10 재무적 가치평가와 수익성

FINANCIAL VALUATION AND PROFITABILITY

핵심 쟁점

- 스포츠 구단의 재무적 가치평가를 결정하는 주요 요소는 리그 경쟁력/존립가능성, 현재 구단의 경쟁력, 구단 브랜드/헤리티지 경쟁력, 구단 스타디움 경쟁력, 배후 도시 경쟁력, 구단주 특성이다.
- 기본적인 경제 상황과 각 스포츠의 선택된 비즈니스 모형이 중요하다. 최고의 가치를 가진 NFL 구단의 가치는 최저의 가치를 가진 NHL 구단의 가치보다 2배 이상 크다.
- 스포츠 구단의 현재 시장 가치에 관한 근거가 되는 자료는 주식시장, 인수시장, 재무제표정보, 할인 현금흐름 분석이다.
- 리그 또는 구단이 자기의 수익성을 과소하게 말한다는 주장이 종종 제기된다. 리그 또는 구단은 전형적으로 부적절하게 제외된 수입, 부적절하게 차기 연도들로 이월된 수입, 부적절하게 포함된 비용, 부적절하게 선 처리된 비용 중 하나 이상을 포함한다.

| 사 례 | Liverpool Football Club의 현재 시장가치

재무적 가치창조는 스포츠 비즈니스의 많은 참여자들이 추구하는 핵심 목표이다. 이 장은 구단주와 투자자가 어떻게 이와 같은 가치창조의 부분을 획득하고 있는지와 관련된 주제를 살펴본다.

쟁점 1: 스포츠 구단의 재무적 가치를 결정하는 요소는 무엇인가?

쟁점 2: 스포츠 구단의 가치는 어떻게 평가되고 이와 같은 일을 수행하기 위한 관련 정보자료는 무엇인가?

쟁점 3: 스포츠 구단의 수익성 측정에 관한 논쟁에서 어떤 쟁점들이 발생하는가?

재무적 가치의 결정요소

스포츠 구단의 재무적 가치평가는 여러 가지 측면에서 요구된다. 이와 같은 점을 예시적으로 다음과 같이 살펴볼 수 있다. 많은 리그에서 구단은 정규적으로 매입되거나 또는 매각된다. 이와 같은 거래에서 구매자와 판매자는 구단의 현재 시장가격에 대한 예비적인 추정치를 추정한다. 구단이 투자 신디케이트에 의해 소유되어 있는 경우, 현재의 시장가치를 나타내는 구단의 가치평가는 개별적인 신디케이트 참여자의 소유권 이해의 변화를 촉진시킨다. 차입하고자 하는 구단은 종종 재무적 가치평가가 잠재적 대부자에 의해 요구된다는 것을 알고 있다. 새로운 구단이 지불하여야 하는 구단신설 수수료에 관한 리그의 의사결정에서는 기존 구단의 시장가치가 고려된다.

가장 가치 있는 스포츠 구단의 랭킹은 정기적으로 발표된다. Forbes지는 매년 NFL, MLB, NBA, NHL에 속하는 모든 구단의 재무적 가치를 발표한다. | 도표 10•1 | 은 NFL, MLB, NBA, NHL 별로 2003-04 시즌 기준 3개의 상위 가치 구단과

도표 10-1 Forbes지의 2003-2004 NFL, MLB, NBA, NHL에 속한 스포츠 구단 가치평가(100만 달러)

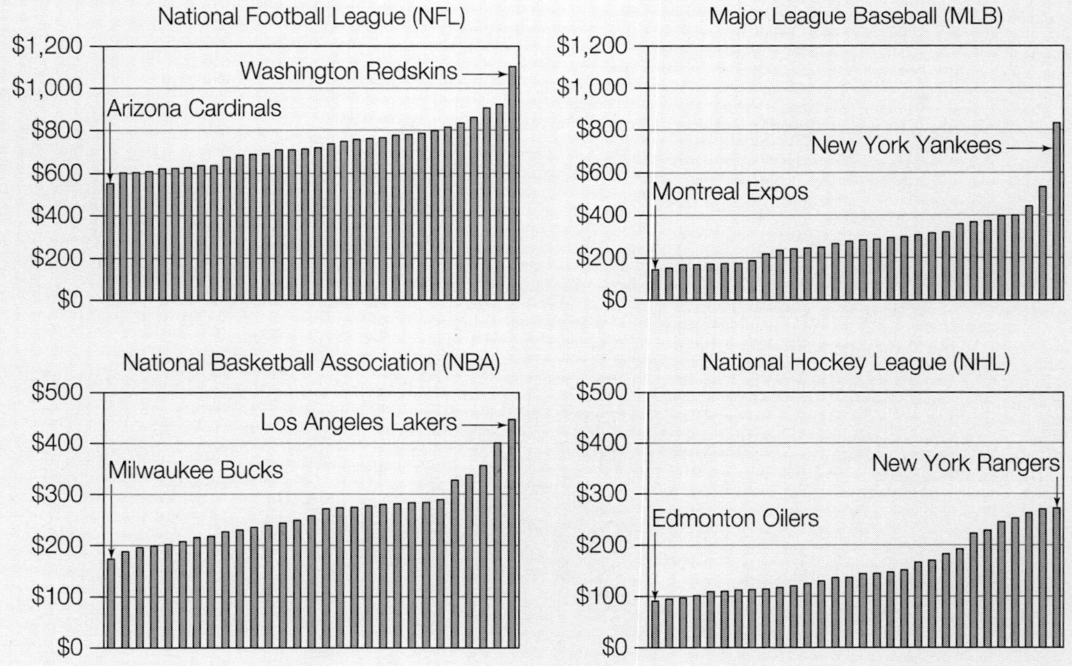

도표 10-1 Forbes지의 2003-2004 NFL, MLB, NBA, NHL에 속한 스포츠 구단 가치평가(100만 달러) <계속>

NFL	
1. Washington Redskins	$1,104
2. Dallas Cowboys	923
3. Houston Texans	905
30. Minnesota Vikings	604
31. Atlanta Falcons	603
32. Arizona Cardinals	552

MLB	
1. New York Yankees	$832
2. Boston Red Sox	533
3. New York Mets	442
28. Minnesota Twins	168
29. Tampa Bay Devil Rays	152
30. Montreal Expos	145

NBA	
1. Los Angeles lakers	$447
2. New York Knicks	401
3. Chicago Bulls	356
27. Seattle SuperSonics	196
28. Golden State Warriors	188
29. Milwaukee Bucks	174

NHL	
1. New York Rangers	$272
2. Dallas Stars	270
3. Toronto Maple Leafs	263
28. Calgary Flames	97
29. Buffalo Sabres	95
30. Edmoton Oilers	91

자료: Forbes지(9/15/2003; 4/26/2004; 2/9/2004; 12/8/2003).

3개의 하위 가치 구단뿐만 아니라 구단 가치의 분포를 보여준다. 또한 Forbes지는 선도적인 축구 구단들의 가치를 발표한다. 2004년에 가장 재무적 가치가 높은 5개 축구 구단은 영국의 Manchester United(11억8,600만 달러), 이탈리아의 Juventus(8억2,800만 달러), 이탈리아의 AC Milan(6억1,700만 달러), 스페인의 Real Madrid(7억5,100만 달러), 독일의 Bayern Munich(6억1,700만 달러) 이었다. Forbes지는 구단의 가치평가를 하는 데 기계적인 공식을 사용하지 않는다. Forbes지는 스포츠 구단의 수입, 수익성, 스타디움 상황을 포함하여 다수의 요소들을 고려한다. 대부분의 경우에 Forbes지는 구단 재무지표들에 대한 자기 자신의 추정치들에 의존해야만 한다. 많은 구단은 사적으로 소유되어 있고 일부 구단은 상장회사들이 요구받는 동일한 수준의 상세한 재무지표를 발표하지 않는다.

왜 스포츠 구단들은 재무적 가치에서 다른가? 경영진은 이와 같은 재무적 가치평가에 영향을 주기 위해 무엇을 할 수 있는가? | 도표 10•2 | 는 여섯 가지 범주의 재무적 가치의 결정요소들을 대략적으로 보여준다. 이와 같은 결정요소들은 핵심 참여자들의 의사결정이 어떻게 개별 구단의 가치 평가에 영향을 미치는지를 확연하게 보여준다. 이와 같은 의사결정에는 리그, 선수협회, 구단, 스폰서, 팬, 미디어 회사, 배후 도시, 입법 기관의 의사결정이 포함된다. 구단 가치평가의 주제는 이 책의 앞 장들에서 논의된 많은 쟁점들을 통합한다.

리그 경쟁력/존립가능성: 리그에 관하여 논의한 2장은 리그 관련된 요소들이 ① 총수입과 총비용의 수준과 ② 이와 같은 수입과 비용이 어떻게 개별 구단별로 배분되는지에 영향을 미치는 주요 분야를 개관하고 있다. 이와 같은 요소들은 이어서 구단의 가치평가와 구단가치의 분포에 영향을 미친다. | 도표 10•1 | 에서 보는 바와 같이 4개 리그별 구단 평균 가치에 큰 차이가 존재한다.

도표 10-2 스포츠 구단의 재무적 가치 결정요인

1. 리그 경쟁력과 존립가능성	2. 현재 구단의 경쟁력
• 미디어 시청률/ 관중 수	• 현재 관중 수/시즌티켓 보유자 지원 정도
• 팬의 욕구	• 기존 스폰서쉽 구성내역
• 수입배분 증가	• 현재 경기 성적
• '비용 확실성' (연봉상한 등)	• 현재 '대표적' 선수
• 플레이오프 수입 증가	• 경기와 코치진의 질적 내용
• 추가 토너먼트 수입 증가	• 스카우트와 선수의 질적 내용
	• '불량한 선수 행위' 문제의 수준

3. 구단 브랜드/헤리티지 경쟁력	4. 구단 스타디움/아레나 경쟁력
• 구단의 경기 성적 전통	• 구단 스타디움/아레나 경쟁력
• 구단의 '대표'선수 전통	• 수입창출능력
• 구단 팬의 충성도 전통	• 소유/임대 여부
• 구단의 스폰서 흡인력 전통	• 계약의 매력도
• 배후 도시, 지역적, 전국적, 세계적 브랜드	

5. 배후 도시 경쟁력	6. 구단주 특성
• 시장 크기/연령분포	• 승리적 지위에 대한 욕구
• 스포츠 친화력	• 재무 능력
• 지역경제의 활력/분산 정도	• 세금에 대한 고려
• 시장의 경쟁자	

	평균	범위
NFL	7억3,300만 달러	11억 400만~5억5,200만 달러
MLB	2억9,500만 달러	8억3,200만~1억4,500만 달러
NBA	2억6,500만 달러	4억4,700만~1억7,400만 달러
NHL	1억5,900만 달러	2억7,200만~ 9,100만 달러

NFL과 NHL을 비교해보자. NFL은 리그 수준에서 합의된 비용-수입 관계, 높은 리그 총수입, 높은 중앙수입/총수입 비율, 중앙수입의 동등한 구단배분, 연봉상한제도를 가지고 있다. 이와 같은 결과로 NFL은 높은 구단 평균 가치와 낮은 최고 가치/최저 가치 비율을 가지고 있다. NHL은 낮은 총 리그수입과 낮은 중앙수입/총수입 비율을 가지고 있으며 연봉상한제도를 가지고 있지 않다. NHL 구단의 평균 가치는 NFL의 평균 가치보다 더 낮다. 최고 구단가치/최저 구단가치 비율은 NHL의 경우 2.99인 반면 NFL의 경우 2.00이다. NFL 구단과 NHL 구단의 가치평가에서 리그의 경쟁력이 중요하다는 것을 확연하게 보여주는 지표는 최저 가치를 가진 NFL 구단의 가치(Arizona Cardinals/5억5,200만 달러)는 최고 가치를 가진 NHL 구단의 가치(New York Rangers/2억7,200만 달러)보다 2배 이상이라는 것이다.

현재 구단의 경쟁력: 중요한 수입흐름은 경기장 내외에서 현재 구단의 강력한 경쟁력에 의해 촉진된다. 좋은 경기 성적은 더 많은 관중을 끌어들이고 더 많은 상품을 판매하는 데 도움을 준다. '불량한 행위'를 할 위험성이 낮은 유명한 선수들은 일반적으로 구단의 가치를 증가시킨다.'

구단 브랜드/헤리티지 경쟁력: 7장은 구단이 자신의 브랜드를 촉진하기 위해 취할 수 있는 조치들을 예시하고 있다. 구단 브랜드를 자신의 지역을 넘어서서 알리는 노력에 점차적으로 더 초점이 맞추어지고 있다. NFL의 Dallas Cowboys는 오래 동안 Dallas 이외 지역뿐만 아니라 미국 이외 지역으로부터 팬들을 끌어들였다. 이와 유사하게 Manchester United는 영국 이외 지역에서 주요한 팬 기반을 가지고 있다. 글로벌 스포츠 브랜드가 되는 것은 부분적으로는 상품 판매와 스폰서쉽과 관련된 추가적인 수입 때문에 구단의 가치를 증가시킨다.

구단 스타디움/아레나 경쟁력: 9장에서는 스타디움과 관련된 경제적 측면을 살펴보았다. 여기에서 두 가지 중요한 측면은 스타디움/아레나가 창출하는 총수입과 이와 같은 총수입 중에서 구단이 획득할 수 있는 비중이다.

배후 도시 경쟁력: 도시 크기와 도시의 스포츠 친화력은 구단의 재무적 가치를 결정하는 데 도움을 준다. New York에 기반을 가지고 있는 스포츠 구단은 소도시에 기반을 가지고 있는 스포츠 구단보다 더 높은 평균 티켓 가격, MLB, NBA, NHL과 같이 지역 미디어 계약이 협상되는 경우에 얻을 수 있는 더 많은 미디어 수입 등과 같은 많은 이점을 가지고 있고 이것이 구단의 재무적 가치를 증가시킨다.

구단주 특성: 스포츠 구단의 소유주는 다양한 동기를 가지고 있을 수 있다. 일부의 경우, 훌륭한 스포츠 구단의 소유와 같은 '승리적 자산'을 소유하고자 하는 욕망이 확고한 비즈니스 인으로 하여금 유사한 수입/비용 특성을 가지고 있는 다른 자산을 얻기 위해서 보다 더 많은 매입호가를 제시하게 만들 수 있다. 구단주와 투자자가 사용할 수 있는 세금 공제도 구단의 가치 평가에 영향을 미칠 수 있다.

| 도표 10•2 | 에서 제시된 분류는 구단의 가치를 결정하는 요소들을 분류하는 한 가지 방법이다. Goldman Sachs의 John Waldron은 '스포츠 구단 가치의 결정요소'를 나름대로 다섯 가지로 분류하고 있다. 그의 분류는 | 도표 10•2 | 에서 제시된 분류 중 많은 부분을 포함하고 있다.

- 전략적 포지션. 예를 들면, ① 역사적인 구단 성적, ② 브랜드 지분과 팬 충성도
- 경제적 요소. 예를 들면, ① 구단의 운영성과, ② 리그의 경제적 성취, ③ 성장기회

- 비교 가능한 구단의 가치. 예를 들면, ① 최근 구단 거래 내역, ② 신생 구단의 가치
- 소유권 이슈. 예를 들면, ① 잠재적 구매자, ② 리그의 규칙과 제약, ③ 세금 요소, ④ 최초 거부권
- 승리적 지위. 예를 들면, ① 프로 스포츠 구단을 획득할 수 있는 기회의 제한, ② 지역사회의 명성

Goldman Sachs는 스포츠 구단 거래와 스포츠 금융 분야에서 많은 경험을 가지고 있는 소수의 투자은행 중 하나이다.

Forbes지는 오랜 동안 스포츠 구단 가치평가에 관하여 가장 많은 내용을 제공하였다. 스포츠 구단의 가치에 대한 다른 자료원에는 Kagan(www.kagan.com)과 Shaw's Sports Business(www.shawsportbusiness.com)가 있다.

스포츠 구단의 현재 시장가치 추정

기업가치 평가에 관한 책과 논문은 많이 쓰여 졌다. 매년, 기업가치와 관련된 논란을 포함하는 다수의 소송사건이 보도된다. 이 절에서는 이와 같은 분야에서 제기되는 일부의 핵심 이슈에 초점을 맞추어 논의가 이루어진다.

다음과 같은 '공정시장가치fair market value'에 대한 미국 국세청IRS: Internal Revenue Services의 정의는 많은 사람들이 '시장가치market value'를 의미하는 것이라고 해석하는 내용을 포함하고 있다.

> 공정시장가치는 기꺼이 구매할 용의가 있는 구매자와 기꺼이 판매할 용의가 있는 판매자 간에 재산의 주인을 바꾸는 가격이다. 이 경우 구매자는 구매하기 위해 어떠한 강제 하에 있지 않는 반면 판매자도 판매하기 위해 어떠

한 강제 하에 있지 않으며 두 당사자는 관련된 사실들에 대하여 적정한 지식을 가지고 있다. 법원은 종종 추가적으로 가상적인 구매자와 판매자는 해당 재산을 거래할 용의를 가지고 있을 뿐만 아니라 실제로 거래할 수 있고 해당 자산과 해당 자산의 시장에 대하여 잘 알고 있는 것으로 가정된다고 언급한다.

현재 시장가치에 관한 출처는 다음과 같다.

(a) **상장주식시장:** 한 기업의 주식이 거래되는 상장주식시장이 존재하는 경우, 이 기업의 증권이 거래되는 가격은 시장가치의 중요한 지표이다. 미국에서 소수의 스포츠 구단만이 주식시장에서 거래되는 증권을 가지고 있다. 다른 국가들에서는 상황이 다르다. 많은 주요 유럽 축구 구단들의 지분은 주식시장에서 거래된다. 이와 같은 증권이 거래되는 가격은 해당 축구 구단의 시장가치에 대한 직접적인 지표이자 주식이 거래되지 않는 같은 리그에 속한 다른 축구 구단의 시장가치에 대한 간접적인 지표이다.

    상장주식시장가격이 민간기업의 시장가치를 추정하기 위해 가장 자주 사용되는 방법은 시장승수market multiples를 통해서이다. 시장승수에는 시장가치/수입 승수와 시장가치/영업이익operating income 승수가 있다. 주식시장에서 거래되는 영국 축구구단의 시장가치/영업이익 비율이 해당 민간소유 구단의 영업이익을 사용하면서 해당 민간소유 구단의 가치를 추정하기 위해 사용될 수 있다.

(b) **인수시장:** 주요 스포츠 리그의 각각에서 거래를 통하여 한 구단이상의 소유권 변화가 종종 존재한다. 이와 같은 거래에서 인수가격/수입 승수와 같은 인수가격에 기초한 승수가 다른 스포츠 구단의 가치를 추론하기 위해 사용될 수 있다. | 도표 10•3 | 은 최근에 이루어진 28건의 소유권 거래 내역과 인수가격/수입 승수를 보여준다.

    인수가격/수입 승수를 사용하는 데 있어서 하나의 중요한 문제는 인수가격에

도표 10-3 2000년 이후 스포츠 구단의 거래 현황

스포츠 구단	보고된 인수가격 (100만 달러)	거래 연도	인수가격/수입승수
NFL			
Atlanta Falcons	$545	2001	4.5
Baltimore Ravens	584	2000	3.9
Washington Redskins	800	2000	4.1
New York Jets	635	2000	5.2
MLB			
Los Angeles Dodgers	$330	2004	2.2
Anaheim Angels	185	2003	1.6
New York Mets	400	2002	2.3
Arizona Diamondbacks	219	2002	1.7
Montreal Expos	120	2002	1.9
Florida Marlins	159	2002	2.0
Boston Red Sox	375	2002	2.3
Toronto Blue Jays	140	2000	1.9
Kansas City Royals	96	2000	1.9
NBA			
Charlotte Bobcats(Expansion)	$300	2002	N/A
Boston Celtics	360	2002	4.4
Seattle SuperSonics	200	2001	2.5
Dallas Mavericks	280	2000	4.1
Denver Muggets	202	2000	2.8
NHL			
Buffalo Sabres	$ 92	2003	1.8
Washington Capitals	92	2003	1.6
San Jose Sharks	147	2002	2.2
Montreal Canadiens	200	2001	2.5
Phoenix Coyotes	91	2001	1.7
Buffalo Sabres	145	2001	2.7
Colorado Avalanche	128	2001	1.6
Colorado Avalanche	120	2000	1.5
New Jersey Devils	175	2000	3.3
New York Islanders	188	2000	3.7

자료: John Waldron, The Business of Sports, Goldman Sachs (2003).

대한 신뢰할 만한 정보를 획득하는 것이다. 스포츠 구단의 거래는 종종 복잡하고 분리되어야만 하는 스타디움 또는 미디어 계약과 관련된 요소들을 포함할 수 있다. 예를 들면, 2002년에 거래가 이루어진 Boston Red Sox의 '총' 거래가격인 7억 달러에는 NESNNew England Sports Network에 대한 80% 소유권이 포함되어 있었다. Goldman Sachs는 Boston Red Sox만의 인수가격은 그 당시 NESN의 시장가치 추정치를 제외시키면 3억7,500만 달러였다고 보고하였다.

(c) **재무제표정보:** 대부분 스포츠 구단의 재무제표는 일반적으로 회계감사를 받는다. 이것은 종종 구단이 속해있는 리그의 요구사항이다. 주주의 자금으로 간주되는 금액이 현재 시장가치에 대한 하나의 가능한 지표이다. 그러나 대부분 스포츠 구단에게 있어서 이 금액은 시장가치에 대한 매우 '시끄러운' 지표이다. 스포츠 구단에게 있어서 핵심적인 '자산'은 구단 소속의 선수들이다. 그러나 일반적으로 수용되는 회계 원칙 하에서 이와 같은 선수 모두의 가치가 항상 대차대조표에 포함되지 않을 뿐만 아니라 그들의 '시장가치'에 대한 최신 추정치로 결코 대체되지 않는다.

1999년 이후 English Premier League 구단들은 그들의 대차대조표 상에 일부의 소속 선수들과 관련된 금액을 포함시키고 있다. 다른 곳에서 경기하는 선수에 대한 계약이 EPL 구단에 의해 구매되는 경우, 이와 같은 계약은 '무형자산intangible asset'으로 대차대조표에 포함된다. 따라서 Manchester United가 2003년에 Leeds United 소속의 Rio Ferdinand에 대한 선수계약을 구매했을 때, 3,000만 파운드의 이적료가 Manchester United의 대차대조표 상에 무형자산으로 보고되었다. 이와 같은 3,000만 파운드라는 수치는 Rio Ferdinand에 대한 계약기간동안 대차대조표상에 기록된다. 이와 같은 영국 축구구단의 '무형자산' 공시의 한 가지 한계점은 이적되는 선수의 계약만 대상이 된다는 것이다. 한 선수가 구단 자신의 유소년 축구단과 같은 '선수양성시스템farm system'에서 개발되는 경우, 회계사가 이와 같은 선수와의 계약 가치를 정리할 수 있는 거래가 존재하지 않는다. 따라서 2003년까지 Manchester United 소속 선수였던 David Beckham의 선수계약은 그가 '내부적으로 양성된internally developed' 유망주였기 때문에 Manchester United의 대차대조표 상에 보고되지 않았다. 영국인 주장이자 EPL에서 가장 알려진 선수였던 Beckham은 매우 높은 가치를 가지고 있었으나 이와 같은 가치는 Manchester United의 재무제표에 반영되지 않았다. 회계사가 무형자산을 다루는 이와 같은 방법은 스포츠 구단에만 독특하게 적용되는 방법은 아니다. 회계사는 브랜드 관련 자산과 유사한 무형자산에 대한 회계처리를 할 때 이와 유사한 제한적인 방법을 채택한다.

(d) **현금할인기법:** 재무관리에서는 자산의 사용가치를 추정하기 위해 현금할인기법 DCF: discounted cash flow의 개념적 타당성이 크게 강조된다. 이와 같은 현금할인기법은 다음과 같이 실행된다.

- 단계 1: 자산 보유로부터 발생하는 예상되는 미래 순 현금흐름을 예측한다.
- 단계 2: 화폐의 시간가치와 자산보유와 관련된 위험을 고려하는 할인율을 사용하면서 이와 같은 미래 순 현금흐름을 할인한다.

위에서 언급한 정보출처 각각이 사용되고 결합되어야 한다. 각 정보출처는 다른 정보출처들을 교차 확인하기 위해 사용될 수 있다. 가치평가분석에서 하나의 핵심적인 원리는 현재 시장가치에 대한 보다 더 믿을 만한 추정치를 얻기 위해 다양한 방법들을 결합하는 것이다.

재무적 수익성 논쟁

| 도표 10•4 | 는 NFL, MLB, NBA, NHL, EPL에 속한 구단들의 2003년 영업이익

도표 10-4 Forbes지의 NFL, MLB, NBA, NHL 구단의 2003년 수익성 추정치(100만 달러)와 EPL 구단의 공표된 2002년 수익성(100만 파운드)

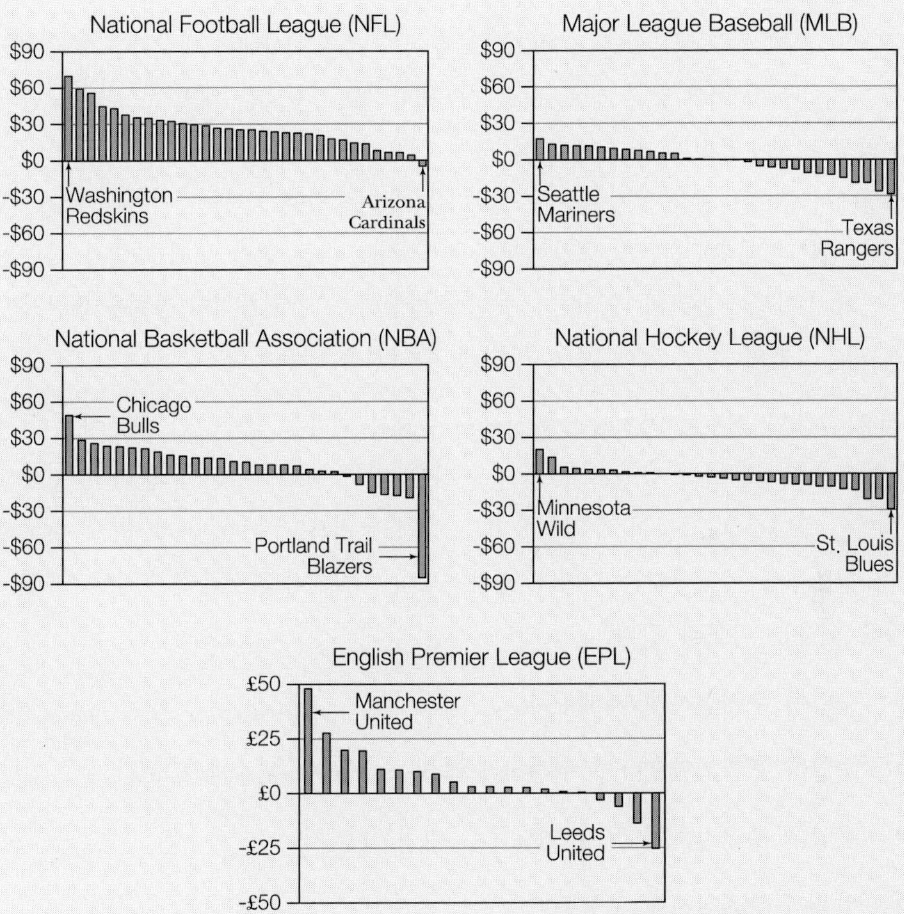

자료: Forbes지와 구단 자료; Deloitte, Annual Review of Football Finance, August, 2004.

분포를 보여준다. 처음 4개 리그에 대한 수치는 Forbes지의 추정치이다. EPL의 수치는 Deloitte의 Annual Review of Football Finance, 2004에 요약되어 있는 각 구단의 공시된 재무제표에 기초한 것이다. 추정된 수익성은 구단 간에 놀랍도록 큰 차이가 있다.

구단의 재무적 수익성은 스포츠 비즈니스 분야의 많은 협상에서 핵심적인 측면이다. 세 가지의 예가 이와 같은 점을 보여준다. 집합적으로나 또는 개별적으로나 구단의 수익성은 선수협회와 리그의 협상 또는 선수 또는 선수의 에이전트와 구단의 협상에서 중요한 쟁점이다. 새로운 스타디움 개발을 위한 공적자금지원의 필요성에 관한 구단과 배후도시간의 협상에서는 항상 서로 다른 민간 부채 수준과 관련된 구단의 수익성이 논란의 대상이다. 구단이 발표하는 티켓 가격의 상승을 비판하는 팬들은 그들의 주장 속에 종종 구단의 수익성을 인용한다.

'이윤' 수치가 스포츠 비즈니스 협상에서 중요한 역할을 담당하기 때문에 수익성 측정에 관한 논쟁이 발생하는 것은 놀라운 일이 아니다. 이와 관련된 중요한 주장은 구단들은 그들의 수익성을 과소하게 추정하고 이에 따라 리그 수준의 수익성도 과소 추정된다는 것이다. 당해연도의 수익성이 과소하게 추정될 수 있는 주요 이유는 다음과 같다.

- 수입이 부적절하게 배제된다.
- 수입이 포함되었으나 부적절하게 스포츠 구단에 과소배분 된다.
- 수입이 부적절하게 차기 연도들로 이월된다.
- 비용이 부적절하게 포함된다.
- 비용이 부적절하게 차기 연도들로부터 선 처리된다.

스포츠 구단주가 동시에 스타디움/아레나의 소유주 또는 공동 임차인이거나 또는 스포츠 구단 경기를 방영하는 미디어 네트워크의 소유주일 때 수입 논쟁이 종종 발생한다. 이와 관련된 주장은 스포츠 구단에 배분되어야 하는 수입이 부적절하게 스타디움/아레나 또는 미디어 네트워크로 배분된다는 것이다.

다른 활동들에 배분되어야 하는 비용이 스포츠 구단에 배분될 때, 비용에 관한 논쟁이 종종 발생한다. 예를 들면, 스포츠 구단의 공표된 비용은 부적절하게 해당 스포츠 구단이 소유하고 있는 미디어 회사에 의한 경기의 미디어 프로덕션 비용을 포함할 수 있다. 또한 비용의 과다 추정은 비용이 부적절하게 선 처리될 때, 예를 들면, 다년간에 걸쳐 자본화되고 배분되어야하는 비용이 발생된 연도에 완전히 지출될 때 발생할 수 있다. 논란은 영업이익인가 또는 자본이득인가의 문제에 대하여도 발생한다. 한 스포츠 구단이 5년의 기간 동안 매년 0의 영업이익을 발생시키나 구단의 가치는 같은 기간 동안 1억 달러에서 2억 달러로 증가한다고 하자. 대부분의 손익계산서에서 사용되는 이윤보다 더 넓은 이윤의 개념을 사용하면, 이와 같은 구단 가치의 증가는 이득으로 분류될 수 있다. 이와 같이 자산 가치를 증가시키는 동인은 스포츠 구단에 대한 대부분의 투자자에게 중요하다. 그러나 회계사는 공표되는 구단의 수익성을 계산하는 데 이와 같은 이득을 인정하지 않는다.

NHL 구단 수익성에 관한 사례 분석

NHL은 연봉상한salary cap과 연봉세금salary tax 없이 운영된다. 많은 NHL 구단주는 상당한 금액의 손실을 보고 있으며 이것은 주로 과도한 선수 연봉 때문이라고 주장한다. | 도표 10•4 | 에 제시되어 있는 Forbes지 데이터는 NHL이 손실을 본 것으로 추정되는 구단의 비율이 가장 높다는 점을 확연하게 보여 준다(2003년에 30구단 중에서 20구단이 손실을 발생시켰다). NHL 선수협회가 NHL 구단의 수익성 부족과 선수 연봉이 수익성 문제의 원인이라는 주장 모두에 대하여 반론을 제기하는

것은 놀라운 일이 아니다.

증권거래위원회SEC의 의장이었던 Arthur Levitt, Jr는 2004년 2월 5일에 'Independent Review of the Combined Financial Results of the National Hockey League 2002-2003 Season'이라는 제목을 가지고 있는 보고서를 발표하였다. 이와 같은 보고서의 비용은 NHL이 부담하였다. 이 보고서는 각 NHL 구단의 재무 상황과 재무적 관계를 검토하였다. 이와 같은 검토의 목적은 각 구단에서 이루어지는 하키 관련 활동의 수익성을 계산하고 하키와 관련되지 않는 활동들을 제외시키는 것이었다. Forbes지의 NHL 추정치뿐만 아니라 Levitt의 재무지표 추정치가 | 도표 10•5 | 에 제시되어 있다. Levitt의 주요 결론은 다음과 같다.

- '2002-2003 시즌 동안, NHL은 결합 영업수입은 19억9,600만 달러이고 이자 및 감가상각비용을 회계처리하기 전에 결합 영업 손실은 2억7,300만 달러라고 보고하였다.
- 현재 리그 전체 선수 비용과 리그 전체 수입 간의 관계는 합리적이고 견고한 비즈니스 관행과 일치하지 않는다. 14억9,400만 달러의 선수 비용 또는 수입의 75%인 선수 비용은 이와 같은 관계가 단체협상의 합의 사항에 설정되어 있는 NBA와 NFL 모두의 선수비용 또는 수입의 비율을 크게 초과하였다.

Levitt의 영업이익 수치는 부채에 대한 이자와 감가상각이 이루어지기 전 수치이다. 이와 같은 비용은 NHL 영업 손실의 크기를 증가시킨다. Forbes지는 Levitt보다 하키 관련 활동을 더 넓게 정의하지만 많은 NHL 구단에 대하여 광범위하게 손실이 발생하였다고 보고하였다. Levitt와 Forbes지 모두는 NHL 구단의 대부분이 영업 손실을 발생시켰다고 추정하였다.

NHL 선수협회NHLPA: NHL Player Association는 Levitt Review에 대하여 강한 반론을 제기하였다. NHLPA는 Levitt이 하키 관련 활동을 좁게 정의한 것에 대하여 반박하였다.

도표 10-5 2002-2003 시즌 NHL 구단의 수익성(30구단의 합계): Levitt Review 추정치와 Forbes지 추정치의 비교(100만 달러)

	Levitt Review	Forbes
수입		
경기장 수입	$1,047	$965
기타 수입	949	1,129
합계	1,996	2,904
지출		
선수 지출	1,494	1,389
기타 지출	775	829
합계	2,269	2,218
영업이익	$(273)	$(124)

자료: "CBA: A Different Set of Numbers," http://www.andrewsstarspage.com (August 1, 2004).

Detroit Red Wings의 주장인 Steve Yzerman은 "NHL은 선수협회가 생각하기에 하키 관련 비즈니스에서 일부 중요한 수입을 포함하지 않고 있다. 여기에 커다란 차이가 존재한다"라고 말하였다. 또한 NHLPA는 Levitt의 독립성에 대하여 반박하였다. Anaheim Ducks의 디팬스맨defenseman인 Keith Carney는 "우리 모두는 회계하는데 창의적인 방법이 존재한다는 것을 알고 있다. Levitt은 NHL에 의해 고용되었다. 이와 같은 사실이 바로 선수들이 받아들이기에 어렵게 만든다"라고 논평하였다.

개별 구단은 Levitt Review와 일치하는 결과를 발표하였다. 예를 들면, Tampa Bay Lightning은 2004년 9월에 "과거 5년 동안 팀과 콘서트와 기타 이벤드를 위해 사용되는 St. Pete Times Forum은 누적적으로 5,390만 달러의 영업 손실을 발생시켰고 감가상각, 균등분할상환amortization, 이자비용으로부터 발생하는 현금이의 손실은 이와 같은 5년간의 누적손실을 1억 4,100만 달러로 증가시켰다"고 발표하였다. Tampa Bay Lightning은 공시에서 2004년에 처음으로 360만 달러의 영업이익을 발생하였다고 발표하였다. 이와 같은 영업이익의 발생은 성공적으로 Stanley Cup을 획득하였던 포스트시즌 수입이 1,410만 달러에 의해 이루어진 것이었다. Tampa Bay Lightning이 이와 같은 공시를 하게 된 한 가지 동인은 재산세와 주차 수입과 같은 아레나 관련 수입의 더 유리한 배분을 위하여 배후 도시와 더 유리한 계약을 협상하기 위한 것이었다.

|사 례| Liverpool Football Club의 현재 시장가치

2004년 8월 13일 금요일은 Liverpool Football Club 팬들에게 암울한 하루였다. 2명의 홈 출신 슈퍼스타 중의 한 명인 Michael Owen이 800만 파운드에 Real Madrid로 트레이드 되었다는 것이 확인되었다. 그 날은 2004/05 English Premier LeagueEPL 시즌의 출발 하루 전이었다. 이와 같은 일은 새로운 구단 감독인 Rafael Benitez가 Liverpool Football Club이 많은 연도 동안 축적하였던 인상적인 '은그릇(챔피언쉽 트로피)'의 양을 추가하고자 하는 그의 공약을 제시하면서 생각하였던 방식이 아니었다.

그날 저녁에 3명으로 구성된 민간 그룹이 만나서 Liverpool에 대한 잠재적 지분 투자 또는 인수 제안을 검토하기 위해 Redfans Capital을 만들었다. 현재 Liverpool의 최대 주주는 지분의 지배적 51%를 보유하고 있었던 John Moores 가문이었다. Redfans는 상당한 재무 능력을 가지고 있었지만 과다한 인수 금액에 대하여 우려하고 있었다. Redfans는 EPL 구단 소유의 위험이 러시아 기업인인 Roman Abramovich가 2003년 7월에 다른 선도적인 EPL 구단인 Chelsea의 지배적 지분을 매입한 이후에 크게 증가하였다고 생각했다. Abramovich는 매우 강력한 재무능력을 가지고 있었고 '백지 수표 책'을 가지고 운영하고 있었다. Wall Street Journal은 2003년 11월에 "축구의 여름 이적 기간 동안, Abramovich는 Chelsea 선수들에 다른 19개 Premier League 구단들이 지불한 것을 합한 금액과 거의 같은 1억9,000만 달러를 지출하였다"고 보도하였다. Redfans Group에 직면한 한 가지 도전은 Liverpool Football club의 현재 시장가치를 추정하는 것이었다.

case

Liverpool Football Club의 주식은 소수의 다른 선도적인 축구 구단들의 주식과는 달리 주식시장에서 거래되지 않았다. Manchester United, Arsenal, 소수의 다른 EPL 구단들의 주식 거래는 정기적으로 금융미디어에서 보도되었다. 이와 같은 주식의 시장 가격은 해당 구단의 시장가치를 추정하기 위해 사용될 수 있다. 사적으로 소유되어 있는 Liverpool Football Club의 현재 시장가치를 추정하기 위해서는 EPL과 Liverpool Football Club의 경기 내외적 경쟁력에 대한 경제 분석이 필요하다.

유럽축구리그들과 EPL

유럽에는 2004년에 5개 주요 축구리그가 있었고 한 국가에 있는 18~20개 구단이 서로 경쟁하였다. | 도표 1 | 은 영국, 이탈리아, 독일, 스페인, 프랑스의 축구리그에 관한 요약 정보를 보여준다. 재무 지표를 기준으로 소규모 축구리그들이 각 국가에 있으며 각 국가에서 1개 또는 2개 구단이 지배적이었다.

EPL은 20개 팀이 경쟁하는 영국 축구의 엘리트 구단 리그였다. EPL 챔피언은 1승의 경우에 3점, 무승부의 경우에 1점, 1패의 경우에 0점을 부여하면서 시즌 동안에 축적되는 점수에 기초하여 결정되었다. 포스트시즌 플레이오프가 존재하지 않았다. EPL의 38경기 시즌은 8월에 시작되고 5월 초에 종료된다. 전 세계의 많은 축구리그에서 이루어지고 있는 EPL로의 승격과 EPL로부터의 강등 제도가 있었다. 하위 3개 EPL 구단은 Football League의 Division One으로 강등되는 반면 상위 3개 Division One 구단은 EPL로 승격되었다. Division One League는 영국 축구의 운영조직인 FAFootball Association에 의해 관리되는 리그들 중의 하나였다.

도표 1 | 5개 주요 유럽 축구 리그의 주요 재무 지표

	영국	이탈리아	독일	스페인	프랑스
리그 구단 수	20	18	18	20	20
2003/2004 시즌 상위 4 구단	Arsenal Chelsea Man. United Liverpool	AC Milan Roma Juventus Inter Milan	Werder Bremen Bayern Munich Stuttgart Bayer Leverkusen	Valencia Barcelona D.Coruna Real Madrid	Lyon Paris SG Monaco Auxerre
2003/2004 시즌 평균 관중 수	35,000	25,500	35,000	28,800	20,100
2002/2003 시즌 총 리그수입 (100만 파운드)	£1,790	£1,162	£1,108	£847	£689
2002/2003 시즌 총 리그 선수 지급금 (100만 파운드)	£1,093	£ 884	£ 504	£607	£467
2002/2003 시즌 선수연봉/총수입 비율	61%	76%	72%	45%	68%
2002/2003 시즌 총 리그 영업이익 (100만 달러)	£175	£(381)	£115	N/A	£ (61)
수입 구성					
경기당일 수입	29%	18%	17%	N/A	15%
방송	44	55	33	N/A	52
스폰서쉽/광고	27	27	50	N/A	33

자료: Deloitte, Annual Review of Football Finance, August 2004.

EPL 구단의 경제학

| 도표 2 | 는 Liverpool Football Club의 10년간 요약 재무 데이터를 보여준다. 2003년 7월 31일에 종료되는 연도의 연간보고서는 Redfans가 이용 가능한 가장 최근의 연간보고서이었다. 개별적인 EPL 구단들에게 4개의 주요 수입원이 있었다.

case

1. **EPL 미디어/방송 수입.** 모든 EPL 구단을 대신하여 Football League는 EPL 경기의 방송 파트너와 협상하였다. 개별 구단은 방송국들과 독자적인 텔레비전 방송계약을 하지 않았다. 가장 중요한 방송 파트너는 위성 텔레비전을 통하여 EPL 경기를 중계 방송하였던 BSKYB이었다. 2003/2004 시즌 동안 4억5,700만 파운드의 국내 텔레비전 수입이 개별 구단에 배분되었다. 배분 공식은 다음과 같은 세 가지 요소를 가지고 있었다.

   (a) 국내 텔레비전 수입의 50%는 균등하게 구단당 1,017만8,000파운드씩 배분되었다.

   (b) 국내 텔레비전 수입의 25%는 전년도 리그 순위에 기초하여 장려금으로 배분되었다. 순위가 높을수록 더 많은 장려금이 배분되었다.

   (c) 국내 텔레비전 수입의 25%는 텔레비전에 방영된 정도에 기초하여 시설수수료로 배분되었다. 텔레비전 방영 수가 많을수록 더 많은 시설수수료가 배분되었다. 텔레비전 방송은 프라임 타임 시간대에 유명한 승리 구단을 중계 방송하는 데에 대한 강한 선호를 가지고 있었다. BSKYB는 2003-2004 시즌 동안 132 경기를 중계 방송하였다. 중계방송 횟수가 많은 구단들은 Arsenal(15회), Manchester United(14회), Chelsea(12회), Newcastle(9회), Liverpool(8회)이었다. 모든 구단들은 BSKYB가 중계방송 하여야 하는 최소 경기 수를 가지고 있었다.

   2003/2004 시즌 동안 상위 5대 텔레비전 지급금을 받은 구단들은 Arsenal(3,275만4,000파운드), Manchster United(3,129만 파운드), Chelsea(3,048만7,000파운드), Liverpool(2,660만7,000파운드), Newcastle(2,641만9,000파운드)이었다.

   이와 같은 배분 공식은 EPL 구단들 중에서 상위 그룹에 들어야 할 강력한

도표 2 ▌1994-2003 기간 동안 Liverpool Football Club의 재무 지표(100만 파운드)와 EPL 순위

A. 주요 손익계산서 항목

	5월2일까지 12개월				7월31일까지 15개월	7월31일까지 12개월				
	1994	1995	1996	1997	1998	1999	2000	2001	2002	2003
수입										
방송/미디어	10.785*	12.755*	17.325*	21.950*	26.868*	29.599*	29.606*	32.965	42.638	44.254
경기당일수입								28.235	30.616	28.662
스폰서쉽/광고	5.988	6.327	9.104	16.317	17.521	14.589	15.897	20.061	24.131	28.403
기타	0.511	0.796	0.969	0.886	1.068	1.077	1.106	0.894	1.283	1.185
총수입	17.284	19.878	27.396	39.153	45.457	42.265	46.609	82.155	98.668	102.504
선수 지급금	9.789	10.384	13.234	14.599	30.128	36.273	40.107	48.880	56.031	54.431
영업 이익	3.014	3.845	7.696	15.233	4.828	(10.175)	(17.936)	(4.341)	(2.766)	2.797
순이전활동	N.D.	N.D.	N.D.	N.D.	N.D.	(28.758)	(4.542)	(18.531)	(16.657)	(15.981)
세후 이익	1.080	(1.965)	(4.646)	4.655	1.872	(5.109)	0.758	(0.371)	6.041	2.304

* 2001년까지, 미디어 수입과 경기당일 수입은 합하여 하나의 수치로 보고되었다.

case

도표 2 ▌1994-2003 기간 동안 Liverpool Football Club의 재무 지표(100만 파운드)와 EPL 순위 <계속>

B. 주요 대차대조표 항목

	5월2일에 종료되는 연도				7월31일에 종료되는 연도					
	1994	1995	1996	1997	1998	1999	2000	2001	2002	2003
유동자산	3.763	12.755	7.539	18.769	12.455	15.517	22.472	16.546	23.695	14.363
고정자산-무형	—	—	—	—	—	35.385	43.603	41.237	61.232	58.757
유형	12.209	18.747	22.366	23.177	33.989	38.986	40.008	41.217	40.937	41.933
투자자산	0.001	0.001	0.001	0.002	0.002	0.002	0.003	0.003	0.003	0.003
총자산	15.973	31.503	29.906	41.948	46.446	89.890	106.086	99.003	125.867	115.056
유동부채	6.618	6.992	8.985	17.439	20.159	21.944	40.321	37.323	52.245	45.211
장기부채	1.427	9.022	9.998	8.767	4.200	17.300	15.614	11.769	17.657	12.045
부채충담금	—	—	—	—	—	1.972	0.777	0.380	2.177	1.820
이연신용	2.227	2.438	2.545	2.628	2.633	2.527	2.469	2.349	2.266	2.154
자기자본	5.701	13.051	8.405	13.060	19.454	46.147	49.905	47.182	51.522	53.826
총부채+자기자본	15.973	31.503	29.906	41.948	46.446	89.890	106.086	99.003	125.867	115.056

C. EPL 시즌 순위

EPL 시즌 순위(20개 구단 중)	8	4	3	4	3	7	4	3	2	5

자료: Liverpool Football Club의 재무제표.

경제적 인센티브를 제공하였다. EPL 방송 계약은 통합적으로 적어도 앞으로 5년 동안 현재 수준을 유지할 것으로 전망되었다. 영국 국내 방송권 수입의 감소는 글로벌 수입의 증가에 의해 상쇄될 것으로 전망되었다. "EPL의 세계적 호응은 2002/2003 시즌 동안 159개 국에서 31,000시간 동안 방송되었으며 전 세계의 57억 명 관중들이 시청하였다는 사실로 제시되었다."

2. **EPL 경기 당일 수입.** 경기 당일 수입에는 티켓 판매액, 식품, 음료, 기타 경기 당일 매점 판매액이 포함되었다. Liverpool Football Club은 45,362석을 가지고 있는 Anfield Road에서 경기를 한다. 이 경기장은 1884년에 개관되었기 때문에 상대적으로 오래된 스타디움이다. 최근에 현재 스타디움 위치에 가까운 곳에 60,000석 규모의 새로운 최신식 스타디움을 건설하는 것에 대한 협상이 이루어지고 있다. 새로운 스타디움의 건설계획은 만들어 졌으나 자금조달은 아직 정리되지 못하였다. 2002/2003 시즌에 관중석의 수가 많고 관중 수의 비율이 높은 EPL 구단은 Manchester United(67,721석 규모, 99%의 관중 수 비율), Newcastle(52,181석 규모, 99%의 관중 수 비율), Sunderland(47,586석 규모, 82%의 관중 수 비율), Liverpool(45,362석 규모, 95%의 관중 수 비율), Chelsea(41,436석 규모, 94%의 관중 수 비율), Everton (40,168석 규모, 96%의 관중 수 비율), Arsenal(38,040석 규모, 99%의 관중 수 비율)이었다.

   EPL의 홈 구단은 모든 경기 당일 수입을 차지하였다. EPL에서 티켓에 대한 수요는 평균 스타디움은 37,784석 규모이고 이용 가능한 좌석의 94%를 판매할 정도로 매우 강하였다.

3. **스폰서쉽/광고 수입.** 스폰서쉽/광고 수입에는 스폰서쉽, 광고, 컨퍼런스,

음식공급, 상품판매 수입이 포함되었다. 한 유명한 스폰서는 영국에서 주조되는 프리미엄 덴마크 라거 맥주업체인 Carlsberg이었다. Carlsberg는 선수들의 운동복에 표시되어 있었다. 기타 스폰서들은 Reebok, MNBA, Ladbroke, Lucqzade이었다.

4. **유럽 컵 수입원.** EPL의 상위 3개 팀 또는 4개 팀이 다음 해에 UEFA Champions League에서 경기할 자격을 획득하였다. Liverpool Football Club은 2001/2002 시즌에 EPL에서 2위를 하였고 2002/2003 시즌에 UEFA Champions League에 출전할 자격을 획득하였다. 2002/2003 시즌에 Liverpool은 EPL에서 5위를 하였고 UEFA Champions League에 출전할 자격을 획득하지 못하였다. UEFA Champions League는 유럽에서 최고 구단을 결정하기 위해 32개 팀이 경쟁하는 범 유럽 경기대회이다. 2002/2003 시즌에 4억6,820만 파운드의 수입은 참가한 32개 구단에 배분되었다. AC Milan이 우승하였다. 4개 EPL 구단과 그들에 대한 Champions League 수입의 배분액은 Arsenal(2,090만 파운드), Manchester United (2,040만 파운드), Newcastle(1,560만 파운드), Liverpool(1,320만 파운드)이었다. Liverpool은 경기 초반에 탈락하였기 때문에 최소의 배분액을 받았다.

또한 영국의 축구 구단들은 소수의 유명한 국내 토너먼트에서 경쟁하였다. 가장 명성이 있는 토너먼트는 FA Cup이었다. 이 토너먼트는 EPL 시즌이 종료된 후인 5월 중순에 최종 경기가 개최되며 시즌 내내 진행되는 경기였다. 2004년에 FA Cup의 상금은 우승자에 대하여 200만 파운드, 준 우승자에 대하여 100만 파운드, 먼저 탈락한 팀들에 대하여 더 적은 금액이었다. 최근 우승자는 2001년의 Liverpool, 2002년과 2003년의 Arsenal, 2004년의 Manchester United였다.

선수 지급금

선수 지급금은 EPL 구단들에게 가장 중요한 비용이었고, 총 EPL 수입의 평균 61%를 차지하였다(| 도표 2 | 는 1993/1994~2002/2003 기간 동안 각 연도별 Liverpool 선수 지급금을 보여준다). EPL은 선수연봉상한 제도를 가지고 있지 않았고 구단은 선수 임금을 어떻게 결정하든지 지불할 수 있었다. 각 연도별로 구단 수입의 비율 기준으로 보면 선수 지급금과 선수 비용에 커다란 차이가 있었다. 예를 들면, 2002/2003 시즌 동안, 선수 비용으로 Manchester United는 수입의 45.5%를 지불하였고 Liverpool은 수입의 53.1%를 지불하였으며 Leeds United는 수입의 88.4%를 지불하였고 Fullham은 수입의 104.5%를 지불하였다.

Manchester United의 강력한 수입기반(1억7,493만6,000파운드)은 잘 경영된 구단이 어떻게 높은 선수 지급금을 지불하면서도 낮은 선수지급금/수입 비율을 가질 수 있는지를 보여 주었다. 구단은 Fullham의 구단주인 Mohamed Al Fayed와 같은 구단주로부터의 지속적인 현금 유입 없이 또는 Leeds United가 직면한 것과 같은 재무적 지급/파산 문제를 경험하지 않고 상당한 기간 동안 매우 높은 선수지급금/수입비율을 유지할 수 없다.

요약 재무지표

| 도표 3 | 은 주식시장에서 주식이 거래되는 주요 EPL 구단들의 요약 재무지표를 보여준다. 이와 같은 재무지표는 EPL의 경제학에 관한 2개의 권위 있는 정보출처, 즉 Deloitte의 Annual Review of Football Finance와 Soccer Investor Weekly로부터 구해진 것이다. (표준적인 비교가능 보고형식을 제시하기 위해 개별구단의 항목들은 조정되었으며 이에 따라 결과적으로 Liverpool의 경우 | 도표 2 | 와 | 도표 3 | 에서 차이가 발생하고 있다.)

case

case

| 도표 3 | 에 있는 3개 구단(Leeds, Chelsea, Liverpool)은 2004년 8월 6일 현재 기준으로 보고된 시가총액market capitalization을 가지고 있지 않았다. Leeds United는 이전에 주식시장에서 거래되었으나 2004년에 상장을 철회하였다. Leeds는 유명 구단이 되어 수입을 창출하는 리그의 선두 구단이 되기 위해서 2004년까지 5년 동안에 선수인수/연봉으로 많은 금액을 지출하였다. 불행하게도 Leeds가 달성한 EPL 사다리의 가장 높은 곳은 1999/2000 시즌의 3위였다. Leeds는 4,426만8,000파운드의 주주 지분을 가지고 2004년 3월에 '관리'대상 기업으로 전락하였다. 2003/04 시즌의 종료 시점에 Leeds는 하위 3개 EPL 구단 중의 하나이었고 2004/05 시즌에 Division One으로 격하되었다. Chelsea는 2003년 7월에 Abramovich의 투자가 이루어지기 전에는 주식시장에서 거래되었다. Liverpool은 현재 사적으로 소유되어 있다.

현재 시장가치를 추정하기 위한 방법

Redfans Capital은 Liverpool Football Club의 시장가치를 추정하는 데 몇 가지의 방법들을 고려하였다. 대부분의 전문가들은 어느 하나의 방법에 전적으로 의존하기 보다는 다수의 방법으로 얻은 정보를 사용하면 더 신뢰할 만한 시장가치의 추정치가 얻어진다는 것에 동의한다.

자기자본 장부가치 방법: Redfans가 이용 가능한 가장 최근 연간 보고서는 Liverpool은 2003년 7월 31일에 종료되는 연도에 5,382만6,000파운드의 자기자본을 가지고 있는 것으로 보고하였다. 어떤 상황에서 자기자본 장부가치 방법은 시장가치의 중요한 지표를 제공한다. 예를 들면, 주식시장에서 거래되는 주식을 보유하고 있는 투자 펀드는 자주 펀드를 구성하고 있는 주식의 시장가치를 사용하면서 재평가된다. 이와 같은 투자 펀드의 경우 두 가지 측면이 이와 같은 방법을 매력 있게 만든다. ① 투자 펀드의 기초 자산들은 매우

도표 3 ▌주요 재무지표 정보(2002/2003 회계연도, 100만 파운드)와 주식시장에서 거래되는 영국 축구 구단의 시가총액(2004년 8월 6일 현재, 100만 파운드)

구단/회계연도 종료일 (1)	수입 (2)	선수지급금/임금과 연봉 (3)	영업이익 (4)	세전이익 (5)	자기자본 장부가치 (6)	시가총액 (2004.8.6) (7)	EPL 순위 2000/01;2001/02; 2002/03;2003/4 (8)
Arsenal May 03	£103.801	£61.453	£19.497	£4.529	£76.211	£ 92.84	2; 1; 2; 1
Aston Villa May 03	45.447	30.872	(0.200)	(11.552)	50.679	33.89	8; 8; 16; 6
Birmingham City Aug 03	36.480	19.737	10.730	3.341	4.313	11.60	N/A; N/A; 13; 10
Chalton Athletic June 03	35.141	23.576	2.831	(0.464)	16.727	12.56	9; 14; 12; 7
Chelsea June 03	92.882	54.365	2.563	(26.290)	55.013	N/A	6; 6; 4; 2
Leeds United June 03	64.005	56.595	(25.446)	(49.505)	(44.268)	Delisted	4; 5; 15; 19
Liverpool July 03	103.981	54.431	19.765	3.641	53.826	N/A	3; 2; 5; 4
Manchester United July 03	174.936	79.517	47.789	39.345	156.833	667.25	1; 3; 1; 3
Newcastle United July 03	96.689	45.195	27.595	4.369	36.644	58.11	11; 4; 3; 5
Southampton May 03	48.875	26.666	8.700	(0.484)	10.624	17.88	10; 11; 8; 12
Tottenham June 03	66.506	38.024	11.028	(7.118)	31.238	26.92	12; 9; 10; 14

자료: (a) Deloitte, Annual Review of Football Finance (2004), (b) Soccer Investor Weekly (August 10, 2004).

유동성이 높고 ② 거래의 시장가격은 쉽게 관측될 수 있다.

그러나 Liverpool Football Club을 위해 이와 같은 방법을 사용하는 데 다음과 같은 문제가 제기되었다. Liverpool의 많은 핵심 '자산'은 유동성이 높지 않거나 또는 스타디움과 같이 자주 거래되지 않고 거래의 시장가격도 항상 존재하지 않았다. Liverpool로 이적하여 들어온 선수들의 계약을 대차대조표에 포함시키는 문제가 제기될 수 있다. 모든 선수 계약이 Liverpool의 2003 대차대조표에 포함되지 않았다. 자기 자신의 Liverpool Youth Academy를 통하여 '내부적으로' 양성된 선수들은 제외되었다. 더욱이, 한 선수계약이 인수되는 시점에서 이루어지는 이적 지급금은 선수 계약의 가치로서 대차대조표상에 나타났다. Liverpool은 Liverpool에 합류한 후에 전국적인 명성을 얻은 선수들 계약의 보고 가치는 증가시키지 않았다. 다시 말하면, Liverpool은 기초 자산의 가치가 증가하였는데도 해당 선수의 계약 가치를 재평가를 통하여 증가시키지 않았다. 그러나 Liverpool은 체계적인 정액분할지급방법amortization schedule을 사용하면서 선수계약의 가치를 시간이 흐름에 따라 감소시켰다.

시장승수 방법: 자주 사용되는 가치평가방법은 사적으로 소유된 기업의 시장가치를 추론하기 위해 주식시장에서 거래되는 기업들로부터 구한 승수를 사용하는 것이다. | 도표 3 | 은 주식시장에서 거래되는 주식을 가지고 있는 8개 EPL 구단에 관한 정보를 제시한다. 적어도 다음과 같은 네 가지의 시장승수market multiple가 | 도표 3 | 의 데이터를 사용하면서 계산될 수 있다.

1. 시가총액/수입
2. 시가총액/영업이익
3. 시가총액/세전이익
4. 시가총액/자기자본

도표 4 ▌Manchester United의 시장승수를 사용하여 추정된 Liverpool의 시장가치(100만 파운드)

변수 (1)	Manchester United의 시장승수 (2)	Liverpool 금액 (3)	Liverpool의 시장가치 추정치 (4)=(2)×(3)
시가총액/수입	£667.25/147.936 = 3.84	£103.981	£396
시가총액/영업이익	£667.25/47.789 = 13.96	£ 19.765	£275
시가총액/세전이익	£667.25/39.345 = 16.96	£ 3.641	£ 62
시가총액/자기자본	£667.25/156.833 = 4.25	£ 53.826	£229

| 도표 4 | 는 Manchester United를 벤치마크로 사용하면서 Liverpool의 시장가치를 추정하는 방법을 예시한다.

시장승수방법을 사용하는 데 제기되는 쟁점들은 다음과 같다. ① 어떤 기업 또는 기업 군이 '최량'의 벤치마크인가? ② 어떤 변수 또는 변수 군이 사적으로 소유되어 있는 기업의 시장가치를 추론하기 위한 '최량'의 변수 또는 변수군인가? Liverpool이 비교할 수 있거나 또는 열망하는 목표로 간주한 선도적 구단은 Arsenal, Manchester United, Newcastle이었다.

Arsenal: 런던을 기반으로 하고 강력한 경기성과를 가지고 있는 구단. 대규모의 영국 및 유럽 팬 기반을 가지고 있었다. 새로운 스타디움으로 이동할 계획을 가지고 있었으나 이를 위한 자금조달이 대차대조표를 압박하였다.

Manchester United: 세계에서 유명한 스포츠 구단 중 하나. 자기

case

자신의 현대식 스타디움을 소유하고 있으며 글로벌 브랜드 인지도를 가지고 있었다.

Newcastle: 선도적인 능력을 가진 선수를 획득하기 위해 지불할 용의를 가지고 있으며 최근에 강력한 경기력을 가진 구단으로 부상. 훌륭한 스타디움을 보유하고 있었다. 브랜드 이름은 영국 밖에서는 제한된 인지도를 가지고 있었다.

| 도표 3 | 에 있는 주식시장에서 거래되는 다른 5개 구단, 즉 Aston Villa, Birmingham City, Charlton, Southhampton, Tottenham은 경기성취와 글로벌 브랜드 인지도 모두에서 Liverpool보다 최소한도 한 단계 아래에 있었다.

인수조건 가치평가 방법: 잠재적 인수 또는 상당한 지분 투자를 위해 한 기업의 가치를 평가할 때, 이전에 있었던 유사한 형태의 거래를 고려하는 것이 유용하다. 특히 가치평가가 이루어지는 특정한 민간 기업과 관련된 이전 거래들이 관련되어 있다. 1999년 7월에 Granada는 2,200만 파운드에 Liverpool Football Club의 지분 중 9.9%를 인수하였다. 이것은 1999년 7월에 Liverpool의 가치는 2억2,200만 파운드(2,200만 파운드/0.099)라는 것을 시사하였다. 그러나 Granada는 거래의 한 부분으로 '출판, 전자미디어 권리, 상품판매를 포함하는 Liverpool Football Club의 상업적 분야를 폭 넓게 관리할 권리'도 인수하였다는 점에 주목하라. Granada 투자는 신주인수를 위한 투자였다. Sir John Moores 가문이 보유한 최대 주식 비율은 51%로 감소되었다.

2004년 3-5월 기간에 두 그룹이 Liverpool Football Club의 이사회에 투자 제안서를 제출하였다. Bridgemere Proposal은 백만장자 건설업자이자 Liverpool의 종신 팬인 Steve Morgan이 제시한 것이었다. Thai Investment Proposal은 태국의 총리인 Thaksin Shinawatra와 관련되어 있었다. 2004년

5월 13일에 Liverpool 이사회는 www.liverpoolfc.tv를 통하여 다음과 같은 성명서를 발표하였다.

> Liverpool Football Club은 두 개의 직접적인 투자 제안서, 즉 Thai Investment Proposal과 Mr. Steve Morgan이 지원하는 Bridgemere Proposal을 받았다는 것을 확인한다.
>
> Liverpool Football Club 이사회는 이와 같은 투자 제안서를 논의하기 위해 구단의 재무 자문기관인 Hawkpoint Partners와 오늘 회합을 가졌다.
>
> Liverpool Football Club 이사회는 주당 1,750파운드로 계산하여 구단 전체의 현재 가치를 6,100만 파운드로 계산한 Bridgemere Proposal은 구단 이사회가 추정하는 가치에 대하여 상당히 크게 할인하였다는 점을 지적하였다.
>
> 따라서 Liverpool Football Club 이사회는 현재의 Bridgemere Proposal은 매력적이지 못하다고 결론지었다.

Bridemere Proposal은 상대적으로 복잡하였다. 금융언론에 의해 7,300만 파운드의 현금 유입 이전에 Liverpool의 가치는 6,100만 파운드로 추정되었다. Thai Investment Proposal은 훨씬 단순하였으며 약 5,600만 파운드에 30%의 지분을 매입하고자 한 것으로 알려졌다. Thai Investment Proposal은 5,600만 파운드의 현금 유입 이전에 Liverpool의 가치는 1억3,000만 파운드로 추정하였다. Thai Investment Proposal은 태국에서 대부분이 부정적으로 평가하는 커다란 논쟁의 주제였고 구속적 합의로 진전되지 못하였다.

Chelsea 주식을 위한 2003년 7월의 거래도 Liverpool의 가치를 평가하기 위한 하나의 가능한 인수조건 정보였다. 2003년 7월에 Roman Abramovich는 Chelsea 주식의 50.1%를 인수하기 위해 현금으로 5,930만 파운드를 지불하였다. 2003년 7월 3일자 New York Times는 "러시아의 부호인 Roman Abramovich는 Chelsea 축구 팀과 스타디움을 소유하고 있는 지주회사인 Chelsea Village의 50%를 매입하였다. 그는 약 1억 달러를 지불하였다"고 보도하였다. 2003년

case

8월 11일자 Sports Business Daily는 Abramovich는 "'Chelsea 축구 구단의 경영권을 얻기 위해 3억 달러 이상을 먼저 지불하였다"고 보도하였다(Chelsea의 요약 재무지표를 위해서 | 도표 3 | 을 참조.)

토의질문

1. Liverpool Football Club의 수익성과 재무적 성장력에 영향을 미치는 주요 요소들은 무엇인가?

2. 축구팀은 Liverpool Football Club의 핵심 자산으로 여겨진다. Liverpool Football Club의 대차대조표는 이와 같은 자산을 어떻게 나타내고 있는지를 평가하라. 이와 같은 자산제시방법은 어떻게 '개선'될 수 있는가?

3. 다음과 같은 방법 중 각각을 사용하면서, 2004년 8월 현재 Liverpool Football Club의 가치를 추정하라.

   - 자기자본 장부가치 방법Shareholders Funds Book Value Approach
   - 시장승수 방법Market Multiple Approach
   - 인수조건 가치평가 방법Aquisition-Based Valuation Approach

   이와 같은 세 가지 방법 각각에 대한 장점과 단점은 무엇인가?

4. 중요한 가치평가 원칙 중 하나는 다양한 방법들의 결과를 종합하는 것, 즉 더 신뢰할 만한 기업 가치의 추정치를 얻기 위해서 다수의 방법과 다수의 자료출처로부터 얻은 정보들을 통합적으로 사용하는 것이다. 당신은 Liverpool Football Club의 가치를 평가하는 데 이와 같은 방법을 어떻게 사용할 것인가?

5. Liverpool의 현재 구단주는 '현재 시장가치'보다 높은 가격의 매입가격을 제시 받더라도 왜 구단을 매각하고 싶어 하지 않는가?

case

찾아보기

●자

●차

●카

●타

●파

●하

●A

●B

●M

●N

O

P

R

S

역자 소개

문병준(文炳俊/bmoon@khu.ac.kr)

서울대학교 경영학과에서 경영학사와 경영학석사학위를 취득한 후 미국 University of Connecticut에서 경영학박사(마케팅) 학위를 취득하였다. 현재 경희대학교 국제경영학부 교수로 재직하고 있다. 일본 International University of Japan 경영대학원 조교수로 재직한 바 있으며, 한국마케팅학회 상임이사, 한국국제경영학회 상임이사로 활동하였고, 한국국제경영관리학회 이사, 한국인터넷비즈니스학회 사무국장으로 봉사하고 있다. 산업자원부 산업기술평가위원을 역임하였고, 경기도 정책자문위원, 밸류바인 컨설팅 자문교수를 맡고 있다.

마케팅전략, 국제마케팅, 인터넷비즈니스 등의 전문서적을 저술하였고, Advances in Consumer Research, Psychology and Marketing, International Business Review, Journal of International Consumer Marketing, 마케팅연구, 소비자학연구, 광고학연구, 마케팅과학연구, 인터넷비즈니스연구 등의 학술지에 논문을 게재하였다.

이상규(李相圭/sklee@khu.ac.kr)

서울대학교 경제학과에서 경제학학사학위를 취득한 후에 미국 University of Illinois at Urbana-Champaign에서 경제학 석사 및 경제학 박사 학위를 취득하였다. 현재 경희대학교 국제경영학부 교수로 재직하고 있으며 금융기관경영, 금융산업조직, 통화와 금융, 금융시계열분석을 중심으로 재무금융분야를 연구하고 있다. 최근 들어 스포츠 경제학과 스포츠 비즈니스 영역으로 관심분야를 확장해가고 있다.

국민은행 경제연구소의 연구위원 및 자문위원, 한국금융학회 이사 및 편집위원을 역임하였으며 현재 경제분석 편집위원, 공정거래위원회 경쟁정책 금융분과 자문위원으로 활동하고 있다. Review of Economic Studies, Journal of Business and Economic Statistics, Indian Journal of Statistics등 국제학술지와 금융학회지, 재무연구, 경영학연구, 경제분석, 리스크관리연구 등 국내 학술지에 다수의 논문을 게재하였다.

스포츠 비즈니스

The Business of Sports–Text & Cases on Strategy & Management

역자 문병준 • 이상규

발행일 2007년 6월 15일

발행처 **한경사**

발행인 이계남

등록사항 제10-1951호 2000년 4월 14일

주소 서울시 마포구 신수동 85-19 201호

전화번호 02_717_7264/5

팩스번호 02_717_7226

홈페이지 hankyungsa.co.kr

전자우편 hankyungsa@hanmail.net

ISBN 10자리 89-89269-91-1
13자리 978-89-89269-91-5

가 격 24,000원